Repase y escriba

Curso avanzado de gramática y composición

Cuarta Edición

María Canteli Dominicis

Emerita, St. John's University, New York

John J. Reynolds

Emeritus, St. John's University, New York

D0080531

John Wiley & Sons, Inc.

ACQUISITIONS EDITOR	Jessica García
DEVELOPMENT EDITOR	María F. García
MARKETING MANAGER	Gitti Lindner
SENIOR PRODUCTION EDITOR	Caroline Sieg
SENIOR DESIGNER/MGR.	Harry Nolan
ILLUSTRATION EDITOR	Anna Melhorn
SENIOR PHOTO EDITOR/MGR.	Hilary Newman

This book was set in 10/12 Times New Roman by UG / GGS Information Services, Inc. and printed and bound by Hamilton Printing. The cover was printed by Phoenix.

This book is printed on acid free paper. ∞

Copyright © 2003 John Wiley & Sons, Inc. All rights reserved.

No part of this publication may be reproduced, stored in a retrieval system or transmitted in any form or by any means, electronic, mechanical, photocopying, recording, scanning or otherwise, except as permitted under Sections 107 or 108 of the 1976 United States Copyright Act, without either the prior written permission of the Publisher, or authorization through payment of the appropriate per-copy fee to the Copyright Clearance Center, Inc. 222 Rosewood Drive, Danvers, MA 01923, (978)750-8400, fax (978)750-4470. Requests to the Publisher for permission should be addressed to the Permissions Department, John Wiley & Sons, Inc., 111 River Street, Hoboken, NJ 07030, (201)748-6011, fax (201)748-6008, E-Mail: PERMREQ@WILEY.COM. To order books or for customer service please, call 1-800-CALL WILEY (225-5945).

Color Insert Credits: Frida Kahlo, *Self Portrait with a Monkey*, 1940. Private Collection/Art Resource. Frida Kahlo, *Roots*. Private Collection/SuperStock, Inc. Frida Kahlo, *El camión*, 1929. Oil on canvas, 26×55 cm. Fundación Dolores Olmedo, Mexico City, D.F., Mexico/Art Resource. Frida Kahlo, *The Two Fridas*, 1939. Museo Nacional de Arte Moderno, Instituto Nacional de Bellas Artes, Mexico City, D.F., Mexico/Art Resource.
All of these Frida Kahlo paintings are copyrighted by Banco de México, Diego Rivera & Frida Kahlo Museums Trust. Av. Cinco de Mayo No. 2, col. Centro, Del. Cuauhtemoc 06059, Mexico, D.F. Reproduced with permission.

Photo Credits: P. 1: Sorel/SMPSP//Photofest. P. 25: Hulton Archive/Getty Images. P. 28: Stone/Getty Images. P. 30: Hulton/Archive/Getty Images. P. 54: Toham/The Image Works. P. 59: Tim Page/Corbis Images. P. 66: ©Randy Glasbergen. P. 77: D. Donne Bryant. P. 78: The Image Bank. P. 82: PhotoDisc, Inc./Getty Images. P. 107: Sven Martson/The Image Works. P. 108: Bob Daemmrich/The Image Works. Pp. 124 and 125: ©AP/Wide World Photos. Pp. 132 and 137: Stone/Getty Images. P. 154: Hideo Haga/HAGA/The Image Works. P. 156: Greg Williams/Latin Focus. P. 161: Oller David/Europa Press/Gamma Presse, Inc. P. 184: Photofest. P. 186: Stone/Getty Images. P. 191: ©AP/Wide World Photos. P. 199: Art by Quino. P. 203: ©AP/Wide World Photos. P. 208: Sean Cayton/The Image Works. P. 213: Alex Ocampo/Photoworks/D. Donne Bryant Stock Photography. P. 231: Chip Peterson & Rosa Maria de la Cueva Peterson. P. 236: Corbis Images. Pp. 238 and 242: Stone/Getty Images. P. 260: Syracuse newspapers/The Image Works. P. 263: Marc Romanelli/The Image Bank. P. 284: Peter Menzel. P. 287: Robert Frerck/Odyssey Productions. P. 293: Art by Quino. P. 296: Bob Deammrich/The Image Works. P. 299: *Parábola Óptica*, 1931, by Manuel Alvarez Bravo. Silver gelatin print, 24×18 cm. Restricted gift of the Exchange National Bank of Chicago. ©The Art Institute of Chicago. All rights reserved. P. 322: D. Donne Bryant Stock Photography. P. 324: Caron (NPP) Philippe/Corbis Sygma. P. 349: Manuel Bellver/Corbis Images. P. 352: Stone/Getty Images. P. 357: W. Lynn Seldon Jr./D. Donne Bryant Stock Photography.

ISBN 0-471-20213-4

Printed in the United States of America

10 9 8 7 6 5 4 3 2 1

Repase y escriba is designed for advanced grammar and composition courses. It can be most effectively used in the third or fourth year of college study and can be covered in two semesters or, by judicious selection, in one semester.

We have taken into account the fact that some institutions add a conversation component to their composition courses. In these cases, the *Comprensión*, *Interpretación*, and *Intercambio oral* sections following the *Lectura* will be especially useful. In addition, the themes for composition lend themselves to oral discussion.

This text has the following notable features:

- It emphasizes the everyday usage of educated persons rather than the more formal, literary Spanish. The readings vary in style from the relatively simple journalistic writing in Chapter 1 to the highly original and complex style of Octavio Paz in Chapter 12. (Some of the short stories have been slightly abridged.)

- Significant differences between Peninsular and New World Spanish are pointed out. Whenever possible, the usage that is most widespread is given preference.

- *Repase y escriba* covers the grammar in an orderly fashion. We feel, that an in-depth though not exhaustive coverage of the grammar is essential at this level. We have gone back to a "traditional" approach in grammar explanations, which we have combined with numerous examples and exercises based on everyday life. In this way the rules are not fossils from another age, but rather, they are appropriately treated as the guidelines of a rich, ever-changing live thing: the language.

- The text offers a multitude and a variety of exercises that involve creativity, completion, substitution, and matching. Almost all the exercises are contextualized.

- *Repase y escriba* takes into consideration the special needs of the ever-increasing number of Hispanics in the classrooms of our universities. Spelling and the placement of accents create serious problems for these students as they strive to improve their writing skills. Accordingly, many exercises deal with those matters.

- An appendix that contains a series of charts showing certain grammar topics not included in the body of the text. Instructors are urged to point out the practical value of this appendix.

- Spanish-English and English-Spanish glossaries.

Highlights of the Fourth Edition

We have retained the fundamental structure of the first three editions but we have made the following changes and additions:

- Seven of the fourteen *Lecturas* are new (Chapters 1, 2, 4, 6, 10, 11, 13), with corresponding exercises. Of the new readings, two are from Spain, and the others come from Spanish-speaking areas of the New World.

- In the *Sección léxica*, three *Ampliaciones* (Chapters 1, 2, 4) are new to this edition as are two *Distinciones* (Chapters 11, 13).

- Chapter 4 has been shortened by moving the "Subjunctive with Impersonal Expressions" section to Chapter 5.

- *Ser* and *estar* are now in Chapter 1, and preterite and the imperfect are now in Chapter 2.
- Each chapter is preceded by its own brief outline.
- Those who used the third edition will notice the following:

  Para comprender mejor is now incorporated in the ***Introducción***.

  Repaso léxico, called simply ***Vocabulario***, is now located immediately after the ***Lectura***.

  The ***Ampliación léxica*** and ***Distinciones léxicas*** are found in this edition without their modifiers under the heading ***Sección léxica***.
- Numerous grammatical examples are new.
- Several of the grammar explanations and directions for doing the exercises have been modified to make them more easily understood.

Organization

Lectura

The ***Lectura*** is preceded by an ***Introducción*** on the author and the reading selection, and followed by:

- ***Vocabulario.*** Exercises of different types to review the new vocabulary introduced in the reading.
- ***Comprensión.*** Comprehension questions.
- ***Interpretación.*** Personal reactions related to the reading.
- ***Intercambio oral.*** Designed to stimulate conversation among students.

Sección gramatical

The grammar rules are explained in English to facilitate the students' comprehension while doing their home preparation. A great variety of exercises are interspersed among the grammatical explanations.

Sección léxica

- ***Ampliación.*** Proverbs, idioms, word families, commercial language, etc.
- ***Distinciones.*** English words with more than one Spanish equivalent and Spanish words with more than one meaning in English.

The ***Ampliación*** and ***Distinciones*** sections are largely self-contained so that either or both may be skipped if time does not permit the instructor to cover them.

Para escribir mejor

These sections deal with the mechanics of writing, punctuation, written accents, etc., as well as the art of writing narratives, dialogue, descriptions, letters, and reports.

Traducción. A contextualized passage in English to be translated into Spanish, illustrating the grammatical principles and other matters in the lesson.

Temas para composición. Topics for creative compositions, with guidelines.

Ancillaries

- The workbook complements and expands upon material presented in the textbook. The *Lectura* section provides activities to enhance comprehension of each chapter's reading and to practice the vocabulary introduced. The ***Sección gramatical*** contains numerous exercises, not explicitly related to the chapter's reading, for additional practice of the grammatical points reviewed in the text. The ***Sección léxica*** is comprised of exercises allowing additional practice of the material presented in the corresponding section of the textbook, and the ***Para escribir mejor*** section provides students the opportunity to apply the various guidelines for good writing in Spanish as indicated in the textbook. An answer key for all sections is included at the end of the workbook so that students may correct their own work.

- The online self-tests will allow students to practice vocabulary and grammar structures from each chapter and receive instant feedback. These will provide excellent review practice and preparatory work for tests.

- An answer key for instructors is available on the Internet by logging on to *www.wiley.com/college/dominicis*. It contains answers to exercises that involve translation from English to Spanish, as well as answers for all discrete points.

Acknowledgments

We wish to express our gratitude to Samantha Alducin, Associate Editor, Jessica García, Acquisitions Editor, María F. García, Development Editor and Caroline Sieg, Senior Production Editor, at John Wiley & Sons, who contributed to this edition with their expertise and their diligence, and to Patricia Meoño-Picado for her detailed editorial work.

We are also indebted to our reviewers, friends, and colleagues for their encouragement and helpful observations:

Thomas G. Allen, *University of Wisconsin-Oshkosh*, Raysa E. Amador, *Adelphi University*, Doris Baker, *University of Oregon*, Nancy Christoph, *Pacific University*, David Fiero, *Western Washington University*, Malva E. Filer, *Brooklyn College and the Graduate Center, CUNY*, Jorge A. Giro, *Towson University*, Ann Hughes, *College of Notre Dame of Maryland*, Bart L. Lewis, *The University of Texas at Arlington*, Margaret Mazon, *St. Bonaventure University*, Melanie Nicholson, *Bard College*, Dawn Slack, *Kutztown University of Pennsylvania*, Carmen Sualdea, *Florida State University*, Gloria Velásquez, *California Polytechnic State University-San Luis Obispo*

María Canteli Dominicis

John J. Reynolds

CONTENTS

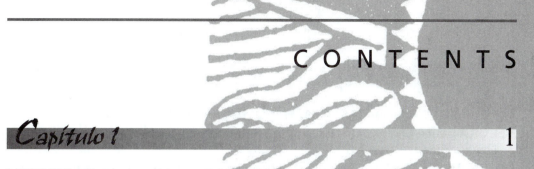

Capítulo 5 108

Capítulo 6 132

Capítulo 7 156

Capítulo 8 186

 *Capítulo 9* 208

Capítulo 10 238

Capítulo 11 262

Capítulo 12 296

 **324**

 **352**

Repase y escriba

Esta es la actriz Salma Hayek, vestida como Frida Kahlo para interpretar el papel de la pintora mexicana en la reciente película sobre su vida. Frida era zurda y Salma tuvo que entrenarse para usar la mano izquierda en la película.

Lectura

Introducción

Esta lectura es un artículo de Elvira de las Casas publicado en la revista *Mira*, y trata de la filmación de una película sobre la vida de Frida Kahlo, con Salma Hayek en el papel principal. Los cuadros de esta pintora mexicana han sido objeto recientemente de una reevaluación.

Frida nació en México en 1907, hija de un fotógrafo húngaro y una mexicana. Sufrió toda su vida de problemas físicos, por la poliomelitis, que la atacó de niña, y por un accidente a los 18 años, que la dejó discapacitada. Fue una mujer de izquierdas, simpatizante del comunismo, y se dice que tuvo relaciones sentimentales con el líder comunista León Trotsky.

Frida visitó más de una vez los Estados Unidos y sus cartas contienen comentarios bastante negativos sobre este país. De «Gringolandia», Frida critica la hipocresía y el puritanismo y los «cocktelitos y parties» que detesta, pero a los cuales tiene que asistir si quiere vender sus cuadros. Al comparar a los norteamericanos con los mexicanos, Frida dice que sus paisanos también hacen «grandes cochinadas» (dirty tricks), pero con cierto sentido del humor. Los «gringos», en cambio, se esfuerzan hipócritamente por parecer respetuosos y decentes, pero son «sangrones» (antipáticos).

Sobre el idioma inglés, Frida dice con ironía y humor: «Ladro (I bark) lo más esencial, pero es dificilísimo hablarlo bien. Sin embargo, me doy a entender, aunque sea con los malvados tenderos (wicked shopkeepers)».

Frida estuvo casada dos veces con el pintor y muralista Diego Rivera, y la relación entre ellos fue tormentosa.

Esta mujer controversial tuvo una vida desgraciada e intentó suicidarse más de una vez. Pocos días antes de su muerte, en 1954, escribió en su diario: «Espero alegre la salida y espero no volver jamás».

El artículo que Ud. va a leer sobre la película de Frida Kahlo es un buen ejemplo del estilo periodístico, más sencillo en vocabulario y expresión que el literario, porque su intención es llegar a un público heterogéneo.

El artículo comienza con una frase que capta inmediatamente la atención del lector: «La actriz mexicana Salma Hayek se salió con la suya» (got her way). Esto motiva al lector a seguir leyendo para saber lo que Salma quería. Efectivamente, en seguida se nos explica que la actriz llevaba seis años soñando con interpretar a Frida Kahlo en una película y que finalmente lo está haciendo.

Ud. verá que en la primera parte se da información general sobre la película y sobre sus actores y actrices.

En la segunda parte, que comienza en la línea 40, se habla sobre Salma y lo que tuvo que hacer y aprender para interpretar bien a Frida. Se puede decir que esta segunda parte termina en la línea 67 con la mención de las rivalidades entre Salma, Madonna y Jennifer López.

A partir de la línea 80, la tercera parte nos va a dar algunos datos sobre Frida y su matrimonio con Diego Rivera. La lectura termina en un círculo, volviendo a la película y anunciando que la proyectada filmación de Jennifer López está suspendida por el momento.

Cuando Ud. lea este artículo en su casa, en preparación para la lectura en clase, le ayudará dividirlo en tres partes y hacer un resumen mental de cada una antes de continuar con la siguiente.

Salma poseída por Frida

La actriz mexicana Salma Hayek se salió con la suya°: después
de seis años acariciando° la idea de protagonizar° una película sobre
la vida de la pintora mexicana Frida Kahlo y sus amores con el
genial muralista Diego Rivera, al fin comenzó el rodaje° en la
5 ciudad de México, Puebla y San Luis Potosí.

La cinta°, producida por Miramar Films y Ventana Rosa, será
filmada en doce semanas, bajo la dirección de Julie Taymor. Salma
se ha propuesto reflejar aspectos poco conocidos de la vida de la
famosa pintora mexicana, así como el ambiente cultural de México
10 a mediados del siglo XX.

Y a juzgar por los detalles que ya se han dado a conocer°,
realmente será una película muy diferente, original y sin censura.
Éstos son algunos de esos detalles.

La filmación se hará a puertas cerradas°, sin acceso siquiera para
15 la familia de la actriz ni nadie ajeno a° la producción.

Salma, con las cejas juntas, el peinado de trenzas° adornado con
flores y el rebozo° que distinguieron a la Kahlo, protagoniza la
película en la que comparte cartelera° con Alfred Molina, en el
papel de Diego Rivera, y Antonio Banderas, que interpreta al
20 muralista David Alfaro Siqueiros. El actor Edward Norton (novio
de Salma) caracteriza° al millonario Nelson Rockefeller, quien le
encomendó° a Rivera el trabajo de un mural en el famoso
Rockefeller Center, pero después lo hizo destruir cuando el pintor
mexicano se empeñó en colocar en su pintura las imágenes de Lenin
25 y Marx.

El reparto está conformado por° actores de diversos países:
Salma, mexicana; Alfred Molina, inglés de padres españoles; Mia
Maestro, cubana; Edward Norton, estadounidense. Alfred Molina, el
actor que encarna° al muralista y esposo de Frida, tuvo que subir de
30 peso y rasurarse° parte de la frente.

Por segunda vez Salma trabajará al lado de Antonio Banderas,
con quien protagonizó el film «Desperado». Sin duda, la
participación de Banderas contribuirá a producir una gran taquilla°
en esta cinta, que abarcará° todos los aspectos de la vida de la
35 pintora.

Esperan convencer a Chavela Vargas (amiga de Frida), de 81
años de edad, para que cante varios temas del film.

Una docena de pintores profesionales trabaja en la recreación de
50 cuadros y murales pintados por Frida y Diego.

40 Frida era del mismo tamaño de Salma. La actriz se ha probado su
ropa y le queda bien. Desde hace varios meses, Salma no se depila°
las cejas, y se rasura el bigotito para que le crezca con más fuerza y
lograr el parecido físico con la pintora, sin necesidad de acudir al
maquillaje.

Glosas marginales:

se... got her way

soñando con / starring in

filming

película

se... have been made
known

a... behind closed doors

ajeno... *no relacionado
con* / braids

shawl, wrap

comparte... shares billing

plays

encargó

El... The cast is made up
of

plays

afeitarse

una... a box office hit

incluirá

no... has not been
plucking

45 Salma tomó clases de pintura para interpretar a Frida, y pintó varios autorretratos que aparecerán en el film, por lo que no usará una doble en las escenas frente al caballete°. «Yo misma me sorprendo cuando veo a los ojos° de la pintura, porque siento que me está observando. Para mí ha sido un *shock*, porque no sabía que
50 tenía este talento, pero creo que me poseyó la mano de Frida», confesó la actriz veracruzana a la prensa.

easel
veo... I look into the eyes

Lo que más trabajo le ha costado a la actriz es aprender a fumar con la mano izquierda, tal como lo hacía la pintora.

Salma no es muy ducha° en el manejo de las armas, por lo que
55 cuando tuvo que disparar una pistola, la escena tuvo que ser repetida cinco veces como mínimo.

experta, hábil

Interpretar a Frida Kahlo ha sido una obsesión para la Hayek, y terminó por ganarle el papel a Madonna. «Es necesario agradecerle a Madonna su pasión por Frida y su interés en el proyecto que atrajo
60 la atención de un público que incluso no sabía° quién era Frida Kahlo», expresó Salma a modo de reconocimiento.

incluso... didn't even know

Y sobre la versión de Jennifer López como Frida Kahlo, no se puede disimular° la rivalidad existente entre las dos divas al decir la Hayek: «Yo me sentiría más tranquila con Madonna interpretando a
65 Frida Kahlo, porque aunque ella no es mexicana, siempre ha admirado el trabajo de la artista, no como otra gente, que solamente se ha interesado en el personaje porque su historia está de moda°».

ocultar

está... is fashionable

Salma se está preparando físicamente para interpretar a Frida con sus limitaciones físicas, que comenzaron cuando contrajo polio a los
70 siete años, dolencia° que le dejó el pie derecho virado° hacia afuera y limitó el crecimiento de esa pierna. Más tarde, cuando estudiaba la preparatoria°, sufrió un aparatoso° accidente cuando el bus en el que viajaba de regreso a casa chocó con un tren y un pedazo de hierro le atravesó° la pelvis y la espalda. Las consecuencias de este accidente
75 se sentirían a lo largo de° su vida, llegando a tener 35 operaciones. Paradójicamente, fue este accidente el que la llevó a pintar. Desde su cama y dentro de su círculo de amistades, entró en contacto con Diego Rivera, con quien contraería matrimonio en 1929, cuando contaba 22 años de edad y Rivera 42.

enfermedad / *torcido*

prep school / *dramático*

went through
a... throughout

80 Este matrimonio tendría ciclos tormentosos°, con infidelidades de parte y parte° y una separación de un año cuando Frida descubrió que su hermana tenía un romance con Rivera. Sin embargo, volvieron a unirse.

stormy
de... *recíprocas*

Salma apresuró la filmación, para que saliera antes que «*The Two*
85 *Fridas*», la versión protagonizada por Jennifer López, en cuyo reparto se habían barajado° los nombres de Leonardo DiCaprio, Richard Gere y Madonna. Ya no tendrá que correr° tanto, pues Jennifer dijo que la filmación de su película fue puesta en suspenso hasta nuevo aviso°.

considerado, mencionado
hurry

hasta... until further notice

APLICACIÓN

A. Vocabulario

Encuentre en la columna de la derecha la definición o sinónimo correspondiente a cada palabra de la lista que está a la izquierda.

1. abarcar *m*
2. ajeno *i*
3. aparatoso *k*
4. a puertas cerradas *h*
5. caballete *f*
6. cinta *a*
7. de parte y parte *q*
8. depilarse *ñ*
9. disimular *l*
10. dolencia *n*
11. ducho *p*
12. empeñarse *d*
13. encomendar *g*
14. gran taquilla *j*
15. protagonizar *e*
16. rasurarse *b*
17. rebozo *c*
18. virado *o*

a. película
b. afeitarse
c. chal mexicano
d. insistir en algo
e. ser el personaje principal
f. donde se pone un cuadro para pintarlo
g. encargar a alguien de algo
h. privadamente
i. no relacionado con algo
j. éxito económico de una película
k. dramático
l. ocultar
m. incluir
n. padecimiento
ñ. sacarse las cejas
o. torcido
p. experto
q. recíproco

B. Comprensión

Conteste.

1. ¿Por qué se dice en la lectura que Salma se salió con la suya?
2. ¿Qué quiere reflejar Salma en la película?
3. ¿Quiénes no podrán ver la filmación?
4. ¿Quiénes actúan en esta película y en qué papeles?
5. ¿Por qué hizo destruir Rockefeller el mural de Diego Rivera?
6. ¿Qué ha hecho Salma para parecerse a Frida?
7. ¿Qué destrezas y hábitos tuvo que desarrollar Salma para hacer esta interpretación?
8. ¿Qué otras actrices querían interpretar a Frida?
9. ¿Qué enfermedad y qué accidente afectaron la vida de Frida?
10. ¿Cómo fue el matrimonio de Frida y Diego Rivera?
11. ¿Qué tuvo que hacer Alfred Molina para parecerse a Diego?
12. ¿Qué pasó con la película de Jennifer López?

C. Interpretación

1. En su opinión, ¿cuál es la razón de filmar esta película a puertas cerradas?

2. Conociendo a los actores y a los personajes que van a interpretar, ¿cree Ud. que los papeles están bien asignados? ¿Por qué (no)?

3. ¿Qué sentimientos tiene Salma con respecto a Madonna y a Jennifer López? Explique en qué se basa Ud. para pensar así.

4. En su opinión, ¿por qué tres actrices tan famosas tenían tanto interés en hacer el papel de Frida?

5. De estas tres actrices, ¿cuál cree Ud. que es la más adecuada para interpretar a Frida? ¿Por qué?

6. En su opinión, ¿ayudará al éxito de la película la presencia de Banderas? ¿Por qué (no)?

7. ¿Cree Ud. que una mujer debe perdonar a su esposo si éste tiene un romance con su hermana? Explique su opinión.

8. ¿Cree Ud. que los problemas físicos de Frida influyeron en su carácter y en su manera de actuar? Explique su opinión.

D. Intercambio oral

1. **Los problemas de los maquillistas.** Comparen fotos de los personajes de esta película y de los actores que los interpretan. ¿Qué problemas especiales tendrán los maquillistas en cada caso? ¿De qué manera ayudan a los maquillistas las computadoras y la tecnología moderna? Los estudiantes comentarán sobre los maquillajes originales y difíciles de algunas películas.

2. **Las ideas políticas.** Frida y Diego tuvieron problemas por sus ideas comunistas. ¿Debe el público tener en cuenta las ideas políticas de un artista cuando evalúa su obra? ¿Hasta qué punto tiene un artista derecho a incluir mensajes políticos en su obra? ¿Y un escritor?

3. **Los actores y actrices de otras culturas.** Hubo un momento en que Madonna fue considerada para hacer el papel de Frida. ¿Puede un actor o actriz de otra cultura interpretar un personaje tan bien o mejor que un actor o actriz de la misma cultura? Ejemplos: Madonna y Faye Dunaway han interpretado a Evita, Faye en una miniserie de televisión. Si los estudiantes han visto ambas películas, compárenlas. También pueden citar otros ejemplos.

4. **Las opiniones negativas de Frida sobre los Estados Unidos.** ¿Tenía razón ella en decir lo que dijo? Defienda a su país o si está de acuerdo con Frida, explique por qué.

5. **Las dificultades de los idiomas.** Frida dijo que «ladraba» el inglés. ¿Es justo comparar este idioma con el sonido desagradable de un perro? El inglés le parece a ella dificilísimo. ¿Es esto cierto? ¿Por que (no)? ¿Es más difícil el inglés que el español? ¿Por qué (no)?

Sección gramatical

Ser

1. **Ser** means *to be* in the sense of *to exist*. Its primary function is to establish identity between the subject and a noun, a pronoun, or an infinitive used as a noun, in order to indicate who someone is or what something is.

En la película la protagonista es una pintora mexicana.	*In the movie the leading character is a Mexican painter.*

| Ella fue quien pintó el cuadro. | *She was the one who painted the picture.* |
| Lo que más le gusta a ella es pintar. | *What she likes best is painting.* |

2. **Ser** is also used to indicate origin, ownership, material, or destination.

—¿De qué parte de Sudamérica eres?	*"From what part of South America are*
—No soy de Sudamérica, soy de	*you?" "I am not from South America,*
México.	*I am from Mexico."*
El caballete era de Diego.	*The easel was Diego's.*
Los rebozos son de algodón.	*The shawls are [made of] cotton.*
¿Para quién son esos tragos?	*For whom are those drinks?*

3. **Ser** has the meaning of *to take place, happen.*

| La exposición fue en otra ciudad. | *The exhibit was in another city.* |

4. **Ser** is the Spanish equivalent of *to be* in most impersonal expressions (i.e., when *it* is the subject of the English sentence). Thus, **ser** is used to tell the time of day, season, month, etc.

Es tarde, son ya las siete y tengo que escribir un ensayo.	*It's late, it's already seven o'clock and I have to write an essay.*
Era verano y todas las ventanas estaban abiertas.	*It was summertime and all the windows were open.*
Fue necesario que se repitiera la escena tres veces.	*It was necessary that the scene be repeated three times.*

5. **Ser**, combined with the past participle, is used to form the passive voice when an agent is expressed or strongly implied.

| La película fue dirigida por una mujer muy famosa. | *The movie was directed by a very famous woman.* |
| Los murales fueron bien acogidos por el público. | *The murals were well received by the public.* |

This true passive is used in Spanish less often than in English. (For a more complete discussion of the passive voice, see chapter 12.)

6. **Ser**, combined with an adjective, tells us some essential characteristics of a person or thing.

El filme es muy diferente y original.	*The film is very different and original.*
—¿Cómo es la esposa del muralista?	*"What is the muralist's wife like?"*
—Es muy inteligente y atractiva.	*"She is very intelligent and attractive."*

7. **Ser** indicates the social group to which the subject belongs. Examples of social groups are **joven, rico, pobre, viejo, millonario, católico, comunista**. Trades and professions also fall into this category.

| Aunque sus padres son millonarios, Julián es socialista. | *Although his parents are millionaires, Julián is a socialist.* |

En mi familia, todas las mujeres son médicas.	*In my family all the women are medical doctors.*
La actriz es mexicana y muy ambiciosa.	*The actress is Mexican and very ambitious.*

APLICACIÓN

A. Hágale las siguientes preguntas a un/a compañero/a, quien contestará con oraciones completas.

1. ¿Quién eres? ¿Qué eres? ¿De dónde eres? ¿Cómo eres?

2. ¿Eres pobre o rico/a? ¿Eres extranjero/a? ¿Eres millonario/a?

3. ¿Qué es tu padre? ¿Qué es tu madre? ¿Son jóvenes tus padres o son de mediana edad? ¿Quién es el más joven de tu familia?

4. ¿De quién es la casa donde vives? ¿De qué es tu casa? ¿Cómo es? ¿En qué año, aproximadamente, fue construida?

5. ¿Qué hora es? ¿Qué día de la semana es? ¿Qué mes es? ¿Qué estación es?

6. ¿En qué año fuiste aceptado/a como estudiante por esta universidad? ¿Es difícil o es fácil ser aceptado aquí?

7. ¿Quién es la persona a quien admiras más? ¿Qué es lo que admiras de esta persona?

8. ¿Cuándo será nuestra próxima clase? ¿Dónde será?

B. Complete de manera lógica, usando *ser*.

1. A Gloria le gustan mucho las matemáticas, por eso trabaja con números; ella...

2. La blusa de mi amiga es de seda, pero la mía...

3. Hoy es el cumpleaños de mi amigo y este pastel...

4. Soy muy diferente de mi hermano: él es bajo y gordo y yo...

5. Mi casa tiene un jardín muy hermoso y, si el sábado hace buen tiempo, la fiesta...

6. Mi familia es protestante, pero yo...

7. ¿Sabes quién llamó antes? Sospecho que...

8. Siempre ayudo a mis amigos todo lo que puedo, porque...

9. Los muebles de mi habitación son de mi hermano, pero el televisor...

10. ¡Qué extraño! Hoy hace calor, aunque...

C. Complete de manera original.

1. Es evidente que...

2. Mis abuelos eran de...

3. El coche en el cual ando es de...

4. Nuestro próximo examen será...

5. Las flores que compré eran para...

6. Lo que más me gusta hacer en el verano es...

7. En el futuro, quisiera ser...

8. Mi profesor/a de español es de...

9. Creo que este libro es...

10. Mi actor y actriz favoritos son...

Estar

Unlike **ser, estar** never links the subject with a predicate noun, pronoun, or infinitive. **Estar** may be followed by a preposition, an adverb of place, a present participle (**gerundio**), a past participle, or an adjective.

1. **Estar** expresses location, in which case it is usually followed by a preposition or an adverb.*

Cancún está en México.	*Cancún is in Mexico.*
La pistola está en la gaveta.	*The pistol is in the drawer.*
La playa está lejos de nuestra casa.	*The beach is far from our home.*

2. **Estar** combined with the present participle (**-ndo** form) forms progressive tenses.**

Estuvimos ensayando todo el día.	*We were rehearsing the whole day.*
Estás hablando más de la cuenta.	*You are talking too much.*

3. Combined with adjectives or past participles, **estar** refers to a condition or state of the subject.

No pude filmar la escena, porque mi cámara estaba rota.	*I couldn't film the scene because my camera was broken.*
Frida está triste y enferma.	*Frida is sad and sick.*
A pesar de la operación, estaba peor.	*In spite of the operation, she was worse.*

4. Used with an adjective or past participle, **estar** may also refer to a characteristic of the subject as viewed subjectively by the speaker or writer. In this case, **estar** often conveys the idea of: *to look, to feel, to seem, to act.*

Ud. está muy pálida hoy.	*You are very pale today. (You look pale to me.)*
Ayer vi a tu niño; está muy alto.	*I saw your child yesterday; he is very tall. (In the speaker's opinion, the child has grown a lot.)*
Sarita estuvo muy amable con nosotros en la fiesta.	*Sarita was (acted) very nice to us at the party.*
Hace frío hoy, pero ¡qué calientita está el agua de mi piscina!	*It's cold today but the water in my swimming pool is (feels) nice and warm.*

---

*Exception: Occasionally **ser** is combined with adverbs of place to refer to location. Such is the case, for instance, of the person who gives directions to the taxi driver saying:

Es allí en la esquina.   *My destination is (that place) there, at the corner.*

Avoid using the progressive form with verbs implying movement: **ir, venir, entrar, salir. They are in the progressive only in very special cases. Also do not use the progressive when the English expression is equivalent to a future: *We are buying (We will buy) a new car next fall.* (See chapter 13.)

5. **Estar** + past participle refers to a state or condition resulting from a previous action.

El caballete está roto; lo rompieron los niños.	*The easel is broken; the children broke it.*
La puerta estaba cerrada; la había cerrado el portero.	*The door was closed; the doorman had closed it.*
Estuvieron casados varios años, pero ahora están divorciados.	*They were married for several years but they are now divorced.*

Observe that **ser** + past participle = action; **estar** + past participle = resulting state or condition. (For further discussion of **estar** + past participle [the apparent passive], see chapter 12.)

APLICACIÓN

A. ¿Dónde están? Señale, con oraciones completas, la situación de objetos y personas en la clase: libros, tizas, las mochilas de los estudiantes, los estudiantes, el / la profesor/a, las ventanas, la puerta, etc.

B. Escena mañanera. Cambie los verbos en cursiva al presente del progresivo.

Son las siete y la pequeña ciudad *despierta* con el bullicio acostumbrado pero, como es sábado y no hay escuela, los niños todavía *duermen*. Paula *riega* las plantas del jardín. *Canturrea* una tonada popular. *Mira* a Francisco, que *poda* el seto junto a la calle. «Las plantas *crecen* mucho últimamente» piensa Paula. En el caminito de piedra que conduce a la casa, el gato negro *se lame* las patitas delanteras. Al fondo del jardín, el perro *mueve* con gran agitación la cola porque acaba de divisar a una ardilla que *construye* su nido en la rama de un árbol. Ahora el perro le *ladra* a la ardilla con insistencia. Paula lo llama, porque es temprano y los ladridos *molestan* a los vecinos.

C. Situaciones y estados. Combine *estar* con los adjetivos de (b) para expresar cómo se sentiría Ud. en las circunstancias que se explican en (a). Use más de un adjetivo en cada caso si es posible. Añada además una breve explicación.

(a)

1. Ud. se ha preparado con cuidado para una entrevista de empleo, pero cuando llega al lugar, le dicen que ya contrataron a otra persona.

2. Ud. va a ver por primera vez a una persona del sexo opuesto a quien conoció por la sección de anuncios de un periódico.

3. Acaba de mudarse solo/a y ha pintado su nuevo apartamento sin ayuda de nadie. Ha sido un trabajo muy arduo, pero cuando termina, piensa que todo quedó muy bonito.

4. Está en una fiesta. Tropieza con un/una joven, y la bebida que llevaba en la mano se derrama sobre el traje de él / ella.

5. ¡Por fin va a realizar el sueño de su vida! Como premio por sus buenas notas, sus padres le han regalado un viaje al Japón.

6. Ud. está en un banco haciendo un depósito, y la cajera le dice que los cuatro billetes de $50 que Ud. acaba de darle son falsos.

7. Hace dos semanas le prestó un libro de la biblioteca a un amigo, que le prometió devolverlo al día siguiente. Ahora ha recibido una carta que le informa que el libro no ha sido devuelto y que tiene que pagar una multa.

8. Su novio/a le ha prestado su coche nuevo. En una esquina se descuida, no ve el semáforo en rojo, y choca con otro auto. Por suerte, Ud. está ileso/a, pero el precioso coche de su novio/a parece un acordeón.

(b)

ansioso/a, alegre, avergonzado/a, cansado/a, confundido/a, contento/a, decepcionado/a, defraudado/a, desesperado/a, emocionado/a, enojado/a, exhausto/a, frustrado/a, furioso/a, ilusionado/a, nervioso/a, orgulloso/a, satisfecho/a, temeroso/a, triste

D. Después del huracán. Su familia tiene una casa de verano en el campo. Hubo un huracán y Uds. van a inspeccionar los daños en la propiedad. Exprese el estado resultante en cada caso.

Modelo: El sótano de la casa se inundó.
            → *El sótano de la casa está inundado.*

1. Una sección del techo se hundió.
2. Varios árboles cayeron al suelo.
3. El establo se llenó de agua.
4. El caballo y dos de las vacas murieron.
5. Algunas paredes se rajaron.
6. La fuerza del huracán arrancó los arbustos.
7. El río se desbordó.
8. Se rompieron los vidrios de las ventanas.
9. El agua destruyó el jardín.
10. El viento derribó las cercas.

E. Doña Amparo es una señora muy criticona. Asiste a la boda de una sobrina y hace comentarios sobre el acto y los invitados. Exprese Ud. la opinión personal de doña Amparo usando *estar* + adjetivo.

Modelo: A todos les gustó el pastel de boda, pero a mí no.
            → *El pastel no estaba bueno.*

1. Josefina tiene mi edad, pero parece tener diez años más.
2. La novia no es fea, pero en la ceremonia no se veía bien.
3. El traje que llevaba mi cuñada parecía antiguo.
4. No me gustaron las flores que llevaba la novia.
5. La fiesta no me pareció muy divertida.
6. No sirvieron suficiente comida.
7. Mi sobrina actuó un poco fríamente conmigo.
8. Pero, a pesar de tantas cosas negativas, la boda me gustó.

SER / ESTAR + CALIENTE, FRÍO, FRIOLENTO, *AND* CALENTURIENTO		
	ANIMATE REFERENCE	**INANIMATE REFERENCE**
1. ser caliente	*hot* (vulgar), *passionate* (sexual connotation; characteristic)	*warm* (normally of warm temperature)
2. ser frío	*cold* (having a cold personality)	*cold* (normally of cold temperature)
3. ser friolento	*sensitive to the cold*	(not applicable)
4. estar caliente	*hot* (to the touch); *hot* (vulgar) (sexual connotation; condition)	*hot* (to the touch), (having a high temperature at a given time)
5. estar frío	*cold* (to the touch)	*cold* (to the touch), (having a low temperature at a given time)
6. estar calenturiento	*feverish*	(not applicable)

Examples:
Animate reference

Arturo es muy frío y no nos recibió con afecto.	*Arturo has a cold personality and he didn't receive us warmly.*
Lucía siempre lleva un abrigo de pieles porque es muy friolenta.	*Lucía always wears a fur coat because she is very sensitive to the cold.*
—Estás caliente, creo que tienes fiebre—, dijo mi madre.	*"You're hot: I think you have a fever," said my mother.*
Cuando la ambulancia llegó, el hombre estaba frío y pálido; parecía muerto.	*When the ambulance arrived, the man was cold and pale; he looked dead.*
Creo que tengo gripe. Estoy calenturiento y me duele la cabeza.	*I think I have the flu. I'm feverish and my head aches.*

Inanimate reference

Mi habitación es muy caliente porque le da el sol por la tarde.	*My room is very warm because the sun hits it in the afternoon.*
Tierra del Fuego era fría e inhóspita.	*Tierra del Fuego was cold and inhospitable.*
Cuidado. No te quemes. La sopa está caliente.	*Be careful. Don't burn yourself. The soup is hot.*
No puedo planchar con esta plancha porque está fría.	*I can't work with this iron because it's cold.*

Do not confuse *hot* referring to temperature with *hot* meaning *spicy* (= **picante**).

Si le pones tanto chile a la comida, quedará muy picante.	*If you put so much hot pepper in the food it will be too hot.*

CHANGES IN MEANING OF SOME ADJECTIVES

Some adjectives (and past participles) have different meanings depending on whether they are combined with **ser** or **estar**.

	WITH **SER**	WITH **ESTAR**
aburrido	*boring*	*bored*
borracho	*a drunk(ard)*	*drunk*
bueno	*good*	*in good health*
callado	*quiet*	*silent*
cansado	*tiring*	*tired*
completo	*exhaustive, total*	*not lacking anything*
consciente*	*conscientious*	*aware of, conscious*
despierto	*alert, bright*	*aware*
divertido	*amusing*	*amused*
entretenido	*entertaining*	*occupied (involved)*
interesado	*(a) mercenary (person)*	*interested*
listo	*witty, clever*	*ready*
malo	*bad*	*sick*
nuevo	*brand-new*	*like new*
seguro	*sure to happen, safe (reliable)*	*certain, sure (about something)*
verde	*green (in color)*	*unripe*
vivo	*lively, witty, bright (color)*	*alive*

---

*In Spain and some Spanish American countries like Colombia, **ser consciente de** is used to mean *to be aware of.*

La chica no es callada, pero estaba callada en la fiesta porque no conocía a nadie y estaba aburrida.

The young girl is not a quiet person, but she was silent at the party because she didn't know anyone and she was bored.

El padre es borracho e interesado, pero los hijos son buenos y listos.

The father is a drunk and a mercenary person but the children are good and clever.

El chofer del coche no estaba consciente, aunque el médico estaba seguro de que estaba vivo.

The driver of the car wasn't conscious; although the doctor was sure that he was alive.

APLICACIÓN

Decida qué forma verbal completa correctamente cada oración.

1. El examen médico de los astronautas (fue / estuvo) completo; necesitábamos (ser / estar) seguros de que (eran / estaban) listos para el vuelo espacial.

2. Mi habitación (es / está) muy fría y, como (soy / estoy) friolento, sufro mucho en el invierno.

3. Esa fruta (es / está) verde de color, pero no (es / está) verde; (es / está) lista para comer.

4. Un individuo que (es / está) consciente no maneja si (es / está) borracho.

5. Debes (ser / estar) seguro de que el horno (es / está) caliente antes de meter el pastel.

6. El niño (es / está) malo hoy; (es / está) calenturiento.

7. A veces (soy / estoy) aburrido en esa clase porque, aunque el profesor (es / está) bueno, (es / está) un poco aburrido.

8. (Soy / Estoy) cansado de ver paredes blancas; quiero una habitación cuyos colores (sean / estén) vivos.

9. El negocio (es / está) muy seguro y, como doña Alicia (es / está) una persona interesada, la garantía de ganar dinero la hará invertir en él.

10. La abuela de Irene (es / está) viva, aunque tiene ya noventa años; sus otros abuelos (son / están) muertos.

11. El chico (era / estaba) callado y tímido y siempre (era / estaba) entretenido sacando crucigramas.

12. La fiesta (fue / estuvo) muy divertida, pero bailé tanto que ahora (soy / estoy) muy cansada.

13. —José, ¿(eres / estás) despierto? —No, porque sé lo que vas a decirme y no (soy / estoy) interesado en oírlo.

14. El juego de herramientas que vende Toño (es / está) completo, no le falta ni una pieza y, como Toño es muy cuidadoso con sus cosas, (es / está) nuevo.

15. Esta computadora (es / está) nueva, pero no (es / está) buena, o tal vez yo no (soy / estoy) bastante listo para usarla.

16. El enfermo (es / está) consciente desde ayer; creo que (será / estará) bueno pronto.

ADJECTIVES, PAST PARTICIPLES, AND IDIOMATIC EXPRESSIONS THAT ARE USED WITH *ESTAR* ONLY	
asomado (a la ventana)	*looking out (the window)*
arrodillado*	*kneeling*
ausente	*absent*
colgado*	*hanging*
contento**	*in a happy mood*
de acuerdo	*in agreement*
de buen (mal) humor	*in a good (bad) mood*
de guardia	*on duty, on call*
de moda (pasado de moda)	*fashionable (out of style, unfashionable)*
de pie, parado*	*standing*
de vacaciones	*on vacation*
descalzo	*barefoot*
escondido*	*hiding*
presente	*present*
satisfecho	*satisfied*
sentado*	*sitting*

Notice that the English equivalents of these past participles are usually present participles (-ing* forms).
Unlike **contento, the adjective **feliz** is normally used with **ser**. However, in the spoken language in some Spanish-American countries, **estar** may be used with **feliz**.

APLICACIÓN

Invente un comentario adecuado para cada una de estas afirmaciones, utilizando expresiones de la tabla anterior.

Modelo: Trato de hacer bien las cosas, pero mi jefe es demasiado exigente.
  → *Es verdad. Nunca **está satisfecho** con el trabajo de sus empleados.*

1. Todos los vestidos que vi en la tienda eran de poliéster.
2. Tengo un Picasso en la sala de mi casa.
3. Cuando lo vimos, caminaba por la calle sin zapatos.
4. Mi esposa y yo nunca discutimos.
5. Don Jesús tiene muy mal carácter.
6. El acusado no permanece sentado cuando leen la sentencia.
7. Espero con ansiedad el final del año escolar.
8. La policía lleva tres días buscando al ladrón, pero no lo encuentra.
9. A mi abuela le gusta mirar a los que pasan por la calle.
10. Todos fuimos testigos de lo que sucedió.
11. ¡Saqué una A en el último examen!
12. Susita frotaba con una toallita la mancha de la alfombra.
13. El soldado no puede salir esta noche con su novia.
14. Bebita no vino hoy a clase.

COMMON COMBINATIONS OF PAST PARTICIPLE/ADJECTIVE AND PREPOSITION THAT REQUIRE *SER*			
aficionado a	*fond of*	**idéntico a**	*identical to, with*
amigo de	*fond of*	**parecido a**	*similar to*
(in)capaz de	*(in)capable of, (un)able to*	**(im)posible de** + inf.	*(im)possible to*
difícil de + inf.	*hard, difficult to*	(def. art.) + **primero en**	*the first one to*
enemigo de	*opposed to*	**responsable de**	*responsible for*
fácil de + inf.	*easy to*	(def. art.) + **último en**	*the last one to*

Mi hermano es muy aficionado al boxeo, pero yo soy enemigo de los deportes violentos.

My brother is very fond of boxing but I am opposed to violent sports.

Si eres capaz de convencer a Pablo de que vaya de compras, yo seré la primera en felicitarte.

If you are able to convince Pablo to go shopping, I'll be the first one to congratulate you.

Observe the difference between **difícil (fácil, imposible,** etc.) + infinitive and **difícil (fácil, imposible) de** + infinitive:

Sus instrucciones eran siempre difíciles (fáciles, imposibles) de seguir.

His instructions were always hard (easy, impossible) to follow.

(**Difíciles [fáciles, imposibles] de seguir** are adjectival phrases referring to **sus instrucciones**.)

But:

Siempre era difícil (fácil, imposible)
seguir sus instrucciones.

It was always difficult (easy, impossible)
to follow his instructions.

(In Spanish, **seguir sus instrucciones** is the subject of **era difícil [fácil, imposible,** etc.])

A useful rule regarding these constructions: **de** is not used when the infinitive is followed by an object or clause.

COMMON COMBINATIONS OF PAST PARTICIPLE/ADJECTIVE AND PREPOSITION THAT REQUIRE *ESTAR*			
acostumbrado a	*used to*	**enemistado con**	*estranged from, an enemy of*
ansioso por (de)	*anxious to*		
cansado de	*tired of*	**libre de**	*free from*
cubierto de	*covered with*	**listo para**	*ready to*
decidido a	*determined to*	**loco de**	*crazy with*
		loco por	*most anxious to*
(des)contento de (con)	*(un)happy with*	**lleno de**	*filled with*
disgustado con	*annoyed with*	**peleado con**	*not on speaking terms with*
dispuesto a	*willing to, determined to*		
enamorado de	*in love with*	**rodeado de**	*surrounded by*
encargado de	*in charge of*	**vestido de**	*dressed in, dressed as*

Estoy loca por terminar esta lección.

I am most anxious to finish this lesson.

El niño se puso loco de contento cuando vio tu regalo.

The child went crazy with joy when he saw your gift.

Dámaso dijo que estaba dispuesto a hacer el viaje, pero que todavía no estaba listo para salir.

Dámaso said that he was determined to take the trip but that he wasn't ready to leave yet.

¡Los escritorios están cubiertos de polvo! ¿Quién está encargado de la limpieza?

The desks are covered with dust! Who is in charge of the cleaning?

APLICACIÓN

A. Traduzca.

1. Luisita, I am not responsible for your new schedule. I know that you are annoyed with the strange hours and that you are determined to change them. I would be the last one to suggest that you keep this schedule. But it was all your fault: your handwriting is very difficult to read and the person who was in charge of registration was not able to understand it.

2. I am not very fond of washing cars, but mine is covered with mud and I am willing to wash it. I am tired of driving a dirty car.

3. Olga, who is married to a policeman, was at the party. She was dressed in blue. I am not on speaking terms with her, but I must confess that she looked pretty. Soon she was surrounded by admirers. She was filled with pride. Her husband, who is very much in love with her, was mad with jealousy. I was very annoyed with this situation but for a different reason: her dress was almost identical to mine!

[handwritten annotations above text: está casada con, está en, está (vestida de), estoy peleado con, estaba guapa, estaba llena de]

B. Clasifique las siguientes cosas de acuerdo con su opinión personal, usando, en oraciones completas, las expresiones *fácil (difícil, casi imposible) de hacer; fácil (difícil, casi imposible) de comprender; fácil (difícil, casi imposible) de resolver.*

1. Hacer un acto en un trapecio.
2. Usar correctamente *ser* y *estar.*
3. Ahorrar suficiente dinero para ser millonario.
4. Montar en bicicleta.
5. La teoría de la relatividad.
6. La primera lección de este libro.
7. La última explicación que dio el / la profesor/a.
8. Las complicaciones del déficit en el presupuesto de los Estados Unidos.

C. Complete estas narraciones con la forma apropiada de *ser* o *estar.*

1. Un viaje a Bogotá.

   Se dice que Bogotá _está_ en el centro de todos los caminos de Colombia porque las instituciones más importantes del país _están_ concentradas en la capital. Santa Fe de Bogotá _fue_ fundada por Gonzalo Jiménez de Quesada y _fue_ llamada así por el nombre de Bacatá, que _era_ la villa indígena que _estaba_ en este lugar cuando llegaron los españoles. Bogotá _está_ en un valle y _está_ rodeada de altos picos montañosos. Muchas de sus calles _son_ estrechas y retorcidas, porque _fueron_ trazadas en la época colonial. El centro de la ciudad _es_ un muestrario de diversos estilos arquitectónicos.

   Uno de los sitios más famosos de Bogotá _es_ el Museo del Oro, donde hay unas 35.000 piezas precolombinas de oro. Tal riqueza artística no _es_ sorprendente, porque antes de la llegada de los españoles, la región _estaba_ habitada por los chibchas, que _eran_ excelentes artesanos. Muchas de las piezas de oro que hay en el museo _son_ joyas y objetos ceremoniales, y la mayoría de ellas _están_ muy bien conservadas.

2. Manzanillo.

   Antes de la llegada de los españoles, Manzanillo _era_ un pequeño pueblo de agricultores y pescadores. Después que México _fue_ independiente, en 1825, Manzanillo _fue_ nombrado puerto oficial. En aquella época, la mercancía que traían los buques *era* enviada a las ciudades del interior por medio de mulas. Hoy Manzanillo *es* el puerto principal del Pacífico mexicano. Manzanillo *esta* en la llamada «Costa Dorada» de México y su clima *es* cálido todo el año. El lugar *es* conocido sobre todo por el hotel Las Hadas, que *fue* construido hace más de veinte años por el magnate Antenor Patiño, quien *es* de Bolivia. El sueño de Patiño *fue* hecho realidad en un edificio de estilo único donde *estan* representados elementos moriscos, españoles y mexicanos. En Manzanillo *esta* el Rancho Majahua, un verdadero paraíso ecológico, que *esta* lleno de jaguares, armadillos, mapaches y aves. Las villas de este rancho *fueron* construidas de materiales primitivos y *estan* rodeadas de árboles. El atractivo mayor de unas vacaciones en este rancho *es* el contacto con la naturaleza.

3. La finca «El Paraíso».

    Llegamos a «El Paraíso» y nos dicen que la finca _____ de don Abundio Vargas. Don Abundio _____ un hombre de setenta años, pero _____ bastante conservado y parece _____ diez años más joven. De joven _____ en la revolución; ha _____ general y _____ condecorado varias veces por su valor. _____ un hombre alto y recio; su cara _____ expresiva y _____ tostada por el sol. Don Abundio _____ viudo. Sus hijos _____ ya hombres y mujeres y _____ viviendo en la ciudad; sólo _____ con el padre Clotilde, que _____ la menor. Aunque nos han dicho que don Abundio _____ un hombre callado, _____ muy hablador con nosotros esta tarde. Le explicamos que _____ buscando a Cirilo Cruz, que _____ capataz de «El Paraíso» por muchos años. Don Abundio no sabe dónde _____ Cruz ni qué _____ haciendo en esos días. Dice que Cruz _____ un excelente capataz, pero que _____ viejo y achacoso y por eso ha dejado el empleo.

Sección léxica

Ampliación: Oficios y profesiones

En la lectura se encuentran varias ocupaciones: actor (actriz), artista, cantante, fotógrafo/a, líder, muralista, pintor/a, tendero/a.

En español, los nombres de muchos oficios y profesiones derivan de nombres o verbos relacionados con lo que hace la persona. Las siguientes terminaciones son las más comunes:

1. **-ero/a**

banco	banquero/a	pandilla	pandillero/a
carne	carnicero/a	pelo	peluquero/a
cerradura	cerrajero/a	pelota	pelotero/a
consejo	consejero/a	repostería	repostero/a
enfermo	enfermero/a	taquilla	taquillero/a
leche	lechero/a	tienda	tendero/a
pan	panadero/a	vaca	vaquero/a

2. **-or/a**

composición	compositor/a	impreso	impresor/a
contar	contador/a	oración	orador/a
diseñar	diseñador/a	predicar	predicador/a
domar	domador/a	presentar	presentador/a
escrito	escritor/a	senado	senador/a
gobernar	gobernador/a	traducir	traductor/a

3. **-ista** (común a ambos géneros)

almacén	almacenista	maquillaje	maquillista
arte	artista	masaje	masajista
ascensor	ascensorista	moda	modista*
comisión	comisionista	órgano	organista
electricidad	electricista	telégrafo	telegrafista
laboratorio	laboratorista	trapecio	trapecista
	(técnico de laboratorio)		

4. **-ante** (común a ambos géneros)

canto	cantante	fábrica	fabricante
comedia	comediante	representar	representante
comercio	comerciante	tripular	tripulante
dibujo	dibujante	viajar	viajante

5. **-ente****

agencia	agente	gerencia	gerente
asistir	asistente/a	presidir	presidente/a
dirigir	dirigente (obrero,	servir	sirviente/a
	estudiantil)		

---

*Modista** generalmente se usa como equivalente de *seamstress*, mientras que **modisto** equivale a *couturier*.

La Real Academia Española acepta ahora la terminación en **a para estos grupos, pero hay vacilación en el uso de formas femeninas para los sustantivos en **-ante** y algunos sustantivos que terminan en **-ente**.

6. -ario/a

antigüedad	anticuario/a	función	funcionario/a
biblioteca	bibliotecario/a	secreto	secretario/a
empresa	empresario/a		

Los nombres de muchas otras ocupaciones se forman de manera irregular. Algunos ejemplos son:

albañil	*brick layer*	fiscal	*district attorney*
alcalde, alcaldesa	*mayor*	juez	*judge*
bailarín, bailarina	*dancer*	ministro/a	*minister*
campesino/a	*peasant*	monja	*nun*
cirujano/a	*surgeon*	monje	*monk*
cónsul	*consul*	payaso/a	*clown*
cura	*priest*	químico/a	*chemist*
dramaturgo/a	*playwright*	rabino	*rabbi*
farmacéutico/a	*pharmacist*	sastre	*tailor*

En el pasado, las formas femeninas de muchas ocupaciones se usaban para referirse a las esposas de los hombres que tenían esas ocupaciones. Varios personajes literarios pueden servir de ejemplo: la Molinera, protagonista de *El sombrero de tres picos* de Alarcón, la Regenta, personaje de la novela de Clarín del mismo nombre, la Zapatera en la farsa de García Lorca *La zapatera prodigiosa*. Hoy, el que tantas mujeres hayan entrado en nuevas profesiones y oficios ha hecho que la Real Academia acepte muchas formas femeninas, y la gente dice: **la abogada, la arquitecta, la boxeadora, la cartera, la jueza, la médica, la sastra**. Hay cierta vacilación, sin embargo, y muchos todavía prefieren decir **el / la albañil, el / la cónsul, el / la fiscal, el / la juez, el / la sastre, el / la piloto**.

APLICACIÓN

A. Diga cómo se llama una persona que...

1. compone música.
2. traduce.
3. representa a su país en el extranjero.
4. es un médico que opera.
5. es miembro de la tripulación de un barco.
6. pronuncia discursos.
7. toca el órgano en la iglesia.
8. es dueño de un banco o tiene una posición importante en un banco.
9. trabaja en una imprenta.
10. vende cosas y recibe un porcentaje como compensación por su trabajo.
11. es dueño de un almacén.
12. arregla y corta el pelo.
13. cuenta chistes o actúa en comedias.
14. se dedica al comercio.
15. es el jefe de un hotel, banco o negocio.
16. es dueño de una fábrica.
17. escribe obras de teatro.
18. prepara las planillas de impuestos de la gente.
19. organiza negocios, espectáculos o empresas.

B. Explique lo que hacen...

1. un cerrajero
2. una masajista
3. un bibliotecario
4. una secretaria
5. un ascensorista
6. un zapatero

7. un telegrafista
8. un albañil
9. una sirvienta
10. un pandillero
11. un maquillista
12. una agente de viajes

C. ¿Qué cuida?

1. un vaquero

2. una tendera

D. ¿Qué vende?

1. una taquillera
2. un lechero
3. una panadera

4. un anticuario
5. un carnicero

E. Las listas anteriores contienen tres ocupaciones propias de un circo. Busque cuáles son y explique en qué consisten.

F. Diga qué ocupaciones de estas listas se relacionan con la religión y explique en qué consisten.

G. Diferencias. Explique las diferencias entre...

1. un cocinero, un chef y un repostero.
2. un abogado defensor, un juez y un fiscal.
3. un presidente, un gobernador, una alcaldesa, una senadora, un representant, un funcionario público.
4. un modisto, una modista, un diseñador, un sastre.

H. ¿Quién habla? Identifique las ocupaciones de las siguientes personas basándose en lo que dicen.

1. Trabajo en un laboratorio.
2. Bailo en comedias musicales.
3. Cultivo la tierra.
4. No soy secretario, pero ayudo a mi jefe en todo.
5. Viajo de un pueblo a otro vendiendo varios productos.
6. Acabo de grabar un nuevo disco de canciones románticas.
7. Instalo lámparas y cables eléctricos.
8. Mi profesión da más dinero que las otras. ¡Varios millones de dólares por jugar en las Grandes Ligas!
9. Organizo a los trabajadores para que reclamen sus derechos.
10. Mi último libro es un *best-seller*.

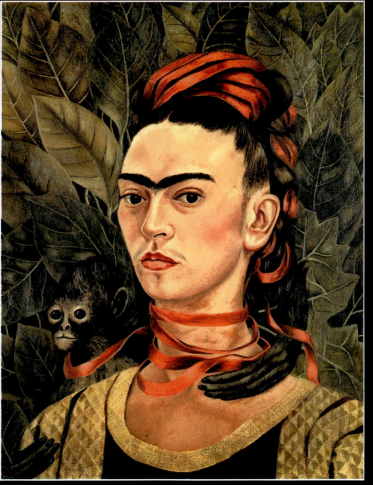

Autorretrato de Frida con un mono, (1940). Frida era muy amante de estos animales y los utilizó como motivo en varios de sus cuadros. Fíjese en el fondo con vegetación propia de selva. *(Private Collection/Art Resource. ©Banco de México Diego Rivera & Frida Kahlo Museums Trust, Mexico, D.F.)*

El camión. Esta es una obra temprana de Frida. (En México se usa la palabra camión para autobús.) En este camión antiguo están simbolizados distintos niveles de la sociedad mexicana de la época: el ama de casa que va de compras al mercado con su canasta, el obrero con una llave inglesa en la mano, la mujer indígena que anda descalza y carga a su bebé en el rebozo; y por último, la familia de clase media alta. Estos se reconocen porque van bien vestidos, y el hombre indica que tiene dinero por la bolsa que lleva en la mano. *(Fundación Dolores Olmedo, Mexico City, D.F., Mexico. ©Banco de México Diego Rivera & Frida Kahlo Museums Trust, Mexico, D.F.)*

Este cuadro se titula *Raíces*. Observe el carácter surrealista de la escena. Las ramas salen del pecho de Frida y se extienden echando raíces para unirse a la tierra que ella tanto amaba. *(Private Collection/SuperStock, Inc. ©Banco de México Diego Rivera & Frida Kahlo Museums Trust, Mexico, D.F.)*

Este cuadro, titulado *Las dos Fridas*, fue pintado en 1939, el año de su divorcio de Diego, y se ha interpretado de diferentes maneras. Según una de las interpretaciones, la Frida de la derecha representa su ascendencia indígena por parte materna; la de la izquierda, la Frida europea por parte de su padre. Los corazones de ambas se comunican, pero observe que la arteria de la Frida indígena está unida a un objeto que ella tiene en la mano. Se dice que este objeto es un retrato de Diego Rivera cuando era niño, que ella llevaba siempre como amuleto. La otra Frida ha cortado esta conexión con unas tijeras, y la arteria sangrante le mancha el vestido. *(Museo Nacional de Arte Moderno, Instituto Nacional de Bellas Artes, Mexico City, D.F., Mexico/Art Resource. ©Banco de México Diego Rivera & Frida Kahlo Museums Trust, Mexico, D.F.)*

I. Explique, oralmente o por escrito, los siguientes puntos.

1. Las diferentes especialidades que pueden tener un dibujante y un pintor, y las diferencias entre un pintor y un muralista.

2. Cómo será el día típico de la presentadora de un programa de televisión.

3. Las satisfacciones y los problemas que tiene un actor o actriz famoso/a.

4. El trabajo de una consejera universitaria.

5. El control que los modistos tienen sobre la gente.

6. Las responsabilidades de un enfermero y una farmacéutica.

7. Por qué es o no es posible que los Estados Unidos tengan pronto una presidenta.

8. Los trabajos que a Ud. le gustaría más o menos hacer.

Distinciones: Equivalentes de to know

1. Cuando *to know* significa «tener conocimientos o información sobre algo», su equivalente es **saber**.

¿Sabes el camino?	*Do you know the way? (Do you know which is the right way?)*
Sé que tengo que estudiar mucho para pasar este curso.	*I know that I have to study a lot in order to pass this course.*
No sabíamos a qué hora empezaba la función.	*We didn't know at what time the show was supposed to begin.*

2. **Saber** + infinitivo significa *to know how*.

A los tres años de edad, ya Rubén Darío sabía leer y escribir.	*At three years of age, Rubén Darío already knew how to read and write.*

En inglés, cuando uno se refiere a destreza o habilidad, *to know how* se expresa a veces con *can*. En español no es así, pues hay una distinción clara entre **saber** y **poder**.

Yo sé tocar la guitarra pero hoy no puedo por el dedo roto.	*I can play the guitar but today I can't because of my broken finger.*
Ellos no hablaron con el hombre porque no saben hablar portugués.	*They didn't speak to the man because they can't speak Portuguese.*

3. **Saber(se) (de memoria)** significa *to know very well* o *to know by heart*.

Cuando yo era niño, todos (nos) sabíamos de memoria los diez mandamientos.	*When I was a child we all knew the ten commandments by heart.*
Pepito tiene diez años y todavía no se sabe la tabla de multiplicar.	*Pepito is ten years old and he still doesn't know the multiplication tables.*

4. Como se verá en el capítulo 2, el pretérito de **saber** significa frecuentemente *learned* o *found out*.

¿Cuándo supo Ud. que había ganado el premio?	*When did you learn that you had won the prize?*

5. **Saber** con referencia a una comida significa *to taste.** **Saber a** + nombre significa *to taste of (like)*.

Este puré de manzana sabe muy bien.	*This applesauce tastes very good.*
Esta carne sabe a cerdo.	*This meat tastes like pork.*

    Saber a gloria y **saber a rayos** son dos expresiones comunes para indicar que algo sabe muy bien o muy mal.

Preparó un postre para sus invitados que sabía a gloria.	*She prepared a dessert for her guests that tasted wonderful.*

6. Cuando *to know* significa *to be acquainted* or *familiar with*, su equivalente es **conocer**.

¿Conoces este camino?	*Do you know (Are you familiar with) this road?*
La mayoría de las personas que conozco son pobres.	*Most of the people I know (I am acquainted with) are poor.*
Conozco bien la música de Chopin.	*I know well (I am quite familiar with) Chopin's music.*

7. **Conocer** puede ser sinónimo de **reconocer** (*to recognize*).

Pasé junto a él pero no me conoció.	*I passed next to him but he didn't recognize me.*
Conocí a don Pablo por las fotografías que había visto de él.	*I recognized Don Pablo from the photographs of him I had seen.*
Apenas vi el sobre conocí tu letra.	*As soon as I saw the envelope I recognized your handwriting.*

8. Como se verá en el capítulo 2, el pretérito de **conocer** significa generalmente *met (was [were] introduced to)*.

Julio y yo nos conocimos el año pasado en la Argentina.	*Julio and I met last year in Argentina.*

APLICACIÓN

A. Nombre algunas cosas que...

1. Ud. sabe hacer.
2. no sabe hacer, pero quisiera saber hacer.
3. Ud. supo recientemente.
4. Ud. se sabe de memoria.
5. en su opinión, saben mal.

---

*Si el sujeto es una persona, *to taste* es **probar**.

Siempre pruebo lo que estoy cocinando para saber si tiene bastante sal.	*I always taste what I am cooking to find out if it has enough salt.*

B. Nombre algunas ciudades o lugares que (a) conoce, (b) le gustaría conocer.

C. Nombre algunas personas que (a) conoció recientemente, (b) le gustaría conocer.

D. Traduzca.

1. He knows the novel but he doesn't know who wrote it.
2. This water tastes of chlorine. Do you know why?
3. If you can't drive, I know a school where they teach you in a week.
4. Would you like to meet that journalist? I know her well.
5. Do you know any other remedy for a cold? This medicine tastes awful.
6. I don't know the neighborhood nor do I know the name of the street where Pepe lives but I know how to get to his house.
7. I know a guy who has seen that movie so many times that he knows the dialogue by heart.
8. I learned recently that Amanda had been sick but I didn't know she had lost so much weight. I didn't recognize her yesterday!
9. When I met Lolita, I didn't know she could cook but the first food she prepared for me tasted wonderful.
10. "I didn't know you could sing." "Yes, but I only sing when I know the lyrics of a song well and I am among people I know."

Para escribir mejor

La acentuación

Para aplicar las reglas de acentuación, es importante saber dividir bien las palabras en sílabas. Las reglas del silabeo están en el Apéndice, páginas 377–379. Le recomendamos que repase estas reglas antes de estudiar las reglas de los acentos.

El acento ortográfico o tilde indica en qué vocal lleva la fuerza de la pronunciación (*stress*) una palabra. La tilde se usa en aquellas palabras que son excepciones a las reglas 1 y 2 que se dan a continuación.

1. Las palabras que terminan en vocal o en consonante **n** o **s** llevan la fuerza de la pronunciación en la penúltima sílaba: **sa**-le, an-ti-ci-**pa**-do, con-**vie**-nen, **jue**-ves.

2. Las palabras que terminan en consonante que no sea **n** o **s** llevan la fuerza de la pronunciación en la última sílaba: a-tra-**par**, ciu-**dad**, cla-**vel**, pe-sa-**dez**.

3. Muchas palabras no siguen las reglas 1 y 2 en cuanto al lugar donde recae la fuerza de la pronunciación, y esto se indica con una tilde: a-**é**-re-o, fre-**né**-ti-co, co-ra-**zón**, **miér**-co-les, **Víc**-tor, **ás**-pid, in-**mó**-vil, **lá**-piz.

4. La combinación de una o más vocales fuertes **(a, e, o)** y una o más vocales débiles **(i, u)** forma un diptongo o triptongo. Pero cuando la fuerza de la pronunciación recae sobre una vocal débil, el diptongo o triptongo se rompe. Esto se indica con una tilde: **Ma**-rio, Ma-**rí**-a; a-cen-t**uar**, a-cen-**tú**-a; des-**viar**, des-**ví**-a; co-**mí**-ais; ba-**hí**-a.

APLICACIÓN

A. Añada los acentos. La vocal subrayada es la que lleva la fuerza en la pronunciación.

1. En el jardin, en medio del verde cesped salpicado de treboles, surgian, como un milagro multicolor, amapolas, azaleas y siemprevivas.

2. El doctor Cesar Fornes es psiquiatra y muchos de sus pacientes son cleptomanos, esquizofrenicos o sufren de panico o depresion.

3. Al final de la verja se erguia el porton, junto al cual varios chicuelos escualidos pedian limosna.

4. La habitacion del bohemio era miserrima y lugubre, y estaba cerca de una alcantarilla donde pululaban las sabandijas.

5. En el deposito de la fabrica, una miriada de recipientes metalicos e impermeables protegian las substancias quimicas y volatiles de la evaporacion y la humedad ambiental.

6. La hipotesis hace hincapie en que el planeta tiene una orbita eliptica.

7. Benjamin Pages fue elegido alcalde de un pueblo de Aranjuez.

8. El vastago primogenito de la victima fue el culpable del robo.

9. El peligro nuclear es una cuestion de primordial importancia.

10. Felix era farmaceutico en la ciudad de Durango.

11. La timida e ingenua heroina de la pelicula realiza un salvamento heroico.

12. En Xochimilco platicamos con los mariachis y les compramos orquideas y gardenias a los vendedores ambulantes.

13. Mario les garantizo a Maria y a Mariana que la mansion quedaba en optimas condiciones.

14. Son caracteres opuestos: Cayetano es un celebre cosmonauta y Dario es un asceta mistico.

15. Ese zangano no tiene vocacion y es un imbecil y un farsante.

16. Esas reglas de trigonometria no son utiles para calcular volumenes.

17. Sanchez, Marques, Carvajal y Aranguren son mis huespedes.

18. El ruido continuo de la grua y los vehiculos continua molestandome.

19. Asdrubal asevera que quiere ser quimico y no arqueologo.

20. No es verosimil que la mujer que llevaba la cantara cantara antes, pero pienso que cantara pronto.

B. En los siguientes pasajes se han suprimido los acentos gráficos. Póngalos.

1. El hombre se tendio boca abajo junto al alambrado. Protegido del calor brutal del mediodia, escuchaba el correr de la acequia, y atento al levisimo agitarse de las hojas, vigilaba el jardin. A lo lejos, quiza brotada espontaneamente como parte de la vegetacion, vio a la niña...

José Donoso, *Ana María*

2. En la segunda edicion de esta guia practica, usted encontrara ejemplos fehacientes de la grandeza arquitectonica prehispanica, lo mas representativo de su cultura y su historia, asi como los servicios con que cuenta cada lugar, mapas de ubicacion, vias de acceso y consejos para disfrutar y conservar los sitios arqueologicos.

México desconocido

TRADUCCIÓN

Diego Rivera (1886–1957)

When I was a teenager, I was very fond of movies and art museums. Everything else was boring in my opinion. I greatly admired the film "The Agony and the Ecstasy" on the life of Michelangelo. It was truly entertaining. Although I was convinced that I myself didn't have any talent as a painter, I spent hours and hours reading about famous artists, above all when I was on vacation. As a result, I knew Hispanic art and artists very well.

Years later, when I was studying at my favorite university, our Spanish Club made a trip to Mexico where I had the opportunity to know even better the work of the great muralists, especially of Diego Rivera. His murals on local history from the 16th to the 20th century that are in the Palacio de Cortés in Cuernavaca are particularly impressive and difficult to forget.

As you know from many sources, Diego Rivera's life was as passionate and turbulent as his art. You also probably know that he was very much in love with the celebrated Mexican artist Frida Kahlo. They married, then they divorced, and soon afterward they remarried. Frida said of him that being his wife was the most marvelous thing in the world, but she also described him as one of the big accidents in her life. (The other accident was that of the bus when she was a young girl.)

Mientras Frida trabaja en su taller, Diego la acompaña. Observe lo interesante de esta habitación, llena de útiles de pintura: estuche, pinceles, caballete... El cuadro «Las dos Fridas» está colgado en la pared.

Diego's notorious mural in Rockefeller Center in New York was destroyed when they discovered that this political activist had included in it a portrait of Lenin. However, in the end, Diego was going to have his way because a smaller version of the work was reproduced later in Mexico City at the Palacio de Bellas Artes.

For several years I worked at one of the studios in Hollywood. My boss knew me very well and knowing how conscientious I was, he invited me to direct a film biography of some well-known artist. I was determined to do the story of Diego's life and work but there was a "large size" problem. Whom could I chose to star in the film? Diego was very overweight and, according to some people, was not physically attractive. I asked a certain renowned English actor whom I had met the previous year if he was interested in the role because there was a certain physical resemblance between them. He replied that my interest in him was flattering but that he was too busy at that time. The filming didn't take place. Naturally, I am annoyed with this situation; I'm still anxious to fulfill my dream which is impossible to forget.

TEMAS PARA COMPOSICIÓN

1. David Alfaro Siqueiros. En la lectura de esta lección se menciona a este famoso artista mexicano. Busque información sobre su famoso mural «La América tropical» y cuente la historia de este mural que está en Los Angeles, California. Explique su relación con el arte urbano actual en esa ciudad.

2. El mural del Rockefeller Center. Busque información sobre este famoso mural de Diego Rivera y cuente la historia.

3. Conócete a ti mismo. Frida dijo que se pintaba a sí misma porque pasaba mucho tiempo sola y porque ella era el motivo que mejor conocía. ¿Hasta qué punto somos nosotros el motivo que mejor conocemos? ¿Se conoce Ud. bien? Explique por qué piensa que (no) se conoce.

4. Mis preferencias en las artes plásticas. Explique sus preferencias en las artes plásticas: período(s), género(s), artista(s), motivo(s).

5. Si yo fuera director de cine. Describa la película que le gustaría dirigir si Ud. fuera director de cine. ¿Con qué actores y actrices le gustaría trabajar? ¿Por qué?

El cuento «Muerto y resucitado», del escritor mexicano Amado Nervo, tiene una muerte como tema principal. (Aunque en este caso se trata de una muerte falsa.) El culto a la muerte ocupa un lugar importante en la tradición mexicana y mezcla elementos indígenas y costumbres tomadas del catolicismo traído por los españoles. El 2 de noviembre, Día de los Muertos en el calendario católico, gran multitud de personas va a los cementerios. La gente lleva flores a los difuntos de la familia y también come y bebe allí. Es común armar en las casas altares como el de la foto, y poner en ellos calaveras y esqueletos de azúcar, el llamado «pan de muertos» y otras cosas comestibles.

Lectura

Introducción

Esta lectura es un cuento de Amado Nervo (1870–1919), uno de los más grandes poetas de México. Se ha dicho que los rasgos predominantes en la obra de Nervo son la sinceridad, la delicadeza, el dolor y el fatalismo. Este último se ve, sobre todo, en su narrativa.

Nervo estudió leyes y teología, pero a causa de los problemas económicos de su familia, abandonó sus estudios y se dedicó al periodismo. También trabajó representando a México en consulados extranjeros. En 1900 fue a Europa. Allí pasó la mayor parte de su vida. Su gran amor fue una francesa; la muerte de ella le inspiró su libro de versos más famoso: *La amada inmóvil*.

Como cuentista, Nervo es imaginativo y original. Frecuentemente mezcla la historia y la fantasía. A veces hay en sus cuentos toques de humor, y el de la lectura es buen ejemplo de esto. «Muerto y resucitado» pertenece a la colección *Cuentos misteriosos*, su último libro, publicado después de su muerte.

El cuento que Ud. va a leer tiene un título irónico, pues nadie muere ni resucita en realidad. Su narrador es el protagonista, un soldado hispanoamericano que vivía en Europa y se alistó en el ejército inglés, y a quien, por error, declararon muerto en batalla. El soldado, llamado Juan Pérez, va en un barco rumbo a Inglaterra. La primera parte del relato se compone de sus pensamientos y planes de aprovechar la falsa noticia de su muerte para desaparecer, y así huir de una esposa y una suegra que le hacen la vida imposible. Juan Pérez sueña con establecerse en Inglaterra y conseguir una esposa que sea todo lo contrario de la primera.

El cuento tiene un final inesperado. En la segunda parte, que es breve, Ud. va a saber por qué.

Cuando lea, trate de agrupar el contenido en estas categorías: (a) la reacción de Juan ante la noticia de su «muerte», (b) la vida anterior de Juan, que lo había llevado a inscribirse como voluntario en el ejército, (c) el efecto que iba a tener en su hogar la noticia de su muerte según la imaginación de Juan, (d) los planes futuros del protagonista, (e) el encuentro accidental de la segunda parte, (f) las consecuencias.

Muerto y resucitado

Confieso que cuando leí en el *Boletín de los Ejércitos* que yo había muerto en el campo de batalla, sentí una peregrina° sorpresa. *extraña*
No se me ocurrió, como a los héroes de las novelas cuando vuelven a la vida, palparme° todo el cuerpo a fin de ver si soñaba. Pero la *tocarme*
5   sensación experimentada era curiosa. ¿Sabéis qué clase de sensación era? Pues una sensación de alivio°, muy semejante a la   relief
que debe experimentar, digo yo, el alma, cuando se siente desatada° *suelta, desligada*
del cuerpo, su a veces insoportable compañero.

Recuerdo a este propósito haber leído lo que cierto yanqui nos
10 cuenta de «su muerte». En cuanto el alma se desligó° de la vida, al   *separó*
mirar «su cadáver» allí cerca, con la boca ridículamente abierta y los ojos turbios° como los de un pescado, se sintió infinitamente   blurred

29

El protagonista de «Muerto y resucitado» luchó como voluntario en el ejército inglés en la Primera Guerra Mundial. En esta foto, los dos soldados de la derecha, pertenecientes al ejército inglés, llevan a un prisionero alemán herido, que camina con la ayuda de un palo. ¿Será Juan Pérez uno de estos soldados?

alegre y púsose a «bailar» movido por el irresistible goce° de la manumisión° definitiva.

Desgraciadamente, según añade el mismo yanqui, los tozudos° y antipáticos médicos lograron volverlo de lo que ellos en su ignorancia llamaban síncope°, y la pobre alma, pájaro azul ya libre, tuvo que regresar a la maldita° cárcel de la carne.

Claro que mi caso era distinto, distintísimo. Mi alma seguía unida a mi cuerpo (¡y que sea° por muchos años!); pero yo sí quedaba como segregado del grupo social en que había vivido.

****

Allí, pegado° a la borda° del vapor° que, lleno de fugitivos de todas nacionalidades, navegaba hacia Inglaterra, y donde un pasajero había dejado caer, cerca de mí, se diría que como para que yo lo leyera, el susodicho° boletín que revelaba mi muerte, acaecida° quince días antes, yo, campantísimo°, sorbía° el enérgico y puro aire marino por todos mis poros.

En Londres me bautizaría con un nombre cualquiera; diría que con el ajetreo° de la huida° perdí mis papeles. Saldría del

placer	
liberación	
insistentes	
cardiac arrest	
accursed	
que... may it be	
arrimado / rail / *barco*	
mencionado / *ocurrida*	
muy tranquilo / *absorbía*	
hectic activity / flight	

30 paso° como pudiese... ¡y a vivir una vida nueva! Aquella mañana deliciosa nacía yo otra vez.

    ¿Qué me había dado el mundo en mi vida anterior? Una mujer áspera°, autoritaria, prematuramente gorda y bigotuda°. ¡Una suegra peor que mi mujer! Pocos elementos de fortuna; tan pocos, que en
35 una hora dada preferí los tres chelines° y medio de paga, el té, la manteca, las carnes frías y demás substancioso rancho° que me proporcionaba el ejército inglés como voluntario, a la estrechez° en compañía de aquellas dos proserpinas° que me exigían un trabajo horrible en mi perro° oficio de periodista, para comprarse más
40 trapos°.

    Desgraciadamente, mi mujer, que cinco años antes era mi tipo —alta, delgada— se había puesto a engrosar° de tal modo que la sombra que proyectaba a mi lado, sobre la acera, tapaba la mía.

    ¡Pero aquello se había acabado! ¡Como el mundo en su génesis,
45 fresco, lozano° y libre! ¡Libre sobre todo; a los treinta años iba yo a echar borrón y cuenta nueva°!

    Mi mujer, acaso en el momento de mi muerte, me encontraría cualidades que durante mi vida no acerté nunca a descubrir. Mi suegra tal vez le haría coro en su lamentación. Pensarían a renglón
50 seguido° en los lutos°, discutiendo largamente con la modista... Después, ¡qué sé yo! Acaso algún infeliz caería en las redes de° aquella robusta Felisa (tal era su nombre).

    Pero no terminaban aquí las perspectivas que el admirable pintor escenógrafo° de mi imaginación iba pintando.
55   Un nuevo amor (¿qué no?) asomaría° tímidamente en mi existencia. Sería quizás una inglesa... Se llamaría Elizabeth. Me llamaría *darling*: ¡*my darling!* «Elizabeth —me decía mi imaginación— no será como la Felisa.» ¡El vino de su amor no se volverá vinagre! La buscarás, en primer lugar, sin suegra; en
60 segundo lugar, como es inglesa, no engordará. En tercero, procurarás° que sea rubia, a fin de que no eche° bigote.

    «¡Eso es! ¡Eso es!» —aprobaba yo—, porque en suma, no se puede vivir sin afectos; y escrito está que el primer acto del hombre libertado ha de ser forjarse° nuevas cadenas.
65   «Cadenas —replicaba la imaginación—, cadenas, sí; pero 'nuevas', tú lo has dicho, ¡nuevas! ¿Comprendes el prestigio de esta palabra? Nueva vida, nueva mujer; nuevo amor, nuevas cadenas.»

****

    Llegamos a Inglaterra, a la cuna° de mi nueva existencia.

    ...De pronto, sentí una mano sobre el hombro y oí una estentórea
70 voz hispanoamericana.

    —¡Amigo Juan Pérez! ¡Qué cosa más admirable! ¡Y yo que le creía difunto! Y su mujer que acaba de repartir recordatorios°...

    Todo el mundo me miraba. Algunas gentes de habla española se habían acercado.
75   —Les presento al amigo Juan Pérez. Peleó como héroe, ¿saben? Se le creía muerto, ¿saben? Le dieron la medalla militar a su viuda, que la colgó de su retrato, ¿saben?

Saldría... I would get out of a tight spot

dura / *con bigote*

shillings
comida de los soldados
pobreza
reinas de los infiernos (mitol.) / *muy malo*
ropa

engordar

saludable, robusto
echar... *comenzar de nuevo*

a... *inmediatamente* / *ropa negra de duelo* / **caería...** *sería atrapado por*

set designer

aparecería

tratarás de / **a...** so that she won't grow

forge

cradle

memorial cards

Como el yanqui del cuento de marras°, comprendí que el pájaro azul tenía que volver a su jaula... El pobre hombre, un momento manumiso°, debía reintegrar a su casillero° social los bigotes y la aspereza de su Felisa y la familiar acidez° de su suegra. Como decíamos ayer...*

80

de... ya mencionado

liberado / círculo

mal humor

APLICACIÓN

A. Vocabulario

Reemplace las palabras en cursiva con las palabras apropiadas de la lista que se da debajo.

1. El hombre parecía muy enfermo y tenía la mirada *opaca*.

2. Al narrador le *sucedió* algo que le produjo una *extraña* sorpresa.

3. Juan Pérez estaba contento porque se sentía libre y *vigoroso y robusto*.

4. A veces uno se *toca* para saber si está despierto.

5. Me encanta comprar *ropa*, pero estoy pasando por un período de *pobreza* y no puedo comprarme nada.

6. Como ya te expliqué, el amigo *mencionado antes* no quiso ir conmigo; es muy *obstinado*.

7. Pedro se veía tan *contento y sin preocupaciones*, que yo no podía creer que hubiera sacado una F en el examen.

8. En el campamento, les repartían *las raciones* a los soldados dos veces al día.

9. *En resumen*, el hombre *liberado* volvió a ser esclavo.

10. Traté de hacerlo, pero no pude *soltarme* de esas obligaciones.

acaeció / campante / desligarme / el rancho / en suma / estrechez / lozano / manumiso / palpa / peregrina / susodicho / tozudo / trapos / turbia

B. Comprensión

1. ¿Cómo supo el narrador que lo creían muerto en el campo de batalla?

2. ¿Qué sintió al saber la noticia?

3. ¿Qué leyó él sobre cierto yanqui?

4. ¿Dónde estaba el narrador cuando supo la noticia? ¿Por qué estaba ahí?

5. ¿Qué pensaba hacer Juan Pérez en Londres?

6. ¿Por qué no estaba él contento con su vida anterior?

7. ¿Por qué se inscribió como voluntario en el ejército inglés?

---

*Expresión que se usa para continuar una conversación interrumpida. Tiene su origen en una anécdota de Fray Luis de León (1528–1591), ilustre poeta del Siglo de Oro, quien, al volver a su clase en la Universidad de Salamanca, después de haber estado mucho tiempo injustamente en la cárcel, en vez de hablar de su encarcelamiento, continuó la explicación interrumpida de su última clase como si no hubiera pasado nada.

8. ¿Qué pensaba Juan Pérez que iba a pasar con su mujer y su suegra después de su «muerte»?

9. ¿Quién era Elizabeth y qué características buscaba el narrador en ella?

10. ¿Qué dijo el amigo del narrador acerca de la mujer de éste?

11. ¿Qué les dijo el amigo sobre Juan Pérez a las personas que estaban allí?

12. ¿Qué le va a pasar a Juan Pérez desde este momento?

C. Interpretación

1. ¿Le parece a Ud. apropiado el título del relato? ¿Por qué (no)? ¿De qué otra manera podría llamarse?

2. Hay mucho humor en este cuento. ¿Cómo consigue Nervo darle un toque humorístico a la narración?

3. ¿Qué simboliza el pájaro azul en este cuento? ¿En qué se basa Ud. para pensar así?

4. ¿Qué semejanzas y qué diferencias existen entre el caso del yanqui «muerto» y el de Juan Pérez?

5. Es evidente que el sentimiento predominante en el protagonista es la alegría de sentirse libre. ¿De qué manera nos trasmite el autor esta impresión?

6. ¿Cree Ud. que Juan Pérez había dejado de amar a su esposa a causa de la gordura, el bigote y la suegra o que estas tres cosas son una excusa para justificar el haberla dejado de amar? Explique su opinión.

D. Intercambio oral

1. **Los matrimonios fracasados.** Las causas del fracaso de un matrimonio son múltiples. Los estudiantes comentarán cuáles son las causas más comunes en su opinión.

2. **Los atributos físicos.** Nuestra sociedad da gran importancia al aspecto físico de las personas. ¿Está bien esto? ¿Debe un hombre dejar de amar a su mujer porque ésta se ponga gorda o vieja? ¿Cuáles son, en orden de importancia, las cualidades que deben buscarse en el ser amado?

3. **Las guerras.** Además de los soldados muertos, las guerras traen muchas secuelas negativas: prisioneros, personas desaparecidas, mutilados, escasez de alimentos, crisis económicas, etc. La clase comentará sobre estas secuelas. ¿Son necesarias a veces las guerras? ¿Hay alguna manera de evitarlas? ¿Llegará un día en que no haya guerras en el mundo?

4. **Las suegras.** El pobre Juan Pérez parece tener muchos problemas con su suegra. ¿Es justa la mala fama que tienen las suegras? ¿En qué se basa? ¿Es mejor vivir con el suegro, con la suegra o con los dos? Si algún estudiante es casado, puede contar sus experiencias sobre este punto.

5. **Los «muertos» que «resucitaron».** En la lectura, Nervo menciona el caso de un yanqui «resucitado». Esto era raro en su época, pero con los adelantos de la medicina moderna, tales casos son muy frecuentes. ¿Qué han declarado estos «resucitados» sobre la experiencia de su «muerte»? Los estudiantes intercambiarán opiniones sobre la muerte.

6. **La obsesión por los trapos.** El narrador se queja de que su mujer y su suegra lo hacían trabajar mucho para comprarse trapos. ¿Por qué a muchas personas les gusta tanto comprarse ropa? ¿Le dan más importancia a la ropa las mujeres que los hombres? ¿Por qué (no)?

En este mapa de México se ve la ciudad de Tepic, en el estado de Nayarit, donde nació Amado Nervo.

Sección gramatical

The Preterite and the Imperfect

The correct use of two simple past tenses—the preterite and the imperfect—is one of the most challenging facets of Spanish grammar. Happily, Spanish and English usage coincide in some cases. For example, compare *Last night Miguel arrived from his trip while we were having supper* and **Anoche Miguel llegó de su viaje mientras cenábamos**. In this case, the different past tenses in English are clues to the different past tenses in Spanish.

It can be said, in general, that the English simple past corresponds to the preterite while a past progressive (*was/were* + *-ing* form) or the combination *used to* + infinitive in English are represented in Spanish by the imperfect. In many instances, however, the English verb form gives no hint about the possibilities in Spanish. For example, compare *We were in Spain in 2002* and **Estuvimos/Estábamos en España en el 2002**. The use of **estuvimos** implies that the speaker and his/her companion(s) visited Spain in 2002 while **estábamos** stresses their stay there for an indefinite period of time during 2002.

The rules given in this chapter on the uses of the preterite and the imperfect will help you determine which tense you must use in Spanish when the English sentence doesn't provide a definite clue.

THE PRETERITE

The preterite tense narrates events in the past. It refers to a single past action or state or to a series of actions viewed as a completed unit or whole.*

1. The preterite is used to express past actions that happened and ended quickly.

Juan Pérez leyó en el periódico la noticia de su muerte.	*Juan Pérez read in the paper the news of his death.*
Cuando Juan Pérez llegó a Inglaterra, se encontró con un amigo.	*When Juan Pérez arrived in England, he ran into a friend.*
La viuda colgó la medalla militar en su retrato.	*The widow hung the military medal on his picture.*

2. The preterite can be used regardless of the length of time involved or the number of times the action was performed, provided that the event or series of events is viewed as a complete unit by the speaker.

Te esperamos media hora.	*We waited for you for half an hour.*
Juan estuvo varios meses en la guerra.	*Juan spent several months in the war.*
Leyó tres veces la noticia de su muerte.	*He read the news of his death three times.*

3. The preterite also refers to the beginning or ending of an action.

Apenas llegamos a la fiesta, nos pusimos a bailar.	*As soon as we arrived at the party, we began to dance.*
La reunión terminó a las cinco.	*The meeting ended at five.*

APLICACIÓN

A. Sustituya según se indica, fijándose en el uso del pretérito que cada oración ejemplifica. (En este ejercicio hay muchos verbos irregulares. Antes de hacerlo, repase los verbos irregulares en el Apéndice.)

1. Como mi coche no funcionaba, *reparé* el motor.
   (componer / apagar / reemplazar)

2. El profesor *señaló* mi error dos veces.
   (advertir / predecir / oponerse a)

3. Cuando el niño oyó el ruido, *dejó de* llorar.
   (ponerse a / abstenerse de / querer)

---

*In the central region of Spain, and especially in Madrid, the present perfect is used in cases where the preterite has traditionally been regarded as the correct form; for example: **El sábado pasado la hemos visto** instead of **El sábado pasado la vimos**. The opposite phenomenon also occurs in certain areas of Spain and in most of Spanish America: the preterite is frequently found in cases where the present perfect would be more usual according to traditional usage. For example: **¿No tienes apetito? No comiste nada** is used instead of **No has comido nada**. For a more complete discussion of this problem, see Charles E. Kany, *Sintaxis hispanoamericana* (Gredos) pp. 199–202. On the tendency in informal American English to use the simple past (*I did it already*) in place of the perfective (*I have already done it*), see Randolph Quirk and Sidney Greenbaum, *A Concise Grammar of Contemporary English* (Harcourt Brace Jovanovich), p. 44.

4. Yo redacté el proyecto y Juan lo *copió.*
   (corregir / traducir / destruir)

5. *Visitaron* a los Camejo la semana pasada.
   (despedir / detener / mentirles)

6. *Acompañaron a* los visitantes mientras estuvieron aquí.
   (perseguir a / andar con / entretener a)

B. ¿Qué hizo Ud. ayer? Prepare una lista y resuma en ella sus actividades usando el tiempo pretérito.

C. Mi fin de semana. Un estudiante que no conoce las formas del tiempo pretérito, escribió la siguiente composición usando sólo el presente. Corríjala cambiándola al pretérito.

> Este fin de semana duermo en casa de mis primos. El sábado ando perdido por la ciudad y el domingo estoy muy ocupado todo el día. Por la mañana hago la maleta para mi viaje de regreso, pero tengo un problema, porque mis zapatos no caben en ella. Los pongo en una bolsa y luego me dirijo al hospital, porque una amiga mía sufre un accidente. Lo siento muchísimo, y así se lo digo apenas llego. Escojo claveles rojos para llevárselos y le gustan mucho. Por la tarde, mis primos y yo vamos a un restaurante muy bueno. Carlos les traduce el menú a sus hermanos. Los otros piden bisté, pero Carlos y yo preferimos arroz con pollo. Nos sirven un arroz delicioso. Yo quiero pagar la cuenta, pero Carlos me lo impide. Por supuesto, que no me opongo.

THE IMPERFECT

The imperfect is the past descriptive tense. It takes us back to the past to witness an action or state as if it were happening before our eyes. The action or state is not viewed as a whole and its beginning and termination are not present in the mind of the speaker.

Compare **Mi amigo estaba enfermo la semana pasada** and **Mi amigo estuvo enfermo la semana pasada**. Both sentences mean in English *My friend was sick last week*. In the first Spanish sentence, however, the state of being sick is viewed as a description of the friend's condition at some time last week and the speaker is not concerned with the beginning, end, or duration of that condition. In the second sentence the condition is viewed as a unit and as terminated, the clear implication being that the friend is no longer sick.

The imperfect often is used combined with the preterite in the same sentence. In such cases the imperfect serves as the background or stage in which the action or actions reported by the preterite took place or it expresses an action in progress at the time something else happened.

Era tarde y hacía frío cuando llegamos a Chicago.	*It was late and it was cold when we arrived in Chicago.*
Josefina le escribía a Armando cuando su madre golpeó la puerta.	*Josefina was writing to Armando when her mother knocked on the door.*

The imperfect is used:

1. As the Spanish equivalent of the English past progressive (*was, were* + *-ing*) to tell what was happening at a certain time.

Hablábamos mientras ella escribía.	*We were talking while she was writing.*
—¿Qué hacías en la cocina?	*"What were you doing in the kitchen?"*
—Fregaba los platos.	*"I was washing the dishes."*

2. To express repeated or customary past actions, as the equivalent of *used to, would* + verb.*

Íbamos a la playa con frecuencia en esa época.	*We would go to the beach often then.*
Rosita nos mandaba correos electrónicos todos los días.	*Rosita used to send us e-mails every day.*

3. To describe and characterize in the past.

Se llamaba Alberto; era un muchacho alto y tenía los ojos azules.	*His name was Alberto, he was a tall guy and he had blue eyes.*
El cuarto estaba oscuro y silencioso y olía a rosas.	*The room was dark and quiet and it smelled of roses.*

There was, there were have a descriptive character and are used in the imperfect generally. **Hubo** means in most cases *happened* or *took place*.

accion: *descripción*

Había sólo tres casas en esa cuadra.	*There were only three houses on that block.*
Hubo tres fiestas en esa cuadra anoche.	*There were three parties on that block last night.*

Because of the descriptive character of the imperfect, Spanish speakers frequently employ it when recounting a dream they had or the plot of a movie they saw, even in cases that would call for a preterite in normal usage. Note Pérez Galdós' use of imperfects in *Doña Perfecta*, in the passage that describes Rosario's dream:

> *Oía* el reloj de la catedral dando las nueve; *veía* con júbilo a la criada anciana, durmiendo con beatífico sueño, y *salía* del cuarto muy despacio para no hacer ruido; *bajaba* la escalera... *Salía* a la huerta... en la huerta *deteníase* un momento para mirar al cielo, que estaba tachonado de estrellas... *Acercábase* después a la puerta vidriera del comedor, y *miraba* con cautela a cierta distancia, temiendo que la vieran desde dentro. A la luz de la lámpara del comedor, *veía* de espaldas a su madre...

In a narration of real events, the verbs above would be in the preterite: **oyó, vio, salió**, etc.

4. To express emotional, mental, or physical states in the past. Thus, verbs that describe a state of mind, such as **amar, admirar, creer, estar enamorado (alegre, preocupado, triste**, etc.), **gustar, pensar, querer, odiar, temer**, and **tener miedo**, are generally used in the imperfect.

A Juan le gustaba mucho ese postre.	*Juan used to like that dessert very much.*
Isabel tenía miedo de ese perro porque ladraba continuamente.	*Isabel was scared of that dog because it barked all the time.*
Ella creía en Dios y lo amaba.	*She believed in God and loved Him.*

---

*Note, however, that *used to* does not always refer to customary actions, for it sometimes emphasizes that something was and no longer is. When this is the case, the stress is on the ending of the action and the preterite must be used.

Mi padre fue profesor de español, pero ahora es comerciante.	*My father used to be a Spanish teacher but he is now a merchant.*

All the preceding sentences use the imperfect because they describe mental attitudes and feelings. In the case of sudden reactions, however, the preterite is used, since the emphasis is on the beginning of the state of mind or feeling. (See rule 3 of the preterite.)

Juan probó ese postre, pero no le gustó.	*Juan tried that dessert but he didn't like it. (Juan's dislike for that dessert started when he tried it.)*
Cuando oyó ladrar al perro, Isabel tuvo miedo.	*Isabel was scared when she heard the dog barking. (Isabel's fear started upon hearing the dog barking.)*
En aquel momento, ella creyó en Dios.	*At that moment she believed in God. (Her belief in God began as a result of what happened at that moment.)*

The following two stanzas by Bécquer provide some examples of how a state of mind or feeling, normally expressed by the imperfect, requires the preterite when the speaker emphasizes its beginning. The poet describes here what he felt upon hearing that his beloved had betrayed him:

> Cuando me lo *contaron sentí* el frío
> de una hoja de acero en las entrañas,
> me *apoyé* contra el muro, y un instante
> la conciencia *perdí* de dónde estaba.
> *Cayó* sobre mi espíritu la noche;
> en ira y en piedad *se anegó* el alma...
> ¡Y entonces *comprendí* por qué se llora,
> y entonces *comprendí* por qué se mata!

5. To express in the past: time of day, season, etc.

Aunque eran sólo las seis, ya era de noche.	*Although it was only six o'clock it was already dark.*
Era primavera y todos nos sentíamos jóvenes.	*It was springtime and we all felt young.*

6. After verbs that quote indirectly (indirect discourse) in the past.

Juanita dijo que quería ayudarte.	*Juanita said that she wanted to help you.*
Mis tíos dijeron que iban de compras.	*My aunt and uncle said they were going shopping.*

RECAPITULATION

Observe the use of the preterite and the imperfect in the following passages.

Me *levanté* sobresaltado, me *asomé* a la ventana, y *vi* desfilar mucha gente con carteles gritando: ¡Muera el tirano! ¡Viva la libertad! *Salí* a la calle y *observé* por todas partes gran agitación y alegría. En la plaza central de la ciudad, se *apiñaba* la multitud escuchando el discurso que, desde una plataforma, *improvisaba* un exaltado ciudadano. Cuando el hombre *terminó* de hablar, un grupo de gente *entró* en el ayuntamiento. Alguien *arrojó* a la calle el retrato del Presidente, que se *hallaba* en el salón principal del edificio, y el populacho se *apresuró* a hacerlo pedazos.

The first five verbs in italics are preterites. They are a summary of the actions completed by the speaker: He got up, he looked out the window, he saw the people parading, and then he went out in the street and observed certain activities. At this point the imperfect is used to describe what was going on: people were crowded together and a citizen was improvising a speech. Once the speech ended (preterite, end of an action) a group of people entered (a completed action) city hall. Someone threw out into the street (a completed action) the portrait of the president that was (imperfect, to describe location) in the main room of the building and the populace rushed to tear it to pieces (preterite, beginning of an action).

Aquel día *cené* mejor de lo que *pensaba*, porque el hombre me *llevó* a su casa y su familia, que se *componía* de los hijos y una vieja cocinera, me *recibió* con hospitalidad.

The preterites **cené, llevó** and **recibió** refer to completed actions. **Pensaba** and **componía** are imperfects: the first one refers to a mental action; the second one has a descriptive nature.

APLICACIÓN

A. ¿Cómo era su vida cuando era niño/a? ¿Dónde vivía? ¿Quiénes eran sus amigos? ¿Qué deportes practicaba? ¿Qué le gustaba hacer? ¿Cuáles eran sus comidas favoritas?

B. De las frases y verbos que se dan en la parte (a), escoja los que le parezcan más apropiados para describir cómo se sentían las diez personas de la parte (b), y forme oraciones con ellos, añadiendo algo original.

(a)

amar, detestar, dudar, estar confuso/a, (emocionado/a, exhausto/a, nervioso/a, orgulloso/a, sorprendido/a), imaginar, planear un viaje de vacaciones, querer estrangular, querer llorar, querer vengarse, sentir una gran pena, sentirse optimista, soñar, tener dolor de cabeza, tener miedo, tratar de decidir

(b)

1. un muchacho a quien otro chico le había dado dos puñetazos
2. un estudiante que recibió un premio de excelencia
3. un importante hombre o mujer de negocios que tenía muchas reponsabilidades y tensión en su trabajo
4. una madre cuyo hijo había muerto
5. dos novios que se reunieron después de una separación
6. una señora que acababa de comprar un billete de lotería
7. una joven que estudió por más de seis horas consecutivas para un examen
8. dos jovencitas que escogían un vestido elegante para una fiesta
9. un chofer que iba de noche por una carretera que no conocía
10. una niña que accidentalmente rompió una de las copas finas de su madre

SPANISH VERBS WITH DIFFERENT ENGLISH MEANINGS IN THE IMPERFECT AND THE PRETERITE*			
IMPERFECT		**PRETERITE**	
conocía	*I knew, I was acquainted with*	**conocí**	*I met, made the acquaintance of*
costaba	*it cost (before purchasing)*	**costó**	*it cost (after purchasing)*
podía	*I could, was able to (I was in a position to)*	**pude**	*I was able to (and did)*
no podía	*I was not able to, could not*	**no pude**	*I tried (but couldn't)*
quería	*I wanted to, desired to*	**quise**	*I tried to*
no quería	*I didn't want to*	**no quise**	*I refused, would not*
sabía	*I knew, knew how to, had knowledge that*	**supe**	*I learned, found out*
tenía	*I had (in my possession)*	**tuve**	*I had, received*
tenía que	*I had to (but did not necessarily do it)*	**tuve que**	*I had to (and did do it)*

*Sometimes the preterites of these verbs retain their original meanings.
Siempre supe que ibas a triunfar.   *I always knew that you were going to succeed.*

No conocía a Miguel; lo conocí ayer en el Internet.	*I didn't know Miguel; I met him yesterday on the Internet.*
Carmen no quiso comprar las entradas, porque costaban mucho.	*Carmen refused to buy the tickets because they cost too much.*
No pude venir el lunes a clase porque tuve que acompañar a mi madre al médico.	*I couldn't come to class on Monday because I had to accompany my mother to the doctor.*
Compré los libros que tenía que comprar, pero me costaron $160.	*I bought the books I had to buy (was supposed to buy), but they cost me $160.*

(Note that when Spanish speakers say **tenía que comprar** they are not thinking of the completion, only of the obligation.)

APLICACIÓN

A. Situaciones y explicaciones. Escoja la forma verbal correcta según la situación que se describe.

1. Ud. hizo un viaje a España y su amigo Enrique le dio dinero para que le trajera un diccionario Espasa-Calpe.

   a. Ud. no lo trajo y le explica a Enrique: Lo siento; me diste $50 y el diccionario (costaba / costó) $65. Yo (tenía / tuve) poco dinero y no (podía / pude) poner la diferencia de mi bolsillo.

   b. Ud. compró el diccionario y le explica: (Podía / Pude) comprar el diccionario porque llevaba mi tarjeta de crédito. Pero me debes $15 porque (costaba / costó) $65.

2. El padre de su mejor amigo murió recientemente. Ud. se encuentra a su amigo en la calle y le dice:

   a. Siento mucho no haber ido al entierro de tu padre, pero no (sabía / supe) que había muerto; lo (sabía / supe) ayer por Jaime.

b. ¡Cómo siento la muerte de tu padre! (Sabía / Supe) la noticia antes del entierro, pero no (podía / pude) ir porque (tenía que / tuve que) hacer un trabajo de urgencia ese día en mi oficina y no (quería / quise) tener problemas con mi jefe.

3. Como presidenta del Club de Español, Ud. va al aeropuerto a recibir a Consuelo Jordán, una joven escritora sudamericana que va a dar una ponencia en su universidad. Ud. regresa del aeropuerto y comenta con los otros miembros del club:

   a. ¡Qué tragedia no haber encontrado a la señorita Jordán! Como no la (conocía / conocí) y (sabía / supe) que no (podía / pude) encontrarla fácilmente entre tanta gente, (quería / quise) que la llamaran por el altavoz, pero el empleado de información no (quería / quiso) hacerlo.

   b. ¡Qué persona tan encantadora es Consuelo Jordán! Cuando la (conocía / conocí) en el aeropuerto, me pareció que éramos viejas amigas. Me dijo que (podíamos / pudimos) almorzar juntas un día y que (podía / pude) llamarla Consuelo en vez de Srta. Jordán.

4. Carmita cumplió ocho años ayer. Conversa con su amiguita Lucía y le dice:

   (Tenía / tuve) muchos regalos de cumpleaños, pero yo (quería / quise) una bicicleta nueva y mi padre no (quería / quiso) comprármela. Dijo que la bicicleta que yo (tenía / tuve) todavía estaba en muy buenas condiciones.

B. Soy un cobarde. Complete con el pretérito o el imperfecto de cada infinitivo segun el caso.

1. Cuando (bajar) _bajé_ del taxi, el portero del hotel (tomar) _tomó_ mis maletas y me (saludar) _saludó_ amablemente.

2. El hotel (ser) _era_ un edificio grande y blanco y (tener) _tenía_ preciosos jardines a su alrededor.

3. (Subir) _Subí_ la escalinata de mármol, (entrar) _entré_ en el vestíbulo y me (inscribir) _Inscribí_ en la recepción.

4. Mi habitación (estar) _estaba_ en el tercer piso. Mi primera impresión (ser) ~~era~~ _fue_ negativa, porque (tener) _tenía_ muebles muy antiguos y las paredes (estar) _estaban_ pintadas de marrón.

5. (Estar) _Estaba_ muy cansado y (sentir) _sentí_ enormes deseos de tirarme en la cama, pero como (ser) _era_ temprano, (decidir) _decidí_ sentarme antes un rato en la terraza del café.

6. En aquella época yo (padecer) _padecía_ de insomnio y (pensar) _pensaba_ que si me (acostar) _acostaba_ a esa hora, (ir) _iba_ a pasar la mitad de la noche despierto.

7. En la terraza (haber) _había_ varias personas. Me (sentar) _senté_ en una mesa apartada y (pedir) _pedí_ un vaso de leche.

8. (Mirar) _miraba_ hacia una mesa cercana, donde (estar) _estaba_ una muchacha delgada y un hombre alto y feo. La muchacha (llorar) _lloraba_ y el hombre la (mirar) _miraba_ indiferente.

9. La muchacha y el hombre se (levantar) _levantaron_ Ella (andar) _andó_ de una manera extraña.

10. De pronto, (saber) _supe_ por qué andaba así la muchacha. El hombre la (empujar) _empujó_. (Notar) _noté_ que (llevar) _llevaba_ un revólver bajo el impermeable y le (apuntar) _apuntó_ a la chica con él.

11. Sé que (deber) _____ haber hecho algo, pero no lo (hacer) _____ porque soy un cobarde.

12. Me (quedar) _____ inmóvil en la mesa hasta que los dos se (ir) _____. (Esperar) _____ unos diez minutos, y entonces (subir) _____ a mi habitación.

13. (Estar) _____ todavía impresionado por la escena del café. Por eso, (mirar) _____ debajo de la cama y dentro del ropero. (Suspirar) _____ aliviado cuando (comprobar) _____ que no (haber) _____ nadie.

14. (Cerrar) _____ la puerta con doble llave y me (acostar) _____.

15. La cama (ser) _____ demasiado dura y yo (dar) _____ vueltas y vueltas en ella tratando de dormirme.

16. (Sentir) _____ vergüenza y remordimiento por no haber ayudado a la chica. No (poder) _____ dormir en toda la noche.

C. Cambie las siguientes oraciones al pasado, a la vez que escoge entre el pretérito y el imperfecto.

1. La niña viene corriendo calle abajo y al verme en la puerta se detiene.

2. El gato duerme. Me acerco a él y le paso la mano varias veces por el lomo.

3. El barco se hunde cuando está cerca de Veracruz.

4. La maestra me mira las orejas y en ese momento me alegro de habérmelas lavado.

5. De pronto, una nube negra cubre el sol y se oye un trueno.

6. Su corazón late muy rápido cada vez que mira a su vecina.

7. El niño llora a gritos y la madre tiene una expresión triste en la cara.

8. Desde la ventana contemplamos los copos de nieve que se acumulan en las ramas.

9. Los soldados que suben por el sendero van pensando en su familia.

10. Detesta esas reuniones y siempre que lo invitan da la misma excusa para no ir.

11. Son tantas las dificultades con el coche que lo dejan allí, y allí permanece dos días.

12. El recepcionista pone cara de sorpresa cuando ve tanta gente.

13. El enfermo está muy grave. El médico que lo atiende no me da esperanzas.

14. Don Pepe es un viejecillo simpático, que sonríe constantemente y les cuenta cuentos fantásticos a los chicos del barrio.

D. Sustituya las palabras en cursiva por las que están entre paréntesis, y cambie el verbo principal si es necesario.

Modelo: _Siempre_ comíamos a las seis de la tarde. (el martes pasado)
→ _El martes pasado comimos_ a las seis de la tarde.

1. Hablábamos con él *a menudo*. (la semana pasada)
2. Estabais en su casa *en aquel momento*. (poco tiempo)
3. Fuimos al cine *ayer*. (a veces)
4. *Cuando ella era niña* recibía muchos regalos. (en su último cumpleaños)
5. Pérez tuvo mucho dinero *en su juventud*. (cuando lo conocí)
6. Pepe la amó en silencio *por muchos años*. (toda la vida)
7. *Frecuentemente* me sentía optimista. (de repente)
8. Tú no pensabas *nunca* en mí. (una sola vez)
9. *Ayer* trajiste el libro de español a clase. (todos los días)
10. Doña Esperanza era maestra de mi hijo *entonces*. (algunos meses)
11. *Siempre* llegábamos tarde a clase. (frecuentemente)
12. *De pronto*, pensé que ese chico no era tan temible. (a veces)

E. Cambie al pasado.

1. Mi viaje a Santa Rosa.

El despertador suena y suena mientras yo escondo la cabeza debajo de la almohada resistiéndome a despertar. Estoy soñando que soy bombera y que la alarma anuncia un fuego que mis compañeros y yo debemos apagar, pero que estoy paralizada y no puedo mover los pies. Tardo más de cinco minutos en darme cuenta de que el sonido viene de mi mesa de noche y no de una alarma de incendios.

Me lavo y me visto precipitadamente. No tengo tiempo para preparar el desayuno. Viajo muy temprano a Santa Rosa porque mi tía, que vive sola, me escribe que está enferma y me necesita. Por fin lista, miro mi reloj de pulsera. ¡Qué tarde es! El autobús sale a las siete y sólo faltan veinte minutos. No vale la pena llamar un taxi porque vivo a sólo diez cuadras de la estación, así que tomo mi maleta —que afortunadamente no pesa mucho—, cierro con llave la puerta de entrada y echo a correr.

No hay nadie en la calle tan temprano porque es domingo. Es otoño y amanece tarde; todavía el cielo está oscuro. Yo ando tan rápido como me lo permiten mis piernas. Cuando estoy a mitad de camino, un gato madrugador cruza veloz frente a mí. En el patio de una casa, un gallo canta tres veces.

Llego antes de las siete a la estación terminal de autobuses, pero estoy tan agitada por la carrera, que apenas puedo respirar. Consulto el horario que está en la pared. Efectivamente, allí dice que el autobús para Santa Rosa sale a las siete de la mañana. Miro a mi alrededor. Hay un autobús estacionado en el otro extremo de la estación terminal y cerca de él veo a cuatro o cinco pasajeros que esperan en los bancos. Un niño duerme en el regazo de su madre y ella inclina la cabeza, un poco dormida también. En mi sección de la estación, sin embargo, estoy yo sola, y esto me parece muy extraño.

Junto a mí pasa un viejecillo pequeño y delgado, que lleva un uniforme azul desteñido y aprieta en la mano derecha un llavero enorme. «Un empleado», me digo, y le pregunto al viejo si el autobús para Santa Rosa viene retrasado.

—No, señorita, —contesta, y consulta la hora en un reloj antiguo que saca del bolsillo de su pantalón.

Pero el viejo añade que mi espera va a ser larga porque apenas son las seis. ¡Las seis! Dirijo la vista a mi muñeca. Yo tengo las siete. El viejecillo sonríe y aclara mi confusión. Me recuerda que la hora de verano ha terminado la noche anterior y que hay que atrasar una hora los relojes. Todo va a tener un final feliz, después de todo. Pero ¡qué lástima! A causa de mi error con respecto a la hora, no puedo apagar el fuego.

2. Los recién casados.

Su luna de miel es un largo escalofrío. Rubia, angelical y tímida, el carácter de su marido hiela sus soñadas niñerías de novia. Ella lo quiere mucho sin embargo, aunque a veces, con un ligero estremecimiento, cuando vuelven de noche juntos por la calle, echa una furtiva mirada a la alta estatura de Jordán, mudo desde hace una hora. Él, por su parte, la ama profundamente, sin darlo a conocer.

La casa en que viven influye no poco en sus estremecimientos. La blancura del patio silencioso produce una otoñal impresión de palacio encantado. Dentro, el brillo glacial del estuco afirma aquella sensación de desapacible frío. Al cruzar de una pieza a otra, los pasos hallan eco en toda la casa.

No es raro que ella adelgace. Tiene un ligero ataque de influenza que se arrastra días y días; Alicia no se repone. Al fin una tarde puede salir al jardín. Mira indiferente a uno y otro lado. De pronto, Jordán le pasa muy lento la mano por la cabeza, y Alicia rompe en seguida en sollozos. Llora largamente todo su espanto callado.

Sección léxica

Ampliación: El sufijo -eo

Numerosos sustantivos con el sufijo **-eo** —como la palabra ajetreo en esta lectura— se refieren al resultado de la acción de un verbo que termina en **-ear**. Conociendo el resultado del sustantivo que termina en **-eo**, uno puede deducir el del verbo que termina en **-ear**, y viceversa.

ajetreo	*hustle and bustle*	**mareo**	*seasickness, motion sickness, lightheadness*
aseo	*personal hygiene*		
besuqueo	*kissing, necking*	**meneo**	*shaking, hip-swaying*
bloqueo	*blockade*	**parqueo**	*parking*
cabeceo	*nodding*	**paseo**	*stroll*
careo	*confrontation; meeting (face to face)*	**recreo**	*recreation, amusement*
		regateo	*haggling, bargaining*
chequeo	*checkup*	**rodeo**	*detour, roundabout way*
coqueteo	*flirting*	**seseo**	*pronunciation of* **c** *(before* **e, i**) *and* **z** *as* **s**
deletreo	*spelling out*		
empleo	*job*	**sorteo**	*drawing (in game of chance)*
franqueo	*postage*	**tartamudeo**	*stutter(ing)*
lloriqueo	*whining*	**tecleo**	*typing, keying*
manoseo	*handling, touching*	**zapateo**	*foot tapping*

APLICACIÓN

A. Complete las oraciones con la palabra terminada en *-eo* más apropiada.

1. Estacioné el carro en el _____ más cercano.

2. Voy a la clínica a que me hagan un _____.

3. La mayoría de los hispanoamericanos usan el _____.

4. El _____ de este niño me tiene muy estresado.

5. El _____ y el _____ son partes importantes de ciertos bailes.

6. El _____ es una actividad normal en este mercado mexicano.

7. Para aprender la ortografía, los niños practican el _____.

8. El _____ es muy común entre enamorados.

9. Espero ganar mucho dinero en el próximo _____ de la lotería.

10. El _____ es una táctica militar muy eficaz.

11. Ese _____ indica que el alumno está cansado y tiene sueño.

12. No es fácil encontrar un _____ con un buen sueldo hoy día.

13. En la informática, el _____ rápido requiere mucha práctica.

14. Yo prefiero la vida tranquila del campo al _____ de la ciudad.

15. El _____ de la víctima y el acusado en el juicio fue muy emocionante.

16. Háblame claro, no me gusta que me hablen con _____.

17. Cuando se le curó el _____ a la niña, su madre se puso muy contenta.

18. Coney Island es un sitio de _____.

19. En esta galería se prohíbe el _____ de las esculturas.

20. Es importante enseñarles a los niños desde pequeños la importancia del _____ personal.

21. Una ventaja que tiene escribir por correo electrónico es que la carta no necesita _____.

22. A muchas personas, el montar en cualquier vehículo les produce _____.

23. El médico me recomendó caminar, por eso doy un largo _____ todas las tardes.

B . Escoja cinco de los siguientes verbos que terminan en -*ear*, busque el significado de los sustantivos derivados de ellos, y escriba una oración con cada sustantivo.

desear	sondear
forcejear	tantear
hormiguear	tirotear
lagrimear	titubear
palmotear	veranear

Distinciones 1: Soler, acabar de, por poco

El verbo **soler** se usa sólo en los tiempos presente e imperfecto y sus dos significados básicos son:

1. con referencia a seres vivos, **tener costumbre**.
2. con referencia a hechos o cosas, **ser frecuente**.

Observe en los ejemplos siguientes los equivalentes de este verbo en inglés.

Solemos estudiar antes de un examen.	*We generally (usually) study before a test.*
Antes solíamos ir mucho al cine, pero ahora vamos poco.	*We used to go (we were in the habit of going, we were accustomed to going) to the movies a lot before but now we seldom go.*
En Suiza suele nevar mucho en invierno.	*In Switzerland it generally (frequently, usually) snows a lot in winter.*

Presente de **acabar de** + infinitivo = *have (has) just (done something)*
Imperfecto de **acabar de** + infinitivo = *had just (done something)*

Acaban de recibir el paquete que les envié.	*They have just received the package I sent them.*
Acabábamos de salir cuando empezó a llover.	*We had just left when it began to rain.*

Por poco + verbo en el presente = *almost* + past-tense verb

Al volver a verlo por poco me desmayo.	*On seeing him again I almost fainted.*

APLICACIÓN

A. Complete de una manera original.

1. Tengo un amigo que es muy distraído. Suele...
2. Es extraño que esté nevando hoy. Aquí no suele...
3. Le gustaban mucho los deportes y solía...
4. Cuando estábamos en la escuela secundaria solíamos...
5. Los sábados, si tengo dinero, suelo...
6. ¿Sueles tú...?
7. Antes Ud. solía...
8. Mi familia solía...

B. Conteste las preguntas de manera afirmativa usando *acabar de* en el presente.

1. ¿Ya llegó su tío de la Argentina?
2. ¿Han visto Uds. esa película?
3. ¿Ya inaguraron el nuevo edificio?
4. ¿Llamó Manuel a sus padres?
5. ¿Repartió el cartero la correspondencia?
6. ¿Lavó Ud. los platos?

C. Vuelva a escribir los siguientes pasajes, reemplazando el pretérito pluscuamperfecto con la construcción *acabar de* + infinitivo en el pasado.

1. Me había tirado en la cama para ver cómodamente la televisión, cuando mi compañero de cuarto entró, muy nervioso, y me contó que el pescado que habíamos comido en la cena estaba malo y que habían llevado a seis estudiantes al hospital. De repente, di un grito. Había sentido una punzada terrible en el estómago.

2. El piloto había quitado el anuncio de abrocharse el cinturón de seguridad ý yo había respirado, aliviada. ¡Estábamos en el aire! Entonces una voz dijo: «¡No se mueva!». Mis ojos buscaron a la persona que había hablado, pensando que se trataba de un secuestrador de aviones. Pero no, era el señor sentado detrás de mí, que había visto una avispa cerca de mi cabeza.

D. Haga un comentario original usando *por poco* y basándose en los datos que se dan en cada caso.

1. Había llovido y la carretera estaba resbaladiza.
2. Tomábamos un examen y yo miraba el papel de Gonzalo, cuando el profesor levantó la cabeza del libro que leía.
3. Ayudaba a mi madre a poner la mesa y llevaba varios platos, cuando tropecé.
4. Yo no quería decirle la verdad a Joaquina, pero ella me seguía preguntando.
5. Él tenía el número 585 en la lotería y salió el número 584.
6. Josefina estuvo muy grave. Pasó tres días en la sala de cuidado intensivo.
7. Salimos de la oficina a las cinco y a las seis estalló un terrible incendio.
8. Los niños jugaban a la pelota en la acera y Ud. pasó en ese momento.

Distinciones II: Equivalentes en español de la palabra time

1. *time* = **tiempo** (en sentido general)

Trabajo mucho y no tengo tiempo para divertirme.	*I work a lot and I don't have time to enjoy myself.*
Hace mucho tiempo que conozco a Luisito.	*I have known Luisito for a long time.*

2. *time* = **hora** (en el reloj)

¿A qué hora llegaste a casa anoche?	*At what time did you get home last night?*

3. *time* = **vez, veces** (para indicar ocasión o frecuencia)

He estado en México sólo una vez.	*I have been to Mexico only once.*
Jacinto, te advierto por última vez, que no quiero que juegues con ese niño.	*Jacinto, I warn you for the last time that I don't want you to play with that boy.*

4. Algunas frases que usan la palabra *time* tienen los siguientes equivalentes en español:

a la vez, al mismo tiempo	*at the same time*
anticuado/a	*old-fashioned, behind the times*
a tiempo	*on time*
a veces	*at times*
de vez en cuando, de cuando en cuando	*from time to time*

decir la hora	*to tell time*
en muy poco tiempo, en seguida	*in no time, at once*
edad	*time of life*
hora de verano	*daylight saving time*
nuestra época	*our times*
pasar un (buen) mal rato	*to have a (good) bad time*
por	*times (multiplied by)*
ser hora de	*to be time to*
una y otra vez	*time after time, over and over again*
ya es (era) hora	*it is (was) about time*

A veces no llego a tiempo a mis citas.	*Sometimes I don't get to my appointments on time.*
Su pedido estará listo en seguida.	*Your order will be ready in no time.*
Carlos aprendió a decir la hora a los seis años.	*Carlos learned to tell time at the age of six.*
Es hora de irnos, seguía repitiendo ella una y otra vez.	*It's time for us to go, she kept repeating time after time.*

APLICACIÓN

A. Conteste incluyendo en su respuesta uno de los modismos anteriores.

1. Cuando tú llegaste tarde a tu cita ayer, ¿qué te dijo tu novio/a?
2. ¿Vas a terminar de estudiar pronto?
3. ¿Puedes leer mientras ves televisión?
4. ¿Cuántos son seis por seis?
5. ¿Te divertiste en la última fiesta a la que fuiste?
6. ¿Vas a menudo a los museos?
7. ¿Llegan tarde a veces las personas puntuales?
8. ¿En qué época pasada o futura preferirías vivir?
9. ¿Por qué adelantas tu reloj una hora en el mes de mayo?
10. Si estás cansado de un ejercicio, ¿qué comentas cuando llegamos a la última pregunta?

B. Exprese en español.

1. Pepito is a smart boy and he learned to tell time in no time.
2. From time to time I like to buy raisin bread. *lo ves encuentro*
3. My mother scolds me time after time because I get up late for school. *reñir* *i↑n*
4. You are behind the times. It is about time for you to adjust yourself to our times. *(Use* *te ajustes a nuestra epoca* *subjunctive in second clause.)*
5. It is time that you realize that time is money. *Ya es hora de que te des cuenta que el tiempo es dinero*
6. I can talk on the phone and type on the computer at the same time so the letter will be ready in no time. *así la carta estará lista ⊘en seguida*

Para escribir mejor

Observaciones sobre la ortografía española

Usted evitará muchos errores ortográficos si tiene en cuenta los siguientes datos:

1. Las consonantes dobles son muy raras en español, en tanto que abundan en inglés. Ejemplos: **asesinar**/*to assassinate*, **atención**/*attention*, **apreciar**/*to appreciate*

2. Una **n** doble ocurre en algunas palabras como **innovación, perenne,** y en formas verbales como **den** + **nos** (que se escribe **dennos**). En estos casos generalmente se pronuncian las dos enes.

3. La **c** doble ocurre sólo antes de **i** or **e** y cada **c** tiene un sonido distinto: **accidente** (**k** + **th** o **k** + **s**).

4. La ortografía de ciertos sonidos consonánticos difiere según la vocal que les sigue:

Sonido de	A	E	I	O	U
k	ca	que	qui	co	cu
g	ga	gue	gui	go	gu
gw	gua	güe	güi	guo	
j	ja	ge, je	gi, ji	jo	ju
th, s	za	ce	ci	zo	zu

Lea estos ejemplos en voz alta, fijándose en la relación sonido/grafía.

casa	queso	quinta	como	cuna
gato	guerra	guitarra	goma	gula
guasa	Camagüey	pingüino	antiguo	
jamón	gema, jeta	giro, ají	joven	junio
zapato	cena	cinco	zócalo	zumo

Las combinaciones **z** + **e** y **z** + **i** son sumamente raras en español. Por esta razón, las normas ortográficas requieren cambios tales como **lápiz** > **lápices**; **cruzar** > **cruce Ud.**

Las normas anteriores producen algunos de los cambios ortográficos que se dan en la conjugación de muchos verbos. Las tablas que siguen resumen los cambios más frecuentes.

ANTES DE *E*			
Los verbos cuyos infinitivos			
TERMINAN EN	CAMBIAN	EN	EJEMPLOS
-car	c > qu	1.ª persona	**mascar**
-gar	g > gu	sing. pret.	**pagar**
-guar	gu > gü	y todo el	**atestiguar**
-zar	z > c	presente de subjuntivo	**avanzar**

ANTES DE *O, A*			
Los verbos cuyos infinitivos			
TERMINAN EN	CAMBIAN	EN	EJEMPLOS
-ger	**g > j**	1.ª persona	**proteger**
-gir	**g > j**	sing. presente	**fingir**
-quir	**qu > c**	de indicativo	**delinquir**
-guir	**gu > g**	y todo el	**extinguir**
consonante + **cer**	**c > z**	presente de	**convencer**
consonante + **cir**	**c > z**	subjuntivo	**zurcir**
vocal + **cer**	**c > zc**		**nacer**
vocal + **cir**	**c > zc**		**traducir**

Las mismas reglas se ven en la formación de ciertos superlativos absolutos.

Adjetivos o adverbios que			
TERMINAN EN	CAMBIAN	ANTES DE	EJEMPLOS
-co	**c > qu**		**riquísimo**
-go	**g > gu**	**-ísimo**	**larguísimo**
-z	**z > c**		**felicísimo**

ALGUNAS CORRESPONDENCIAS ORTOGRÁFICAS FRECUENTES		
INGLÉS	ESPAÑOL	EJEMPLOS
1. *ph*	**f**	*philosophy*/**filosofía**
2. *th*	**t**	*theology*/**teología**
3. *mm*	**nm**	*immobile*/**inmóvil**
4. *s* + consonante al principio de palabra	**es** + consonante	*school*/**escuela**
5. *-tion*	**-ción**	*nation*/**nación**
6. *chl*	**cl**	*chlorine*/**cloro**
7. *(s)sion*	**-sión**	*passion*/**pasión**
8. *psy*	**si***	*psychology*/**sicología**
9. *trans*	**tras**	*transplant*/**trasplantar**

*Algunos hispanohablantes conservan la **p** (por ejemplo, **psicología**).

APLICACIÓN

A. Escriba el mandato formal (de *Ud.*) de los siguientes verbos: *sacar, alcanzar, llegar, averiguar.*

B. Escriba el imperativo negativo (*tú*) de los verbos que siguen: *coger, distinguir, vencer, lucir, delinquir, dirigir, conocer, esparcir.*

C. Dé el superlativo absoluto de los adjetivos y adverbios contenidos en las frases siguientes.

vendedor tenaz	niño precoz	¿lejos o cerca?
pescado fresco	discursos parcos	sábanas blancas
mujeres flacas	poco dinero	palabras vagas
joven audaz	medicina amarga	detective sagaz

D. Escriba los equivalentes españoles de las siguientes palabras.

immediate	space	chlorophyll	phonology
psychopathic	mission	choleric	sclerosis
chloroform	pharmacy	spectator	transmutation
schizophrenic	immigration	thyroid	commission
transcendence	psychosis	Philadelphia	immunization

TRADUCCIÓN

The Man Who Died Twice

Juan Pérez tried to take advantage of the false news of his death in order to escape from a marriage in which he felt trapped and thus begin a new life. And he almost got away with it. Cases like this one occur often in real life. Every year thousands of persons disappear in the United States. Many of these individuals did not return home because they died in accidents or were murdered, others suffered amnesia attacks, but a large number of them disappeared voluntarily. The TV program *Unsolved Mysteries* frequently (use **soler**) presents cases of missing persons and finds many of them.

This theme has been much used in the movies. When I read the story of Juan Pérez I remembered a 1966 film called "Seconds." The movie was filmed in the period when they were showing *Twilight Zone* on TV. It develops in an atmosphere of fantasy, but it has in common with "Muerto y resucitado" the fact that both protagonists wanted to escape from a marriage and decided to change their identities.

The leading character of "Seconds," Arthur Hamilton, had a family, a good economic position and an important job in a bank, but he saw old age approaching and was tired of his routine life. One day, he received a call from a friend who everyone thought had died. The friend informed him of the possibility of getting rejuvenated and of acquiring a new identity as he had done. An unknown man followed Arthur to the train station and mysteriously handed him a wrinkled piece of paper with the address of the "Company" that performed this type of change.

Arthur paid a large sum of money and in this secret place they performed several operations on him and turned him into a different man, young and handsome. (From that moment on Rock Hudson replaced the original actor.) The "Company" placed Arthur Hamilton's identification papers on a decomposed body and thus they declared Arthur officially dead. In his new personality his name was Antiochus Wilson, he was a painter—the profession he always liked—and he lived in Malibu among rich, idle people.

At first everything was going well. Antiochus had a girlfriend and was enjoying many good times in his new life. But he couldn't resist the temptation to visit his old home. He felt pity on seeing his wife, a mature woman who was mourning his death, and who of course didn't recognize him. He soon tired of the change, he looked young and handsome, but he missed his family. Moreover, his new friends seemed superficial and silly to him. He didn't want to continue living a lie.

Arthur/Antiochus returned to the "Company" and asked them to change him back to his original form, but they replied that the only way they would do it would be if he found another client to replace him.

Time passed and Arthur/Antiochus couldn't find a substitute. Again and again he demanded, protested, threatened. The organization people decided to get rid of him. In the shocking and horrible final scene I witnessed the struggle of poor Rock Hudson who was screaming as they were taking him to the operating room tied to a gurney. Arthur Hamilton lost the identity he had bought and he wasn't able to recover his original one. The "Company" needed his body to fake the death of a new client.

When I recalled "Seconds," I thought that, after all, Juan Pérez was lucky when the encounter with his friend in London caused the failure of his plan to pretend to be dead. At least he was luckier than Arthur Hamilton.

TEMAS PARA COMPOSICIÓN

1. La esposa de Juan Pérez. Continúe el cuento de Nervo imaginando que Juan Pérez ya ha regresado a su casa y su esposa le cuenta lo sucedido a una amiga. Escriba lo que ella diría. Por supuesto, la esposa no sabe que él planeaba desaparecer.

2. Juan Pérez y Arthur Hamilton. Las diferencias y las semejanzas entre estos dos personajes.

3. Misterios sin resolver. Busque en el Internet el sitio de este programa y relate uno o varios casos de personas desaparecidas que se teme que estén muertas.

4. Una película de ciencia ficción. Si ha visto *Seconds*, escriba sobre esta película. Si no la ha visto, comente una película de ciencia ficción que vio.

Los actores Javier Bardem (a la izquierda) y Olivier Martínez en una escena de la película «Antes que anochezca,» titulada en inglés *Before Night Falls*,» que recrea la vida de Reinaldo Arenas. Bardem ya había hecho muchas películas en España, dos de ellas con Almodóvar, el famoso cineasta español, pero ésta fue la primera vez que actuó en una producción norteamericana. Javier Bardem actúa de modo magistral en esta película, y aunque es español, imita muy bien el acento del cubano Arenas. Su actuación le ganó una nominación para el Golden Globe del año 2000.

Lectura
«Con los ojos cerrados» de Reinaldo Arenas

Sección gramatical
Special Verb Constructions
Pronoun Constructions
Special Time Constructions

Sección léxica
Ampliación: Los nombres de golpes y heridas
Distinciones: Algunos equivalentes en español de *to run*

Para escribir mejor
El acento diacrítico

C A P Í T U L O **3**

Lectura

Introducción

El siguiente cuento es de Reinaldo Arenas, novelista y cuentista cubano. Arenas nació en 1943 en la provincia de Oriente y creció en una familia pobre y un ambiente rural. Su muerte trágica en Nueva York en 1990 interrumpió una carrera en la cual figuran obras de gran calidad, como la novela *El mundo alucinante* (1969).

Ud. comprenderá mejor este cuento si tiene en cuenta que los escritos de Arenas son frecuentemente autobiográficos y que, en este caso, el cuento contiene recuerdos de la niñez del autor en Cuba. El niño protagonista del cuento cierra los ojos y utiliza la imaginación para escaparse, por medio de la fantasía, de la fea realidad circundante.

Esta narración puede dividirse en cuatro partes: La introducción (líneas 1–15), los tres encuentros del niño (16–57), lo que ve el niño con los ojos cerrados (58–88) y la conclusión (89–100). Lea el cuento dividiéndolo en estas cuatro partes, y haga un resumen mental breve del contenido de la parte que acaba de leer antes de leer la parte siguiente.

Con los ojos cerrados

A usted sí se lo voy a decir, porque sé que si se lo cuento a usted, no se me va a reír ni me va a regañar°. Pero a mi madre no. A mamá no le voy a decir nada, y aunque es casi seguro que ella tiene la razón, no quiero oír ningún consejo ni advertencia°.

5 Por eso, porque sé que usted no me va a decir nada, se lo digo todo.

Ayer tía Ángela debía irse para Oriente y tenía que tomar el tren antes de las siete. Hubo un alboroto° enorme en la casa. Todos los vecinos vinieron a despedirla, y mamá se puso tan nerviosa que se le cayó la olla con el agua hirviendo en el piso cuando iba a hacer el

10 café y se le quemó un pie.

Con aquel escándalo° tan insoportable, no me quedó más remedio que° levantarme.

La tía Ángela, después de muchos besos y abrazos, pudo marcharse°. Y yo salí en seguida para la escuela, aunque era

15 bastante temprano.

Hoy no tengo que ir corriendo, me dije casi sonriente. Y empecé a andar despacio. Cuando fui a cruzar la calle, me tropecé° con un gato que estaba acostado en la acera.

¡Qué lugar escogiste para dormir! —le dije, y lo toqué con la

20 punta del pie. Pero no se movió y vi que estaba muerto.

«El pobre —pensé— seguramente lo arrolló° alguna máquina° y alguien lo tiró en ese rincón para no seguir aplastándolo°. Qué lástima, porque era un gato grande y de color amarillo que seguramente no tenía ningún deseo de morirse. Pero bueno, ya no

25 tiene remedio°.» Y seguí caminando.

reprender, pelear

aviso

ruido, conmoción

ruido, alboroto
no... tuve que

irse

me... me encontré

atropelló / automóvil
(Cuba) / squashing it

no... no se puede hacer
nada

Como todavía era temprano, me llegué a la dulcería°, porque aunque está lejos de la escuela, hay siempre dulces° frescos y sabrosos. En esta dulcería hay también dos viejitas paradas en la puerta, con una bolsa cada una y las manos extendidas, pidiendo limosnas°. Un día yo le di un medio° a cada una y las dos me dijeron al mismo tiempo:

—Dios te haga un santo.*

Eso me dio mucha risa y puse otros dos medios en aquellas manos arrugadas. Y ellas repitieron:

—Dios te haga un santo.

Pero ya no tenía ganas de reírme. Y desde entonces, cada vez que paso por allí, me miran con sus caras de pasas° y no tengo más remedio que darles un medio a cada una. Pero ayer no podía darles nada, ya que hasta la peseta° de la merienda° la gasté en tortas de chocolate. Y por eso salí por la puerta de atrás y las viejitas no me vieron.

Ya sólo tenía que cruzar el puente, caminar dos cuadras y llegar a la escuela.

En ese puente me paré un momento, porque oí un alboroto enorme allá abajo, en la orilla° del río. Vi que un grupo de muchachos de todos tamaños tenía rodeada una rata de agua en un rincón y la acosaban° con gritos y pedradas°. La rata corría de un extremo a otro del rincón, pero no podía escaparse y chillaba desesperadamente. Por fin, uno de los muchachos cogió una vara° de bambú y golpeó la rata. Entonces, todos los demás corrieron hasta donde estaba el animal y tomándolo, entre gritos de triunfo, la tiraron hasta el centro del río. Pero la rata muerta no se hundió. Siguió flotando hasta perderse en la corriente.

Los muchachos se fueron hasta otro rincón del río. Y yo también empecé a andar.

«Caramba —me dije—. Qué fácil es caminar sobre el puente. Se puede caminar hasta con los ojos cerrados. Con los ojos cerrados uno ve muchas cosas y hasta mejor que si los tiene abiertos.»

La primera cosa que vi, fue una gran nube amarilla, que brillaba unas veces más fuerte que otras, igual que el sol cuando se va perdiendo entre los árboles. Entonces cerré los ojos muy duro y la nube roja se volvió de color azul. Verde y morada. Morada brillante como un arco iris°.

Y seguí andando. Y me tropecé de nuevo° con el gato en la acera. Pero esta vez, cuando lo toqué con la punta del pie, dio un salto y salió corriendo. Salió corriendo el gato amarillo brillante, porque estaba vivo y se asustó cuando lo desperté. Y yo me reí muchísimo cuando lo vi desaparecer.

Seguí caminando con los ojos muy cerrados y llegué de nuevo a la dulcería. Pero como no podía comprarme ningún dulce porque gasté hasta la última peseta de la merienda, solamente los miré a través de la vidriera. Y estaba así mirándolos, cuando oigo dos voces detrás del mostrador° que me dicen:

—¿No quieres comerte algún dulce?

confitería (bake shop)
pastries

pidiendo... *mendigando*
cinco centavos (Cuba)

raisins

veinte centavos (Cuba) / mid-morning and mid-afternoon snack

margen, borde

hostigaban / *tirándole piedras*
palo delgado

arco... rainbow
de... *otra vez*

counter

---

*Expresión un poco anticuada que equivale más o menos a *God bless you.*

Y cuando levanté la cabeza, vi que las dependientas eran las dos
75 viejitas que siempre estaban pidiendo limosnas a la entrada de la
dulcería. No sabía qué decir, pero parece que adivinaron mis deseos
y sacaron, sonrientes, una torta grande hecha de chocolate y de
almendras. Y me la pusieron en las manos. Y yo me volví loco de
alegría con aquella torta tan grande y salí a la calle.
80   Cuando iba por el puente con la torta entre las manos, oí de
nuevo el escándalo de los muchachos. Y (con los ojos cerrados) los
vi abajo, nadando rápidamente hacia el centro del río para salvar
una rata de agua, pues la pobre parece que estaba enferma y no
podía nadar.
85   Los muchachos sacaron la rata temblorosa del agua y la
depositaron sobre una piedra para que se secara con el sol. Entonces
los llamé y los invité a comer conmigo la torta de chocolate, pues
yo solo no iba a poder comerme aquella torta tan grande.
    Pero entonces, «puch», me pasó un camión casi por arriba en
90 medio de la calle que era donde, sin darme cuenta, me había parado.
    Y aquí me ve usted: con las piernas blancas por el esparadrapo° y   surgical tape
el yeso°. Tan blancas como las paredes de este cuarto, donde sólo   cast
entran mujeres vestidas de blanco para darme un pinchazo° o una   *inyección*
pastilla° blanca.   *píldora*
95   Y no crea que lo que le digo es mentira. No piense que porque
tengo un poco de fiebre y dolor en las piernas, que estoy diciendo
mentiras, porque no es así. Y si usted quiere probar si fue verdad,
puede ir al puente, porque seguramente debe estar todavía en el
asfalto, la torta grande de chocolate y almendras que me regalaron
100 sonrientes las dos viejitas de la dulcería.

APLICACIÓN

A. Vocabulario

1. Todas las palabras y expresiones de la siguiente lista aparecen en la lectura. Usando las
palabras correspondientes a las letras (a) a (f), escriba seis oraciones originales. Usando las
palabras correspondientes a las letras (g) a (l), prepare seis preguntas para dirigírselas a sus
compañeros de clase.

  a. pinchazo

  b. tropezarse con

  c. almendra

  d. arco iris

  e. pedir limosna

  f. alboroto

  g. torta

  h. regañar

  i. pastilla

  j. esparadrapo

  k. acosar

  l. pasas

2. Sustituya las palabras o expresiones en cursiva por otras sinónimas.

a. Cuando yo era niña, era posible comprar un dulce en *la confitería* con *un medio*.

b. Había un gran *escándalo* en la calle porque a un niño lo había *atropellado* un auto. Ya *no podía hacerse nada*, porque el niño estaba muerto.

c. Cuando volvimos *otra vez* a *la margen* del río, vimos a unos chicos que *se iban* con mucha prisa.

d. Usa *un palo largo* para tirar los mangos del árbol.

e. La chica no escuchó mis *avisos*, y *tuve que* hablar con su madre.

B. Comprensión

1. ¿A quién no quiere contarle el cuento el chico? ¿Por qué?

2. ¿Por qué hubo un alboroto en la casa?

3. ¿Qué pasó cuando la mamá se puso nerviosa?

4. Explique el primer encuentro del chico.

5. ¿Qué hacían las dos viejitas en la puerta de la dulcería?

6. ¿Por qué no les dio nada el chico en esta ocasión?

7. Resuma la escena que vio el narrador desde el puente.

8. Al principio, ¿qué vio el chico con los ojos cerrados?

9. Cuando se tropezó de nuevo con el gato, ¿qué pasó?

10. Cuando llegó otra vez a la dulcería, ¿qué sucedió?

11. Cuando iba por el puente de nuevo, ¿qué oyó y qué vio?

12. Cuando se paró en medio de la calle, ¿qué le pasó al chico?

13. ¿Cómo sabemos que al final del cuento el narrador está en el hospital?

14. Según el narrador, ¿cómo se puede comprobar que fue verdad lo que ha contado?

C. Interpretación

1. ¿Cómo se llevan el chico y su mamá? Explique en qué basa su opinión.

2. Hablando del gato, el narrador dice que «seguramente no tenía ningún deseo de morirse». ¿Cómo clasificaría Ud. a una persona de esa opinión?

3. ¿Cómo se ven la muerte, la pobreza y la maldad en los tres encuentros del narrador al principio del cuento?

4. ¿De qué manera contrarresta el chico con los ojos cerrados estos tres aspectos negativos de la realidad?

5. Hay varios detalles en la narración que indican que este niño es generoso. ¿Cuáles son?

6. El chico dice que «Con los ojos cerrados uno ve muchas cosas y hasta mejor que si los tiene abiertos». ¿Qué opina Ud. de esto?

7. ¿Está en mejor o peor estado el chico después de haber cerrado los ojos? Explique su opinión.

8. ¿Qué le parece este cuento? ¿Cuáles son sus méritos? ¿Sus defectos?

D. Intercambio oral

1. **Maneras de evadir la realidad.** La fantasía puede ser una forma de evadir la realidad. ¿De qué otra manera puede evadirse la realidad en la vida contemporánea? ¿Con el cine? ¿Con el alcohol y las drogas? ¿Con el sexo? ¿Con la lectura? ¿Es mejor afrontar la realidad o tratar de evadirla?

Vista de la ciudad de la Habana, con el Palacio Presidencial al centro. Al fondo, a la derecha, se ve la cúpula del Capitolio. La calle que va a lo largo del mar en esta parte de la ciudad se llama Avenida del Puerto.

2. **Fantasías personales.** Si Ud. pudiera transformar sus fantasías en realidad, ¿qué haría para mejorar su aspecto físico? ¿Su carácter? ¿Su vida social? ¿Su situación económica?

3. **Arreglando el mundo.** De la misma manera, ¿qué haría para mejorar la situación del mundo? ¿Qué injusticias y aspectos negativos de la vida corregiría Ud. con los ojos cerrados?

4. **El narrador y sus padres.** Si Ud. fuera la madre o el padre del narrador y él le contara los sucesos contenidos en este cuento, ¿cómo reaccionaría?

5. **La mendicidad.** Las dos viejitas piden limosnas sin obstáculos. Hoy día, la mendicidad abusiva ha creado muchos problemas en algunas ciudades de los Estados Unidos. ¿Es así donde Ud. vive? ¿Cree Ud. que debe permitirse la mendicidad? ¿Por qué o por qué no?

Sección gramatical

Special Verb Constructions

Some Spanish verbs require a special construction in which the person affected is not the subject but the indirect object.

Me encanta este libro.   *To me this book is delightful.*

In certain cases, there is an alternate structure in which the person affected is expressed as the subject (not the indirect object), but this alternative construction is much less frequent in Spanish than in English.

Estoy encantado con este libro.   *I'm delighted with this book.*

Where the two constructions exist in English, they are generally used with equal frequency. For these reasons, in section 4 (below) the alternative structures have been indicated for English but not for Spanish.

1. The most frequently used of these verbs is **gustar**. In the case of **gustar**, one or more things are pleasing (or displeasing) to the person or persons. The verb, therefore, will always be either in the third-person singular or the third-person plural, as seen in the following chart.

SENTENCE STRUCTURE WITH *GUSTAR*			
STRESSED INDIRECT OBJECT PRONOUN*	**INDIRECT OBJECT PRONOUN**	**VERB (THIRD-PERSON SINGULAR OR THIRD-PERSON PLURAL)**	**THE THING(S) THAT PLEASE(S)****
A mí	me		
A ti	te		
A él	le		
A ella	le		
A Ud.	le	GUSTA	esa canción.
A nosotros/as	nos	GUSTAN	esas canciones.
A vosotros/as	os		
A ellos	les		
A ellas	les		
A Uds.	les		

*Necessary in the case of third persons for clarification. Used with the other persons for emphasis.
Do not use a person here. **Me gustas does not mean *I like you* but *I am attracted to you.* To tell a person that you like him/her, say: **Me cae Ud. (Me caes) bien,** or **Me cae Ud. (Me caes) simpático/a.**

A mucha gente le gustan las piñas pero no le gusta pelarlas.	*Many people like pineapples but they don't like to peel (cut) them.*

Although the table shows only the present tense, note that the same principles apply to all tenses.

A doña Hortensia le gustaban las flores blancas.	*Doña Hortensia liked white flowers.*
No creo que al peón le gustaría esa clase de trabajo.	*I don't think the worker would like that kind of work.*

2. Another common verb of this type is **doler** (*to hurt*).

STRESSED INDIRECT OBJECT PRONOUN*	**INDIRECT OBJECT PRONOUN**	**VERB (THIRD-PERSON SINGULAR OR THIRD-PERSON PLURAL)**	**THE THING(S) THAT HURT(S)**
A mí	me		
A ti	te		
A él	le		
A ella	le		
A Ud.	le	DUELE	la cabeza.
A nosotros/as	nos	DUELEN	los pies.
A vosotros/as	os		
A ellos	les		
A ellas	les		
A Uds.	les		

*Necessary in the case of third persons for clarification. Used with the other persons for emphasis.

¿Dónde le duele? —preguntó el médico.	*"Where does it hurt?" the doctor asked.*
Al chico le dolían las piernas.	*The boy's legs hurt.*

3. This type of construction is also used with the verb **faltar** in the case of distances, time, amount, etc., to tell the distance one has to go to arrive at one's destination, the time left before a deadline, the amount or quantity needed to reach a certain limit or goal, etc. The English translation varies according to the context.

A mi coche le faltan 732 millas para tener 5.000.	*The mileage on my car is 732 miles short of 5,000.*

A Juanito le falta una cuadra para llegar a su casa.	*Juanito is a block away from his home.*

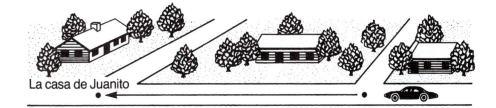

La casa de Juanito

A la botella le falta la mitad para estar llena.	*The bottle is half full.*

This construction can also mean *to lack* or *to be missing.*

A este libro le faltan seis páginas.	*Six pages are missing in this book.*

APLICACIÓN

A. Conteste usando oraciones completas.

1. ¿Qué comidas le gustan más?
2. ¿Qué le gustaría hacer el próximo verano?
3. ¿Qué les gusta hacer a sus amigos?
4. ¿A cuáles de sus amigos le/s gusta/n más...

    (a) los gatos?   **(b)** estudiar?   **(c)** el dinero?

B. Reemplace las palabras en cursiva con las que están entre paréntesis, haciendo otros cambios si es necesario.

1. Si haces demasiado ejercicio te dolerán *los pies*. (todo el cuerpo)
2. *A muchas personas* les duele la cabeza cuando tienen gripe. (yo)
3. *La soprano* prometió que cantaría aunque le doliera la garganta. (tú)
4. A Benito le dolía ayer *la herida*, pero ya no le duele. (los ojos)
5. *A mí* me duele el brazo derecho cuando lo muevo. (nosotros)
6. *Al pobre perrito* le dolía una de las patitas. (los perritos)
7. —No creo que *el diente* le duela más. —me dijo el dentista. (las muelas)
8. ¡Qué mal me siento, me duelen *el pecho y la espalda*! (todo)
9. *A nosotros* nos duele llegar tarde a las citas. (mucha gente)
10. Al boxeador le dolía *la cara*. (las dos piernas)

C. Exprese las palabras en cursiva usando una construcción con el verbo *faltar*.

> *Eran las ocho menos diez* cuando comencé a hacer mi tarea anoche. Entonces descubrí que *mi libro no tenía* las páginas que yo necesitaba leer. Decidí ir a casa de Carlos para pedirle su libro. Salí, pero no llegué a su casa. Cuando *estaba a dos o tres cuadras* recordé que Carlos había salido esa noche.

D. Traduzca.

1. How many kilometers do we have to go to get to Madrid?
2. "Nobody likes insects." "I do."
3. Often one's ears hurt when one has a cold.
4. "Does your head ache?" "No, doctor, but I have a sore throat."
5. Few people like cold weather.
6. Would your friend like to come to my home tonight?
7. It is twenty minutes to seven. (*Use* **faltar**.)
8. I explained my idea to Mr. García but he didn't like it.
9. He likes coffee a lot but she doesn't.
10. My cat's leg hurts.

4. Other verbs and expressions that use the **gustar** construction.

a. **agradar(le) (a uno)** — *to like*

No me agrada que los desconocidos me traten de «tú». — *I don't like it when strangers use the "tú" form with me.*

b. **alcanzar(le) (a uno)** — *to have enough*

A mi prima no le alcanzó la soga para amarrar la caja. — *My cousin didn't have enough rope to tie the box.*

c. **caer(le) bien (mal, etc.) (a uno)** — *to create a good (bad) impression (on one), to like*

La Sra. Jiménez me cae muy bien, pero su esposo me cae pesado. — *I like Mrs. Jiménez very much but I don't like her husband.*

d. **convenir(le) (a uno)** — *to suit (one's) interests, to be good for*

A Ud. no le conviene cambiar de empleo ahora. — *It is not good for you to change jobs now.*

e. **costar(le) trabajo (a uno)** — *to be hard (for one); to have a hard time + ing form*

A Mauricio le cuesta mucho trabajo madrugar. — *It is very hard for Mauricio to get up early. (Mauricio has a hard time getting up early.)*

f. **dar(le) lástima (a uno)** — *to feel sorry for*

Al chico le daban lástima las dos viejitas pordioseras. — *The boy felt sorry for the two old beggar women.*

g. **disgustar(le) (a uno)** — *to dislike*

Me disgustan las personas que no son sinceras. — *I dislike people who are not sincere.*

h. **encantar(le) (a uno)** — *to delight, to charm; to be delighted with*

Puerto Rico me encanta. — *I am delighted with Puerto Rico. (To me Puerto Rico is delightful [charming].)*

i. **extrañar(le) (a uno)** — *to be surprised*

¿No le extraña a Ud. que hoy haga tanto calor? — *Aren't you surprised that it is so hot today?*

j. **fascinar(le) (a uno)** — *to delight, to charm, to fascinate; to be fascinated by*

A ella le fascinan esas pulseras. — *Those bracelets delight her. (She is fascinated by those bracelets.)*

k. **hacer(le) falta (a uno)** — *to need*

¿Cree Ud. que a uno le hace falta dinero para ser feliz? — *Do you think that one needs money to be happy?*

l. **importar(le) (a uno)** — *to matter (to one); to mind*

A nosotros no nos importa esperar, ¿le importa a Ud.? — *We don't mind waiting, do you?*

m. **interesar(le) (a uno)**

to interest (one); to be interested in

Al profesor Quevedo le interesan mucho las ruinas egipcias.

Egyptian ruins interest Professor Quevedo a great deal. (Professor Quevedo is very much interested in Egyptian ruins.)

n. **molestar(le) (a uno)**

to bother (one); to be bothered by

¿Les molesta a Uds. que fume?

Does my smoking bother you? (Are you bothered by my smoking?)

o. **parecer(le) (a uno)**

to seem (to one)

A Raúl no le pareció bien que no lo llamaras.

Your not calling him didn't seem right to Raúl.

p. **preocupar(le) (a uno)**

to worry; to be worried by

A los padres de Julián les preocupaba su conducta.

Julián's behavior worried his parents. (Julián's parents were worried by his behavior.)

q. **quedar(le) (a uno)**

to have left

¿Cuánto dinero les queda a Uds.?

How much money do you have left?

r. **quedar(le) bien (mal) (grande, pequeño)**

to fit right (badly); to be (un)becoming; (to be too large, small) (for one)

A la clienta no le quedaba bien la falda.

The skirt didn't fit the customer right.

El rosado es el color que me queda mejor.

Pink is the most becoming color for me.

s. **resultar(le) agradable (desagradable, difícil, doloroso, fácil, penoso, triste) (a uno)**

to be (turn out to be) pleasant (unpleasant, difficult, painful, easy, distressing, sad) (for one)

A algunos padres les resulta difícil castigar a sus hijos.

It is difficult for some parents to punish their children.

t. **sobrar(le) (a uno)**

to have in excess, to have more than enough, to have left over

Hicimos tan rápido el trabajo, que nos sobró el tiempo.

We did the work so fast that we had more than enough time.

u. **sorprender(le) (a uno)**

to be surprised

Al chico le sorprendió que el gato estuviera vivo.

The boy was surprised that the cat was alive.

v. **tocar(le) el turno (una rifa, la lotería) (a uno)**

to be (one's) turn; to win (a raffle, a lottery prize)

—¿A quién le toca contestar ahora? —A mí.

"Whose turn is it to answer now?" "Mine."

A la familia Solís le tocó el premio gordo.

The Solís family won the grand prize in the lottery.

5. Poner(lo) (a uno) + adjective = *to make* (*one*) + adjective. Notice that the difference between this idiom and the **gustar** construction is the use of the direct object pronoun.

Esa canción siempre la pone triste.	*That song always makes her sad.*
A ese hombre lo pone muy nervioso el montar en avión.	*Flying makes that man very nervous.*

APLICACIÓN

A. Genoveva y Gerardo son gemelos, pero son totalmente diferentes en sus gustos y en sus reacciones. Exprese en cada caso la reacción opuesta del otro gemelo usando expresiones de la lista anterior. No use la misma expresión dos veces.

Modelo: A Genoveva le fascinan las películas de horror.
  → *A Gerardo le disgustan las películas de horror.*

1. A Gerardo le cuesta trabajo escribir cartas.
2. A Gerardo le preocupan los problemas políticos.
3. Gerardo se ve muy bien con ropa negra.
4. A Genoveva le dan mucha lástima los perros abandonados.
5. A Genoveva le resulta difícil llegar a tiempo a sus citas.
6. Genoveva administra bien su dinero y siempre le sobra.

B. Exprese de otra manera las oraciones, usando las expresiones entre paréntesis.

Modelo: No todo el mundo encuentra simpático a Conrado (caerle bien).
  → *Conrado no le cae bien a todo el mundo.*

1. **Mi amigo Conrado.**

   Mi amigo Conrado adora los animales (encantarle). Tiene más de cincuenta gatos y veinte perros y nunca tiene suficiente dinero para comprarles comida (alcanzarle). A veces estoy un poco preocupado por la situación de Conrado (preocuparle). Él necesita la ayuda de todos sus amigos (hacerle falta). Los vecinos de Conrado no aceptan que él tenga tantos animales en su casa (molestarle). Sería bueno para él mudarse (convenirle). Si Conrado ganara el premio gordo de la lotería, esto resolvería sus problemas (tocarle). Muchas personas encuentran extraño que un joven viva tan dedicado a los animales (extrañarle). Pero, como yo me intereso mucho en los animales también (interesarle), encuentro normal su interés (parecerle). Yo disfruto mucho de la compañía de Conrado (agradarle) y adoro sus perros y sus gatos (fascinarle).

2. **Un tipo necesitado.**

   Soy muy sentimental y es desagradable para mí ver personas necesitadas por la calle (resultarle). Por eso decidí ayudar a aquel hombre que me había causado tan buena impresión (caerle bien). Sentí pena por él (darle lástima). Llevaba unos pantalones que eran muy cortos para él y una chaqueta que era enorme (quedarle). Pensé que era una buena persona caída en desgracia (parecerle). Decidí regalarle alguna ropa mía y un par de zapatos extra que tenía (sobrarle). A él le causó sorpresa que lo llevara a mi casa (sorprenderle). Cuando le di la ropa, quedó muy agradecido. Después que se marchó, descubrí que no tenía mi billetera (faltarle).

C. Diga o nombre, usando oraciones completas.

1. algo que les disgusta a sus padres y algo que les encanta
2. algo que le resulta difícil a mucha gente
3. la persona que le cae mejor (peor) de todas las que conoce
4. una cosa que no le conviene a nadie hacer
5. lo que le hace más falta a su amigo
6. la cantidad de dinero que le queda para el resto de la semana
7. la persona a quien le tocó contestar antes que a Ud.
8. algunas cosas que le molestan a su madre

D. **Reacciones.** Diga, usando oraciones completas, algo que...

1. lo/la pone triste generalmente a Ud.
2. pone contentos a sus amigos.
3. va a poner alegre a su madre.
4. lo/la pone nervioso/a.
5. lo/la puso frenético/a alguna vez.
6. lo/la pone muy molesto/a.

Este chiste contiene dos ejemplos de puntos gramaticales tratados en este capítulo. ¿Puede Ud. explicarlos?

"Me quedan cuatro pelos, pero me los fortifico con un champú bárbaro".

Pronoun Constructions

SPECIAL USES OF THE INDIRECT OBJECT PRONOUN

In Spanish the indirect object pronoun often expresses for whose advantage or disadvantage the action is done. This is frequently expressed in English with prepositions like *on, at, for,* and *from.*

—¡No te me mueras! —gritó la mujer desesperada, sacudiendo al herido.	*"Don't die on me!" yelled the woman, desperately shaking the wounded man.*
Me reía porque Luisito me hacía muecas.	*I was laughing because Luisito was making faces at me.*
Las naranjas estaban baratas y le compré dos al chico.	*The oranges were cheap and I bought two for (from) the boy.*

Note that in the last example the Spanish indirect object renders the meaning of both *for* and *from.* The context will usually indicate the exact meaning.

This so-called dative of interest is commonly found with verbs that are used reflexively. The subject of the Spanish verb is often inanimate in this case, and the sentence conveys the idea of an accident or involuntary event. Observe the difference in meaning between **Perdí las llaves** and **Se me perdieron las llaves.** In the first sentence the speaker shows guilt for the loss of the keys, perhaps through some neglect on his/her part; in the second sentence, the loss of the keys is presented as something accidental: *The keys got lost on me.*

Other examples:

¡Qué día de mala suerte tuvo Lola! *Se le rompió* el auto y *se le hizo tarde* para ir a trabajar, porque *se le fue* el autobús. Además, *se le perdieron* cinco dólares. Por la noche, *se le quemó* la comida y *se le cayó* al piso una de sus copas finas.	*What an unlucky day Lola had! Her car broke down on her, and it got too late for her to go to work because she missed the bus. Besides, she lost five dollars. In the evening, dinner got burnt on her and she dropped one of her fine wineglasses on the floor.*

Note that although there is often a parallel construction in English, at other times there is no exact equivalent and the sentence is expressed differently: **A Joaquín se le olvidaron las entradas** means *Joaquín forgot the tickets* (literally: *The tickets got forgotten to Joaquín*).

REDUNDANT USE OF THE DIRECT OBJECT PRONOUN

The direct object noun often precedes the verb in Spanish. In this case, a redundant direct object pronoun is used between the noun and the verb.

La carta la envié por correo; el paquete lo entregaré en persona.	*I mailed the letter; I will deliver the package in person.*
A María la vi ayer; a sus padres no los he visto en mucho tiempo.	*I saw María yesterday; I haven't seen her parents in a long time.*

USE OF *LO* WITH SOME VERBS

The neuter pronoun **lo** is used in Spanish with the verbs **creer, decir, estar, parecer, preguntar, saber,** and **ser** to provide an echo effect. The **lo** refers to a previously stated idea. Note that no pronoun is used in English. The idea is sometimes rendered by *so*.

—¿**Cree Ud. que ellos llegarán a tiempo al aeropuerto?**	*"Do you think that they'll arrive on time at the airport?"*
—**No, no lo creo.**	*"No, I don't think so."*
—¿**Quién le dio a Ud. esa noticia?**	*"Who gave you that piece of news?" "I am sorry, I can't tell."*
— **Lo siento, no puedo decirlo.**	
Creíamos que González estaba casado, pero no lo está.	*We thought that González was married, but he is not.*
Mi novio no es escandinavo, pero lo parece.	*My sweetheart is not a Scandinavian but he looks like one.*
—¿**Cuánto cuesta el collar?**	*"How much is the necklace?"*
—**No lo sé, pero lo preguntaré.**	*"I don't know but I'll ask."*
Este capítulo parece difícil, pero no lo es.	*This chapter seems difficult but it is not (so).*

APLICACIÓN

A. Exprese que una o más personas reciben ventaja o desventaja por cada verbo en cursiva.

1. Le presté a Roberto mi grabadora y él la *rompió. Grité* mucho porque estaba furioso. Mi novia *había comprado* esa grabadora en Navidad.

2. Le dije a mi madre que *limpiaría* las ventanas. Ella lo *agradeció* mucho, y para *demostrarlo, horneó* un pastel de chocolate.

3. La goma se *desinfló* en una carretera solitaria. La noche se *venía* encima. Recordé que el gato se *había quedado* en el garaje. Afortunadamente, un hombre *se acercó* y ofreció *cambiar* la goma.

B. Cambie las oraciones para expresar el carácter involuntario de la acción.

Modelo: El pintor manchó el piso.
    → *Al pintor se le manchó el piso.*

1. La secretaria rompió la fotocopiadora.

2. La camarera derramó el jugo que llevaba en el vaso.

3. No puedo leer bien, porque olvidé mis lentes en casa.

4. En invierno los niños siempre pierden los guantes.

5. Ojalá que resolvamos pronto el problema que tenemos.

6. Haz la maleta con cuidado para no arrugar (*use* **subjuntivo**) los trajes.

7. Cuando estaba terminando el dibujo, usé demasiada tinta y lo estropeé.

8. La mantequilla está líquida porque la derretisteis.

9. Había lodo en la calle y ensucié mis zapatos blancos.

10. Ya no me duele el pie porque me curé la herida.

C. Exprese de otra manera, anteponiendo el complemento directo al verbo.

Alquilamos *el apartamento* hace quince días, pero nos mudamos el domingo. Es un apartamento muy bonito. Pintamos *las paredes* de azul, porque es el color favorito de mi esposa. Limpiamos *la alfombra* el viernes, ya que el sábado traían *los muebles*. Habíamos comprado *el refrigerador* en Caracas y estaba instalado hacía una semana.

D. **Con los ojos cerrados.** Traduzca.

1. The boy says that his mother is very strict and the truth is that she is.
2. "Did the boy say that the cat was alive?" "Yes, he said so, but, of course, he wasn't."
3. In reality, the cat was dead, but he didn't seem so.
4. The boys shouldn't be so happy because they killed the rat but they are.
5. The boy caused his own accident but his mother doesn't know.
6. "Do you think the boy will be able to go back to school soon?" "I don't think so, but I'll ask."

Special Time Constructions

1. An action or state that began in the past may continue in the present and be still going on. To emphasize this type of continuity, Spanish often uses one of the following three constructions:

    a. **Hace** + period of time + **que** + present or present progressive tense.

Hace tres años que trabajo (estoy trabajando) en Los Ángeles.*	*I have been working in Los Angeles for three years.*

    b. Present or present progressive tense + **(desde) hace** + period of time.

Trabajo (Estoy trabajando) en Los Ángeles (desde) hace tres años.	*I have been working in Los Angeles for three years.*

    c. Present tense of **llevar** + period of time + *gerundio* of main verb.

Llevo tres años trabajando en Los Ángeles.	*I have been working in Los Angeles for three years.*

2. Likewise, an action or state that began in the remote past may continue over a period of time to a point in the less-distant past when another occurrence took place. To emphasize this type of continuity, Spanish often uses one of the following constructions.

    a. **Hacía** + period of time + **que** + imperfect tense (simple or progressive).

Hacía tres años que trabajaba (estaba trabajando) en Los Ángeles, cuando me ofrecieron un empleo mejor en San Diego.**	*I had been working in Los Angeles for three years when I was offered a better job in San Diego.*

---

*Also correct but much less frequent: **He estado trabajando tres** (or **por tres**, or **durante tres**) **años en Los Ángeles.**

Also correct but much less frequent: **Había estado trabajando tres (or **por tres** or **durante tres**) **años en Los Ángeles, cuando me ofrecieron un empleo mejor en San Diego.**

b. Imperfect tense of **llevar** + period of time + *gerundio* of main verb.

Llevaba tres años trabajando en
Los Ángeles, cuando me ofrecieron
un empleo mejor en San Diego.

I had been working in Los
Angeles for three years when I was
offered a better job in San Diego.

3. Hace and **hacía** are also used in expressions of time where *ago* and *before/previously* are found in English.

a. With **hace**, the main clause is usually in the preterite or imperfect tense.

Hace tres años que se marcharon.
(Se marcharon hace tres años.)

They left three years ago.

b. With **hacía**, the pluperfect tense is usually found in the main clause.

Hacía tres años que se habían marchado.
(Se habían marchado hacía tres años.)

They had left three years before
(previously).

The above patterns with **hace** and **hacía** are also equivalent to another time pattern in English:

Hace tres años que se marcharon.　　*It is three years since they left.*
Hacía tres años que se habían marchado.　　*It was three years since they had left.*

APLICACIÓN

A. Lea estos párrafos y conteste las preguntas con oraciones completas.

1. Antonio empezó a estudiar español en 2001, y en 2003 decidió pasar el verano en México para perfeccionar sus conocimientos. ¿Cuánto tiempo hacía que Antonio estudiaba español cuando decidió pasar el verano en México?

2. Un fin de semana, él volvió a visitar las pirámides de Teotihuacán que había visto por primera vez en 1999. ¿Cuánto tiempo hacía que Antonio había visto las pirámides por primera vez?

3. Este año, Antonio vuelve a México para continuar sus estudios. Otra vez los profesores le preguntan cuánto tiempo hace que comenzó a estudiar el español. ¿Qué debe contestar?

4. El primero de mayo, Antonio tomó alojamiento en un hotel de lujo, pero hoy es el primero de agosto y está pensando en mudarse a un hotel menos caro. ¿Cuánto tiempo hace que Antonio reside en un hotel de lujo?

B. Cambie las siguientes oraciones a construcciones (a) con hacer y (b) con llevar.

Modelo: He estado buscando a mi gato perdido por una semana.
→ *Hace una semana que busco (estoy buscando) a mi gato perdido.*
→ *Llevo una semana buscando a mi gato perdido.*

1. He estado viviendo en esta ciudad durante ocho años.

2. Habíamos estado jugando a las cartas por varias horas cuando ocurrió el apagón.

3. Mónica había estado esperando hora y media cuando llegó su galán.

4. Los detectives han estado investigando ese crimen durante muchos meses.

5. He estado tratando de comunicarme con él por más de una hora, pero su teléfono está ocupado.

6. La familia había estado planeando el veraneo por varios meses.

7. Mi amiga había estado ahorrando por más de dos años para comprar aquel carro.

8. Hemos estado discutiendo ese asunto por varios días y no nos ponemos de acuerdo.

Sección léxica

Ampliación: Los nombres de golpes y heridas

En la lectura, los golpes con las piedras que lanzan los chicos son **pedradas**. Al final, las enfermeras le dan **pinchazos** al narrador. Los sufijos **-ada** y **-azo** se añaden frecuentemente al nombre del instrumento o parte del cuerpo que se usa, o a la parte del cuerpo afectada, para referirse al golpe o a la herida producida.

Otros nombres se forman de manera irregular: **apretón** (*squeeze*), **empujón** (*push*), **mordisco** (*bite*), **paliza** (*beating, series of blows with a stick*), **pellizco** (*pinch*).

Cuando se describe una pelea, ataque, etc., se usa la preposición **a** + el sustantivo para describir la manera en que se realiza la acción.

El asesino mató a su víctima *a hachazos*.	*The murderer* axed *his victim.*
Me sacaron del cuarto *a empujones*.	*They got me out of the room by* pushing me.

APLICACIÓN

A. Diga qué instrumento o parte del cuerpo está relacionado con cada palabra.

balazo	machetazo	cachetada
batazo	manotazo	cornada
cabezazo	martillazo	cuchillada
codazo	navajazo	dentellada
correazo	palazo	lanzada
culatazo	pinchazo	palmada
hachazo	rodillazo	patada
ladrillazo	zapatazo	puñalada

B. Reemplace las palabras en cursiva con el nombre apropiado del golpe o herida.

1. Ese pobre chico tenía un padre muy cruel, que le daba a veces *golpes con un palo y con una correa*.

2. En la revolución, el pueblo luchaba como podía, dando *golpes con los machetes*, dando *golpes con bates* o *tirando ladrillos y piedras* (a...). Los soldados, bien armados y entrenados, les daban *con la culata de sus rifles* o disparaban contra ellos. Muchas personas tenían *heridas de bala* en diferentes partes del cuerpo.

3. *Los golpes del hacha* del hombre que cortaba el árbol y *el ruido repetido del martillo* del carpintero me despertaron muy temprano.

4. Luisita. —Mamá, Elvira me dio un *golpe con el codo* y uno *con la cabeza*; también me dio *un golpe con la mano*. Elvira. —No es verdad, mamá. Ella empezó. Me dio un *golpe en el cachete* y *varios golpes con los pies*.

5. El torero está grave; tiene *una herida de cuerno* en el pecho.

6. La víctima tenía *heridas de cuchillo* y *de lanza* en todo el cuerpo.

7. Cuando me dio *varias veces con la palma de la mano* en la espalda, sentí el dolor de *una herida con un pincho*; era su anillo.

8. Era una lucha desigual: el perro se defendía *mordiendo (a...)* pero ya tenía *varias heridas de navaja* y estaba lleno de sangre.

Distinciones: Algunos equivalentes en español de to run

En la lectura de este capítulo el chico dice que no tiene que ir corriendo a la escuela, que se tropezó con un gato y que al gato lo arrolló un automóvil. También dice al final: «Tengo un poco de fiebre». Estas cuatro ideas se expresan en inglés usando el verbo *to run: running, ran into, ran over,* y *I am running a little fever.*

Seguidamente se dan los equivalentes más comunes en español del verbo *to run* y de las expresiones formadas con este verbo.

1. Cuando *to run* es intransitivo (no tiene complemento directo) y significa:

   a. *to go faster than walking* = **correr**

   Ningún hombre puede correr tan rápido como un caballo.   *No man can run as fast as a horse.*

   b. *to go (as a train)* = **ir**

   Ese tren va de Camagüey a Oriente.   *That train goes (runs) from Camagüey to Oriente.*

   c. *to flow* = **correr**

   Cuando vi el agua que corría por el pasillo, me di cuenta de que no había cerrado la llave.   *When I saw the water running down the hall I realized I hadn't turned off the faucet.*

   d. *to work, keep operating (as a motor or clock)* = **andar, funcionar**

   No dejes el motor andando dentro del garaje.   *Don't leave the motor running inside the garage.*

   El reloj que me regalaste funciona muy bien.   *The watch you gave me runs very well.*

   e. *to be a candidate for election* = **postularse (para), aspirar (a)** presentar

   ¿Crees que Gore va a postularse para (aspirar a) presidente otra vez?   *Do you think that Gore will run for president again?*

   f. *to cost* = **costar**

   ¿Cuánto (me) van a costar esos armarios?   *How much will those cabinets run (me)?*

g. *to have a specified size (as in garments)* = **venir**

Estos zapatos vienen muy grandes.   *These shoes run very large.*

h. *to run along* = **extenderse por**
to run around = **rodear**
to run up = **trepar por**

Una hermosa moldura se extendía por la pared.	*A beautiful molding ran along the wall.*
Las enredaderas trepaban por la cerca que rodeaba el jardín.	*The vines ran up the fence that ran around the garden.*

2. Cuando *to run* es transitivo (tiene complemento directo) y significa:

a. *to conduct, manage* = **dirigir, administrar**

Hace diez años que Tomás Duarte administra el negocio de su familia.	*Tomás Duarte has been running the family business for ten years.*

b. *to publish (in a periodical, e.g., an ad)* = **poner**

Pondremos un anuncio en el periódico.	*We will run an ad in the paper.*

3. Otras expresiones en las que se encuentra el verbo *to run*.

to run a fever	**tener fiebre**
to run across, into	**tropezarse con**
to run away	**escaparse, huir**
to run into (crash, collide)	**chocar con**
to run out of	**acabársele (a uno), quedarse sin**
to run over (riding or driving)	**pasar por encima (arriba) de, arrollar, atropellar**
to run over (overflow)	**desbordarse**
in the long run	**a la larga**

Se me acabaron las aspirinas y tengo fiebre.	*I ran out of aspirin and I am running a fever.*
Me tropecé con el chico y lo traje de regreso a casa, pero me temo que, a la larga, volverá a escaparse.	*I ran into the boy and I brought him back home, but I am afraid that, in the long run, he'll run away again.*
El coche atropelló a un peatón y después chocó con un árbol.	*The car ran over a pedestrian and then it ran into a tree.*
Muchos ríos se desbordan en la primavera.	*Many rivers run over in spring.*

APLICACIÓN

Traduzca.

1. What a day! I didn't have breakfast because I ran out of coffee. My watch wasn't running and I was late. While walking to my car, I ran into Mr. Pesado, whom I detest. On my way to work, my car ran over some nails and I got a flat tire. Back home, I found two unpleasant surprises: my son was running a fever and also a pipe was leaking and the water was running all over the kitchen floor.

2. We had learned about that house from an ad that its owners had run in the paper. I liked very much the ivy running up the walls. A small brook ran at the back of the property and a stone wall ran around the garden. I asked the owners if the brook ran over in the rainy season; when they said no, my husband asked how much the house would run.

3. The driver was drunk. He ran over a little girl. Then his car ran into a fence. He ran away but, in the long run, they'll catch him.

4. Buy a size 14. Remember that sizes run small lately.

5. My best friend, who runs a small flower shop, was running for president of the association of florists and I wanted to help him in his campaign, but my car wasn't running. Luckily, there is a train that runs from my town to the city.

Para escribir mejor

El acento diacrítico

En el capítulo anterior hemos visto las reglas de la acentuación normal. Aquí nos toca examinar ciertos casos especiales.

1. A continuación se enumeran aquellas palabras que utilizan la tilde o acento gráfico para diferenciarlas de otras de igual grafía que tienen distinto significado o función gramatical:

aun	*even*	**aún**	*still, yet*
de	*of*	**dé**	*give* (subjuntivo)
el	*the*	**él**	*he*
mas	*but*	**más**	*more*
mi	*my*	**mí**	*me*
se	*himself/herself*	**sé**	*I know; be* (imperativo)
si	*if, whether*	**sí**	*yes; himself/herself*
te	*you* (complemento directo)	**té**	*tea*
tu	*your*	**tú**	*you*

2. Los interrogativos y exclamativos (cómo, cuál, cuándo, cuánto, dónde, quién) llevan el acento gráfico para diferenciarlos de los relativos de la misma forma:

¡Cómo extraño el lugar donde nací!   *How I miss the place where I was born!*

Y ¿dónde naciste?   *And where were you born?*

En preguntas indirectas también se usa el acento.

> **Como ese estudiante es nuevo, voy a**
> **preguntarle cómo se llama y dónde vive.**
>
> *Since that student is new I am going to ask*
> *him what his name is and where he lives.*

3. La conjunción **o** (*or*) se escribe con tilde cuando aparece entre cifras para evitar la posible confusión con el cero.

> **¿Había 150 ó 200 personas en la**
> **reunión?**
>
> *Were there 150 or 200 persons at*
> *the meeting?*

4. Los demostrativos **este, ese, aquel** —con sus respectivos femeninos y plurales— pueden escribirse con tilde cuando son pronombres, aunque esta acentuación no es obligatoria.

> **No quiero esta fotografía; prefiero**
> **que me dé ésa.**
>
> *I don't want this photograph; I*
> *prefer that you give me that one.*

5. La palabra **solo** debe llevar tilde únicamente cuando se usa en el sentido de **solamente** y hay posibilidad de ambigüedad. Por ejemplo, en la oración **El abogado está solo en su bufete los viernes, solo** podría significar **sin compañía** o **solamente**. Para evitar la posibilidad del primer sentido, hay que escribir **sólo**.

6. ¿Deben usarse las tildes con las letras mayúsculas? A esta pregunta le contesta la Real Academia Española: «Se recomienda que cuando se utilicen mayúsculas, se mantenga la tilde si la acentuación ortográfica lo exige».

APLICACIÓN

A. Ponga acento en las palabras que lo necesiten.

1. Me gusta oir musica, mas solo la oigo cuando estoy solo.

2. ¿Que trabajo es el que haces y para quien lo haces?

3. Mi madre me dijo: —Se buen hijo y piensa que se lo que se dice de ti.

4. Si, te pregunte si quieres que te de este libro o prefieres ese.

5. Aun si me jura que la idea fue de el, no lo creere.

6. —¿Donde vas a comprar el vestido? —Donde encuentre algo que sea bueno, bonito y barato.

7. Voy a leer *El si de las niñas* cuando tenga tiempo, pero no se cuando tendre tiempo.

8. ¿Aun te duele el estomago? Si me dices donde esta el te, te preparare una taza.

9. ¿Sabes tu si estas flores son para mi?

10. La enfermedad de la que padece tu primo no tiene cura, que yo sepa.

B. Añada los acentos necesarios.

Hablan Laura, Javier (su marido) y Elena (su amiga).

JAVIER: ¿Que vas a servirles a las visitas cuando vengan esta noche? Recuerda que Tomas bebe solo te.

LAURA: Si, a el le dare te, aunque no se si vendra. Tal vez le de un poco de pena. Aun me acuerdo de lo que paso la ultima vez. ¿Te acuerdas tu?

JAVIER: Si, por supuesto. Se que no te gusta repetir la historia pero, como Elena no la conoce, se la contare. Esa tarde Laura les habia servido a todos, aun a mi prima, que le cae mal. De pronto, Tomas se levanto para servirse a si mismo diciendo: «Necesito mas te».

LAURA: Y yo le dije: «Se paciente, que yo te servire ahora». Mas el se lanzo a la bandeja donde estaba la tetera. Se cayo la bandeja y se hizo pedazos mi tetera de porcelana.

ELENA: ¡Que horror! ¡Tu mejor tetera destrozada!

LAURA: Javier me compro esta, pero aquella era insustituible para mi, porque era un recuerdo de familia.

TRADUCCIÓN

A Childhood Episode

What I am going to tell happened a long time ago, when I was about ten years old. We had been living in our house for more than eight years when the Coyárez family moved into the house next door. There were three boys in the family and the oldest, Pablito, was my age. When we met, he instantly created a good impression on me (*use* **caerle**) and we soon were excellent friends.

We both attended the school of the Marist Brothers* and we walked to school together. I haven't forgotten (*use* **olvidársele**) that I used to wake Pablito up with a phone call because it was hard for him (*use* **costarle trabajo**) to get up early.

I remember that when Brother Crispín called the roll and the class heard Pablito's family name for the first time, several children smiled because it sounded like "necklaces". Brother Crispín didn't mind the smiles and he made Pablito spell his last name. He then emphasized that it was written with **y** and **z**, not **ll** and **s** and that, since it ended in **z**, it had an accent on the **a**, where the stress was.

We all were surprised by (*use* **extrañarle**) Pablito's last name, but his grandfather was even stranger than his name. Old Coyárez was a tall, thin man who suffered from arthritis. He always seemed to be in a bad mood and he seldom talked, except to say that something hurt. He smoked a lot and I disliked the smell of his cigars. He had been retired for a few years, but he had run a funeral home when he was younger and he still had a somber expression in his eyes. I didn't like Pablito's grandfather at all and I always avoided running into him.

Pablito and I loved (*use* **encantarle**) to swim in the river. One Friday afternoon, we went swimming in the river after school. We were in the water when I looked at the bank and noticed that my books were missing. Someone had stolen them (*use* **robárselos**). The thief ran away and I couldn't see him well. Pablito was lucky; his books were behind a bush and the thief didn't see them.

The loss of my books worried me. Those were difficult times and I knew that my parents hardly (*use* **a duras penas**) had enough (*use* **alcanzarles**) money to pay all the household expenses. When I told my father, he was very bothered by (*use* **molestarle**) the news. He said that he didn't have any money left over (*use* **sobrarle**) that month for extra expenses. He added that I was always losing (*use* **perdérsele**) things and I had to learn to be more careful with my belongings.

Since my father refused to buy me books that weekend, I went to school empty-handed on Monday. This was unpleasant for me (*use* **resultarle**) but, what could I do? After lunch, Brother Crispín called me: "Pablito's grandfather felt sorry (*use* **darle lástima**) that you were robbed (*use*

---

*Generalmente, en los países hispanos sólo los niños muy pobres van a las escuelas públicas. Las escuelas privadas son muy numerosas y son católicas en su mayoría. Las niñas van a escuelas de monjas y los niños a escuelas de curas o hermanos.

Estos niños cubanos salen de la escuela. En los países hispanos es común el uso de uniformes, tanto en la escuela primaria como en la secundaria.

que te robaran)," he explained. "He sent you this." And he gave me a brown package that contained four new books.

TEMAS PARA COMPOSICIÓN

1. Lo que pasó después. Continúe la narración que acaba de traducir. ¿Cómo reaccionó el chico ante la generosidad de una persona que él detestaba? Seguramente fue a darle las gracias. ¿Cómo fue la entrevista de ellos? Y los padres del narrador, ¿qué hicieron y qué dijeron cuando él llegó con sus libros nuevos?

2. Mi mejor amigo/a cuando era niño/a. ¿Cómo era su mejor amigo/a? ¿Cómo se conocieron? ¿En qué actividades solían participar juntos? ¿Cómo era la familia de su amigo/a? ¿Se siguen viendo Uds? ¿Dónde está ahora su amigo/a y qué hace?

3. Los amigos imaginarios. ¿Tuvo Ud. en su niñez un amigo o amiga imaginario/a? ¿Cómo era? ¿Por qué inventan amigos imaginarios algunos niños?

4. Las fantasías. La fantasía predilecta de su niñez, ¿era de tipo socioeconómico? ¿De tipo físico? ¿Con respecto a su futura profesión? ¿Se ha realizado ya alguna fantasía de su niñez? ¿Espera que se realice alguna?

5. Otras maneras de escapar de la realidad. Las fantasías son sólo uno de los muchos métodos para evadir realidades desagradables. ¿Qué otros métodos le parecen a Ud. eficaces? ¿Qué método o métodos utiliza Ud.?

El Yunque, situado entre montañas, a sólo 40 km. de San Juan, tiene 28.000 acres de bellísima selva tropical. En El Yunque hay 240 especies de árboles nativos, unas 50 clases de orquídeas y también animales autóctonos, como el coquí, una rana en miniatura que se encuentra sólo en Puerto Rico. El nombre Yunque viene de la palabra taína «yuque», que significa blanco y se refiere a las cumbres de las montañas cubiertas por las nubes.

Lectura

Introducción

Esta lectura es parte de un capítulo de la novela *La resaca*, del escritor puertorriqueño Enrique A. Laguerre. Laguerre nació en 1906, en Moca, un pueblo pequeño de Puerto Rico, y cursó estudios universitarios en su patria y en la Universidad de Columbia en Nueva York. Fue profesor en Puerto Rico y ha viajado por muchos países. Laguerre tiene una obra literaria muy rica, cuya parte central son sus once novelas. La primera de ellas, *La llamarada*, tiene 28 ediciones, *La resaca*, 15 y *Cauce sin río,* 11.

La resaca se desarrolla a fines del siglo XIX, cuando Puerto Rico es todavía una colonia de España. Es una época de descontento y agitación. A diferencia de Cuba —que se independizó al mismo tiempo, pero cuya independencia fue precedida por muchos años de guerras y revoluciones— Puerto Rico, una isla mucho más pequeña, no tuvo guerras independentistas. Hubo, sin embargo, algunas conspiraciones, como se ve en *La resaca*. Al final de la novela, ya vemos un Puerto Rico liberado del control de España como resultado de la guerra entre España y los Estados Unidos. Pero, según Laguerre, la situación no había mejorado mucho, pues era la época de la intervención norteamericana y la isla simplemente había cambiado de amo.

El pasaje reproducido en la lectura es un episodio ligado a la novela por los personajes, pero independiente de ella en cuanto a su contenido. José Dolores, el protagonista, ha sido denunciado como conspirador y vive fugitivo en los campos. Al ver la miseria de los campesinos y los abusos que sufren, José Dolores y sus compañeros, como Robin Hood y sus amigos, se dedican a robar a los ricos para ayudar a los pobres.

La lectura comienza cuando José Dolores y sus tres compañeros se acercan en medio de la noche a una casa de campo abandonada que parece embrujada (*haunted*). Los compañeros de José Dolores son: Pai Domingo, un negro ex esclavo, Lázaro Cuevas, alias el Mago, un abogado que estaba preso por una estafa que hizo y a quien José Dolores liberó, y Gabriel, un campesino sumado recientemente al grupo.

Ud. va a ver que el engaño de la casa embrujada dura poco, porque José Dolores y sus amigos descubren muy pronto la verdad detrás de la leyenda y desenmascaran al «fantasma», que es un «vivo» llamado Sandalio Cortijo. Él va a contar los métodos que utiliza para asustar a la gente y la razón por la que está viviendo en esa casa.

Una luz en la noche

Bajaron entre las malezas° hasta el fondo del abra°, remontaron° otro cerro y, ya en la cumbre, distinguieron una luz que se movía. Volvieron a bajar, guiados por la luz, la cual desapareció cuando los hombres estaban a poca distancia de ella.

5 Los hombres fuéronse acercando cautelosamente°; minutos después se hallaron en una emplanada°, en cuyo centro alzábase la oscura silueta de una casa de campo. Adelantóse el más reciente «socio»° de José Dolores, de nombre Gabriel; subió las escaleras° y tocó a la puerta. Hacía viento; oíanse los golpes de una ventana

malezas — undergrowth / *abra* — **paso entre montañas** / *remontaron* — **subieron**

cautelosamente — **con cuidado**
emplanada — open space

«socio» — "partner" / *escaleras* — front steps

10 ruinosa. Gabriel repitió el llamado; no se escuchó la más leve
manifestación de vida. Desde abajo, José Dolores gritó
—¡Abran la puerta!
Nadie respondió.
—Hace unos minutos que vimos una luz —dijo el Mago—
15 ¿Dónde diablos estará quien la llevaba?
Disponíanse José Dolores, Pai Domingo y Lázaro a subir la
escalera cuando oyeron bajar atropelladamente° a Gabriel.

con mucha prisa

—¡Oí quejidos° y arrastre° de cadenas! —informó.

moans / dragging

—¡Déjate de cuentos!° —reprochó José Dolores—. ¡Síganme!

Déjate... Stop the
nonsense!

20 Rápidamente subió la escalera, empujó la puerta y ésta cedió sin
mayor esfuerzo...
En estos instantes oyéronse quejidos y cadenas. Respondiendo a un
impulso, José Dolores hizo un disparo de revólver hacia el balcón°.

front porch (P.R.)

Desde arriba, desde el cielo raso°, vino una voz:

cielo... attic

25 —¡No disparen! ¡Ya voy a bajar!
—¡Quienquiera° que sea! ¡Enciende luz y baja!

Whoever

El hombre del cielo raso obedeció al punto°. Hubo un cuadro de

al... *en seguida*

luz a través de la ventana° en el cielo raso de uno de los aposentos°.

trap door / *habitaciones*

Por la ventana descendió una escalera de mano°.

escalera... ladder

30 José Dolores preguntó:
—¿Cuántos son ustedes?
—Soy yo solo. Ya bajo. Pero no disparen, ¡por favor!
Bajó, todo encogido de terror°. La luz de la lámpara iluminaba su

encogido... cringing with
fear

rostro barbudo.
35 —¿Quién es el dueño de esta casa?
—Don Luis Argüeso, amo de todos estos cafetales°.

coffee plantations

—¿Es usted su mayordomo°?

caretaker

—No, señor, ésta es una casa abandonada.
Contó su peregrina° historia. Era un jíbaro° aguzao° de la región

*extraña / campesino
    puertorriqueño /
    (aguzado) astuto*

40 de Trujillo. Hacía meses que había venido a este lugar, y como
oyera contar que la casona estaba abandonada por considerársele
embrujada°, decidió quedarse en ella para vivirla.

haunted

—En un tiempo fue residencia de los Argüesos. Según he sabido,
esta gente vivía en continua discordia. La abandonaron poco después
45 de suceder una de esas tragedias familiares que no se olvidan. Don
Luis mató a su hermano en el balcón. Todavía la mancha° de sangre

stain

está allí, a pesar del tiempo que ha pasado. ¿Quieren verla?
—No. Siga contando.
Todo el vecindario° cuenta del suceso°. Don Luis salió bien del

residents / event

juicio°, pero tuvo que irse. Dicen que su hermano no lo dejaba

trial

dormir. Se fueron a vivir al pueblo. Ningún mayordomo ha vivido
aquí más de unos meses. Todos se van. Nadie se atreve a quitar la
tabla° manchada. Yo decidí aprovecharla, porque soy de esos tipos

board

que nunca han tenido dónde vivir. En vez de quedarme en sus
55 habitaciones, como todo ser humano, me fui al cielo raso.
—Como todo ser ratonado°, ¿no? —preguntó regocijadamente°

cobarde / alegremente

el Mago. Sin ofenderse, el hombre respondió.
—Un ser ratonado que ha hecho correr a más de un hombre de pelo
en pecho°.

de... *valiente*

60 —Caramba, esto necesita escucharse con más atención —dijo
José Dolores —. ¿Tienes qué comer?

—Y mucho. En mi alacena° del cielo raso. ¿Quieren comer?　　　pantry

—Sube con él, Pai° Domingo. Y otra cosa.　　　*Compadre*

—Diga.

65 —El «Mago» —exclamó José Dolores señalando a Lázaro— se
halla medio enfermo del estómago, ¿tienes algo que le viniera bien?

—A mí no me faltan remedios. ¡Cómo que he sido brujo°!　　　healer

... Media hora después, el individuo había colocado, sobre una
mesa rústica, algunas frutas, leche, carne asada y otras golosinas°.　　treats

70 Ofreció a Lázaro un brebaje° de yerbas silvestres.　　　potion

—Yo cocino pasada la media noche —explicó—, y utilizo
carbón° para que no se vea la flama° desde lejos. Pensaba ir esta　　coal / *llama*
noche a buscar carbón. Porque se me acabó. Me lo robo en
cualquier carbonera°. Se le saca provecho al° oficio de fantasma.　　coal yard / **Se...** One takes
advantage of

75 Miren ustedes, una madrugada había dos hombres llenando sus
sacos de carbón junto a la carbonera. Me tiré una sábana por
encima, tomé un tizón° en la mano y me presenté... Al verme　　　*palo a medio quemar*
echaron a correr como almas que lleva el diablo°. Cargué con　　　**como...** *muy velozmente*
suficiente carbón para unas cuantas semanas.

80 —Ése es un oficio peligroso —aseveró José Dolores—. ¿No
crees que puede costarte caro el atrevimiento?

—No todo el mundo dispone de revólver o de ánimos° para　　　*valor*
enfrentarse a un fantasma. Además, me da igual°. Uno se muere en　　**me...** *no me importa*
cualquier sitio.

85 Sentados sobre dos banquetas, a ambos lados de la mesa, los
hombres —aun el propio Lázaro Cuevas— comían con muy buen
apetito. Parece que la cena consiguió establecer la confianza, porque
todos reían con júbilo celebrando las salidas° del «fantasma» o las　　funny remarks
del Mago. Cada cual dijo su nombre. El nuevo «socio» se llamaba

90 Sandalio Cortijo.

—¿Cuánto tiempo hace que estás aquí? —inquirió José Dolores.

—Poco más de tres meses.

—¿Y no sospechan?

—Hasta ahora, no. Todo se lo achacan° a las brujas. A veces salgo　　*atribuyen*

95 de día. Me visto de pordiosero° y pido limosna. Por eso no me corto　　*mendigo*
la barba. Aprendí a temblar como si tuviera el mal de San Vito°　　**el...** Parkinson's disease
pa'ngañarlos°. Entonces oigo hablar a la gente. No hace mucho, oí　　*para engañarlos*
decir que traerían al cura pa que conjurase° la casa, pero no ha　　*hiciese un exorcismo en*
venido. Antier° oí decir que la iban a tumbar, pero parece quo no lo　　*Antes de ayer*

100 aprueban porque el hermano de Argüeso se quedaría sin casa.

—¿El muerto?

—Sí, el muerto.

—¡Yo no me quedaría aquí ni por los tesoros! —dijo Gabriel.

—El hombre es un animal de costumbre —aseguró Cortijo—.

105 Además, ¿qué no hace el hombre pa'segurarse los alimentos? El miedo
lo hace uno mismo. La verdad es que desde que vivo aquí, nadie se
había atrevido a entrar de noche. Ustedes son guapos de a verdá°. A　　**guapos...** real tough guys
veces, de día, viene gente. Yo los velo° desde el cielo raso, si veo que　　*vigilo, observo*
tienen ganas de subir donde estoy, los asusto con cadenas y quejidos.

110 Desde que estoy aquí, nadie ha subido... Encontré un tubo viejo, largo, de los que se usaban pa subir agua a la casa. ¿Saben lo que hice? Lo acomodé° por entre las tablas del doble seto° y así, *metí / pared (P.R.)* hablando por el tubo, envío los quejidos abajo. La gente oye quejarse sin saber de dónde vienen los quejidos y se asusta. Vengan pa que 115 vean.

Los llevó a una esquina de la sala y les mostró una pequeña abertura°. opening

—Por aquí salen los quejidos. Yo hablo desde el cielo raso. He tendido muchos sacos pa que no me oigan andar. Allá arriba tengo 120 también unos trozos° de cadena, unas cuantas velas, una lámpara de *pedazos* gas y una vara larga con un cordón. Amarro la lámpara o una vela del cordón de la vara y me pongo a dar vueltas alrededor de la casa para que crean que hay fantasmas. Como yo me quedo distante de la luz, no me ven, y se creen que la luz anda sola.

125 —¡Ah, pícaro°! —¡El más pícaro de los pícaros! —exclamó el rascal, rogue Mago—. Nosotros vimos esa luz.

—Hoy me dolía la cabeza y me iba a acostar en la hamaca cuando ustedes llegaron. Claro, siempre tengo la precaución de echar a andar° la luz... Estoy convencido de que los fantasmas viven **echar...** to set in motion 130 mejor que los vivos en esta Isla. Como hombre, pasaba hambre; como fantasma no. Al principio era terrible estar todo el día metido en el cielo raso, pero acabé por acostumbrarme. A veces, en el cielo raso, me sentía como un rey en su trono. Al hombre, aunque sea fantasma, le gusta sentirse importante.

Un cafetal similar al que se menciona en *La resaca*. El café se cultiva generalmente en terrenos montañosos y la isla de Puerto Rico tiene zonas elevadas que producen un café excelente.

APLICACIÓN

A. Vocabulario

Encuentre en la columna de la derecha la palabra que corresponde a cada uno de los sinónimos o definiciones que se dan a la izquierda.

1. Parte superior de una montaña.
2. Sinónimo de *valor*.
3. Adjetivo para un lugar donde pasan cosas sobrenaturales.
4. Pedazos de un objeto.
5. Paso entre montañas.
6. Con precaución.
7. Sinónimo de *en seguida*.
8. Otra palabra para *mendigo*.
9. Lugar donde se guarda la comida.
10. Subir a un lugar alto.
11. Sinónimo de *atribuir*.
12. Adjetivo para una persona hábil y astuta.
13. Nombre que se les da a los campesinos puertorriqueños.
14. Adjetivo para algo extraño o poco común.

a. abra
b. achacar
c. aguzado
d. alacena
e. al punto
f. ánimo
g. cautelosamente
h. cumbre
i. embrujado
j. jíbaros
k. peregrino
l. pordiosero
m. remontar
n. trozos

B. Comprensión

Explique basándose en la lectura, pero con sus propias palabras, los siguientes aspectos de la narración.

1. Cómo llegaron los hombres a la casa.
2. Quién era Gabriel y lo que hizo.
3. Cuál fue la reacción de José Dolores cuando se oyeron los quejidos y las cadenas y lo que pasó entonces.
4. La historia de la mancha de sangre del balcón.
5. Cómo había venido el habitante de la casa a vivir en ella.
6. Lo que le pasaba a Lázaro y cómo lo ayudó el «fantasma».
7. Lo que contó Cortijo de su sistema para conseguir carbón.
8. Lo que hacía Sandalio Cortijo cuando salía de día.
9. Los métodos de Sandalio para darle miedo a la gente.
10. Las precauciones de Sandalio para evitar que lo descubrieran.
11. Por qué dice Sandalio que los fantasmas viven mejor que los vivos.
12. Cómo se siente Sandalio en el cielo raso.

C. Interpretación

1. ¿Es apropiado el título de este pasaje?

2. Ud. no ha leído el principio de la novela, pero basándose en la situación y en la actuación de los personajes, ¿cuál es su opinión de ellos?

3. ¿Qué imagen del «fantasma» nos da el autor? ¿Es solamente un pícaro o tiene otras cualidades? ¿Qué nos hace pensar que tiene una actitud fatalista hacia la vida?

4. El «fantasma» se presenta como un hombre valiente, pero cuando baja del cielo raso, está encogido de terror. ¿Cómo se explica esta aparente contradicción?

5. ¿Por qué llama el Mago al fantasma «un ser ratonado»? ¿Por qué, en su opinión, no se ofende él?

6. Los métodos que usa Sandalio para hacer que la casa parezca embrujada parecen muy convencionales y hasta infantiles. ¿Cree Ud. que en la vida real serían suficientes para evitar que alguien se acercara a la casa? ¿Se acercaría Ud. a una casa así? Explique su opinión.

7. Los dueños no se deciden a tumbar la casa para no dejar sin «hogar» al hermano de Argüeso. ¿Qué temen probablemente que pueda pasar si el hermano de Argüeso no puede «seguir viviendo» en la casa?

8. ¿Qué hechos y detalles a lo largo del pasaje nos hacen pensar que José Dolores es el jefe del grupo? ¿Qué hace el autor para darnos en él la imagen de un hombre valiente?

9. ¿Qué crítica social se presenta indirectamente en este pasaje?

10. Sandalio dice que al hombre le gusta sentirse importante. ¿Hasta qué punto es esto cierto? ¿Qué ejemplos hay de personas que han hecho cosas fuera de lo común para sentirse importantes?

D. Intercambio oral

1. **Las casas embrujadas.** Detrás de las leyendas de casas embrujadas hay casi siempre un crimen o una historia de violencia. La clase comentará sobre casas embrujadas famosas y sus historias.

2. **Las películas de fantasmas.** El cine ha explotado innumerables veces el tema de los lugares con fantasmas, por ejemplo, en la película "*The Shining*". Comenten sobre esta película y otras similares donde se presentan hechos sobrenaturales. Los estudiantes aficionados a estos filmes les explicarán a sus compañeros por qué les gustan.

3. **Las costumbres relacionadas con el Día de las Brujas (*Halloween*).** En la época del Día de las Brujas hay en los EE.UU. muchas costumbres y actividades relacionadas con lo espantoso. Por ejemplo, en Arizona se levantan «casas embrujadas», es decir, carpas llenas de cosas y seres destinados a asustar a los clientes que pagan por entrar. Comenten alguna costumbre de este tipo existente en su región u otras atracciones similares.

5. **El miedo.** ¿Qué reacciones puede producir el miedo en la gente? ¿Hay cosas que le dan miedo a todo el mundo? ¿Qué cosas les dan miedo a unas personas y a otras no? ¿Puede matar el miedo?

6. **El valor y la cobardía.** ¿Cómo se define a un valiente? ¿Y a un cobarde? ¿Es posible ser ambas cosas a la vez? ¿Son más valientes los hombres que las mujeres?

Sección gramatical

The Subjunctive

The subjunctive mood is much more extensively used in Spanish than in English. But it still exists in the latter language. Notice the difference in meaning between (a) *The professor insists that Carlos go* (subjunctive) *to class every day* and (b) *His friends insist that Carlos goes* (indicative) *to class every day*. Sentence (a) requires the subjunctive because there is an implicit command on the part of the subject that someone do something. In sentence (b), however, Carlos' friends are presenting his daily class attendance as a fact.

As in the first English sentence, the subjunctive in Spanish is generally found in the dependent (subordinate) clause and conveys a meaning different from the indicative: **El profesor insiste en que Carlos vaya a clase todos los días** versus **Sus amigos insisten en que Carlos va a clase todos los días**. Spanish uses the subjunctive in uncertain or contrary-to-fact situations; English does too sometimes. The subjunctive is often shown in English through the use of the form *were* of the verb *to be* or the auxiliary words *may, might,* and *should*.

Si yo fuera Carlos, no perdería ninguna clase.	*If I were Carlos (but I am not) I wouldn't miss any class.*
Temo que Carlos no apruebe este curso.	*I am afraid that Carlos may fail this course.*
Si Carlos no aprobara este curso, su padre se disgustaría mucho.	*Should Carlos fail this course his father would be very upset.*

In this text the subjunctive will be discussed as follows: (a) in noun clauses (chapters 4, 5), (b) in relative or adjective clauses (chapter 5), and (c) in adverbial clauses (chapter 6).

1. A noun clause is a clause that has the same function as a noun, that is, it can be the subject or the object of a sentence.

Subject:

El que Ramón no esté aquí (=La ausencia de Ramón) me molesta.	*The fact that Ramón is not here (=Ramón's absence) bothers me.*

Object:

Quiero que me ayudes (=tu ayuda).	*I want you to help me (=your help).*

2. An adjective or relative clause has the same function as an adjective, that is, it describes (modifies) a noun.

Necesitan empleados que hablen español (=hispanohablantes).	*They need employees who speak Spanish (=Spanish-speaking).*
Busco un carro que no cueste caro (=barato).	*I am looking for a car that isn't expensive (=cheap).*

3. Adverbial clauses modify the verb as adverbs do. Likewise, they answer questions like *where?, how?, when?*

Te esperaré (¿dónde?) en el lugar que me digas.	*I'll wait for you (where?) in the place you tell me to.*
Se levantó (¿cómo?) sin que nadie lo ayudara.	*He got up (how?) without anyone helping him.*
Le daremos tu recado (¿cuándo?) tan pronto como llegue.	*We'll give him your message (when?) as soon as he arrives.*

The Subjunctive 1: The Subjunctive in Noun Clauses

EXPRESSIONS OF VOLITION

The subjunctive is required in Spanish in a dependent clause when the verb in the main clause indicates volition, intention, wish, or preference. Some typical verbs of this type are: **querer, desear, prohibir, sugerir, preferir,** and **aconsejar.**

Sandalio quiere que contemos su historia.	*Sandalio wants us to tell his story.*
Prefiero que Ud. no invite a esos señores.	*I prefer that you do not invite those gentlemen.*
¿Deseas que yo esconda los retratos?	*Do you wish me to hide the pictures?*
Él logrará que la gente no entre en la casa.	*He will succeed in not having people enter the house.*

In each of the preceding examples the subject of the dependent clause is different from the subject of the main clause, that is, there is a change of subject and the subjunctive is required. When there is no change of subject, the second verb is not a subjunctive but an infinitive.

Sandalio quiere contar su historia.	*Sandalio wants to tell his story.*
Prefiero no invitar a esos señores.	*I prefer not to invite those gentlemen.*
¿Deseas esconder los retratos?	*Do you wish to hide the pictures?*
Él logrará entrar en la casa.	*He will succeed in entering the house.*

Observe that sentences like *Sandalio wants us to tell his story* cannot be translated word for word. The English direct object pronoun *us* becomes a subject pronoun in Spanish: **Sandalio quiere que nosotros contemos su historia.**

Do not be misled by sentences like **Ella quiere que me afeite** (*She wants me to shave*). In this case, the Spanish **me** is not the equivalent of the English *me* but is a reflexive pronoun, since **afeitarse** is a reflexive verb. The subject of the dependent verb is **yo** and it is understood: **Ella quiere que (yo) me afeite.**

VERBS THAT COMMONLY INDICATE VOLITION, INFLUENCE, OR PREFERENCE			
acceder a	*to agree to*	**lograr**	*to succeed in, bring about that*
aceptar	*to accept*	**mandar**	*to order*
aconsejar	*to advise*		
conseguir	*to succeed in*	**obligar a**	*to force*
consentir en	*to consent*	**oponerse a**	*to oppose*
dejar	*to let, allow*	**ordenar**	*to order*
desear	*to wish*	**pedir**	*to ask (someone to do something)*
disgustar(le) (a uno)	*to dislike*	**permitir**	*to allow*
empeñarse en	*to insist*	**preferir**	*to prefer*
estar de acuerdo con	*to agree with (approve of)*	**procurar**	*to try*
exhortar	*to exhort*	**prohibir**	*to forbid*
exigir	*to demand*	**proponer**	*to propose*
gustar(le) (a uno)	*to like*	**querer**	*to want, wish*
hacer	*to have or make (someone do something)*	**recomendar**	*to recommend*
impedir	*to prevent*	**rogar**	*to beg*
insistir en	*to insist*	**sugerir**	*to suggest*
intentar	*to try*	**suplicar**	*to beg, implore*
invitar a	*to invite to*		

VERBS OF COMMUNICATION

Sometimes verbs of communication like **decir, telefonear,** and **escribir** convey the idea of *volition* or *preference*. In this case, the verb in the dependent clause is in the subjunctive. When the verb of communication merely introduces a fact, the subjunctive is not used.

Laura dice que cambies la fecha de tu viaje.	*Laura says for you to change the date of your trip.*
Le escribiré que espere nuestra llegada.	*I will write him (asking him) to wait for our arrival.*

But:

Laura dice que vas a cambiar la fecha de tu viaje.	*Laura says that you are going to change the date of your trip.*
Le escribiré que esperamos su llegada.	*I will write him that we are waiting for his arrival.*

APLICACIÓN

A. Conteste de manera original usando el subjuntivo.

1. ¿Qué les exigen generalmente los jefes a sus empleados?
2. ¿A qué se oponen sus padres?
3. ¿Con qué no está Ud. de acuerdo?
4. ¿Qué quiere Ud. que hagamos ahora?
5. ¿Qué órdenes les grita un sargento a los soldados?
6. ¿Qué mandan los estatutos de esta escuela?
7. ¿Qué prohíben los estatutos?
8. ¿En qué insisto yo siempre?
9. Si un amigo suyo tiene insomnio, ¿qué le recomienda Ud. que haga?
10. ¿Qué desean sus compañeros?
11. ¿Qué le gusta a Ud. que hagan sus amigos?
12. ¿Qué le pide su madre que haga?

B. Ud. y un/a compañero/a acaban de alquilar un apartamento y están leyendo el contrato. Escoja en la columna de la derecha la frase que le parezca más apropiada para completar cada regla del contrato y cambie los infinitivos al subjuntivo.

1. El contrato exige que (nosotros)... *d*
2. El dueño recomienda que el nuevo inquilino... *f*
3. El contrato nos impide que... *e*
4. La segunda cláusula prohíbe que (nosotros)... *b*
5. La ley obliga a los inquilinos a que... *k*
6. No se consiente que los inquilinos..., pero extraoficialmente el administrador permite que... *h*
7. Está prohibido que... *c*
8. El contrato insiste en que el inquilino... *a*
9. Se aconseja que el inquilino... *g*
10. No se permite que... *j*

a. pagar el día primero del mes. *pagar*
b. haber fiestas ruidosas en los apartamentos. *hayamos*
c. tener gato. *tenga*
d. pagar la renta por adelantado. *paguemos*
e. subarrendar el apartamento. *subarrienle*
f. darle una llave al administrador para casos de emergencia. *le de*
g. instalar una cerradura nueva en la puerta de entrada. *instale*
h. hacer reparaciones sin autorización del dueño. *haga*
i. tener perro. *tenga*
j. fumar en los pasillos del edificio. *fume*
k. no desconectar la alarma de incendios. *desconecte*

C. En el aeropuerto. Ud. oye que el empleado de una línea aérea les da instrucciones a dos señores mexicanos en tránsito hacia Europa. Como ellos no saben inglés ni el empleado habla español, Ud. se ofrece a traducir. (Este ejercicio se puede hacer por escrito o prepararse en casa y escenificarse en clase con cuatro estudiantes.)

SEÑOR 1:	¿Tendremos problemas con las visas?
EMPLEADO:	Well, some countries ask that foreigners have visas, others don't. I suggest that you ascertain what each consulate requires travelers to do. It is also important to know what products they don't allow travelers to bring into the country. By the way, let me remind you to keep your passports in a safe place.
SEÑOR 2:	¿Y las reservaciones? ¿Sugiere Ud. que las confirmemos? También queremos que nos informe sobre la posibilidad de cambiar la fecha de regreso.
EMPLEADO:	Of course, we recommend that you confirm your reservations several days before departure. As for the changes in dates, airlines only agree to passengers changing them in case of a sudden illness. And they require that one submit a medical certificate.
SEÑOR 1:	Gracias, señor. (*Hablándole al intérprete.*) Joven, dígale que nos disgusta que los empleados de esta compañía no hablen español y que propongo que lo / la contraten a Ud. que lo ha traducido tan bien todo.
EMPLEADO:	Gentlemen, I beg you to forgive me for this inconvenience. I want you to understand that it is not my fault that our Spanish-speaking clerk is on vacation. Hispanic groups insist that airlines hire more Hispanics but, so far, the law doesn't force them to do it. I invite you to write to our main office and explain that you prefer to be taken care of in your own language.
SEÑOR 2:	Sí, vamos a escribir. Gracias por todo. Adiós.

VERBS OF INFLUENCE

Some of the verbs listed in the table on page 87 are verbs of influence. This label indicates that the subject of the main verb tries to exert some influence over the subject of the subordinate clause in the performance of an action. The following verbs of influence allow an alternate infinitive construction: **dejar, hacer, impedir, invitar a, mandar, obligar a, permitir,** and **prohibir.** Note that **dejar, hacer, invitar a,** and **obligar a** take a direct object pronoun while **impedir, mandar, permitir,** and **prohibir** take an indirect object pronoun.

Sus padres no la dejan que salga con su novio. **Sus padres no la dejan salir con su novio.**	*Her parents don't let her go out with her boyfriend.*
Te prohíbo que me hables de esa manera. **Te prohíbo hablarme de esa manera.**	*I forbid you to speak to me (in) that way.*
Siempre la invitan a que cene con ellos. **Siempre la invitan a cenar con ellos.**	*They always invite her to have dinner with them.*
El maestro le mandó que escribiera en la pizarra. **El maestro le mandó escribir en la pizarra.**	*The teacher asked him to write on the board.*

APLICACIÓN

A. Conteste de dos maneras.

1. ¿Te deja la policía conducir un auto sin tener licencia?
2. ¿Crees que muchas veces la ira hace que digamos cosas que no sentimos?
3. ¿Debo impedirle a mi gato que salga a la calle?
4. ¿Lo invitan a Ud. frecuentemente sus amigos a ir a su casa?
5. Si el niño tiene las manos sucias, ¿le manda su madre lavárselas?
6. ¿Crees que los padres deben obligar a los niños a acostarse temprano?
7. ¿Piensa Ud. que la ley nos debe permitir llevar armas para defendernos?
8. ¿Les prohíbes a los demás miembros de tu familia que entren en tu cuarto?
9. ¿Se les permite a los transeúntes que pisen la hierba del parque?
10. ¿A qué edad lo dejaban a Ud. sus padres dormir en casa de sus amigos?

B. ¿Indirecto o directo? Complete con el pronombre apropiado.

1. La niña lloraba porque su padre no _____ dejaba ir al cine.
2. Si viene tu amigo, _____ invitaré a merendar.
3. El hombre quería acercarse a la estrella, pero los guardias _____ impidieron hacerlo.
4. Los amos eran crueles con los esclavos y _____ obligaban a trabajar constantemente.
5. No sé por qué _____ prohibieron al científico que entrara en el laboratorio.
6. El dentista _____ mandó a la paciente abrir la boca.
7. Le dijo a la señora palabras tan duras que _____ hizo llorar.
8. Los cadetes no asistieron a la ceremonia porque no _____ invitaron.
9. En el siglo XVIII no _____ permitían a las mujeres que fueran a la universidad, pero sí _____ dejaban aprender música.
10. Si Tomás ensucia el piso con sus botas _____ haré limpiarlo.

WISHES EXPRESSED ELLIPTICALLY

Most verbs in the subjunctive are found in subordinate clauses. Direct commands are an exception. Another exception is the case of wishes expressed elliptically in sentences often beginning with **Que:**

Que tengas feliz viaje.	*Have a happy trip.*
Que Dios te bendiga.	*(May) God bless you.*
Que aproveche.	*Bon appétit! (I hope you enjoy your dinner.)*
¡Mueran los enemigos del pueblo!	*Down with the enemies of the people!*
Que en paz descanse (Q.E.P.D.).	*May he/she rest in peace.*

APLICACIÓN

Situaciones. Use una expresión que comience con *que* para cada circunstancia.

1. Sus padres van a una fiesta. Ud. desea que se diviertan y les dice:... *se diviertan*
2. Su compañera va a examinarse hoy. Ud. le desea éxito diciéndole:... *tenga buena suerte*
3. La abuela de su amigo ha muerto. Cuando él habla de ella usa la expresión:...
4. El presidente le habla al pueblo. La multitud lo aplaude y grita:... *viva el presidente*
5. Su madre le manda hacer algo. Ud. quiere que lo haga otro miembro de su familia y le dice a su madre:... *que lo haga otro*
6. Ud. entra en un lugar donde hay dos personas que comen y les dice:... *que aproveche*

WISHES WITH *OJALÁ (QUE)* OR *¡QUIÉN...!*

A very common way to express a wish in Spanish is by using **ojalá (que)** + subjunctive.* **Ojalá (que)** + present subjunctive is used when the speaker wishes for something to happen (or not to happen) in the future. **Ojalá (que)** + imperfect subjunctive expresses a wish that is impossible or unlikely to happen. **Ojalá (que)** + present perfect subjunctive expresses a wish about the immediate past. **Ojalá (que)** + pluperfect subjunctive refers to a wish that was not fulfilled in the past and denotes regret.

Ojalá que Pepe llame hoy.	*I hope Pepe calls today.* (A wish that may be fulfilled.)
Ojalá que Pepe llamara hoy.	*I wish Pepe would call today.* (A wish of difficult realization.)
Ojalá que Pepe haya llamado.	*I hope Pepe has called.* (The speaker is not at home or for some reason he/she doesn't know whether Pepe has called or not.)
Ojalá que Pepe hubiera llamado ayer.	*I wish (If only) Pepe had called yesterday.* (The action didn't take place and the speaker regrets it.)

Quién + third-person singular imperfect subjunctive or third-person singular pluperfect subjunctive also refers to a wish of the speaker. Like **ojalá (que), quién** + subjunctive may express either (a) a wish of impossible or unlikely realization, or (b) regret, depending on the tense used. **¡Quién...!** is never used with the present subjunctive.

(a)

¡Quién pudiera vivir cien años!	*I wish I could live for one hundred years!*

(b)

¡Quién hubiera estado allí en ese momento!	*I wish I had been there at that moment!*

---

*In some countries, like Mexico, the form most used is **ojalá y.**

APLICACIÓN

A. Exprese usando *ojalá*:

1. dos deseos para el futuro.
2. dos deseos difíciles de realizarse.
3. dos deseos en el pasado que nunca se realizaron.

B. Haga dos oraciones con *¡Quién...!* para indicar un deseo difícil de realizarse y dos oraciones con *¡Quién...!* lamentándose porque algo no sucedió en el pasado.

EXPRESSIONS OF EMOTION

The subjunctive is required in Spanish in a dependent clause when the verb in the main clause expresses feelings or emotion: regret, fear, pity, hope, surprise, etc.

Esperamos que pueda Ud. quedarse unos días más.	*We hope you can stay a few more days.*
Él siente mucho que ella esté enferma.	*He is very sorry that she is sick.*
Me sorprende que hayas perdido la billetera.	*I am surprised that you have lost your wallet.*

If there is no change of subject the infinitive is used:*

Espero poder quedarme unos días más.	*I hope I can stay a few more days.*
Él siente mucho estar enfermo.	*He is very sorry that he is sick.*
Me sorprende haber perdido la billetera.	*I am surprised that I have lost my wallet.*

COMMON VERBS THAT INDICATE FEELING OR EMOTION			
admirar(le) (a uno)**	*to be astonished*	**lamentar**	*to regret*
alegrarse de, alegrar(le) (a uno)**	*to be glad*	**molestar(le) (a uno)****	*to bother*
celebrar	*to be glad*	**preocupar(le) (a uno)****	*to worry*
dar(le) lástima (a uno)**	*to feel sorry*	**sentir**	*to regret*
esperar	*to hope*	**sentirse orgulloso (avergonzado) de**	*to feel proud (ashamed)*
estar contento de	*to be happy*	**sorprender(le) (a uno)****	*to be surprised*
extrañar(le) (a uno)**	*to be surprised*	**sorprenderse de**	*to be surprised*
indignar(le) (a uno)**	*to anger*	**temer, tener miedo de, tenerle miedo a**	*to fear*

Note that these verbs use the **gustar construction treated in chapter 3.

---

*In the spoken language one occasionally hears the subjunctive even when there is no change of subject.

Yo siento que no haya podido asistir a las conferencias.	*I regret that I haven't been able to attend the lectures.*

APLICACIÓN

A. En la consulta del siquiatra. Juan Galindo le explica sus problemas al siquiatra. Complete de manera original las confesiones de Juan.

1. Doctor, mi verdadero problema es que tengo un doble a quien sólo yo veo y mi familia se siente avergonzada de que yo...

2. A ellos les extraña que yo...

3. Tengo miedo de que ellos...

4. Y yo temo que Ud...

5. A mí me preocupa que mi doble...

6. Además, me molesta que...

7. Yo espero que Ud...

B. Expresión de emociones. Complete de manera original para expresar las emociones apropiadas a cada situación.

1. El padre de su amigo está muy grave. Ud. habla con su amigo en el hospital y le dice:
   a. Siento mucho que... *esté enfermo*
   b. Me sorprende que... *hayas estado enfermo*
   c. Espero que...

2. Su amiga Marita ha recibido un premio por su excelencia como estudiante. Ud. la llama y le dice:
   a. Marita, celebro mucho que... *hayas recibido*
   b. Estoy muy contento/a de que...
   c. Y me siento orgulloso/a de que...

3. Ud. canceló recientemente el seguro contra robos de su coche y acaban de robárselo. Ud. expresa cómo se siente diciendo:
   a. ¡Qué lástima que... *haya cancelado*
   b. ¡Cómo siento que...
   c. Me indigna que...
   d. Tengo confianza en que...

4. Recientemente Ud. ha faltado al trabajo algunas veces, y también ha llegado tarde, porque ha tenido muchos problemas personales. Habla con la señorita Riquelme, su jefa, y le dice:
   a. Srta. Riquelme, estoy muy avergonzado/a de...
   b. Lamento... *haya perdido*
   c. Me preocupa que...
   d. Temo que...
   e. Prometo... Y confío en que...

C. Exprese una reacción original ante los siguientes hechos, usando verbos de emoción o sentimiento.

Modelo: Juan no ha llamado todavía.
                → *Temo que le haya pasado algo.*

1. Mañana operan a mi padre.
2. Recibí una «A» en ese curso.
3. Él no conoce la ciudad y se ha perdido.
4. Ese perrito se está quedando ciego.
5. Ella no tiene dinero para pagar la matrícula.
6. Me duele mucho la cabeza.
7. No encuentro mi libro de español.
8. Mi novio tiene un auto nuevo.
9. Leonardo DiCaprio me invitó a salir.

SEQUENCE OF TENSES

This concept refers to the way the subjunctive tenses in the dependent clause relate to tenses in the main clause. These principles are applicable not only to noun clauses but also to adjective clauses (chapter 5) and adverbial clauses (chapter 6). In many instances there is no problem for English speakers because the English and Spanish tenses are nearly the same: **Dudaban que un fantasma hubiera lanzado esos quejidos.** *(They doubted that a ghost had uttered those moans.)* However, in other cases, the English gives no clue. The following tables summarize the sequence or correspondence of tenses.

- When the action in the dependent clause is simultaneous with, or subsequent to, the action in the main clause:

MAIN CLAUSE	DEPENDENT CLAUSE
1. Present indicative **Juan les pide** *Juan asks them*	
2. Present perfect indicative **Juan les ha pedido** *Juan has asked them*	
3. Future indicative **Juan les pedirá** *Juan will ask them*	Present subjunctive **que vengan.** *to come.*
4. Future perfect indicative **Juan les habrá pedido** *Juan has probably asked them*	
5. Commands **Juan, pídales** *Juan, ask them*	
6. Imperfect or preterite **Juan les pidió (les pedía)** *Juan asked (was asking) them*	
7. Pluperfect indicative **Juan les había pedido** *Juan had asked them*	Imperfect subjunctive **que vinieran (viniesen).** *to come.*
8. Conditional **Juan les pediría** *Juan would ask them*	
9. Conditional perfect **Juan les habría pedido** *Juan would have asked them*	

• When the action in the dependent clause happened before the action of the main clause:

MAIN CLAUSE	DEPENDENT CLAUSE
1. Present indicative **Juan se alegra de** *Juan is happy*	
2. Present perfect indicative **Juan se ha alegrado de** *Juan has been happy*	Imperfect subjunctive* **que vinieran (viniesen).** *that they came.*
3. Future indicative **Juan se alegrará de** *Juan will be happy*	Present perfect subjunctive **que hayan venido.** *that they have come.*
4. Future perfect indicative **Juan se habrá alegrado de** *Juan must have been happy*	
5. Commands **Juan, alégrese de** *Juan, be happy that*	
6. Imperfect or preterite **Juan se alegraba (se alegró) de** *Juan was happy*	
7. Pluperfect indicative **Juan se había alegrado de** *Juan had rejoiced*	Pluperfect subjunctive **que hubieran (hubiesen) venido.** *that they had come.*
8. Conditional **Juan se alegraría de** *Juan would be happy*	
9. Conditional perfect **Juan se habría alegrado de** *Juan would have been happy*	

*Many Spanish speakers prefer to use the present perfect subjunctive to emphasize the completion of the action or state. Observe the ambiguity: **No creo que María lo hiciera** which may mean: (a) *I don't think María did it,* (b) *I don't think María was doing it,* or (c) *I don't think María would do it. To express meaning (a) (i.e., to express completion), many speakers choose to say:* **No creo que María lo haya hecho,** *which cannot have the meanings (b) or (c).*

APLICACIÓN

Cambie al pasado.

1. Un crimen reciente.

A Rolando le preocupa que los detectives no hayan encontrado todavía una pista que seguir y se extraña de que el criminal no haya dejado huellas. Piensa que no se trata de un suicidio, sino de un crimen, y se alegra de que la policía esté de acuerdo en esto.

Le da lástima que esa bella joven haya muerto y espera que capturen pronto al culpable. Teme que haya otra víctima si el asesino no es capturado en seguida. Además, le molesta que no se haga justicia.

2. Una carta.

Querida Adela: Siento mucho que no asistas a mi graduación. Muchos amigos se sorprenderán de que no estés allí. También mis padres lamentan que no puedas asistir;

ellos están orgullosos de que yo me gradúe con tan buenas notas. A todos nos preocupa que no te sientas bien. Debes cuidar más tu salud. Un abrazo, Rosita.

3. **Un/a compañero/a difícil.**

    Comparto el apartamento con un/a chico/a muy mandón / mandona. Constantemente me dice que haga tal cosa, que no deje de hacer tal otra, que me acuerde de hacer algo más. Me prohíbe que toque sus CDs y no me permite que use su computadora. Me molesta que él / ella se crea superior a mí. ¡A veces hasta interfiere en mi vida sentimental! Me aconseja que no llame a mi novio/a todos los días y me sugiere que lo / la ponga celoso/a y que salga también con otros/as chicos/as. Mis amigos conocen la situación y se admiran de que no me haya mudado de apartamento.

EXPRESSIONS OF UNCERTAINTY

The subjunctive is used in Spanish when the verb in the main clause expresses doubt, disbelief, uncertainty, or denial about the reality of the dependent clause.

Dudábamos que la policía pudiera llegar a tiempo.	*We doubted that the police could arrive on time.*
No cree que su enfermedad tenga cura.	*He doesn't believe that his illness has a cure.*
No estoy segura de que Raquel haya cerrado la puerta.	*I am not sure that Raquel has closed the door.*
La madre negaba que su hijo hubiera roto la ventana.	*The mother denied that her son had broken the window.*

When there is no change of subject the infinitive is generally used.*

Dudábamos poder llegar a tiempo.	*We doubted we could arrive on time.*
No cree poder acompañarme al centro.	*He doesn't believe he can accompany me downtown.*
No estoy segura de haber cerrado la puerta.	*I am not sure I closed the door.*
La madre negaba haber roto la ventana.	*The mother denied she broke (having broken) the window.*

The most common verbs of this type are **no creer, dudar, no estar seguro de, negar,** and **resistirse a creer.** However, **no creer** takes the indicative when the speaker is certain about the reality of the dependent verb regardless of someone else's doubt.

Ella no cree que yo me saqué la lotería.	*She doesn't believe that I won a prize in the lottery.* (But I, the speaker, know that I did.)

---

*In the spoken language one occasionally hears the subjunctive even when there is no change of subject: **Dudo que yo pueda ayudarte.**

When verbs of this kind are used in a question, the doubt or assurance on the part of the person who asks the question determines the use of the subjunctive or the indicative.

¿Creen Uds. que ella pueda hacer ese trabajo?	*Do you think that she can do that work?*
¿Creen Uds. que ella puede hacer ese trabajo?	

In the first question the speaker doubts and wants to know if other people share his/her doubts; in the second question the speaker wants to know someone else's opinion and does not give his/her own.

The question **¿No cree Ud...?** (*Don't you think . . . ?*) does not imply doubt on the part of the speaker. Thus the indicative is used.

¿No crees que él es muy inteligente?	*Don't you think that he is very intelligent?*

Observe the highly subjective nature of the verbs treated in this section. For instance, when the speaker says **Nadie duda que el crimen es uno de nuestros mayores problemas**, he/she is referring to a generally accepted fact. On the other hand, it is possible to say **No dudo que hayas estudiado, pero debías haber estudiado más.** The use of the subjunctive here indicates some mental reservation on the part of the speaker.

ACASO, QUIZÁ(S), AND *TAL VEZ*

The subjunctive is used in Spanish after **acaso, quizá(s),** and **tal vez** (*perhaps*) when the speaker wishes to indicate doubt. If the speaker does not want to express doubt, the indicative is used.

Tal vez sea demasiado tarde.	*Perhaps it may be too late.*
Tal vez es demasiado tarde.	*Perhaps it is too late.* (I think it is.)
Quizás no quieran ayudarnos.	*Perhaps they don't want to help us.* (The speaker is in doubt.)
Quizás no quieren ayudarnos.	*Perhaps they don't want to help us.* (The speaker thinks they don't).

APLICACIÓN

A.   Lea cada párrafo y después vuelva a leerlo, colocando esta vez al principio de cada oración las expresiones que se dan debajo. Cambie el verbo al subjuntivo cuando sea necesario.

Modelo: La anciana es una excéntrica.
   → **Nadie en el pueblo duda que** *la anciana* **sea** *una excéntrica.*

1. La anciana es una excéntrica. Una de sus mayores excentricidades consiste en hablar sola. Su chifladura es peligrosa. Uno de estos días va a atacar a alguien. Deben enviarla a un asilo.

   a. Nadie en el pueblo duda que...   **b.** Nadie niega que...

   c. Pero, ¿cree Ud. que...?   **d.** Dudo que...   **e.** Y no creo que...

2. Se sentaron a la mesa en seguida. Las frituras que sirvió la madre estaban deliciosas. Eran de carne. El padre abrió una botella de vino. Dijo que ése era un día especial. Todos bebieron muy contentos.

    a. No estoy seguro de que...   **b.** No creo que...   **c.** Estoy seguro de que...
    d. Dudo que...   **e.** También dudo que...   **f.** ¿Cree Ud. que...?

3. Antes de llegar a nuestro pueblo, el extranjero había pasado varios días perdido en el bosque. El extranjero había venido de muy lejos. En su juventud había sido muy rico. Había nacido en un castillo de Aragón. Sus padres habían sido nobles.

    a. Estábamos seguros de que...   **b.** Pero dudábamos que...   **c.** Nadie creía que...
    d. Aunque algunos creían que...   **e.** También creían que...

B. Cambie las oraciones siguientes para expresar duda.

1. Acaso todos nuestros gobernantes son honrados.

2. Tal vez podrán subir esa montaña.

3. Quizás esta noche podré dormir bien.

4. Acaso Susana querrá casarse con él.

5. Quizá no nos han visto.

6. Tal vez les gusta el pastel de chocolate.

7. Quizás nos estarán esperando en el aeropuerto.

8. Acaso habían secuestrado al Sr. Guzmán.

EL HECHO (DE) QUE (THE FACT THAT)

The word **hecho** (*fact*) in this expression can be misleading. **El hecho (de) que** and its elliptic forms **el que** and **que** normally require the subjunctive in the clause they introduce when the fact presented is viewed by the speaker with doubt, reservation, or some kind of emotion.

El hecho de que (El que, Que) *gasten* **tanto, me hace sospechar.**	*The fact that they spend so much makes me suspicious.*
El hecho de que (El que, Que) el chico *pudiera* **haber caído en el pozo, preocupaba a quienes lo buscaban.**	*The fact that the child might* have fallen into the well worried those looking for him.*
Me ha molestado el hecho de que (el que, que) no me *hayas* **llamado antes.****	*The fact that you didn't call me earlier has bothered me.*

---

*Note that the words *may* and *might* appear sometimes in the English sentence.

**Note that the order of the clauses can be inverted.

APLICACIÓN

Una casa con fantasmas. Un amigo suyo ha encontrado una casa estupenda y muy barata. Alguien le dice que la razón del precio bajo es que hay fantasmas en la casa. Complete los comentarios que Ud. le hace a su amigo combinando elementos de las dos columnas. Añada el hecho (de) que (el que, que) en la columna izquierda y haga los cambios necesarios en los verbos.

Modelo: El hecho de que la casa se venda tan barata indica que tiene algún problema serio.

1. la casa se vende tan barata
2. lleva varios años vacante
3. se oyen ruidos por la noche
4. me pides mi opinión
5. los dueños no te hablaron de los fantasmas
6. yo soy muy supersticioso/a
7. tú no has oído los ruidos
8. tú no crees en fantasmas

a. no significa que no haya ruidos
b. me hace dudar de que sean personas honestas
c. significa que no sabes si debes comprarla o no
d. indica que tiene algún problema serio
e. no quiere decir que no existan
f. me da mucho miedo
g. me hace preguntarme por qué
h. me impide aconsejarte objetivamente

Sección léxica

Ampliación: Nombres de terrenos y sembrados

En la lectura se usa la palabra **cafetal** para referirse a un sembrado de café. El sufijo **-al** se emplea frecuentemente para indicar que en un terreno abunda algo. Por ejemplo, se dice **arenal** < arena (*sandy terrain*), **herbazal** < hierba (*pasture ground*), **lodazal** < lodo (*muddy ground*), **matorral** < mata (*thicket*), **pedregal** < piedra (*stony ground*), **peñascal** < peña (*rocky hill*), **zarzal** < zarza (*brambly place*). Este uso incluye también a las plantas, como en el caso de **cafetal**. ¿Puede Ud. decir cómo se llama un lugar donde abunda lo siguiente?

1. arroz	5. mangos	8. robles
2. caña de azúcar	6. naranjas	9. tabaco
3. juncos	7. plátanos	10. trigo
4. maíz		

Otro sufijo que se usa también para lugares donde hay plantas es **-ar**, y es importante no confundir ambos sufijos.* ¿Qué hay en los siguientes lugares?

1. un calabazar	4. un melocotonar	6. un palmar
2. un limonar	5. un olivar	7. un pinar
3. un melonar		

---

*En algunas regiones del mundo hispánico, y especialmente en Puerto Rico, país donde tiene lugar *La resaca,* es común en la lengua hablada confundir la **r** y la **l** al final de palabra y en interior de palabra antes de consonante.

También se nombran lugares donde hay plantas con las terminaciones **-edo, -eda,** aunque este uso es menos frecuente. Diga qué hay sembrado en:

1. una alameda
3. una peraleda
5. un viñedo

2. una arboleda
4. un rosal

No hay en realidad reglas para la formación de este tipo de palabras. Cuando no esté Ud. seguro de qué palabra debe usar, sobre todo en el caso de hortalizas, puede emplear la frase **Un sembrado de + planta: un sembrado de coles (de tomates, de lechugas, de zanahorias).**

APLICACIÓN

Cambie estas descripciones usando nombres colectivos para referirse a los lugares donde abunda algo.

1. En las lomas, donde había infinidad de piedras, no se veía vegetación, pero junto al camino había sembrados de plátanos y también terrenos donde abundaban los naranjos y los árboles de mangos.

2. Era casi imposible avanzar en aquella región: junto a la costa nos hundíamos en el suelo con mucha arena; después encontramos terrenos llenos de lodo y tierras con abundancia de juncos y, más adelante, cuando el suelo se hizo más sólido, áreas con muchas matas que dificultaban el paso o con multitud de zarzas que nos lastimaban.

3. Los grupos de árboles ponen un toque verde muy necesario en las grandes urbes. En las ciudades de clima frío, se ven áreas con robles y álamos, mientras que las ciudades de clima tropical se embellecen frecuentemente con grupos de palmas.

4. En Andalucía abundan los terrenos con olivos y también las plantaciones de uvas, mientras que en el norte de España se encuentran más frecuentemente grupos de perales, tierras con árboles de melocotones y sembrados de melones y calabazas.

5. La finca era muy grande y sus dueños estaban orgullosos de sus sembrados de maíz y trigo. Junto a la casa había muchos rosales que la señora cuidaba con esmero, y detrás, gran número de pinos.

6. En las islas del Caribe hay grandes plantaciones de caña de azúcar y sembrados de café y tabaco, pero también abundan los terrenos con mucha hierba.

Distinciones: Diferentes equivalentes de but

1. Cuando *but* significa *nevertheless* o *yet*, sus equivalentes en español son **pero** o **mas**. Esta última se usa sólo en la lengua escrita.

El joven no huyó, pero estaba muy asustado.	*The young man didn't run away but he was very scared.*
No tenemos dinero, pero somos felices.	*We don't have money but we are happy.*
Estaba escondido en el cielo raso, mas leía los periódicos todos los días.	*He was hiding in the attic but he read the papers every day.*

2. Después de una oración negativa, cuando *but* significa *but on the contrary, instead* o *but rather,* en español se usa **sino** o **sino que**. Esta última se usa cuando la oposición es entre dos verbos conjugados. *y conjugated verb use que!!*

Los hombres no se sentaron en sillas, sino en un banco.	*The men didn't sit on chairs but on a bench.*
No estaban en una mansión, sino en una pequeña casa de campo.	*They weren't in a mansion but in a small country house.*
El revólver no era de Lázaro, sino de José Dolores.	*The revolver wasn't Lazaro's but rather José Dolores'.*
No escribí ese cuento, sino que lo copié de un libro.	*I didn't write that story but rather I copied it from a book.*
Los hombres no huyeron, sino que entraron en la casa.	*The men didn't run away but they entered the house instead.*

Observe que todas las oraciones anteriores pueden ser respuestas a preguntas que exigen una selección entre dos posibilidades, pero que estas posibilidades se excluyen mutuamente.

¿Se sentaron los hombres en sillas o en un banco?

¿Estaban en una mansión o en una pequeña casa de campo?

¿Era de Lázaro el revólver o era de José Dolores?

¿Escribiste tú ese cuento o lo copiaste de un libro?

¿Huyeron los hombres o entraron en la casa?

Si los dos elementos o las dos situaciones no se excluyen mutuamente, se usa **pero**, aunque la primera oración sea negativa. **Pero** en este caso tiene el sentido de **sin embargo** (*however*).

El revólver no era de Lázaro, pero él lo usaba a veces.	*The gun wasn't Lazaro's but (however) he used it sometimes.*
No escribí ese cuento, pero he escrito otros.	*I didn't write that story but (however) I have written others.*

3. No sólo (solamente)... sino (que) también (además) significa *not only . . . but (also)*.

José Dolores no sólo era valiente, sino además atrevido.	*José Dolores was not only courageous but also daring.*
No sólo comieron frutas, sino también carne.	*They not only ate fruits but meat as well.*
Sandalio no solamente los recibió amablemente, sino que además quiso unirse a ellos.	*Sandalio not only received them kindly but he also attempted to join them.*

4. Cuando *but* sigue a una oración afirmativa y significa *except*, sus equivalentes en español son **menos, excepto** y **salvo.**

Todos tenían miedo de acercarse a la casa, menos (excepto, salvo) José Dolores y sus amigos.	*Everybody but José Dolores and his friends was afraid to approach the house.*

> **Todo está bien menos (excepto, salvo) una cosa.** | *Everything is all right but one thing.*
>
> **Todo se ha perdido menos (excepto, salvo) el honor.** | *All is lost but honor.*

5. Cuando *but* significa *only* o *merely*, en español se usa **no** + verbo + **más que...** o **no** + verbo + **sino...** .

> **José Dolores no tenía más que una hermana.** | *José Dolores had but (only) one sister.*
>
> **El médico no le dio a su madre sino un mes de vida.** | *The doctor gave her mother but one month to live.*
>
> **No había nada allí más que maleza.** | *There was nothing there but weeds.*

APLICACIÓN

A. Complete, usando un equivalente de *but*.

1. No conozco todo Puerto Rico, _pero_ he estado en San Juan y en Ponce. El centro de estas ciudades no es moderno, _sino que_ tiene muchos edificios de arquitectura colonial. Cuando fui a San Juan, no paré en un hotel, _sino_ en casa de los Lago, una familia amiga mía. Su casa no tiene _más que_ tres dormitorios. No es una casa muy grande, _pero_ es muy cómoda. No hice el viaje sola, _sino_ con mi hermana Clemencia. No hicimos el viaje en el verano, _sino_ en noviembre. En Puerto Rico hace mucho calor, _pero_ en noviembre el calor es tolerable. Mis amigos son muy amables, no sólo me hospedaron en su casa, _sino que_ además me mostraron toda la ciudad. Los Lago no son puertorriqueños, _sino_ cubanos, _pero_ viven en Puerto Rico hace muchos años. Todos nacieron en La Habana _menos_ el hijo menor, que nació en San Juan.

2. No me gustan las películas de miedo, _sino_ las románticas. En cambio, mi novio no quiere ver _sino_ películas de horror. No sólo las ve en el cine, _sino que_ también alquila vídeos. Él ha visto todas las películas de esta clase, _menos_ «Las momias de Guanajuato». Cuando mi novio me invita al cine, yo no quisiera ir, _sino que_ preferiría quedarme en casa viendo la televisión. _Pero_ voy de todos modos, porque no quiero que vaya solo. Veo la película, _pero_ cierro los ojos en las escenas de miedo. No sufro normalmente de insomnio, _pero_ cuando veo una película de horror no puedo dormir. No soy cobarde, _sino_ imaginativa y nerviosa.

3. No hace _____ un año que murió Pedro Salgado. Salgado no fue solamente un buen padre, _____ un ciudadano ejemplar. No fue un héroe, _____ hizo algunas cosas heroicas. Su biografía no sólo se publicó en un libro, _____ también va a ser llevada al cine. Yo leí todo el libro, _____ el último capítulo.

B. Complete de manera original, usado un equivalent de *but*.

1. Hacer eso no sólo es inmoral...

2. No tenemos bastante dinero para un taxi...

3. No quiso desayunar con nosotros...

4. Lucía no tiene veinte años...

5. El alcalde no mandó un representante al desfile...

6. Toda mi casa está limpia...

7. A mi tía no le gustan los macarrones...

8. Leí su carta tres veces...

9. No solamente no ganó dinero...

10. Luisa no estaba en la fiesta...

11. Nunca bebo jugo de uva...

12. Mi casa no es muy grande...

13. Todos votaron por ese candidato...

14. Él no es el bandido que busca la policía...

Para escribir mejor

Las palabras de enlace

Las palabras de enlace o transición son muy importantes al escribir, porque sirven de unión entre cláusulas, oraciones y párrafos, y determinan el sentido de lo que se escribe. Estas palabras son en su mayoría conjunciones, pero pueden también ser adverbios o expresiones de varias clases. Ud. encontrará muchas de estas expresiones en el capítulo 6, pues frecuentemente son el nexo entre la cláusula principal y la subordinada que contiene un verbo en el modo subjuntivo. Además, en la sección de *Distinciones* de este capítulo se presentaron los equivalentes españoles de *but*. A continuación se dan algunas de estas palabras de enlace, agrupadas según lo que indican.

1. Unión o adición: **además, ni, que, y** (**e** antes de **i** o **hi** pero no antes de **hie**)

Preparé dos vasos con agua y hielo para Raúl *e* Hilario.	*I prepared two glasses with water and ice for Raúl and Hilario.*
Él dijo, *además,* que no vio *ni* a Luisa *ni* a Rina.	*He said, besides, that he didn't see either Luisa or Rina.*

2. Separación, oposición o contraste: **a pesar de eso (esto), aunque, en cambio, excepto, mas, o** (**u** antes de **o** o **ho**), **pero, por el contrario, por otra parte, salvo, sin embargo**

La casa estaba a siete *u* ocho kilómetros del pueblo.	*The house was seven or eight kilometers from town.*
Los hombres no huyeron de la casa, *por el contrario*, entraron en ella.	*The men didn't run away from the house, on the contrary, they entered it.*
Fernanda escribe poesías, su hermana Eugenia, *en cambio,* se interesa sólo en los negocios.	*Fernanda writes poetry, her sister Eugenia, on the other hand, is only interested in business.*

Rolando todavía no tiene empleo, *sin embargo*, le prometieron que lo colocarían en diciembre.	*Rolando still doesn't have a job; however, they promised him they would hire him in December.*
Aunque me gustan mucho las rosas, *por otra parte*, los claveles también son hermosos.	*Although I like roses very much, on the other hand, carnations are also beautiful.*

3. Causa o motivo: **por eso, porque, pues, puesto que, ya que**

Mi televisor está roto, *por eso* no pude ver el programa.	*My TV set is broken, for this reason, I couldn't watch the program.*
No iré más a tu casa, *puesto que* (*pues*) ya no me necesitas.	*I won't go to your house anymore since you no longer need me.*
Por favor, *ya que* tienes dinero, págame lo que me debes.	*Please, since you have money, pay me what you owe me.*

4. Resultado o consecuencia: **conque, por consiguiente, por (lo) tanto, pues**

¡*Conque* estás enamorado de Jesusita! *Pues*, díselo.	*So you are in love with Jesusita! Then, tell her.*
Tengo que quedarme con el niño, *por consiguiente (por lo tanto)*, no puedo salir esta noche.	*I have to stay with the child, therefore, I can't go out tonight.*

5. Condición: **con tal que, si, siempre que**

Él te perdonará *con tal que* (*siempre que*) le digas la verdad.	*He will forgive you provided that (as long as) you tell him the truth.*
Tu salud mejorará *si* te cuidas.	*Your health will improve if you take care of yourself.*

6. Comparación: **así como, como, cual, de igual manera**

Juan José tiene mucho dinero en el banco; *como* tú, él es muy ahorrativo.	*Juan José has a lot of money in the bank; like you, he is very thrifty.*
Lilian es *así como* me la había imaginado.	*Lilian is the same way as I had imagined her.*
La niña era delicada *cual* una flor.	*The girl was delicate like a flower.*

7. Propósito o finalidad: **a que, a fin de que, de esta manera, de este modo, para que**

El joven fue a ver a su amigo *a que* (*para que, a fin de que*) lo ayudara.	*The young man went to see his friend so that he would help him.*
Pensé que no debía decir nada y *de este modo* (*de esta manera*) evitaría una discusión.	*I thought I shouldn't say anything and this way I would avoid an argument.*

8. Tiempo: **a medida que, cuando, después que, en seguida, mientras tanto**

Los objetos se ven más pequeños *a medida que* nos alejamos.	*Objects look smaller as we get farther away.*

Llegó al restaurante y _en seguida_ le trajeron una copa de vino.	_He arrived at the restaurant and, at once, they brought him a glass of wine._
Ella lo esperaba de un momento a otro, _mientras tanto_, se mantenía ocupada arreglando la casa.	_She was expecting him at any minute; in the meantime, she kept busy tidying up the house._

9. Ilustración: **en otras palabras, por ejemplo**

Pepe nunca se despierta a tiempo y falta mucho al trabajo, _en otras palabras,_ es un vago.	_Pepe never wakes up on time and he misses work a lot, in other words, he is a lazy person._
No me gustan algunas de las cosas que haces, _por ejemplo,_ el que hables mal de tus amigos.	_I don't like some of the things you do, for instance, your badmouthing your friends._

10. Resumen: **en conclusión, en fin, en resumen, por último, todo esto**

Sirvieron diferentes clases de carnes y pescados, _en fin (en resumen, en conclusión),_ fue una cena magnífica.	_They served different kinds of meat and fish; in short, it was a magnificent dinner._
Se afeitó, se peinó con cuidado y se puso el traje; _por último,_ colocó una flor en su solapa.	_He shaved, he combed his hair carefully, and he put on his suit; finally, he placed a flower in his lapel._
La casa vieja y vacía, la noche, la luz que se mueve, _todo esto_ contribuye a crear un ambiente de miedo.	_The old and empty house, the night, the moving light, all of this contributes to create a climate of fear._

En un escrito largo, se puede lograr también la idea de continuidad entre párrafos con otros métodos, por ejemplo, con una estructura paralela, o repitiendo, como en eco, palabras e ideas usadas con anterioridad. Vea en el siguiente ejemplo como, a través de la repetición, se ha unido un párrafo con el precedente. Al describir una tarde en su jardín, un escritor recuerda ciertos versos de un célebre poeta y varias palabras de los versos pasan a hacerse eco de su descripción del jardín.

> [...] Yo suspiré al recordar las palabras de Bécquer: «Volverán las tupidas _madreselvas_ / de tu _jardín_ las _tapias_ a escalar / y otra vez en la _tarde_, aún más hermosas, sus _flores_ se abrirán [...]»
> Han pasado muchos años. Por las _tapias_ de mi jardín, en _esta tarde_ primaveral, como en _aquélla_, trepan las _madreselvas_ y me regalan sus _flores_. Junto a muchas otras _tapias_, en _tardes_ así, otras _madreselvas_ ofrecen milagros de color y aroma...

APLICACIÓN

A. Use las expresiones de enlace apropiadas en las siguientes oraciones. No utilice la misma expresión dos veces.

1. Los hombres hubieran preferido dormir, (_however_), siguieron andando en medio de la noche, (_since_) no habían encontrado un lugar seguro para descansar.

2. (_As_) se acercaban a la casa, se oían más los ruidos.

3. La única solución era entrar en la casa, (_this way_) descubrirían el origen de la luz.

4. José Dolores tenía un carácter fuerte (*although, on the other hand*), era tierno y generoso.

5. De niño vivió en el campo, (*therefore*), tuvo una vida sana y tranquila.

6. (*The same way*) él obedecía a su madre, (*likewise*) su hermana lo obedecía a él.

7. El padre de José Dolores era un hombre débil y perezoso, (*for this reason*), la familia pasaba muchas necesidades.

8. Lázaro era hombre de estudios, Gabriel, (*on the other hand*), era un campesino ignorante.

9. Pai Domingo era humilde y (*besides*) era muy fiel.

10. Don Luis salió absuelto del juicio, (*however*) no volvió a la casa, (*since*) quería huir del recuerdo de su hermano.

11. Para Sandalio Cortijo era importante que no lo descubrieran, (*thus*) salía vestido con una sábana (*as*) fantasma.

12. Sandalio Cortijo no tenía dónde vivir, (*so*), se refugió en la casa.

13. Cortijo pensaba que podía vivir cómodamente en las casa (*as long as*) todos creyeran que estaba embrujada. Sandalio fue a buscar la comida (*at once*); (*in the meantime*), los hombres comentaban la aventura.

14. Sandalio les sirvió frutas, leche, carne asada y otras golosinas; (*in short*), una buena comida.

15. Muchos sucesos que parecen sobrenaturales tienen una explicación lógica, (*for instance*), la luz y los ruidos en esta historia.

B. Escriba oraciones usando estas expresiones de enlace: *si, ni, por consiguiente, por el contrario, pues* (para indicar consecuencia), *en fin, en otras palabras, por último.*

C. Escriba dos párrafos y ponga continuidad entre ellos usando la técnica «de eco» que se explicó antes.

TRADUCCIÓN

A Haunted House

When Jaime asked me to accompany him to the village in (**de**) Puerto Rico where his aunt lived, I wished that he hadn't [done it]. It was past seven p.m., one had to go through mountain roads, and Jaime's car was rather old. I wanted to say not only "I am sorry to disappoint you" but also "Have a good trip." On the other hand, I didn't want Jaime to go alone, so I accepted. When we were halfway there, it began to rain cats and dogs. I prayed to God that we wouldn't have an accident on the rain-soaked roads.

We didn't have an accident but our windshield wipers ceased working and this forced us to stop at the side of the road. Lightning flashed in the sky and we made out a large, imposing house near a coffee plantation. "Let's go there," said Jaime, "perhaps they'll let us spend the night. I think this storm will last for several hours." I doubted that Jaime's idea was a good one and I said that I would prefer that we stay in the car. But we were soaking wet for having tried to fix the wipers, so when Jaime insisted that we change our clothes I finally agreed that we go to the house.

There weren't any lights on, I hoped that we would be safe there. After we knocked many times without getting an answer, Jaime said that perhaps the house was uninhabited and suggested that we enter through a window. So we did. The lights weren't working. Fortunately, Jaime had his flashlight with him. The place was very dark and dirty but it was dry. We finally managed to find not only two small sofas to lie down on but also a couple of old blankets.

I was trying to fall asleep, happy that we had escaped the storm, when I felt that my sofa was shaking. I wished (*use* **Ojalá que**) we had never entered that house! I woke up Jaime and begged

La calle del Cristo en San Juan, Puerto Rico. Esta calle estrechísima donde falta espacio para tantos automóviles y personas tiene al fondo la antigua capilla del Cristo. Es una atracción turística por sus casas de estilo colonial pintadas de colores claros y por sus tiendas. Es también famosa porque las protagonistas de la obra del dramaturgo puertorriqueño René Marqués, *Los soles truncos*, vivían en ella.

him for us to leave. But Jaime, who is a very skeptical person, refused to believe that my sofa had actually moved and demanded that I calm down. Then, we heard noises and moans upstairs. Since I am somewhat cowardly, I ran out of the house as fast as I could. When I reached the car, I was (*use* **me quedé**) very surprised that my brave friend Jaime was already there.

TEMAS PARA COMPOSICIÓN

1. **Continuación de la historia.** Déle un final diferente al pasaje traducido, haciendo que los jóvenes se queden en la casa y explicando lo que sucedía allí.

2. **Una película de fantasmas que vi una vez.** ¿Estaba bien hecha? ¿Le pareció interesante, miedosa, absurda? ¿Por qué razón les gustan a tantas personas las películas de miedo? ¿Le gustan a Ud.? ¿Por qué (no)?

3. **Una casa habitada por fantasmas.** Invente un cuento sobre una casa con fantasmas. La familia que vivía en esta casa sufría constantemente accidentes inexplicables, algunos de ellos bastante serios. Cuando se dieron cuenta de que los accidentes tenían un origen sobrenatural, su primera reacción fue que debían irse. Pero se sobrepusieron a su miedo y decidieron que aquélla era su casa y eran los fantasmas quienes tenían que salir. ¿Qué hicieron ellos para librarse de los fantasmas? ¿Lo consiguieron?

4. **Mis gustos y mi voluntad.** Escriba una composición usando el subjuntivo el mayor número posible de veces, explicando las cosas que le gusta y le disgusta que hagan otras personas y las cosas que quiere o sugiere que otros hagan.

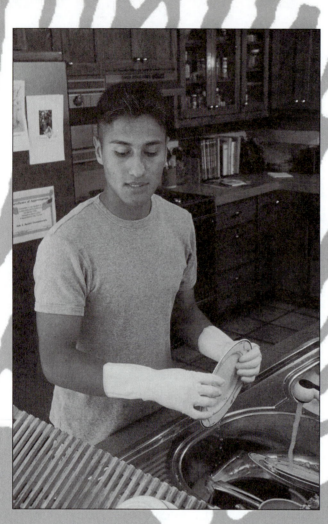

Las tradiciones cambian en los países hispánicos. Hace cincuenta años, era muy raro en estas sociedades machistas que un hombre ayudara en los trabajos domésticos. Hoy muchos jóvenes, como el de la foto, no se avergüenzan de cooperar en las labores caseras.

CAPÍTULO 5

Lectura

Introducción

El autor de esta lectura, Marco Aurelio Almazán, nació en México en 1922. Almazán ha publicado numerosos relatos de carácter cómico en periódicos y revistas de México y otros países. También ha escrito varios libros, en los cuales, como en sus escritos más breves, el humor es la característica predominante.

Aquí el autor nos presenta un buen ejemplo de ironía. En este caso, lo irónico consiste en que el resultado de lo acontecido es todo lo contrario de lo que se esperaba: la liberación femenina se transforma en liberación masculina y el tema es tratado con humor burlón.

Liberación masculina

Con la misma regularidad que el 16 de septiembre°, todos los años celebro el aniversario de mi independencia personal. No porque haya estado preso° o me haya divorciado, sino simplemente porque permití que se emancipara mi mujer. Al liberarse ella —o creer que se liberaba— el que en realidad se liberó fui yo.

Permítanme ustedes que les explique cómo estuvo la cosa:

Cuando Clarita y un servidor° éramos novios, en vez de hacer manitas° y de contemplarnos el uno en las gafas del otro (como siempre lo han hecho las parejas de novios que tienen manos y que usan anteojos), nos poníamos a discutir con tanto ardor como si estuviéramos casados. Y era natural: Clarita era una chica rebelde, audaz° y progresista, dialéctica° en sus estructuras más íntimas, en tanto que° yo era un jovencito aburguesado°, con tendencia a la obesidad y la calvicie° prematuras, lleno de prejuicios casi coloniales, conservador con mis ribetes° de reaccionario intransigente y ya bastante carcamal° en mi modo de vestir y de pensar. El ideal de Clarita, en cambio, era el movimiento de emancipación femenina: la completa integración de la mujer en la sociedad, la absoluta igualdad de derechos, la posibilidad de acudir° a la universidad sin ser mirada con recelo° por sus compañeros, la seguridad de ejercer su profesión el día de mañana° (Clarita, entre paréntesis, estudiaba ingeniería hidráulica) como cualquier ciudadano con bigote, aunque ella —por razones de hormonas— nunca llegara a tener bigote. En tanto que mi problema consistía precisamente en lo contrario, es decir, que yo quería a una Clarita muy mujer de su casa, que atendiera el hogar, que fuera ella misma a hacer la compra al mercado, que preparase la comida y que les enseñara a rezar y llevara a la escuela a los hijos que Dios quisiera mandarnos, tal y como lo habían hecho mi madre y mi abuela y mi bisabuela y mis tías y mis tías abuelas° y todas las señoras normales

En esta fecha de 1810 comenzó la guerra de independencia mexicana. / en la cárcel

un... *yo*
hacer... *acariciarse las manos dos novios*

atrevida / racional
en... *mientras que, en cambio / un poco burgués / característica del que pierde el pelo / elementos / anticuado*

asistir, ir
sospecha, desconfianza
el... *en el futuro*

tías... great-aunts

mi familia y del círculo social en que me desenvolvía°. Por eso discutíamos tanto cuando éramos novios, tal y como si ya hubiésemos estado casados.

Cuando por fin nos echamos encima el dulce yugo°, Clarita siguió en sus trece° y yo en los míos.

Sin embargo, el día que se creó la Secretaría de Recursos Hidráulicos y un pariente de Clarita tomó posesión de ella° y le ofreció la Dirección° General de la Comisión Hidrológica de la Cuenca del Río Usumacinta° y sus Afluentes, con un sueldo que daba mareos°, confieso que se humedeció° y reblandeció° bastante mi resistencia. Contribuyeron también a socavar° mi voluntad las lágrimas de Clarita. No tuve más remedio que claudicar°. Y así fue como a los pocos días Clarita fue nombrada y rindió la protesta° como directora general de la recién organizada Comisión Hidrológica de la cuenca del caudaloso° Usumacinta. ¡Hasta que por fin —según ella— se había emancipado como mujer!

Con el tiempo, yo me separé de la oficina donde prestaba mis servicios, pues alguien tenía que atender el hogar. Y aprendí bien pronto a hacerlo con un mínimo de esfuerzo.

Desde entonces me levanto alrededor de las once de la mañana. Después le digo a la sirvienta lo que hay que comprar en el supermercado para hacer la comida, y mando al chofer a recoger a los niños de la escuela, adonde él mismo los llevó a las ocho de la mañana, antes de que yo despertara. Después me afeito, me baño, me desayuno, leo el periódico con toda calma y salgo a la calle silbando una tonadilla° de moda. A las dos de la tarde ya estoy en el bar, para tomar el aperitivo con los amigachos° cuyas mujeres también se han liberado y trabajan como borricas° las pobrecitas. Pero sin que nadie las haya obligado: por su puro gusto°, para estar en las mismas condiciones que el hombre. Tomamos la copa, hablamos de política, de fútbol, de lo caro que está todo en el mercado y de lo imposible que se ha puesto la servidumbre°. Nos contamos chismes. Alguien suelta el útimo cuento a propósito del presidente y todos nos reímos de buena gana°, sanamente, sin acordarnos siquiera de esas mujeres nuestras que a esa hora todavía no pueden salir a comer porque están en abrumadoras° juntas° de trabajo.

Después como en algún restaurante de la Zona Rosa° y por las tardes tengo tiempo más que suficiente para ver telenovelas o para ir al salón. No de belleza, claro, sino de billar. Otras veces prefiero leer en casa, o ir al cine o dar un paseo. Y ya bien entrada la noche°, recibo a mi Clarita, a mi hidráulica Clarita, a mi proveedora Clarita; la recibo, digo, con un beso en la frente. Después le traigo sus pantuflas° y le informo que la muchacha le dejó la cena preparada en la cocina. Pero casi siempre tiene que ponerse a revisar algún presupuesto° o estudiar algún proyecto, después de lo cual termina tan exhausta, que se va derecho a la cama, mientras yo saboreo mi último wisky y veo el noticiero de medianoche en la televisión.

¡Cuánta razón tenía Clarita, caramba°, desde que éramos novios! No hay nada como la emancipación femenina. Sobre todo si trae aparejada° la liberación masculina.

---

movía

nos... nos casamos, (lit.) yoke / **en... obstinada en su postura**

tomó... took over the Secretaryship / **puesto de Directora / río importante del sur de México / daba...** made one's head spin / **debilitó / ablandó /** undermine / **ceder**

rindió... (*Méx.*) took the oath
con mucha agua

música de una canción
(Méx.) buddies
(lit.) donkeys, "like horses"
por... voluntariamente

las sirvientas

de... con gusto

exhausting / *reuniones*
distrito elegante de la Ciudad de México

bien... well after nightfall

zapatillas de casa

budget

by gosh, by golly

junto con ella

APLICACIÓN

A. Vocabulario

Cada palabra de la columna izquierda está tomada de la lectura y tiene un antónimo en la columna derecha. Encuentre el antónimo en cada caso y escriba una oración original usando las palabras numeradas.

1.	abrumador	**a.**	apoyar
2.	audaz	**b.**	confianza
3.	calvicie	**c.**	estimulante
4.	carcamal	**d.**	endurecerse
5.	caudaloso	**e.**	libre
6.	claudicar	**f.**	moderno
7.	humedecerse	**g.**	mucho pelo
8.	preso	**h.**	secarse
9.	reblandecerse	**i.**	seguir en sus trece
10.	recelo	**j.**	sin agua
11.	socavar	**k.**	tímido
12.	un servidor	**l.**	usted

B. Comprensión

1. ¿Qué aniversario celebra el autor todos los años?

2. Cuando Clarita y el autor eran novios, ¿cómo era ella? ¿y él?

3. ¿Qué significa para Clarita la emancipación femenina?

4. ¿Qué clase de esposa quiere él?

5. Por varias razones el autor claudicó. Explique sus motivos.

6. ¿Qué aprendió muy pronto el autor?

7. ¿Qué hacen el autor y sus amigos en el bar?

8. ¿Qué hace el autor por las tardes?

9. ¿Qué hacen de noche Clarita y su marido?

10. ¿Por qué le gusta tanto al autor la liberación femenina?

C. Interpretación

1. ¿Qué le parece esta narración? ¿Le parece humorística o irritante? Explique su opinión.

2. ¿Por qué llama la atención el título?

3. El autor parece burlarse de la emancipación femenina. ¿Cree Ud. que en realidad se opone a ella? Explique su opinión.

4. ¿Cómo es un joven aburguesado?

5. ¿Qué son prejuicios coloniales?

6. ¿Qué ejemplos del humorismo de Almazán encontramos en este relato? ¿Y de la ironía?

7. El autor describe su concepto de la esposa ideal. ¿Qué opina Ud. de este concepto?

8. El autor no habla mucho de los hijos de este matrimonio, sólo los menciona una vez. ¿Hay alguna razón para esto?

Intercambio oral

1. **Los carcamales.** Describa su idea de un carcamal en el modo de vestir y en el modo de pensar. ¿Cómo sería una persona de tipo contrario?

2. **La igualdad de los sexos.** ¿Son posibles la integración completa de la mujer en la sociedad y la igualdad absoluta de hombres y mujeres? ¿Cuál es el estado actual de ambas cuestiones?

3. **Las profesiones.** ¿Hay profesiones masculinas y femeninas? Explique su opinión con ejemplos.

4. **Los chismosos.** El autor dice que él y sus amigachos se cuentan chismes. ¿Son los hombres y las mujeres igualmente chismosos? Explique en qué basa su opinión.

5. **La doble jornada de las mujeres.** Un problema que no aparece en este relato es el de la doble jornada, es decir, cuando tanto el hombre como la esposa trabajan fuera de la casa, es la mujer quien hace los quehaceres domésticos al regresar al hogar. ¿Por qué no existe esta situación en el cuento de Almazán? ¿Es esto un problema serio en los Estados Unidos?

Sección gramatical

Uses of the Subjunctive

THE SUBJUNCTIVE WITH IMPERSONAL EXPRESSIONS

Common Impersonal Expressions

bastar	*to be enough*
convenir	*to be advisable*
parecer mentira	*to seem incredible, impossible*
poder ser	*to be possible*
¡Qué lástima!	*What a pity!*
ser bueno	*to be a good thing*
ser difícil	*to be unlikely*
ser dudoso	*to be doubtful*
ser extraño	*to be strange*
ser fácil	*to be likely*
ser importante	*to be important*
ser (im)posible	*to be (im)possible*
ser (im)probable	*to be (un)likely*
ser lástima	*to be a pity*
ser necesario, ser preciso	*to be necessary*
ser preferible	*to be better*
ser urgente, urgir	*to be urgent*
valer más	*to be better*
valer la pena	*to be worthwhile*

Most impersonal expressions fall into one of the categories that call for the subjunctive (wish, doubt, emotion, unreality, etc.) and, therefore, require the subjunctive when there is a change of subject.

Pepito era un niño muy inteligente. *Bastaba* que el maestro le explicara las cosas sólo una vez.	*Pepito was a very intelligent child. It was enough for the teacher to explain things to him just once.*
¡*Qué lástima* que Betty no hable español! *Conviene* que aprenda por lo menos algunas frases.	*What a pity that Betty doesn't speak Spanish! It is advisable that she learn at least some phrases.*
***Parecía mentira* que Yoli hubiese olvidado tan pronto todo lo que hice por ella.**	*It seemed incredible that Yoli had forgotten so soon all I did for her.*
***Puede ser* que Eduardo no sepa que se canceló la reunión. *Sería bueno* que se lo dijésemos.**	*It is possible that Eduardo doesn't know that the meeting was canceled. It would be a good thing (idea) for us to tell him.*
***Es necesario* que Clarita lleve a los niños a la escuela.**	*It is necessary that Clarita take the children to school.*
¿*Era posible* que Marcos hiciera las compras?	*Was it possible that Marcos would do the shopping?*
***Es urgente* que estemos en Montevideo mañana, pero *es difícil* que encontremos asiento en el avión. *Sería preferible* que saliésemos ahora mismo en auto.**	*It is urgent for us to be in Montevideo tomorrow but it is unlikely that we will find a seat on the plane. It would be better for us to leave right now by car.*
***Será preciso* que uno de nosotros vaya contigo. No conoces la ciudad y *es muy probable* que te pierdas.**	*It will be necessary for one of us to go with you. You don't know the city, and it is very possible that you will get lost.*
***No valió la pena* que plantaras tantos rosales en el jardín. En el futuro, *valdrá más* que siembres otra clase de flores.**	*It wasn't worthwhile for you to plant so many rosebushes in the garden. In the future, it will be better for you to put in other kinds of flowers.*

There is also a less-common alternate construction that combines an indirect object pronoun and an infinitive. This construction is often heard when the speaker wishes to place the emphasis on the *person* rather than on the *action*.

Pepito era un niño muy inteligente. Al maestro le bastaba explicarle las cosas una sola vez.	*Pepito was a very intelligent child. It was enough for the teacher to explain things to him just once.*
No te valió la pena plantar tantos rosales en el jardín. En el futuro, te valdrá más sembrar otra clase de flores.	*It wasn't worthwhile for you to plant so many rosebushes in the garden. In the future, it will be better for you to put in other kinds of flowers.*

Avoid translating *for me (you,* etc.) as **para mí (ti,** etc.).

Note that if there is no change of subject, the infinitive is used.

Es urgente estar en Montevideo mañana, pero será difícil encontrar asiento en el avión. Sería preferible salir ahora mismo en auto.	*It is urgent to be in Montevideo tomorrow but it will be difficult to find a seat on the plane. It would be better to leave right now by car.*

Impersonal expressions that indicate certainty take the indicative: **ser cierto, ser evidente, ser verdad, ser un hecho, estar claro**, etc.

Es cierto que Carmen hace ejercicio todos los días.	*It is true that Carmen exercises every day.*

When used negatively the above expressions often indicate uncertainty and take the subjunctive: **No es cierto que Carmen haga ejercicio todos los días.**

No + ser + que... sino que... denies the reality of the main verb and it normally requires the subjunctive. Observe the sequence of tenses.

No es que no quiera hacerlo, sino que no puedo.	*It isn't that I don't want to do it, but rather that I can't.*
No era que Jenaro no supiera la verdad, sino que no quería aceptarla.	*It wasn't that Jenaro didn't know the truth, but rather that he didn't want to accept it.*

APLICACIÓN

A. Combine las expresiones entre paréntesis con las oraciones, cambiando los verbos a los tiempos correctos del subjuntivo si es necesario.

Modelo: El profesor no ha llegado todavía. (Es extraño / Es evidente)
→ *Es extraño que el profesor no haya llegado todavía.*
Es evidente que el profesor no ha llegado todavía.

1. Nos vamos sin decir adiós. (Será mejor / Es importante)
2. Le habías hecho un buen regalo a Jacinto. (Bastaba / Parecía mentira)
3. Tuvisteis que sacar todo el dinero del banco. (Sería una pena / Es cierto)
4. Pablo se ha quedado sin empleo. (¡Qué lástima! / Es extraño)
5. No pude llegar a tiempo. (Fue lamentable / Fue bueno)
6. La víctima del accidente había muerto. (Podía ser / Era falso)
7. Consigues buenos asientos para el teatro. (Es fácil / Es imposible)
8. El testigo ha declarado la verdad. (Es evidente / Es dudoso)
9. Virginia no le había contado lo sucedido a su madre. (Valdría más / Era mejor)
10. Nos veremos mañana a las seis. (Será difícil / Va a ser preciso)

B. A continuación de cada párrafo se dan varias expresiones impersonales. Escoja de cada grupo las dos que le parezcan más apropiadas, y use cada una de ellas en una oración que se relacione con el contenido del párrafo.

1. **a.** Panchita se despertó sobresaltada. ¡Se había quedado dormida! La noche anterior, había olvidado sacar el botón del despertador y, como resultado, éste no había sonado.
    ¡Qué lástima! / Era evidente / Estaba claro / Parecía mentira

    b. Eran ya las ocho y media. Se tiró de la cama y entró frenética en el baño. No iba a poder llegar a la clase de las nueve, y ese día había un examen.
    Era urgente / Era necesario / Era dudoso / Era difícil

    c. Mientras se vestía apresuradamente, Panchita debatía consigo misma si debería ir, aunque llegara tarde. En ese caso, tendría que explicarle a la Dra. Castillo lo sucedido. La otra posibilidad era no aparecerse e inventar una excusa para contarla en la clase del miércoles.
    Era preciso / Era posible / Valía más / Era preferible

2. **a.** Su abogado defensor era uno de los mejores del país. Sin embargo, Vicente Romero sentía en el fondo del alma un marcado escepticismo sobre el futuro. La libertad le parecía un sueño remoto.
    Era evidente / Era un hecho / Podía ser / Era posible

    b. Era inocente, pero nadie creía sus palabras. Las circunstancias lo incriminaban. Alarcón y él se habían odiado por muchos años y varios testigos lo habían oído amenazarlo.
    Era verdad / Era casi imposible / ¡Qué lástima! / Era dudoso

    c. Nadie había visto el crimen, pero Vicente no podía probar dónde estaba a esa hora. Esto y sus amenazas eran suficientes para condenarlo.
    Era cierto / Era (muy) posible / Era casi seguro

C. Su amigo Fernando siempre se equivoca en sus opiniones sobre la gente. Corrija cada una de sus afirmaciones usando la construcción *No + es + que... sino que...*

Modelo: A tu padre no le gusta fumar. (el médico le ha prohibido el cigarro)
    → *No es que a mi padre no le guste fumar, sino que el médico le ha prohibido el cigarro.*

1. María es muy pobre. (es muy tacaña con su dinero)
2. Jorge se ha olvidado de llamarnos. (su teléfono está roto)
3. A Renato le encanta caminar. (necesita hacer ejercicio)
4. El profesor habla demasiado rápido. (tú no comprendes bien el español)
5. No te interesan los deportes. (no tengo tiempo de practicarlos)
6. Jesús tiene miedo de volar. (no quiere viajar ahora)
7. Herminia no ha estudiado para el examen. (el examen es muy difícil)
8. Elena no sabe bailar. (le duelen los pies)
9. El coche de Luis es nuevo. (lo cuida mucho)
10. No te gusta el dulce. (no quiero engordar)

D. Cambie al pasado las oraciones que formó en el ejercicio anterior.

Modelo: *No **era** que a mi padre no le **gustara** fumar, sino que el médico le **había prohibido** el cigarro.*

The Subjunctive II

THE SUBJUNCTIVE IN RELATIVE CLAUSES

Relative clauses are most commonly introduced by a relative pronoun (e.g., **que**) or a relative adverb (e.g., **como, donde**). They take either the indicative or the subjunctive according to the criteria described below.

1. The subjunctive is used in relative clauses introduced by **que** when the antecedent is hypothetical, nonexistent, or unknown to the speaker.

Quiero comprar un automóvil que consuma poca gasolina.	*I want to buy a car that uses little gas.* (The speaker is not referring to any specific car.)
¿Hay alguien aquí que haya estado en el Perú?	*Is there anyone here who has been to Peru?* (The speaker doesn't know whether there is such a person.)

But:

Tengo un automóvil que consume poca gasolina.	*I have a car that uses little gas.*
Hay aquí tres estudiantes que han estado en el Perú.	*There are three students here who have been to Peru.*

Every time that one lists the characteristics of an unknown person or thing that one is seeking, the subjunctive must be used. This case is very common in everyday usage. If you read the classified ad section in any Spanish newspaper you will realize how frequently the subjunctive is used.

¡LA EMPRESA FEMENINA DE MAYOR CRECIMIENTO EN EL PAIS!

INVITA A MUJERES QUE DESEEN OBTENER:

Altos ingresos
Desarrollo profesional
Autofinanciamiento
Premios e incentivos
Viajes y ¡mucho más!

No se requiere experiencia previa, solamente deseos de superarse y mucho entusiasmo.

¡LLAMENOS!

La presencia de las mujeres en el sector laboral es hoy muy importante en todos los países hispanos. Es frecuente ver en revistas y periódicos anuncios de trabajo como éste, de México, dirigidos a las mujeres.

APLICACIÓN

A. Forme oraciones combinando las palabras entre paréntesis con las cláusulas que se dan. Si es necesario, ponga los verbos en el tiempo correcto del subjuntivo.

Modelo: Un mecánico que es bueno. (Busco)
→ *Busco un mecánico que **sea** bueno.*

1. Una chica que sabía jugar al tenis. (Deseaban contratar)
2. Una casa que tiene diez habitaciones. (Ella es dueña de)
3. Algún estudiante que no había pagado su matrícula. (¿Había allí...?)
4. Una secretaria que habla japonés. (Se solicita)
5. Un colchón que es cómodo. (Necesito)
6. Algún pintor que no cobra mucho. (¿Conoces...?)
7. Asientos que estaban en las primeras filas. (Queríamos)
8. Un restaurante donde se come muy bien. (He encontrado)
9. Plazo que no llega ni deuda que no se paga. (No hay)
10. Un gato que cazaba ratones. (Ella necesitaba)
11. Una mujer que tiene dinero. (Él quiere casarse con)
12. Un periodista que había ido a la guerra. (Necesitaban)
13. Puede estar una semana sin dormir. (No hay nadie que)
14. Alguien que ha podido subir esa montaña (¿Hay...?)
15. Unos zapatos que me quedaban bien. (Buscaba)

B. Un anuncio personal. ¿Qué cualidades son más importantes para Ud. en una persona del sexo opuesto? Escriba un anuncio usando tantos subjuntivos como pueda para explicar los requisitos que debe llenar esta persona.

C. Una oferta de empleo. Alguien necesita un/a empleado/a que tenga exactamente las cualidades que Ud. tiene. Prepare un anuncio imaginario de periódico y enumere en él estas cualidades.

D. ¿Cómo sería, para Ud., un/a profesor/a ideal? Explique, usando el mayor número de verbos en el subjuntivo que pueda, las buenas cualidades que espera encontrar Ud. en un/a profesor/a.

2.   When the verb in the relative clause expresses an action or state that refers to the future or whose outcome is not known to the speaker, the subjunctive must be used.

Él hará lo que le digas.	*He will do what you tell him (to do).* (You haven't given him any orders yet.)
Lo haremos como Ud. lo desee.	*We will do it just as you (may) wish.* (We don't know exactly how you may wish it to be done.)
Le pediré dinero al primer amigo que me encuentre.	*I will ask for money from the first friend* (whoever he may be) *that I run into.*
Yo estaba dispuesto a pagar lo que Ud. me pidiera.	*I was willing to pay whatever price you asked.* (You hadn't told me the price yet.)

SOY SEÑORA DE 52 AÑOS

Mido 5′4, peso 132 lbs. Quisiera conocer una persona más o menos de mi edad. Para amistad, que no fume y que no sea gordito. Soy sola.

Ext. 1397

ALEGRE

Risueña, culta, profesional y romántica, busca caballero bilingüe entre 31 y 40 años. Profesional, que sea tierno, alegre honesto y sincero, de sentimientos nobles.

CAJA #1388

CABALLERO SURAMERICANO

Lleno de vida, busca compañera 30 a 45 años para disfrutar juntos de lo que la vida nos dé.

CAJA #2768

DAMITA

Espontánea, divertida, alegre, busca muchacho no mayor de 28 años, con cualidades similares y que sea guapo.

CAJA #2819

BUSCO SEÑORITA

23-26 años. No importa si eres fea o bonita. Lo que quiero es que seas seria y que no juegues con mis sentimientos. Yo tengo 27 años.

CAJA #2685

MAESTRO SUR-AMERICANO

Culto, cariñoso y romántico. Busca dama profesional, con mismas cualidades, que sea bonita. 32 a 42 años, que guste del baile y la música.

Ext. 2763

The preceding ads appeared in a newspaper from Los Angeles. Note the use of the subjunctive in all the ads to explain the qualifications desired: **un hombre que *no fume* y que *no sea* gordito; una dama que *sea* bonita y que *guste* del baile y la música.**

Coma todo el pollo que quiera por tres dólares.	*Eat all the chicken you want for three dollars.* (The amount of chicken the person may want is unknown to the speaker.)
Nos veremos donde tú quieras.	*We'll meet wherever you wish.*

But:

Él hizo lo que le dijiste.	*He did what you told him (to do).*
Lo haremos como Ud. lo desea.	*We will do it just as you wish.* (We already know how you wish it done.)
Le pedí dinero al primer amigo que me encontré.	*I asked for money from the first friend I ran into.*
Siempre estoy dispuesto a pagar lo que Ud. me pide.	*I am always willing to pay what you ask.* (The speaker refers to a customary action.)
Comió todo el pollo que quiso por tres dólares.	*He ate all the chicken he wanted for three dollars.*
Nos veíamos donde tú querías.	*We used to meet wherever you wanted to.*

3. The following indeterminate expressions take the subjunctive when they refer to a hypothesis or possibility; they take the indicative if the user makes a statement of fact or reality: **cualquiera que, cualquier** + noun + **que, comoquiera que, dondequiera que.**

Cualquiera que nos ayude será recompensado.	*Anyone who may help us will be rewarded.*
Él comerá cualquier comida que le sirvan.	*He will eat whatever food they may serve him.*
Dondequiera que Ud. vaya, encontrará pobreza.	*Wherever you may go, you will find poverty.*
Comoquiera que lo haga, lo hará bien.	*However he may do it, he will do it well.*

But:

Cualquiera que nos ayudaba era recompensado.	*Anyone who helped us was rewarded.*
Él siempre come cualquier comida que le sirven.	*He always eats whatever food they serve him.*
Dondequiera que fui, encontré pobreza.	*Wherever I went, I found poverty.*
Comoquiera que lo hace, lo hace bien.	*However he does it, he does it well.*

4. The following proportionate comparisons use the first verb in the subjunctive when the speaker is referring to what is hypothetical or future; otherwise, the indicative is used.

Mientras* más estudien, más aprenderán.	*The more they study, the more they will learn.*
Mientras menos comas, más adelgazarás.	*The less you eat, the more weight you will lose.*
Mientras menos se toque Ud. la herida, mejor.	*The less you touch your wound, the better.*
Mientras más cerezas comas, más querrás comer.	*The more cherries you eat, the more you will want to eat.*

But:

Mientras más estudian, más aprenden.	*The more they study, the more they learn.*
Por supuesto, mientras menos comía, más adelgazaba.	*Of course, the less I ate, the more weight I lost.*
El problema de las cerezas es que mientras más comes, más quieres comer.	*The problem with cherries is that the more you eat, the more you want to eat.*

APLICACIÓN

A. Cambie los siguientes pasajes al futuro.

1. No emplearon a la persona que más lo merecía y fue injusto que no me dieran el empleo a mí. Claro que siempre digo lo que pienso y esto no les gusta a muchos y a veces soy el último que llega al trabajo por la mañana, pero siempre hago lo que me mandan, escucho lo que me aconsejan mis superiores y lo organizo todo como mi jefe quiere.

2. Mi amiga Zoila siempre tuvo las cosas que necesitaba y aun más, porque su padre le daba todo lo que le pedía. Por eso, aunque los amigos la ayudaron cuanto pudieron, debió enfrentarse a la vida y sufrió mucho. Dondequiera que fue, encontró problemas. Esperaba que todos hicieran lo que ella quería, pero no fue así.

***Mientras** is more frequent in Spanish America. In Spain, the more common usage is either (1) **cuanto**, to modify an adjective or adverb, or (2) **cuanto (a/os/as)**, to modify a noun.

Cuanto más estudien, más aprenderán.	The more they study, the more they will learn.
Cuantas más cerezas comas, más querrás comer.	The more cherries you eat, the more you will want to eat.

B. Cambie al pasado.

No soy muy cuidadoso en el vestir. Cualquiera que me conozca lo sabe. Dondequiera que voy, llevo la misma ropa, porque pienso que comoquiera que me vista, me veré igual. Generalmente compro cualquier cosa que me vendan sin pensar en cómo me queda. Cualquier amigo que me critique pierde el tiempo, porque no pienso cambiar.

C. Complete usando un verbo y según su experiencia personal.

1. Cualquiera que venga a verme a mi casa...
2. Dondequiera que voy...
3. Cualquier CD que me presten...
4. Cualquier amigo que me necesite...
5. Cualquiera que me vea cuando me levanto por la mañana...
6. A veces compro cualquier...
7. Dondequiera que esté...
8. Cualquiera que llame por teléfono...

D. Complete de manera original.

1. ¿Sabe Ud. por qué hablo poco? Porque opino que mientras menos...
2. Los niños norteamericanos ven demasiada televisión. Creo que mientras menos...
3. La vida es injusta y te aseguro que mientras más pienses en esto...
4. El problema de algunas personas es que cuanto más tinte se ponen en el pelo...
5. Tengo muchos amigos, pero quiero conocer a más gente. Pienso que mientras más...
6. Ganamos mucho ahora, pero el problema es que cuanto más gana uno...

E. Traduzca.

1. The more Marco and his fiancée argue, the more they seem like a married couple.
2. The more money his wife will earn, the happier Marco will be.
3. The more soap operas Marco watches, the more he wants to watch.
4. You'll see that the less Marco works, the more time he'll spend with his buddies.
5. The more his wife studies at the university, the more rebellious she'll become, according to that reactionary.
6. The fewer prejudices people have, the better they get along.

IDIOMATIC EXPRESSIONS THAT USE THE SUBJUNCTIVE

1. Por + adjective or adverb + **que** (*No matter how* + adjective or adverb) is followed by the subjunctive when the speaker does not accept the thought expressed by the verb as a fact.

Por bonita que ella sea, no la elegirán reina.	*No matter how pretty she may be, they won't select her as the queen.*
Por mucho que te apresures, no terminarás a tiempo.	*No matter how much you may hurry, you will not finish on time.*

But:

Por mucho que te apresuras, nunca terminas a tiempo.	*No matter how much you hurry, you never finish on time.* (This is a fact. The speaker knows that the subject customarily hurries.)

2. **Que yo sepa (que sepamos), que digamos**, and **que diga** are common idiomatic expressions in the subjunctive.

    a. **Que yo sepa (que sepamos)** = *As far as I (we) know*

    b. **Que digamos** is used to stress a preceding negative statement and it is difficult to translate since its meaning will vary with the context.

    c. **Que diga** = *I mean*, in the sense of *I meant to say* or *that is*

El Dr. Jordán no ha llegado todavía, que yo sepa.	*Dr. Jordán hasn't arrived yet, as far as I know.*
Que sepamos, no han puesto todavía las notas en la pared.	*As far as we know, they haven't posted the grades on the wall yet.*
No coopera Ud. mucho conmigo que digamos.	*You are not exactly cooperating with me.*
No nos queda mucho dinero que digamos.	*We don't actually have much money left.*
Él salió a las ocho, que diga, a las seis.	*He left at eight, I mean, at six.*

3. The following idiomatic formulas always take the subjunctive:

cuesto lo que cueste	*no matter how much it may cost* (only used in third-person singular or plural)
pase lo que pase	*whatever happens* (only used in third-person singular)
puedas o no (puedas)	*whether you can or not* (used in any person)
quieras o no (quieras)	*whether you be willing or not* (used in any person)

These formulas can be used in the past as well: **costara lo que costara, pasara lo que pasara, pudieras o no, quisieras o no.**

Nuestro país ganará la guerra, cueste lo que cueste.	*Our country will win the war, no matter how much it may cost.*
Pase lo que pase, no cederé.	*Whatever happens, I will not give up.*
Pudiéramos o no, nuestro jefe nos hacía trabajar excesivamente.	*Whether we could or not, our boss made us work excessively.*

APLICACIÓN

A. Confesiones de un pesimista. Complete el siguiente párrafo, usando los verbos: *acostarse, correr, darse, doler, esforzarse, estudiar, gastar.*

Tengo mala suerte. Por mucho que me *duela*, debo confesarlo. No, no trate de consolarme; por más que Ud. *se esfuerce*, no podrá convencerme de lo contrario. Por ejemplo, soy muy dormilón y sé que por temprano que me *acueste*, no podré

levantarme a tiempo por la mañana. Me levantaré tarde y por mucha prisa que *me dé*,

perderé el autobús. Por supuesto, correré tras él, pero sé que por mucho que *corra*,

no lo alcanzaré. Bueno, de todos modos, no vale la pena que vaya a clase. Por mucho que mi

padre *gaste* en mi educación y por más que yo *estudie*, nunca llegaré a graduarme.

B. Conteste, usando en su respuesta la forma apropiada de uno de los siguientes: *cueste lo que cueste, pase lo que pase, puedas o no, quieras o no.*

1. Los padres que son estrictos, ¿obligan a sus hijos a ir a la escuela?
2. Si una persona sueña con tener algo y cuenta con el dinero para comprarlo, ¿lo comprará aunque sea caro?
3. Si hay una tormenta mañana, ¿debemos cancelar la clase?
4. ¿Cree Ud. que un estudiante debe hacer siempre su tarea de español?
5. Si hay una guerra y yo tengo edad militar, ¿me obligará la ley a inscribirme en el servicio?
6. Mi jefe es muy exigente. ¿Me obligará a trabajar los sábados?

C. Conteste, usando *que yo sepa* o *que digamos* en su respuesta.

1. ¿Hace frío en Puerto Rico en el invierno?
2. ¿Se va de viaje tu profesor esta semana?
3. ¿Eres muy rico/a?
4. ¿Es ya hora de terminar esta clase?
5. ¿Tendremos el día libre mañana?
6. ¿Está muy barata hoy la vida?
7. ¿Es agradable guiar un coche cuando hay mucha nieve en la carretera?
8. ¿Hubo un accidente de aviación el lunes pasado?

Sección léxica

Ampliación: Palabras que cambian su significado según el género

En la lectura se habla de «un beso en la frente». La palabra **frente** es una de las que tienen distinto sentido según el género. La siguiente lista contiene las más comunes.

	el	**la**
calavera	*womanizer, playboy*	*skull*
canal	*canal, channel*	*gutter, conduit*
capital	*capital* (money)	*capital* (city)
cólera	*cholera*	*anger*
coma	*coma*	*comma*

cometa	*comet*	*kite* (toy)
corneta	*bugler*	*bugle; woman bugler*
corte	*cut*	*court* (e.g., **la corte real**)
cura	*priest*	*cure*
editorial	*editorial*	*publishing house*
frente	*front* (of building; military)	*forehead*
gallina	*coward*	*hen*
guardia	*guardsman*	*guard* (corps); *woman guard*
guía	*guide* (man)	*guide* (book); *telephone book; woman guide*
mañana	*tomorrow*	*morning*
orden	*order* (opp. of disorder)	*order* (command); *religious order*
parte	*dispatch, message*	*part, portion*
pendiente	*earring*	*slope*
policía	*policeman*	*police force; policewoman*
vocal	*male member of a board*	*vowel; female member of a board*

APLICACIÓN

Decida entra la forma masculina y la femenina. Haga las contracciones necesarias.

1. Según (el editorial / la editorial) del periódico, (el cólera / la cólera) se extiende rápidamente por (el capital / la capital) del país, sin que haya podido encontrarse (un cura / una cura) hasta el momento.

2. Susita se hizo (un corte / una corte) en (el frente / la frente) accidentalmente mientras jugaba con (el cometa / la cometa).

3. No puedo usar (este guía / esta guía), le falta la parte de atrás y (el orden / la orden) de las palabras está mal.

4. Cuando el padre perdió (el capital / la capital) que tenía, decidió mudarse con su familia a (el corte / la corte), pero los problemas de (el mañana / la mañana) aún estaban sin resolver.

5. Es la responsabilidad de (el corneta / la corneta) el anunciar el cambio de (el guardia / la guardia).

6. Hay que limpiar (el canal / la canal) que está en (el frente / la frente) de la casa, porque tiene muchas hojas.

7. Rodrigo es (el vocal / la vocal) de la institución que está autorizado para dar (ese orden / esa orden).

8. Según (el parte / la parte) más reciente de (el frente / la frente), (los calaveras / las calaveras) que encontró (el guía / la guía) son de soldados enemigos.

9. (El cólera / La cólera) la cegaba, porque le habían robado (los pendientes / las pendientes) de brillantes, pero no quería llamar a (el policía / la policía).

10. (El editorial / La editorial) Futuro va a publicar mi libro sobre (el cometa / la cometa) Halley.

11. Cuando (el calavera / la calavera) regresaba de la fiesta, su coche resbaló por (el pendiente / la pendiente) y cayó en (el canal / la canal). Él todavía no ha salido de (el coma / la coma) y su familia quiere llamar a (el cura / la cura).

12. Freddy, eres (un gallina / una gallina), corriste apenas viste a (el guardia / la guardia).

Distinciones: To ask

1. Cuando *to ask* se refiere a una pregunta, ya sea directa o indirecta, su equivalente en español es **preguntar**.

La chica le preguntó al pastor:
—¿De quién son esas ovejas?

The girl asked the shepherd:
"Whose sheep are those?"

Nunca le preguntes a Felipe
cuántos años tiene.

Never ask Felipe how old he is.

To ask a question es **hacer una pregunta**.

Pueden Uds. hacerme las
preguntas que quieran.

You may ask me any questions
you wish.

Muchas mujeres hispanas ocupan hoy puestos importantes en los Estados Unidos. La Dra. Antonia Novello, de origen puertorriqueño, fue por varios años Cirujano General de los Estados Unidos y es ahora la Comisionada del Salud del Estado de Nueva York.

La Tesorera de los Estados Unidos, Rosario Marín, saluda a los estudiantes de su antigua escuela, la Secundaria Técnica 72, en la Ciudad de México. Rosario Marín emigró de México a nuestro país con su familia cuando tenía 14 años.

Cuando *to ask* tiene el sentido de *to inquire after* o de *to try to find out about*, su equivalente es **preguntar por**.

No preguntaste por mí cuando estuve enfermo.	*You didn't ask about me when I was sick.*
Hay un hombre aquí que pregunta por ti.	*There is a man here asking for you.*

2. Cuando *to ask* significa *to request* o *to demand*, su equivalente es **pedir**.

Teresa me pidió que cantara.	*Teresa asked me to sing.*
Los Otero piden $100.000 por su casa.	*The Oteros are asking $100,000 for their house.*

Pedir prestado/a/os/as es *to borrow, to ask to borrow.*

Su hermano siempre le pide prestado dinero.	*His brother is always borrowing money from him.*
Lucía me pidió prestada la cámara, pero no se la di.	*Lucía asked to borrow my camera, but I didn't give it to her.*

3. Cuando *to ask* se refiere a una invitación, se usa **invitar** en español.

Los invitaron varias veces a la Casa Blanca.	*They were asked several times to the White House.*
Pablo invitó a Susana a salir el domingo.	*Pablo asked Susana out on Sunday.*

APLICACIÓN

A. Decida entre *pedir* y *preguntar*.

1. Le (pediré / preguntaré) a Guillermo cómo se llama su novia.
2. Cuando vio al bandido gritó (pidiendo / preguntando) auxilio.
3. Debe de ser caro. ¿Quieres que (pidamos / preguntemos) cuánto cuesta?
4. Juanita (me pidió / me preguntó) mi televisor ayer.
5. ¿Cuánto estás (pidiendo / preguntando) por tu coche?
6. (Pídele / Pregúntale) que te ayude a arreglar la plancha.
7. Quiero (pedirle / preguntarle) a Elisa si conoce al profesor Tirado.
8. La curiosidad de los niños los hace (pedir / preguntar) constantemente.
9. El pueblo (pide / pregunta) que disminuyan los impuestos.
10. Me siento mal. Llamaré al médico para (pedirle / preguntarle) un turno.
11. Si alguien (pide / pregunta) por mí, dígale que regreso a las tres.
12. Se arrepintió de haber dicho eso y (pidió / preguntó) perdón.
13. En algunos países está prohibido (pedir / preguntar) limosna.
14. Vamos a (pedirle / preguntarle) a José si irá a la fiesta.
15. La vio llorar, pero no se atrevió a (pedirle / preguntarle) por qué lloraba.

B. Traduzca.

1. You didn't ask him if he had asked his dentist for an appointment.
2. It is a pity you didn't come. Everybody was asking for you.
3. If you ask her out you should ask her where she would like to go.
4. Our company has asked two astronauts to collaborate in the project.
5. "Have you ever been asked to their home?" "Don't ask silly questions."
6. First, the man asked me my name and then he asked me for my autograph.

C. Complete de manera original.

1. Quisiéramos pedirle prestados sus...
2. No se debe pedir prestado...
3. No me gusta que me pidan prestada...
4. ¿Pediste prestadas...?
5. Una ocasión en que pedí prestado...

Para escribir mejor

Usos de la coma

Las comas de un escrito equivalen a pausas al hablar. El uso de la coma tiene mucho de rasgo estilístico personal, pero hay reglas generales que deben seguirse. Debe usarse la coma:

1. Para separar palabras o frases que forman una serie o conjunto.

La casa era vieja, oscura, deprimente.	*The house was old, dark, depressing.*
Inés pasó todo el día en su habitación, poniendo en orden sus papeles, escribiendo a máquina, leyendo su correspondencia.	*Inés spent the whole day in her room putting her papers in order, typing, reading her mail.*

La coma se omite antes del último elemento si éste va precedido por **y (e), o (u), ni.***

¿Compraré una mesa cuadrada, redonda u ovalada?	*Shall I buy a square, round, or oval table?*
José apagó el despertador, apartó las mantas y saltó de la cama.	*José turned off the alarm clock, pushed aside the blankets, and jumped out of bed.*

Si la conjunción está repetida, sí se usa la coma.

No tengo ni dinero, ni amigos, ni empleo.	*I don't have money, friends, or a job.*

2. Cuando se omite un verbo por ser igual al de la oración anterior.

Los demás estudiantes compraron libros; Elsa, no (no los compró).	*The other students bought books; Elsa didn't.*
Todos salieron con paquetes; ella, (salió) con las manos vacías.	*They all left with packages; she left empty-handed.*

3. Para separar expresiones como **efectivamente** (*precisely, in fact*), **esto es** (*that is to say*), **en realidad** (*actually*), **no obstante** (*nevertheless*), **por consiguiente** (*therefore*), **por ejemplo** (*for example*), **por supuesto** (*of course*), **por último** (*finally*), **sin embargo** (*however*), etc.

En realidad, es fácil aprender a usar la coma correctamente.	*Actually, it's very easy to learn to use the comma correctly.*
Creo, sin embargo, que tú debes practicar más.	*I think, however, that you should practice more.*

4. Antes de las conjunciones que se llaman adversativas: **aunque, excepto, menos, pero, sino.**

Ella estudió bastante, pero no pudo aprobar el curso.	*She studied a lot but she couldn't pass the course.*
No eligieron tesorera del club a Juana, sino a su hermana Chana.	*They didn't elect Juana as treasurer of the club, but rather her sister Chana.*

---

*Sin embargo, se permite usar coma en este caso para evitar ambigüedad. En la oración **Fernando irá con Agustín y Jacinto, mi primo, con José,** puede pensarse que Fernando irá con Agustín y con Jacinto, y que una persona diferente, el primo de la persona que habla, irá con José. Una coma después de Agustín aclararía que Jacinto es el primo y que él y José forman la segunda pareja.

Comeré algo, aunque no tengo hambre.	*I'll eat something although I am not hungry.*

5. Para marcar un inciso o aclaración dentro de la oración.

Don Agustín, que era muy rico, viajaba constantemente.	*Don Agustín, who was very rich, traveled all the time.*
Guadalajara, la capital de Jalisco, es la cuna de los mariachis.	*Guadalajara, Jalisco's capital, is the cradle of mariachis.*

6. Para indicar un vocativo en cualquier posición.

Eso es, amigos, lo que voy a explicarles.	*That, my friends, is what I am going to explain to you.*
¡Pepín, ven acá ahora mismo!	*Pepín, come here right now!*

7. Después de una expresión larga que antecede al sujeto de la oración.

Cuando Joaquina se cayó de la silla, Roberto estaba en su cuarto.	*When Joaquina fell from her chair, Roberto was in his room.*
Agobiado por las pesadas alforjas, el caballo avanzaba despacio.	*Weighed down by the heavy saddlebags, the horse was advancing slowly.*

8. Para separar un sujeto muy largo del resto de la oración, evitando así confusiones. (Un sujeto corto nunca se debe separar de su predicado.)

El que hayas estado tan cerca de mi casa y no me hayas llamado para que nos encontráramos, es inexcusable.	*The fact that you have been so close to my home and you didn't call me so that we could meet is inexcusable.*

APLICACIÓN

A. Añada comas donde sea necesario.

1. Señorita dijo el jefe no estoy para nadie que llame excepto en caso de emergencia.

2. Cuando entró en la sala avanzó hacia el armario sacó una botella y una copa y se sirvió un trago.

3. Lleno de un miedo irracional Roberto no se atrevió a desobedecer al hombre que lo miraba de modo amenazante.

4. Pablo Jacinto e Isabel son primos míos; Teresa no.

5. Las angustias que sufrió en aquella difícil época de su vida y los problemas económicos que tuvo que superar fortalecieron su carácter.

6. Voy a firmar esa carta por supuesto aun cuando el hacerlo me perjudique.

7. María después que termine de limpiar la alfombra haga el favor de sacudir los muebles lavar los platos y barrer la cocina.

8. Mi novio no es ni guapo ni rico ni aristocrático pero yo lo quiero como si lo fuera.

9. Todos rieron del chiste de Elena; yo en cambio me quedé serio.

10. Hijo mío muchos van a fallarte en la vida; tu madre nunca.

11. En la finca de mi tía había caballos ovejas cabras y vacas.

12. El extranjero que no sabía mucho español nos hizo repetir varias veces la explicación hasta que por fin la comprendió.

13. Nunca he visto una persona tan llena de vida tan alegre tan optimista como tu hermana Rosario.

14. Cuando despertó a la mañana siguiente no recordaba nada de lo que había pasado.

B. En los siguientes pasajes literarios se han suprimido las comas. Póngalas.

1. Cuentan que un viajero llegó un día a Caracas al anochecer y sin sacudirse el polvo del camino no preguntó dónde se comía ni se dormía sino cómo se iba a donde estaba la estatua de Bolívar. Y cuentan que el viajero solo con los árboles altos y olorosos de la plaza lloraba frente a la estatua que parecía que se movía como un padre cuando se le acerca un hijo. El viajero hizo bien porque todos los americanos deben querer a Bolívar como a un padre. Bolívar no defendió con tanto fuego el derecho de los hombres a gobernarse a sí mismos como el derecho de América a ser libre. Los envidiosos exageraron sus defectos. Bolívar murió de pesar del corazón más que de mal del cuerpo en la casa de un español en Santa Marta. Murió pobre y dejó una familia de pueblos.

José Martí, «Tres héroes»

2. Un adivino a quien nadie conocía penetró al palacio por el pórtico que daba a la Plaza de la Alegría lanzando voces desgarradoras. Con el cabello largo y desgreñado las facciones descompuestas por el terror envuelto en un rebozo de púrpura en jirones corriendo y saltando cual si pisase en millares de clavos candentes buscaba con ojos desorbitados no se sabe qué cosas tremendas e inauditas en los muros en los monolitos cubiertos de oro en las soleras de los techos en las estatuas y pilastras en el aire mismo.

César Vallejo, «Hacia el reino de los sciris»

3. En aquella ciudad tropical modesto emporio al que llegaban ocasionales compradores enviados por compañías tabacaleras la vida se deslizaba monótonamente. Cuando algún barco fondeaba en el puerto nuestro cónsul festejaba el acontecimiento con un banquete en el salón morisco del hotel Palmas. El invitado de honor era siempre el capitán a quien el negrito del consulado llevaba la invitación a bordo con el ruego que la extendiera a un grupo elegido por él de oficiales y pasajeros. Aunque la mesa descollaba por lo magnífica el calor húmedo volvía desabridos y hasta sospechosos los más complicados productos del arte culinario de modo que únicamente mantenía allí su atractivo la fruta; mejor dicho la fruta y el alcohol.

Adolfo Bioy Casares, «La pasajera de primera clase»

TRADUCCIÓN

My Cousins Lourdes and Clara

My cousins Lourdes and Clara lived in a town so small that it didn't even have a movie theater. They would have preferred to live in a big city that would offer many forms of entertainment and that would provide cultural activities. It seemed incredible that they had never been to a movie theater nor a museum. It was urgent that they should get out of that small town.

When they graduated from high school, Lourdes decided to attend a university where she could major in Spanish and Business Administration. In order to do this, it was necessary that she move to a town that was near a university. Clara, on the other hand, wanted to go to a military school

Rosemary Harris
Oficial de Navegación
U.S. Navy

Conozca mejor a Rosemary y a sus padres
en TodaysMilitary.com/harris

*"Rosemary ha aprendido mucho en el Ejército
de Hoy. El entrenamiento que recibió le ha
enseñado disciplina, independencia y excelentes técnicas de comunicación. Cuando la
vimos trabajar a bordo de la embarcación, no
lo podíamos creer. Nuestra pequeña era toda
una adulta con grandes responsabilidades.
Estamos muy orgullosos de todos sus logros".*
Miguel y María Gonzales

En el Ejército de Hoy, su hijo o hija
puede elegir entre cientos de carreras.
Existen oportunidades fascinantes de
instrucción avanzada, viajes al extranjero
y títulos universitarios. El desafío del
Ejército de Hoy desarrolla la confianza, el
coraje, la autodisciplina y el carácter necesarios para lograr el éxito. Y, como su hijo o
hija servirá a nuestro país, su orgullo de
padre aumentará con cada logro. Visítenos
en el Internet junto con su hijo o hija
adolescente o comuníquese con nosotros a
nuestro número gratuito. Juntos encon-
trarán más opciones de las que jamás hayan
imaginado, incluso una oportunidad para
hacer el mundo un lugar mejor.

TodaysMilitary.com
1-888-855-HERO (4376)

No es sólo mi hija.
Es mi heroína.

Today's Military.
Padres orgullosos.
Futuros exitosos.
Servicio activo. Defensa. Reserva.

where she could prepare for a career as an army officer. It was possible that she could attend one
in the same town that her sister would be in. At first, Clara had some difficulties at the time of
enrollment, but she didn't give up.

Finally, both girls managed to get into schools that offered what they desired, and these schools
were in the same city.

In her third year, Lourdes fell in love with a fellow student named Ivan who had been born in Russia. Clara said that it was unlikely that such a match would be successful. Clara thought Lourdes should find someone who had more things in common with her, but Lourdes didn't pay attention to her; furthermore, when Ivan asked her if she would elope with him, she said yes.

On the other hand, Clara felt attracted to a student named Eduardo who turned out to have relatives in her hometown. Eduardo wanted a wife who would take care of the house and the children and he was opposed to Clara's becoming a military officer but, no matter what he said, she had made a decision. Since they couldn't reach a compromise that would satisfy both of them, Eduardo didn't ask Clara to marry him.

Today Clara has the rank of lieutenant and, as far as I know, has never married. It seems that for Clara it was enough that she had been able to fulfill her youthful dream.

TEMAS PARA COMPOSICIÓN

Use por lo menos seis subjuntivos.

1. Las mujeres en el ejército. Algunos creen que una institución militar no debe excluir a las mujeres. Dé su opinión personal explicando los pros y los contras de la presencia de mujeres en instituciones de esta clase.

2. La acción afirmativa. ¿Hasta qué punto debe la ley fomentar la inclusión de mujeres por medio de la acción afirmativa? Explique los pros y los contras y dé su opinión personal.

3. Una presidenta norteamericana. En los últimos años, varios países han tenido a mujeres como presidente o primer ministro. ¿Tendrá Estados Unidos una presidenta algún día? ¿Sería buena o mala idea? Describa a la mujer ideal para tal cargo.

4. Los maridos amos de casa. En la lectura vemos invertidos los papeles tradicionales: el marido se queda en la casa mientras la mujer sale a trabajar. En los Estados Unidos se ha hablado mucho últimamente de estos maridos «amos de casa». ¿Qué opina Ud. de esta inversión de papeles? Si el marido tuviera un mal empleo y la mujer un empleo donde ganara mucho dinero, ¿sería ésta una buena solución? ¿Le gustaría ser el esposo o la esposa en una familia así?

Un gaucho argentino con su perro en una típica casa de campo. Observe que los muebles están cubiertos con pieles de animales como protección contra el frío. Observe también la faca o cuchillo que llevan los gauchos a la cintura y que les sirve a la vez como herramienta y como arma de defensa.

C A P Í T U L O *6*

Lectura

Introducción

La lectura de este capítulo es un cuento de Javier de Viana (1868–1926), un escritor uruguayo del género llamado «literatura gauchesca». La literatura gauchesca, que fue muy importante en el siglo XIX, se centra en la figura del gaucho. El gaucho, parecido al *cowboy* norteamericano, aparece idealizado en algunas obras y se le presenta como amante de la libertad, honesto, valiente, buen amigo y desinteresado en las cosas materiales. Pero hay también obras que pintan al gaucho como perezoso, bravucón, borracho y matón.

Viana se crió en una estancia y conoce bien la vida de los gauchos y su sicología. Como escribe en el período del naturalismo literario, sus gauchos están frecuentemente poseídos por instintos primitivos y son víctimas de la fatalidad y el ambiente brutal en que viven. Aunque Viana es también autor de novelas y obras de teatro, su especialidad es el cuento. En su última etapa, escribió para ganarse la vida y algunas de sus narraciones son precipitadas y tienen personajes dibujados esquemáticamente, pero entre sus cuentos, que suman más de 500, se encuentran muchos de gran calidad.

Indalecio, el protagonista de este cuento, es un gaucho acabado de salir de la cárcel, en la cual estuvo quince años por haber matado a un hombre en una pelea. Regresa a su hogar, donde encuentra que todo ha cambiado mucho.

Al leer, tenga en cuenta que los personajes del cuento son campesinos incultos y hablan de manera rústica. Por ejemplo, dicen «condenao» por «condenado», «juerza» por «fuerza», «güelta» por «vuelta», «pa» por «para» y «bajesé» por «bájese». Otro aspecto interesante del lenguaje es el uso del voseo. Este uso es muy común en Argentina y Uruguay y existe también en Paraguay y en partes de Centroamérica. Consiste en reemplazar **tú** con **vos**. En el voseo puro, el verbo tiene una forma especial, que deriva de **vosotros**: el protagonista pregunta «¿No me conocés?». En el voseo mixto, el sujeto es **vos**, pero el verbo tiene la forma correspondiente a **tú**, como cuando la mujer dice: «¿Vos comprendes?» y «me decían que vos no volverías».

El tiempo borra

En el cielo, de un azul inmaculado, se movía una nube. Esparcidos° sobre la planicie de inabarcables° límites, multitud de reses°, casi inmóviles, salpicaban° de manchas blancas y negras, amarillas y rojas, el verde tapiz° de las pasturas de otoño. Ni calor, 5 ni frío, ni brisas, ni ruidos. Luz y silencio, eso sí; una luz enceguecedora° y un silencio infinito.

     A medida que avanzaba, a trote lento, por el camino zigzagueante, sentía Indalecio que el alma se le iba llenando de tristeza, pero de una tristeza muy suave, muy tibia, experimentando 10 sensaciones de no proseguir aquel viaje, de miedo a las sorpresas que pudieran esperarle a su término.

     ¡Qué triste y angustioso retorno era el suyo!... Quince años y dos meses llevaba de ausencia. Revivía en su memoria la tarde gris, la disputa con el correntino° Benites por cuestión de una carrera mal

scattered / *inmensos*
cattle / splashed
alfombra

blinding

de Corrientes (Arg.)

15 ganada°, la lucha, la muerte de aquél, la entrada suya a la policía°, la
amarga despedida del pago°, a su campito°, a su ganado°, a su rancho°
recién construido, a la esposa de un año... Tenía veinticuatro entonces y
ahora regresaba viejo, destruido por los años de presidio°. Regresaba...
¿para qué? ¿Qué habría sido de su mujer y su hijo? ¿Lo recordarían, lo
20 amarían aún? ¿Podía esperarle algo bueno a un escapado del sepulcro?
¿Estaba bien seguro de que era aquél su pago? Él no lo reconocía.
Antes no estaban esas grandes poblaciones° que blanqueaban° a la
izquierda ni las extensas sementeras° que verdeaban° a la derecha.

Y cada vez con el corazón más oprimido prosiguió su marcha,
25 espoleado° por fuerza irresistible.

¿Era realmente su población aquella ante la cual había detenido
su caballo?... Por un momento dudó. Los paraísos° que la
sombreaban, los había plantado él; el horno de amasar°, el chiquero
de cerdos°, la huerta de hortalizas, nada de aquello existía en su
30 tiempo. Sin embargo, el rancho, a pesar del techo de zinc que
reemplazaba el de paja quinchado° por él, era su mismo rancho.

—¡Bajesé! —gritóle desde la puerta de la cocina una mujer añosa°,
que enseguida, anudándose° el pañolón que le cubría la cabeza, fue
hacia él, seguida de media docena de chiquillos curiosos.
35 —¿Cómo está?

—Bien, gracias; pase pa adentro.

Ella no lo había reconocido; él presentía° a su linda morochita°
en aquella piel cansada y aquellos mechones° de cabello gris que
aparecían bajo el pañolón.
40 Entraron en el rancho, se sentaron, y entones él dijo:

—¿No me conocés?

Ella se quedó mirándolo, empalideció y exclamó con el espanto
de quien viera aparecer un difunto:

—¡Indalecio!
45 Los ojos se le hicieron agua° y los chicos la rodearon, se le
prendieron del vestido y comenzaron a chillar°. Cuando se hubo
calmado un poco, habló, creyendo sincerarse°.

—Yo estaba sola, no podía cuidar los intereses; hoy me robaban
una vaca, mañana me carneaban° una oveja... dispués, habían pasao
50 cinco años; tuítos° me decían que vos no volverías más, que te
habían condenao por la vida... entonces... Manuel Silva me propuso
que nos juntásemos°... yo resistí mucho tiempo... pero después...

Y la infeliz seguía hablando, hablando, echando palabras
desesperadamente, repitiendo, recomenzando, defendiéndose,
55 defendiendo su prole°, pero hacía tanto que Indalecio no la escuchaba.
Sentado a la puerta, tenía delante el amplio panorama, la enorme
planicie verde, en cuyo fin negreaba° el bosque occidental de Uruguay.

—Vos comprendes —proseguía ella—, si yo hubiera creído que
ibas a dar la güelta°...
60 Él la interrumpió:

—¿Tuavía° pelean en la Banda Oriental?*

Glosas:

una... a horse race won by cheating / *comisaría / lugar nativo / finca / reses / choza / prisión*

settlements / *eran blancas*

tierras sembradas / eran verdes

impulsado

tipo de árbol

de... para hacer pan

chiquero... pigpen

techado

vieja

atándose

creía ver / trigueña (Arg. y Uru.) / locks

se... got watery

llorar

explicar

mataban

todos

conviviéramos

hijos

se veía la sombra de

vuelta

Todavía

---

*Este cuento tiene lugar en el primer tercio del siglo XIX. En esta época, ya Uruguay había obtenido su independencia de
España, pero una sección de su territorio, la llamada «Banda Oriental», había sido invadida y anexada a Brasil por los
portugueses. Los uruguayos, ayudados por los argentinos, lucharon contra Brasil y obtuvieron su independencia total en 1828.

Ella quedóse atónita° y respondió:

—Sí, los otros días bandió° una juerza° de acá, por las puntas° de la Laguna Negra, frente a Naranjito, y...

65 —Adiosito —interrumpió el gaucho.

Y sin hablar una palabra más, se levantó, fue al galpón°, desmaneó°, montó y salió al trote, rumbo al Uruguay.

Ella quedóse de pie, en el patio, mirándole atónita, y cuando lo perdió de vista, dejó escapar un suspiro de satisfacción y se volvió

70 apresuradamente a la cocina, sintiendo° chirriar° la grasa en la sartén.

sorprendida

(bandeó) cruzó / fuerza / las... los extremos

cobertizo
quitó las trabas a su caballo

oyendo / sizzle

APLICACIÓN

A. Vocabulario

Reemplace las palabras en cursiva con las palabras correspondientes de la lista que se da debajo.

1. La Pampa tiene una extensión *inmensa*.
2. Hay un árbol *muy viejo* frente a mi casa.
3. La hierba del campo parecía *una alfombra* verde.
4. Vimos *ganado* pastando en el campo.
5. Como la planicie era muy grande, el ganado se había *extendido* por todas partes.
6. En las estancias guardan las herramientas en un *cobertizo*.

7. Indalecio había construido su *choza* para vivir allí con su mujer.

8. Había muchos cerdos en el *corral de los cerdos*.

9. Indalecio estuvo quince años en *presidio*.

10. El hombre se acercaba a su casa *impulsado* por el deseo de ver a su familia.

11. Me molesta oír a esos niños *llorar* constantemente.

12. La luz era muy intensa, *lo dejaba a uno ciego*.

13. La mujer se acercó mientras se *ataba* un pañuelo que llevaba en la cabeza.

14. La mujer quedó *muy sorprendida* cuando vio que Indalecio se iba a la guerra.

anudaba / añoso / atónita / chillar / chiquero / enceguecedora / esparcido / espoleado / galpón / inabarcable / prisión / rancho / reses / un tapiz

B. Comprensión

Conteste basándose en la lectura.

1. ¿Cómo es el paisaje que se describe al principio del cuento?

2. ¿Cómo se sentía Indalecio cuando se acercaba a su casa?

3. ¿Qué le pasó a Indalecio cuando tenía 24 años?

4. ¿Qué familia tenía Indalecio cuando fue a la cárcel?

5. ¿Qué cambios vio él en su rancho al llegar?

6. ¿De qué manera había cambiado su mujer?

7. ¿Qué hicieron los niños cuando vieron a Indalecio?

8. ¿Cómo se justificó su mujer por no haberlo esperado?

9. ¿Por qué va Indalecio al Uruguay?

10. ¿Cuál es la reacción de su mujer cuando Indalecio se va?

C. Interpretación

1. ¿Es apropiado el título de este cuento? ¿Qué borra el tiempo?

2. El autor hace énfasis al principio en la quietud del campo, el silencio y la luz. ¿Tiene importancia esta descripción en el cuento?

3. ¿Por qué, en su opinión, no hubo ninguna comunicación entre Indalecio y su mujer mientras él estuvo en la cárcel?

4. El autor no da muchos detalles del crimen de Indalecio, pero basándose en los datos que nos da, ¿cree Ud. que una condena de 15 años fue apropiada, muy dura o muy leve? ¿Por qué?

5. En su opinión, ¿qué siente realmente la mujer al ver a Indalecio?

6. El párrafo que comienza: «Y la infeliz seguía hablando» dice que la mujer se defendía y defendía a su prole. ¿Qué temía ella?

7. El hijo de Indalecio tendría unos quince años y evidentemente no estaba en el rancho en ese momento. ¿Es lógico que Indalecio no haya preguntado por él? En su opinión, ¿por qué nadie menciona a ese hijo?

8. En el párrafo final, la mujer deja escapar un suspiro de satisfacción, ¿por qué?

D. Intercambio oral

1. **Los que no esperan.** Los que no son fieles a los ausentes, ¿son malas personas? ¿Qué debe hacer una persona si su pareja ha ido a la cárcel por muchos años o ha desaparecido y se cree que murió? ¿Qué haría Ud.?

2. **La película «*Cast Away*».** En «*Cast Away*» Tom Hanks sufre un accidente de aviación y pasa muchos años en una isla desierta. Si Uds. han visto la película, comparen esta situación con la que nos presenta Viana.

3. **Finales diferentes.** La conocida canción de música *country* «*Tie a Yellow Ribbon*» es acerca de un hombre que, como Indalecio, acaba de salir de la cárcel. ¿Qué diferencias hay entre lo que sucede en la canción y en el cuento? ¿Cuál de los dos finales es mejor? ¿Por qué? ¿Cuál es más cercano a lo que probablemente sucedería en la vida real?

4. **El crimen y el castigo.** La mujer de Indalecio cree que lo condenaron a cadena perpetua, pero él sale de la cárcel en 15 años. ¿Qué clase de crímenes deben condenarse con cadena perpetua? ¿Debe castigarse algún crimen con la pena de muerte? ¿Qué puede decirse a favor y en contra de la pena de muerte?

5. **Los cambios que causa el tiempo.** Indalecio encuentra que en su pago las cosas han cambiado mucho en 15 años. ¿Cómo ha cambiado el lugar donde Uds. viven en los últimos años?

Buenos Aires. Vista de la Avenida 9 de julio con su obelisco. Esta avenida, que es una de las más anchas del mundo, toma su nombre del día en que se declaró la independencia argentina en 1816.

Sección gramatical

The Subjunctive III: The Subjunctive in Adverbial Clauses

THE SUBJUNCTIVE AFTER CERTAIN CONJUNCTIVE PHRASES

1. The following conjunctive phrases denote proviso, supposition, purpose, etc., and are always followed by the subjunctive.

a fin de que	*in order that, so that*
a menos que	*unless*
a no ser que	*unless*
con tal (de) que	*provided (that)*
en caso (de) que	*in case (that)*
no sea (fuera) que	*lest (so that . . . not), in case that*
para que	*in order that, so that*
sin que	*without*

Indalecio no podría ir a su rancho, a menos que tuviera un caballo.	*Indalecio wouldn't be able to go to his hut unless he had a horse.*
Te compraré lo que quieras con tal de que me des el dinero.	*I will buy you whatever you want provided that you give me the money.*
En caso de que me necesites, estaré en mi habitación.	*In case you need me I will be in my room.*
Antonio apuntó la fecha, no fuera que se le olvidara.	*Antonio wrote down the date lest he (so he wouldn't) forget it.*
El gaucho ató bien su caballo para que (a fin de que)* no escapara.	*The gaucho tied his horse well in order that it wouldn't escape.*
Indalecio había sido indultado sin que su esposa lo supiese.	*Indalecio had been paroled without his wife's knowing** about it.*

Para que and **sin que** are formed by combining **que** with the prepositions **para** and **sin** respectively. When there is no change of subject, **para** and **sin** are not followed by **que** and the infinitive is used.

Le escribiríamos para remitirle el cheque.	*We would write him in order to send him the check.*
Siempre entra sin verme.	*He always enters without seeing me.*

---

*Para que is far more common in the spoken language than **a fin de que.**

**English uses a possessive here plus the *-ing* form while Spanish uses a subject pronoun plus the subjunctive.

2. The conjunctions **de modo que, de manera que** (*so that*) take the subjunctive when they express purpose; when they express result they take the indicative.

El fiscal habló elocuentemente, de modo que (de manera que) condenaran a Indalecio.	*The district attorney spoke eloquently so that (in such a way that) they would condemn Indalecio.*
El fiscal habló elocuentemente, de modo que (de manera que) condenaron a Indalecio.	*The district attorney spoke eloquently and because of that (as a result of that) they condemned Indalecio.*

3. The most common conjunction of concession is **aunque**. **Aunque** takes the subjunctive when it refers to an unaccomplished act or hypothesis, or when it indicates that the speaker does not believe the statement to be a fact. Otherwise, the indicative is used.

Aunque me lo jures no lo creeré.	*Even if you swear it to me I will not believe it.*
Aunque haya hecho algo malo, yo la perdonaré.	*Even if she has done something wrong I will forgive her.*
Aunque me lo juraras no lo creería.	*Even if you swore it to me I wouldn't believe it.*
Aunque hubiese hecho algo malo, yo la perdonaría.	*Even if she had done something wrong I would forgive her.*

But:

Aunque me lo juraste no lo creí.	*Although you swore it to me I didn't believe it.* (It is a fact that you swore it.)
Aunque hizo algo malo la perdoné.	*Although she did something wrong I forgave her.* (It is a fact that she did something wrong.)

APLICACIÓN

A. Obstáculos. A veces Ud. tiene el propósito de hacer algo, pero algún obstáculo se lo impide. Explique las circunstancias que pueden impedir cada acción, completando las frases con las claves que se dan. Añada algo original.

Modelo: *Mañana asistiré a clase a menos que mi coche se rompa. Es difícil para mí ir a la universidad en autobús.*

1. Mañana asistiré a clase a menos que...

  a. mi coche / romperse

  b. (yo) / estar enfermo

  c. nevar mucho

  d. la clase / cancelarse

2. Todas las noches preparo mi lección de español a no ser que...

   a. mis amigos / invitarme

   b. haber / programas muy buenos en la televisión

   c. dolerme / la cabeza

   d. tener que estudiar otra asignatura

3. Generalmente ahorro $50 a la semana, a menos que...

   a. (yo) / haber tenido gastos extraordinarios

   b. ser / el cumpleaños de algún amigo

   c. (yo) / tener que pagar alguna deuda

   d. alguien / pedirme dinero prestado

B. **La billetera perdida.** Complete esta narración con verbos que tengan sentido.

He perdido mi billetera. Creo que la dejé sobre mi cama. De manera que... apenas termine esta clase. Espero encontrarla en mi cuarto pero, en caso de que no... la buscaré por toda la casa. En caso de que no... en la casa, iré mañana a la oficina de objetos perdidos de mi escuela. Y en caso de que ellos no..., pondré avisos en las paredes, a fin de que... ¿Y en caso de que nadie...? Pues no podré ir al cine en un mes.

C. **Las condiciones de Luis.** Complete de manera original las condiciones que Luis le pone a su amigo Germán.

1. Germán, te prestaré estos casetes con tal que...

2. Saldré contigo el sábado con tal que...

3. Iré de compras contigo con tal que...

4. Te llevaré a tu casa en mi carro con tal que...

D. **Cosas que pasaron y cosas que no pasaron ayer.** Complete las oraciones, para expresar las cosas que no pasaron ayer, con la conjunción *sin que* y la forma apropiada del verbo.

Modelo:　Dos estudiantes se pegaron en la clase / el profesor no pudo impedirlo
　　　　　→ *Dos estudiantes se pegaron en la clase sin que el profesor pudiera impedirlo.*

1. Josefina me contó su problema / yo no se lo pedí

2. Raquel escribió una composición excelente / Emilio no la ayudó

3. Limpié mi cuarto / nadie me lo sugirió

4. Juan Felipe salió de la casa / nosotros no lo vimos

5. Mi amiga tomó prestada mi casetera / yo no lo supe

6. Alguien te robó el reloj / tú no te diste cuenta

7. Corté la hierba de mis vecinos / ellos no me pagaron

8. Di un paseo en la bicicleta de Arturo / él no me autorizó

E. **Dar para recibir.** Complete cada frase, usando *para que* o *a fin de que* y el subjuntivo del mismo verbo, como se hace en el modelo.

Modelo:　*Debemos* demostrar *afecto a nuestros amigos... para que (a fin de que) ellos nos* demuestren *afecto a nosotros.*

1. Es necesario ayudar a los demás...
2. Tienes que perdonar a tus enemigos...
3. Debes sonreírle a la gente...
4. Debemos respetar a todo el mundo...
5. Tenemos que hacerles favores a los compañeros...
6. Debes amar a Dios...

F. Mi tía la precavida. Mi tía Amparo siempre piensa en lo que puede pasar. Complete de manera lógica lo que ella me diría.

1. Sobrina, lleva paraguas cuando salgas, no sea que...
2. Ten siempre a mano un duplicado de tu llave, no sea que...
3. Lleva un recipiente con agua en el baúl del coche, no sea que...
4. Lleva unos dólares escondidos en un zapato, no sea que...
5. Pon un extinguidor de incendios en la cocina, no sea que...
6. Guarda siempre una linterna en la mesa de noche, no sea que...

G. Cambie los infinitivos entre paréntesis, fijándose en el sentido de los pasajes.

1. **Mi accidente.**

   Aunque (llover y hacer frío) anoche, salí en mi coche. Aunque (manejar) con cuidado, el pavimento estaba mojado y no pude evitar que el auto resbalara. El chofer del auto contra el cual choqué, se puso furioso, aunque el choque (no haber sido) serio y aunque yo (explicarle) que no había sido culpa mía. ¿Qué dirá mi madre esta tarde cuando lo sepa? Aunque (comprender) que yo no tuve la culpa del accidente, se disgustará mucho. En cuanto al chofer, me pondrá pleito, aunque la compañía de seguros (pagarle) el arreglo de su auto. Es de esas personas que insisten en usar las vías legales aunque (no ser) necesario.

2. **Un juego de baloncesto.**

   El sábado juega mi equipo de baloncesto. Las entradas son caras pero, aunque (costar) todavía más, pagaría el precio con gusto. Es difícil que alguien me critique por esto pero, aunque (criticarme), iría a ese juego. ¡Va a ser emocionante! El equipo contrario es muy bueno y quizás no ganemos. Pero, aunque (perder), valdría la pena haber ido.

THE SUBJUNCTIVE AFTER CONJUNCTIONS OF TIME

COMMON CONJUNCTIONS OF TIME			
antes (de) que	*before*	**hasta que***	*until*
apenas	*as soon as*	**mientras (que)**	*while, as long as*
cuando	*when*	**tan pronto (como)**	*as soon as*
en cuanto	*as soon as*		
después (de) que	*after*		

*With the verb **esperar, a que** is also used.

1. The conjunction **antes (de) que** is always followed by the subjunctive since it introduces an action or state that is not, was not, or will not be a reality at the time expressed by the main verb.

Todos los días me despierto antes de que suene el despertador.	*I wake up every day before the alarm clock goes off.*
Manuel Silva había cambiado el techo del rancho antes de que Indalecio volviera.	*Manuel Silva had changed the hut's roof before Indalecio came back.*
Pasarán varios días antes de que Indalecio se una a las tropas argentinas.	*Several days will go by before Indalecio joins the Argentinian troops.*

2. The other conjunctions of time can take either the subjunctive or the indicative. They will take the subjunctive when they introduce an action or state that has not yet taken place.

Te van a dar ganas de viajar cuando veas esos folletos de viaje.	*You will feel like traveling when you see those travel brochures.*
Deposita mi cheque en cuanto llegue.	*Deposit my check as soon as it arrives.*
Los actores regresarán a los Estados Unidos después de que termine el rodaje.	*The actors will return to the United States after the filming is finished.*
Las mujeres seguirán luchando hasta que haya una mujer presidenta.	*Women will continue struggling until there is a woman president.*
Su esposa no lo perdonará mientras (que) él no cambie su manera de ser.*	*His wife will not forgive him as long as he doesn't change his ways.*
Ella dijo que me escribiría tan pronto como pudiera.	*She said she would write me as soon as she could.*

These conjunctions will take the indicative when the action or state that they introduce is customary or has already taken place.

Siempre me dan ganas de viajar cuando veo folletos de viaje.	*I always feel like traveling when I see travel brochures.*
Todas las semanas deposito tu cheque en cuanto llega.	*Every week I deposit your check as soon as it arrives.*
Los actores regresaron a los Estados Unidos después que terminó el rodaje.	*The actors returned to the United States after the filming was finished.*
Las mujeres siguieron luchando hasta que hubo una mujer presidenta.	*Women continued struggling until there was a woman president.*
Su esposa no lo perdonó mientras (que) él no cambió su manera de ser.*	*His wife didn't forgive him as long as he didn't change his ways.*
Ella me escribió tan pronto como pudo.	*She wrote me as soon as she could.*

---

*When the main verb is negative, the verb that follows **hasta que** and **mientras que** is usually negative too.

APLICACIÓN

A. Escoja la forma verbal correcta para cada oración.

1. Después que (hayas escrito / escribiste) la carta, ponla en el sobre.
2. Estoy dispuesta a hacer el trabajo mientras me (pagaron / paguen) bien.
3. Ud. deberá esperar hasta que (llegue / llega) su turno.
4. Dijo que cuando (dieran / dieron) las doce comeríamos.
5. Sé que esperasteis hasta que vuestro consejero (estuvo / estaría) desocupado.
6. Luisa se arrepintió después que se lo (dijera / dijo) a su novio.
7. Saldré para la estación tan pronto como me (vista / visto).
8. Después que (pintaremos / pintemos) las paredes, el cuarto se verá mejor.
9. Cuando (termine / termina) el verano compraremos alfombras nuevas.
10. El jurado no dará su veredicto mientras que no (hay / haya) un voto unánime.
11. No me gusta salir a la calle cuando (llueve / llueva).
12. En cuanto (haya lavado / lavó) la ropa, debe Ud. plancharla.

B. Complete de manera original.

1. Su esposo la comprenderá mejor cuando...
2. Mi amiga se quitó el vestido en cuanto...
3. No conseguirán Uds. convencerme mientras...
4. Simón quiere contarnos lo ocurrido antes de que...
5. El gobierno enviará auxilios a los damnificados mientras...
6. Vas a ser muy feliz cuando...
7. Deben Uds. seguir intentándolo hasta que...
8. Ellos se pusieron a bailar tan pronto como...

C. **No después, sino antes.** Sustituya *después (de) que* por *antes (de) que* en las siguientes oraciones, haciendo otros cambios que sean necesarios.

1. Busca información sobre los gauchos después que leas el cuento de Viana.
2. El hijo de Indalecio nació después que él entró en la cárcel.
3. Después que vio a su esposa, Indalecio la recordaba con tristeza.
4. La guerra con el Uruguay comenzó después que Indalecio terminó su condena.
5. Indalecio reconoció su rancho después que vio el techo de zinc.
6. La mujer estaba contenta después que Indalecio llegó.
7. La mujer conoció a Manuel Silva después que Indalecio regresó.
8. Los chicos siempre cenaban después que Manuel Silva volvía de su trabajo.

D. Cambie al pasado los siguientes pasajes.

1. **El perro policía.**

   Mientras espero para que revisen mi equipaje en el aeropuerto internacional, observo a una señora muy distinguida, que llega a la fila antes que yo llegue y que lleva un maletín y varias bolsas. Antes de que le toque el turno de acercarse al mostrador, pasan dos funcionarios de aduana con un perro. El perro corre hacia la señora y, antes de que los hombres puedan impedirlo, salta sobre ella ladrando nerviosamente. La señora trata de librarse del animal, pero es inútil. «Un perro entrenado para oler drogas», comentan los otros viajeros. Los de la aduana le piden a la mujer que abra el maletín. Pero antes que ella lo haga, todos sabemos que el policía canino no busca drogas esta vez. El perro saca una larga hilera de chorizos de una de las bolsas y los engulle antes que consigan sujetarlo.

2. **En un restaurante.**

El hombre parece tener mucha hambre y devora el pan de la cesta antes que le sirvan la comida. Cuando le sirven, come tan rápido, que termina el postre antes de que otros clientes que llegaron al mismo tiempo hayan terminado el plato principal. Y, apenas ha comido el postre, escapa corriendo del restaurante antes que el camarero le traiga la cuenta.

CONDITIONAL CLAUSES WITH IF

Spanish conditional clauses with **si** (*if*) take the indicative or the subjunctive depending on the type of condition they refer to.

1. When an *if* clause introduces (a) a contrary-to-fact verb, or (b) a condition that is unlikely to take place, the imperfect subjunctive is used in Spanish for present or future time and the pluperfect subjunctive is used for past time.* As in English, the other verb is either conditional or conditional perfect.

Si tuviera un caballo, practicaría la equitación.	*If I had a horse I would practice horseback riding.* (I don't have a horse.)
Si ella fuese una buena actriz, sería famosa.	*If she were a good actress she would be famous.* (She is not a good actress.)
Si la mujer hubiese sabido que Indalecio iba a volver, no habría aceptado la proposición de Manuel Silva.	*If the woman had known that Indalecio would come back she wouldn't have accepted Manuel Silva's proposition.* (She didn't know.)
Si Ud. hubiera ido conmigo se habría divertido muchísimo.	*If you had gone with me you would have enjoyed yourself very much.* (You did not go with me.)
Si recibiera carta de él mañana, me pondría contento.	*If I received* (were to receive) *a letter from him tomorrow, I would be happy.* (It is unlikely that I will receive a letter tomorrow.)

2. *If* clauses that introduce a verb that is neither contrary to fact nor unlikely to take place use the indicative.

Si se llega temprano al cine se consigue un buen asiento.	*If one gets to the movies early one gets a good seat.*
Si no trabajábamos no nos pagaban.	*If we didn't work we didn't get paid.*
Si me prestas tu bicicleta te la devuelvo mañana.	*If you lend me your bicycle I'll return it to you tomorrow.*

*Do not use a present subjunctive in Spanish when **si** means *if*. In everyday usage one hears: **No sé si vaya o no,** but in this case **si** means *whether: I don't know if (whether) I should go or not.*

THE ALTERNATE FORM: *DE* + INFINITIVE

De + simple infinitive or **de** + compound infinitive is sometimes used instead of a **si** clause, especially in the case of contrary-to-fact conditions.

De tener Emilio suficiente pintura (Si Emilio tuviera suficiente pintura) pintaría toda la casa.	*If Emilio had enough paint he would paint the whole house.*
De haberlo sabido ellos antes (Si ellos lo hubieran sabido antes) habrían felicitado al ganador.	*If they had known before, they would have congratulated the winner.*

Note that the subject generally follows the verb in this construction.

COMO SI + SUBJUNCTIVE

Como si (*as if*) always presents a contrary-to-fact or hypothetical situation and it takes either the imperfect or the pluperfect subjunctive. The imperfect refers to an action or state that is coincident in time with the main verb; the pluperfect indicates an action or state prior to the main verb.

Gasta dinero como si fuera rico.	*He spends money as if he were rich.*
Ella cuenta lo que pasó como si hubiese estado allí.	*She tells what happened as if she had been there.*

NI QUE + IMPERFECT OR PLUPERFECT SUBJUNCTIVE

Ni que is generally used in elliptical exclamatory statements and always precedes an imperfect subjunctive or pluperfect subjunctive verb. Its translation into English varies according to the circumstances.

¿Vas a salir en medio de esta tormenta? ¡Ni que estuvieras loca!	*Are you going out in the middle of this storm? Anybody would think that you are crazy!*
Carmen pensaba que creeríamos su historia. ¡Ni que fuésemos tontos!	*Carmen thought we would believe her story. As if we were fools!*
Federico estaba enterado de todo. ¡Ni que hubiese oído lo que dijimos!	*Federico knew about everything. It's as if he had heard what we said!*

THE EXPRESSION *POR SI (ACASO)*

Por si (acaso) (*just in case*) is followed by either the present indicative or the imperfect subjunctive, the latter indicating a more unlikely situation.

Te dejaré la llave por si llegas (llegaras) a casa antes que yo.	*I'll leave you the key in case you arrive (in case you should arrive) home before I do.*
Marita tiene a mano una novela por si acaso el programa de televisión es (fuera) aburrido.	*Marita has a novel handy in case the TV program is (should be) boring.*

APLICACIÓN

A. Explique con oraciones completas lo que haría o habría hecho en las siguientes circunstancias.

1. Si fuera presidente de los Estados Unidos.
2. Si se hubiera sacado la lotería en el último sorteo.
3. Si fuese el profesor de esta clase.
4. Si hubiera nacido hace cien años.
5. Si supiera que le quedaba sólo un año de vida.
6. Si se encontrara en la calle una billetera con $1.000 dólares.
7. Si alguien le hubiera regalado un coche deportivo del último modelo.
8. Si le ofrecieran un contrato para actuar en el cine.
9. Si su perro (o gato) se hubiese perdido.
10. Si descubriera que hay petróleo en el patio de su casa.

B. **Situaciones.** Use la expresión *de* + infinitivo en los siguientes pasajes como sustituto de las cláusulas que comienzan con *si*.

1. Si yo consiguiera un buen trabajo, pasaría unas Navidades alegres, porque tendría bastante dinero, y si tuviera bastante dinero, compraría regalos para todos mis amigos.
2. Si yo cocinara bien, invitaría a mis amigos a comer a menudo. Y si aprendiera a preparar platos mexicanos, convidaría a los Gómez, que son mis vecinos.
3. Alberto nos dijo que si se hubiera enterado de que veníamos, nos habría conseguido un lugar donde parar, y que si lo hubiéramos llamado cuando llegamos, nos habría ido a buscar al aeropuerto. ¡Qué lástima! Si hubiésemos sabido que Alberto era tan amable, le habríamos escrito antes de nuestro viaje.
4. Si el estante no se hubiese caído, yo tendría ahora un lugar para poner mis libros. Es culpa tuya, porque el estante no se habría caído si tú hubieses usado suficientes tornillos cuando lo armaste.

C. Traduzca.

1. He treats his friends as if they were enemies.
2. You speak as if you knew everything.
3. She buys clothes as if her father were a millionaire.
4. You behave as if the others didn't exist.
5. I don't understand. It is as if the teacher hadn't explained this.
6. Lucho reacted as if I hadn't warned him.
7. It is midnight and they are making noise as if it were noon.
8. She goes on living as if her husband hadn't died.
9. You play your record player as if you were deaf.
10. He smells as if he hadn't taken a bath.

D. Haga expresiones con *ni que* basándose en los siguientes datos.

Modelo: Herminia se expresa como si lo supiera todo.
          → ¡**Ni que** *lo supiera todo*!

1. Ellos gastan tanto dinero como si fueran ricos.

2. Ud. lo cuenta como si hubiera estado presente.

3. Me miró como si me pudiese leer el pensamiento.

4. Nuestro jefe nos exige como si nos pagara un sueldo fabuloso.

5. Aurelio contestó como si lo hubieras ofendido.

6. Se sirvió la comida como si estuviera sola en la mesa.

7. Me reclamas como si yo tuviera la culpa de tu problema.

8. Don Miguel nos habla como si él fuera una persona muy importante.

9. Quiere que lo lleve a todas partes como si fuese su chofer.

10. Andas tan despacio como si te dolieran los pies.

E. Complete de manera original, usando *por si* (*acaso*). Use *por si* (*acaso*) + presente de indicativo en las cuatro primeras oraciones, y *por si* (*acaso*) + imperfecto de subjuntivo en las cuatro últimas.

1. Mi madre tendrá lista la comida a las seis...

2. Nos quedaremos en casa esta tarde...

3. Voy a planchar mi vestido nuevo...

4. Pon suficiente gasolina en tu auto...

5. Debes llevar paraguas...

6. Siempre tengo aspirinas en el botiquín...

7. Le daré a Ud. mi dirección...

8. Es bueno tener en el bolsillo la libreta de cheques...

Sección léxica

Ampliación: Los prefijos in- y des-

Los prefijos **in-** (**im-** antes de **p**, **ir-** antes de **r**) y **des-** dan la idea de oposición o contraste y también de quitar, privar o carecer de algo. En la lectura aparecen **inmaculado** (sin mácula), **inmóvil** (que no se mueve), **irresistible** (que no se puede resistir), **destruido** (lo contrario de construido), **desesperadamente** (sin esperanza) y **desmanear** (quitar las trabas [hobbles]).

A continuación se dan algunos adjetivos y verbos formados con estos prefijos. Observe que muchos son similares a palabras en inglés.

in-, im-

impenetrable	inconforme	inmortal
imperceptible	inconsciente	inmueble
imperdonable	inconstante	inoportuno
impreciso	incrédulo	inquieto
improductivo	indeciso	insatisfecho
impropio	indeseable	inseguro
inaceptable	indigesto	insensato

inagotable	indomable	insufrible
inalterable	inestable	intachable
incansable	infiel	interminable
incierto	inimitable	intocable
incoloro	injusto	inválido

des-

desabotonar	descolgar	desenganchar
desagraviar	desconectar	desengañar
desalentar	descongelar	desenvolver
desanimar	descoser	deshonrar
desarmar	descubrir	desinfectar
desatar	descuidar	desobedecer
descalzar	desempaquetar	destapar
descargar	desencantar	destornillar
descarrilar	desenchufar	desvestir

APLICACIÓN

A. **Definiciones.** Escoja el adjetivo formado con el prefijo *in-* o *im-* que corresponde a cada definición. Algo o alguien que...

1. no tiene color
2. no se acaba
3. no puede penetrarse
4. no se cansa
5. no es segura (dos adjetivos)
6. no tiene constancia
7. no puede valerse solo/a
8. no cree
9. no es apropiado
10. es eterno
11. tiene dificultad para tomar decisiones
12. es muy rebelde
13. no tiene fidelidad
14. no tiene sentido común
15. no se puede tocar
16. no tiene tachas o defectos
17. es imposible de imitar
18. no puede perdonarse
19. es difícil de digerir
20. no está tranquilo

B. Complete de manera original, usando una forma verbal que tenga significado contrario a las expresiones en cursiva.

Modelo: *Le puse los zapatos* al niño, pero... **él *se descalzó***.

1. *Cargaron* todos los muebles en el camión, y al llegar a la nueva casa...
2. *Tapa* la olla, cocina el arroz quince minutos, y luego...
3. *Apreté* bien los tornillos, pero...
4. *Armaron* a los hombres, pero al terminar la revolución...
5. El paquete *estaba envuelto* en papel de regalo y...
6. La plancha *está enchufada*, no olvides...

7. *Cuida* bien tus plantas, porque no tendrás flores si...

8. *Cosí* mal la tela y ahora...

9. A veces, el niño *hace lo que le mandan*, pero...

10. Los camarones *están congelados*, hay que...

11. *Colgué* el cuadro nuevo en la sala y...

12. *Cubrieron* la estatua con una lona y el día de la fiesta...

C. Exprese en español y haga después una oración con cada verbo.

1. to disgrace	4. to discourage	7. to unpack
2. to undress	5. to unbutton	8. to unhook
3. to untie	6. to derail	9. to disillusion

Distinciones: Equivalentes españoles de to become

1. Cuando alguien entra en una profesión, oficio o grupo organizado, en español se usa **hacerse** combinado con un nombre. En algunos casos, **hacerse** también se combina con adjetivos, como en las expresiones **hacerse rico** y **hacerse famoso**.

Como su novio quiere hacerse médico, ella se ha hecho dentista.	*Since her boyfriend wants to become a doctor, she has become a dentist.*
Mi tío se hizo republicano en el 2001.	*My uncle became a member of the Republican party in 2001.*
Espero hacerme famoso con este invento.	*I hope to become famous with this invention.*

Algunas expresiones comunes con **hacerse** son:

hacerse de noche	*to become (get) dark*
hacerse necesario	*to become necessary*
hacerse tarde	*to become (get) late*
Pronto se hará de noche, así que se hace necesario que regresemos a casa.	*It will soon get dark and so it becomes necessary for us to return home.*

2. **Ponerse** + adjetivo significa *to become, to take on a certain condition or state*. Esta expresión se refiere frecuentemente a una reacción involuntaria o accidental que, en el caso de personas, tiene motivos sicológicos.

Al oír la noticia, se pusieron muy serios.	*Upon hearing the news they became very serious.*
Cada vez que veía a la niña, Pedrito se ponía colorado.	*Every time he saw the girl, Pedrito blushed (became or turned red).*
Luisa se puso muy delgada en los últimos meses de su enfermedad.	*Luisa became very thin in the last months of her illness.*
Mi blusa blanca se puso amarilla cuando la lavé.	*My white blouse became (turned) yellow when I washed it.*

3. Cuando **become** significa *to change or turn into*, su equivalente en español es **convertirse en** + nombre.

Esta polilla se convertirá en mariposa.	*This moth will become a butterfly.*
Él se convertía en hombre lobo en las noches de luna llena.	*He became a werewolf on nights when there was a full moon.*
El agua de la fuente se convierte en hielo en invierno.	*The water in the fountain turns into ice in winter.*
Ese chico se ha convertido en un problema últimamente.	*That boy has become a problem lately.*

En las oraciones anteriores, puede también usarse **volverse** + nombre. Pero el uso más frecuente de **volverse** es en frases hechas, como **volverse loco**.

4. Cuando *become* se refiere a un cambio que tarda mucho tiempo en realizarse o que es el producto de una larga serie de sucesos, su equivalente en español es **llegar a ser**. Observe que **llegar a ser** nunca se usa en el caso de cambios rápidos o repentinos.

Si practicas a diario la natación, llegarás a ser campeón algún día.	*If you practice swimming daily you will become a champion some day.*
Aunque al principio se odiaban, llegaron a ser grandes amigos.	*Although they hated each other at first, they got to be good friends.*
Esa mujer nació pobre, pero llegó a ser muy poderosa.	*That woman was born poor but she became (got to be) very powerful.*

5. Si el propósito de *to become* es averiguar lo que le pasó o pasará a alguien o algo, se usan **hacerse** o **ser de**.

¿Qué fue (¿Qué se hizo) de aquel amigo tuyo?	*What became of that friend of yours?*
¿Qué será de nosotros?	*What will become of us?*

6. **Meterse a** + nombre tiene generalmente un sentido despreciativo, y se usa cuando una persona se dedica a una profesión u oficio para el cual no está capacitada.

Mi amiga se metió a actriz, pero no tenía ningún talento dramático.	*My friend became an actress but she didn't have any dramatic talent.*
Mi primo Claudio no tenía trabajo y se metió a carpintero.	*My cousin Claudio didn't have a job and became a carpenter.*

7. *To become* es equivalente de **quedarse** + adjetivo en algunas expresiones. Las más comunes de éstas son: **quedarse calvo** (*to become bald*), **quedarse ciego** (*to become [go] blind*), **quedarse solo** (*to be left alone*), **quedarse sordo** (*to become deaf*), **quedarse viudo/a** (*to become a widower/widow*). Observe que todas estas expresiones tienen en común la idea de pérdida.

Algunos hombres se quedan calvos antes de los treinta años.	*Some men become bald before they are thirty.*
Si sigues oyendo tanto rock pronto te quedarás sordo.	*If you continue to listen to so much rock you will soon become deaf.*

APLICACIÓN

A. Complete los pasajes de la columna izquierda con expresiones de la columna derecha.

1. Juan leía constantemente con muy mala luz.
   Creo que por eso...

2. Ernesto la amaba mucho, pero después que
   ella lo engañó con su mejor amigo, su amor...

3. Es un niño con gran talento. Un líder
   genuino. Algún día...

4. Hablaba solo, y discutía en voz alta con personas
   imaginarias. Todos pensábamos que...

5. Dejamos el helado fuera del refrigerador y al poco rato...

6. Mi gato y mi perro se odiaban al principio,
   pero con los años...

7. Los padres de Lilí la han llevado al médico
   porque sospechan que tiene anorexia y...

8. La familia de Orlando es católica, pero él se
   enamoró de la hija de un ministro y...

9. Los amigos de Pepín tuvieron un accidente
   muy serio. Le dimos la noticia y...

10. Los Jiménez ya no viven en este barrio y no
    los he visto en varios años...

11. Yo quería ser profesor de español algún día, pero saqué
    una F en el curso de composición y he decidido...

12. En Hispanoamérica, es muy frecuente el caso de un
    presidente que después de su primer período de gobierno...

13. No quiso almorzar con nosotros. Dijo que
    tenía que estar en el centro a las tres y...

14. Sus padres murieron y no tiene hermanos ni
    parientes cercanos. La pobre Amelita...

a. ¿Qué sería de ellos?

b. meterme a carpintero

c. se le hacía tarde

d. llegaron a ser amigos

e. se hizo metodista

f. se convirtió en antipatía

g. se quedó ciego

h. se ha quedado sola

i. se puso muy pálido

j. se ha puesto muy delgada

k. se puso blando

l. iba a volverse loco

m. se convierte en dictador

n. llegará a ser presidente

B. Imagine que han pasado unos años y Ud. encuentra a un amigo a quien no ha visto desde su graduación. Él le pregunta qué ha sido de varios de sus compañeros de estudios. Explíquele a su amigo lo que fue de ellos, usando equivalentes de *to become* y basándose en los siguientes datos. Trate de elaborar explicaciones originales.

1. Andrés Pérez es ahora médico. *Se ha hecho médico*
2. Andrés y Cuquita Gómez son novios desde el mes de junio. *llegaron a ser novios*
3. Luis Quirós no tiene pelo. *se quedó calvo*
4. Lolita Ruiz pesa 200 libras. *se ha puesto delgada*
5. Vicente Guzmán está en un manicomio. *se volvió loco*
6. Saturnino Rovira es presidente de una compañía. *llegó a ser*
7. Emilio Arteaga es rico. *se hizo rico*
8. Marta Salazar es policía. *se hizo policía*
9. El hermano de Marta está casi sordo. *se quedó sordo*
10. Nicolás Ríos es cantante, pero canta muy mal.
    se metió a cantante

C. Complete con un equivalente de *to become.*

1. Cada día ve peor, el médico dice que se *~~queda~~* *(quedará)* ciega.
2. La admiración que sentía por él *se convertió* antipatía.
3. ¿Quieres *hacerte* socio de nuestro club?
4. Mi padre *se puso* furioso cuando vio la cuenta del teléfono.
5. En el otoño, las hojas *se ponen* primero amarillas y después, de color marrón.
6. Si algún día *llegas a ser* millonario, espero que te acuerdes de mí.
7. Un refrán dice que el que *se mete a* redentor, termina crucificado.
8. Cuando pregunté qué *sería* Paulina, Rodrigo *se puso* muy nervioso.
9. La tierra *se convierte* lodo cuando llueve mucho.
10. A los dos días de estar en la cárcel, el pelo de Ramiro *se puso* *(quedó)* blanco.

Para escribir mejor

El punto y coma

1. El punto y coma indica una pausa más larga que la indicada por la coma. Por eso muchas veces sustituye a ésta antes de las expresiones que unen dos cláusulas, cuando el hablante haría una pausa marcada.

No tengo nada que decirle; por lo tanto, no lo llamaré.	*I don't have anything to tell him; therefore, I won't call him.*
No quiero hacer negocios con ese señor; sin embargo, escucharé su proposición.	*I don't want to do business with that gentleman; however, I'll listen to his proposition.*

2. El punto y coma separa frases largas dentro de un párrafo. Estas frases tienen generalmente comas que separan sus elementos internos.

La casa de la finca, con su techo de tejas y sus paredes de madera despintadas, se alzaba frente al camino; a un costado de la casa, había un bosquecillo.	*The farmhouse, with its tile roof and its weathered wooden walls, stood facing the road; on one side of the house there was a small forest.*

3. El punto y coma separa los elementos de una enumeración cuando son largos y pudiera haber confusión si se usaran comas.

El primer hombre que llegó a la reunión era de edad madura, un poco calvo; el segundo, era un viejo alto y delgado; el tercero, un caballero elegante, que llevaba un bastón de puño dorado.	*The first man who arrived at the meeting was middle-aged, balding; the second one, was a tall and thin old man; the third one, an elegant gentleman who was carrying a cane with a golden handle.*

APLICACIÓN

En los siguientes pasajes de *Miau* de Pérez Galdós se han suprimido las comas y los puntos y comas. Póngalos.

1. —Me he quedado helado —dijo don Ramón Villaamil esposo de doña Pura el cual era un hombre alto y seco los ojos grandes y terroríficos la piel amarilla toda ella surcada por pliegues enormes en los cuales las rayas de sombra parecían manchas las orejas transparentes largas y pegadas al cráneo la barba corta rala y cerdosa con las canas distribuidas caprichosamente formando ráfagas blancas entre lo negro el cráneo liso y de color de hueso desenterrado como si acabara de recogerlo de un osario para taparse con él los sesos.

2. Aquí mucho gas allí tinieblas acá mucha gente después soledad figuras errantes. Pasaron por calles en que la gente presurosa apenas cabía por otras en que vieron más mujeres que luces por otras en que había más perros que personas.

3. Milagros era la que guisaba solía madrugar más que las otras dos pero la noche anterior se había acostado muy tarde y cuando Villaamil salió de su habitación dirigiéndose a la cocina la cocinera no estaba aún allí.

4. Con otro que no fuera Ponce ya se libraría Cadalso de emplear lenguaje tan impertinente pero ya sabía él con quién trataba. El novio estaba amoscadillo y Abelarda no sabía qué pensar. Para burla le parecía demasiado cruel para verdad harto expresiva.

5. Adiós niño salado diviértete todo lo que puedas no vayas a la oficina más que a cobrar haz muchas conquistas pica siempre muy alto arrímate a las buenas mozas y cuando te lleven a informar un expediente pon la barbaridad más gorda que se te ocurra.

TRADUCCIÓN

Another Story by Viana

As soon as I finished reading "*El tiempo borra*," I remembered another story by Viana about a gaucho, so that tomorrow, when my Spanish professor asks us to write a composition (as he usually does), I'm going to write about it. If the professor should say that this theme is inappropriate for this chapter, I would insist, even though it might seem discourteous on my part.

The story about which I decided to write is entitled "*Demasiado tarde*," a title that would also be fitting for "*El tiempo borra*." As in the latter narrative, the action takes place in the region of Argentina called "Pampa." The characters are Isabel, a gaucho named Diego who is her husband, their daughter, and Isabel's father. As the plot develops, we see that Diego is an incorrigible gambler and a womanizer. In short, he is totally irresponsible. Before they married, he had many unacceptable habits. After they married, Diego became an even worse man. He was unfaithful to his wife and spent days away from home.

Finally, Isabel realized that her husband's behavior was unpardonable and that she no longer loved him. From that moment, she completely ignored Diego's betrayals and concentrated her love on her daughter and her father.

Suddenly, Diego became more homeloving and less egotistical. It was as if the emotional change in Isabel had turned him into another man. When Diego asked Isabel to pardon him and even after he said that he truly loved her, she replied that it was too late. She explained that she was like a certain native plant that flowers only once in its lifetime, meaning by (**con**) this that at one time she had loved Diego, but that his disaffection had caused her love to turn to indifference. According to the social customs of the time and place, they would continue living together, but without their really being husband and wife.

Hombres y mujeres, vestidos con ropa típica, bailan bailes gauchos tradicionales. Fíjese en que hombres y mujeres bailan separados.

Isabel doesn't name the native plant to which she refers; in case someone may wish to know its name, it is probably the *Agave americana,* one of whose species is the maguey. This plant takes ten years to flower and when its flowers wither, it turns yellow and dies.

If my professor doesn't like my composition, it's too late for me to write another.

TEMAS PARA COMPOSICIÓN

1. **Los gauchos.** Busque información en el Internet o en una enciclopedia sobre el origen del nombre «gaucho», el traje típico del gaucho y sus costumbres, y escriba un informe basado en el resultado de su búsqueda.

2. **El divorcio como solución.** En tiempos de Viana no existía el divorcio en la Argentina. ¿Cambiaría la existencia del divorcio de alguna manera la histroia y el desenlace de «El tiempo borra» y «Demasiado tarde»? ¿Es el divorcio una buena solución en su opinión? ¿Siempre o sólo en algunos casos?

3. **Habla la mujer de Indalecio.** Cuente el relato de la lectura en primera persona, desde el punto de vista de la esposa de Indalecio.

4. **Habla Isabel.** Basándose en la información que se da en la traducción, cuente el relato sobre Isabel en primera persona.

5. **El tiempo y sus cambios.** Imagine que Ud. hace un viaje por unos minutos en un cohete a través de la barrera del tiempo, y que cuando regresa, ya han pasado quince años en la Tierra. ¿Qué cambios encontraría? ¿Cómo afectarían su vida esos cambios?

En este cine de Managua, Nicaragua, ponen películas norteamericanas, algunas dobladas al español, otras con subtítulos. A veces, el título en español de una película es una traducción bastante exacta del inglés; otras veces, como en el caso de «La gran estafa» («*Ocean's Eleven*»), el título es muy diferente del original.

Lectura

Introducción

La mayor parte de las películas que se ven en los países hispanos son norteamericanas. Muchas tienen subtítulos en español, pero en otras las voces han sido dobladas. El doblaje de películas extranjeras al español es hoy una industria importantísima en varios países, porque la enorme popularidad de los vídeo clubs ha multiplicado la demanda de películas.*

Este artículo de Juan Ramón Vidal, publicado en la revista española *Muy interesante,* tal vez le enseñe algo que no sabe sobre el doblaje de películas.

Ud. comprenderá mejor este artículo si sabe, antes de comenzar a leer, que los dos primeros párrafos describen la escena en una habitación donde se realiza el doblaje de una película, y que la mención de brujas y vampiros se hace de modo humorístico, porque los que doblan van a extraerles el jugo fonético (la voz) a los actores originales.

El dividir una lectura en secciones ayuda a su comprensión, sobre todo, si se tiene en mente mientras se lee, el tema o propósito central de cada sección. Desde la línea 13 a la línea 31, el artículo se concentra en las dificultades generales que presenta el doblaje de películas, y de la línea 32 a la 62 se exponen los problemas que enfrenta este doblaje hoy en día en España. Por último, de la línea 63 al final, se comentan las técnicas modernas en el proceso de doblaje.

Voces en la sombra

En torno° a la tenue° luz de un atril° se monta el aquelarre°. Los «vampiros» (nombre que se da a los actores de doblaje°), fijos los ojos en la pantalla que tienen enfrente, se disponen a extraer el jugo fonético° de los «muñecos» (actores de la versión original) y
5 sustituirlo por el suyo propio.

Se hace el más absoluto de los silencios. El galán fílmico° comienza a mover los labios, pero de su boca no surge sonido alguno. Con precisión milimétrica, el vampiro va depositando sus propias frases, llenando sílaba a sílaba la boca del muñeco. La
10 pantalla vuelve a ofrecer la misma escena. La voz del galán nos es ahora familiar y se dirige a nosotros con palabras que todos entendemos.

«Desde el punto de vista de la métrica°, algunos idiomas — como, por ejemplo, el caso del castellano respecto al inglés— son
15 muy diferentes», explica Manuel Bailina. «Las pausas no coinciden al hablar, por lo que hay que disfrazar° las frases de manera que esto pase desapercibido°. El uso del genitivo° sajón obliga incluso, en ocasiones, a dar la vuelta a toda la frase. Pero quizá lo que más

En... *alrededor de / poco intensa* / lectern / *reunión de brujas* / dubbing / **jugo...** *palabras*

galán... *el protagonista de la película*

length of breath groups, meter

cambiar

pase... *no se note / el uso de ('s) para indicar posesión*

---

*En los Estados Unidos, Telemundo y otros canales de televisión hispanos exhiben con regularidad películas de Hollywood dobladas al español. Si un estudiante norteamericano ya ha visto una película en inglés, el volver a verla doblada al español será un buen ejercicio para mejorar su comprensión de la lengua hablada.

problemas plantea° es el ajuste de las labiales. Cuando el actor
pronuncia una *b*, una *m* o una *p*, cierra los labios, lo que resulta
claramente visible en la pantalla. Si no se quiere que el personaje
«cante»°, hay que situar la labial en el mismo sitio, cosa que a veces
no es nada fácil.»

«Los papeles° más difíciles suelen ser los de señores mayores,
alcohólicos, drogadictos y, en general, de la gente que no reacciona
de una manera normal», asegura el presidente de la Asociación
Profesional de Actores del Doblaje de Madrid. «Cuando el
personaje está borracho o, de alguna manera, tocado°, suele hablar
muy bajito en el rodaje°, sin apenas despegar los labios. Al dejar la
escena sin sonido para doblarla ya no se sabe cuándo empieza ni
cuándo termina de hablar.»

El enemigo actual° del doblaje no es otro que la prisa. La
avalancha de vídeos domésticos provocó una creciente demanda de
películas, con lo que las compañías productoras inundaron los vídeo
clubs con telefilmes norteamericanos que tenían que ser doblados.
La velocidad a la que hubo que realizar el trabajo ocasionó que
muchos quedaran mal hechos.

En los años cincuenta, una película de dos horas se doblaba en
cinco o seis jornadas°. Hoy se hace en dos. No se asimilan° bien los
textos. Muchas veces se descuida la interpretación°. Esto, como
otras artes, requiere inspiración. Es como si a Picasso se le hubiera
exigido que pintara un cuadro en diez minutos.

También se van perdiendo otros hábitos, antes firmemente
respetados, como el hecho de que fuera siempre el mismo actor
quien doblase a una estrella durante años. Rafael Luis Calvo —ya
fallecido— era el actor que doblaba a Clark Gable. Un día entró en
un bar, se dirigió al camarero y le pidió una cerveza... «Tiene usted
la misma voz que Clark Gable», comentó al pronto el empleado.
«No señor —atajó Luis Calvo—, es Clark Gable el que tiene la
misma voz que yo.»

Pero los actores extranjeros hablan ahora con distinta voz en
cada película. En el ciclo dedicado por TVE° a Humphrey Bogart
hace unos años, cada semana Bogart hablaba con una voz
diferente. En total fueron cuatro o cinco actores los que le
prestaron su voz en el ciclo. Cuando se emitió por primera vez
«Casablanca» en TVE, contó con un excelente doblaje, en el que
la voz de Bogart estuvo a cargo de José Guardiola. Pero cuando,
un tiempo después, la película apareció en los vídeo clubs, el
doblaje era el realizado durante el franquismo°, en el cual se
censuraron todas las alusiones al pasado del protagonista, Rick
Blaine, cuando luchaba con el bando de los republicanos en la
Guerra Civil española.

El buen sonido final se consigue en la mesa de mezclas°.
Después del último *take*, el material doblado se ensambla
nuevamente y, junto a la banda internacional de sonido°, pasa al
montaje definitivo. Se incorporan ahora algunos efectos, como ecos,
resonancias°, sonido telefónico o de radiotransmisión, en las frases
que lo requieran. Todo esto se va mezclando sincrónicamente en el

presenta

*resalte de manera
desagradable*
roles

high (slang)
filmación de la película

hoy día

*días de trabajo /
comprenden /
actuación*

*Televisión Española,
nombre de un canal*

*época del gobierno de
Franco*

mesa... mixing desk

banda... sound track

reverbs

70 llamado rollo de mezclas°. Es una operación delicada, llena de
matices°.

rollo... master tape
variaciones sutiles

Quizás sea en este aspecto de las mezclas en el que más ha
evolucionado el doblaje en los últimos tiempos. La incorporación a
la industria cinematográfica de nuevos sistemas como el ya popular
Dolby, ha hecho que cada vez se preste más atención al *sound-*
75 *track*, a la ambientación sonora° de la película. Lo que se pretende°
es que las voces se integren, siendo lo más fieles posible a la banda
original.

ambientación... *efectos
de sonido* / se... *se
quiere conseguir*

Estas tendencias no han sentado muy bien° a los actores
veteranos. «A los técnicos les gusta mucho el *sound-track*, los
80 ruidos y efectos, los violines, los cañones...», comenta Roberto
Cuenca. «Pero la película no es el ruido de la batalla, sino
fundamentalmente la interpretación de los actores.»

no... *no les han gustado*

APLICACIÓN

A. Vocabulario

Escoja palabras de la lista que se da debajo y reemplace con ellas las expresiones en cursiva.

1. En la reunión se *presentó* el problema y se explicó lo que se *quería conseguir*.
2. El *posesivo* español se expresa con «de» y no con apóstrofo.
3. Los actores se reunieron *alrededor de* una mesa larga.
4. El cuarto estaba iluminado por una luz muy *débil*.
5. *La actuación* del *protagonista* fue brillante.
6. La actriz tiene una voz expresiva, rica en *pequeñas variaciones*.
7. Durante la filmación de la escena, hubo que *cambiar* el texto.
8. Una película se dobla hoy en dos *días de trabajo*.
9. La industria *cinematográfica* es muy importante en el momento *presente*.
10. Durante *la época de Franco*, al gobierno no le *gustaban* las alusiones a la Guerra Civil.
11. ¿Qué piensas de *los efectos de sonido* de la película?
12. A veces, los actores no *comprenden* bien su papel.

actual / la ambientación sonora / asimilan / disfrazar / en torno a / el franquismo / fílmica / galán / genitivo / interpretación / jornadas / matices / planteó / pretendía / el rodaje / sentaban bien / tenue

B. Comprensión

Explique, basándose en el artículo.

1. Quiénes son los vampiros.
2. Quiénes son los muñecos.
3. Por qué el señor Calvo decía que Clark Gable tenía la misma voz que él.
4. Los problemas fonéticos y sintácticos que hay cuando se dobla del inglés al español.
5. Los papeles más difíciles de doblar.

6. Las causas y los resultados de la prisa al doblar.

7. Lo que sucedió con la serie de Bogart en TVE.

8. Los sonidos y efectos que se añaden al final.

9. Los cambios que ha habido en los últimos tiempos en la mezcla de sonidos.

10. La reacción de algunos actores veteranos a los efectos de sonido modernos.

C. Interpretación

1. ¿Cree Ud. que el título es adecuado? ¿Por qué (no)? Si no lo cree, sugiera otro título.

2. ¿Qué impresión causa en el lector el primer párrafo? ¿Cree Ud. que comenzar el artículo así es un acierto o un error? ¿Por qué?

3. En su opinión, ¿es mejor ver una película extranjera con subtítulos o doblada? ¿Qué ventajas y desventajas hay en ambos casos?

4. ¿Qué motivos tuvo el gobierno de Franco para censurar las alusiones a la Guerra Civil en «Casablanca»? ¿Qué piensa Ud. de este tipo de censura?

5. ¿Qué películas dobladas ha visto? ¿Le molestaría ver a un mismo actor o a una misma actriz hablar con voces diferentes según la película? ¿Por qué (no)?

6. ¿Son importantes para Ud. los efectos especiales de sonido? ¿Por qué (no)?

7. ¿Es verdad que la interpretación de los actores es más importante que los efectos? ¿Y que el argumento? Explique su opinión.

D. Intercambio oral

1. **Las películas extranjeras dobladas al inglés.** ¿Cuáles son las razones por las cuales no hay muchas películas dobladas al inglés? ¿Qué clase de películas se doblan con más frecuencia? ¿Deberían doblarse más?

2. **Las películas norteamericanas dobladas al español.** Como se explicó en una nota en la Introducción anterior, algunas compañías de televisión transmiten en los Estados Unidos películas dobladas al español. La causa de esto es el gran número de hispanos que viven en nuestro país y no hablan bien el inglés. En la nota se recomendaba a los estudiantes de habla inglesa que las vieran para mejorar su comprensión auditiva. En el caso de los hispanos, sin embargo, muchos piensan que el doblaje no es bueno, porque el inglés se va haciendo así menos necesario para estas personas y por eso no lo aprenden. ¿Es esto cierto? ¿Debe haber más películas y programas de televisión en español o menos?

3. **La censura en el cine.** En los Estados Unidos no hay censura de tipo político, pero sí la hay en lo moral mediante las clasificaciones *PG*, *R* y *X*. ¿Tiene el cine hoy, en general, escenas de sexo demasiado explícitas y que son innecesarias? ¿Qué daño causa esto en niños y adolescentes? En cuanto a la violencia, ¿debe censurarse? ¿Hace daño esto a los chicos muy jóvenes?

4. **Una actividad divertida.** Divídanse en grupos pequeños. Cada grupo escogerá una escena de una película norteamericana y traducirá el diálogo al español. Asígnense los papeles de los distintos actores y actrices, proyecten el vídeo en clase quitándole la voz y hagan el «doblaje».

5. **Los gestos.** Se ha dicho que los gestos presentan en las películas dobladas un problema aun más serio que el movimiento de los labios. Cada cultura tiene sus gestos característicos. Las viejas películas de Godzila, por ejemplo, parecen ridículas en inglés por las expresiones exageradas de los actores japoneses. ¿Cómo difieren los gestos y movimientos del hispanohablante y del anglohablante? Busquen información sobre este tema para comentar en clase.

Además de actuar en películas, muchas estrellas famosas hacen anuncios para la televisión. En esta foto, tomada en Cadaqués, España, vemos como Antonio Banderas recibe los últimos retoques en su maquillaje. Está filmando un anuncio en español de las conocidas papitas «Lay's».

Sección gramatical

Uses of the Definite Article

The definite article is found in both Spanish and English with nouns that are definite or known to the speaker.

Siéntate en la silla que está junto a la ventana.	*Sit on the chair that is next to the window.*

In Spanish, however, the definite article is necessary in many cases when no article is required in English. The rules concerning the definite article in Spanish have many exceptions, and therefore careful observation is recommended. However, the following general guidelines can be helpful.

1. The definite article is needed with nouns referring to concepts and abstract things, as well as with nouns that refer to a group or class in general.

La gente suele pensar que el dinero es muy importante en la vida.	*People usually think that money is very important in life.*
En el mercado abundaban los claveles, pero escaseaban las rosas.	*At the market, carnations were plentiful but roses were scarce.*

When there is an idea of amount (if the words *some* or *any* can be inserted in English), the article is omitted in Spanish.

Conozco gente sin dinero que es feliz.	*I know (some) people without (any) money who are happy.*
Hay niños que siempre comen hortalizas.	*There are (some) children who always eat (a certain amount of) vegetables.*

Note that the verb **haber** always conveys an idea of quantity or amount; therefore, it is not followed by the definite article except in rare regional usage.

2. The definite article is generally used with dates, seasons, meals, centuries, and hours.

En el verano el desayuno se sirve a las ocho; en el invierno a las ocho y media.	*In the summer breakfast is served at eight; in the winter it is served at eight-thirty.*

This rule, however, is not always followed, in the case of the seasons, the article is optional after **de** and **en**; in the case of hours, it is often omitted in the expression **de** + hour + **a** + hour.

Tanto en invierno como en verano tenemos el mismo horario: de siete a ocho, desayuno; de una a dos, almuerzo; de siete a nueve, cena.	*In winter as well as in summer we have the same schedule: from seven to eight, breakfast; from one to two, lunch; from seven to nine, dinner.*

With the days of the week, the article is omitted after **ser: Hoy es jueves.*** With the year, it is generally omitted, except in the case of abbreviations.**

Eso sucedió en 1999.	*That happened in 1999.*

But:

Eso sucedió allá por el 99.	*That happened around '99.*

3. The definite article precedes most titles, except when speaking directly to the person. Exceptions to this rule are the following titles: **don, doña, san(to), santa, fray, sor**.

El rey Juan Carlos I es el sucesor del general Francisco Franco.	*King Juan Carlos I is the successor of General Francisco Franco.*

But:

Fray Gabriel Téllez fue el creador de Don Juan Tenorio.	*Fray Gabriel Téllez was the creator of Don Juan Tenorio.*

---

*Note that this rule applies only when you are telling what day of the week it is (was, will be, etc.). When **ser** means *to take place* the article is used.

La reunión es el jueves.	*The meeting will be on Thursday.*

This rule also applies to the year 2000 and beyond, although some native speakers prefer to use the article in this case: **Bogotá, 19 de junio de (del) 2003.

4. The well-known rule about the definite article preceding parts of the body and garments extends also to some physical and psychological acts and reactions.*

Al oírte no pude contener la risa.	*When I heard you I couldn't hold back my laughter.*
Déjame recobrar el aliento; estoy extenuada.	*Let me catch my breath; I'm exhausted.*

5. The construction **tener** + definite article + part of the body or garment + adjective is the Spanish equivalent of the English possessive + part of the body or garment + *to be* + adjective.

El niño tenía la carita triste.	*The boy's little face was sad.*
La víctima tenía los ojos cerrados y la cara hinchada.	*The victim's eyes were closed and his face was swollen.*
Tienes los pantalones manchados.	*Your pants are stained.*

6. The definite article is used with the words **cama, cárcel, colegio, escuela, guerra, iglesia**, and **trabajo** when they are preceded by prepositions.

Si Ud. no va a la guerra cuando lo llamen, lo enviarán a la cárcel.	*If you don't go to war when they call you, they'll send you to jail.*
Conocí a Jaime en la iglesia, no en la escuela.	*I met Jaime in church, not at school.*

Observe that these words may also fall under rule 1. In this case, they take the article even if they are not preceded by prepositions.

El trabajo y la escuela son las claves del progreso.	*Work and school are the keys to progress.*

7. The definite article has customarily been used with certain geographical names. The most common are: **la Argentina, el Brasil, el Canadá, los Estados Unidos, la Florida, La Habana, la India, el Japón, el Paraguay, el Perú, la República Dominicana, El Salvador**, and **el Uruguay**.

Today, however, the article is often omitted with these names, especially in the press. Two geographical names that have consistently kept the article are **El Salvador** and **La Habana**.

Names of places that are modified by an adjective take the definite article: **la España meridional, el Perú colonial**.

8. Names of sciences, skills, school subjects, and languages require the definite article when they are used as subjects of a sentence or as objects of a preposition other than **de** or **en**.

La física es una asignatura interesante, pero prefiero estudiar biología.	*Physics is an interesting subject, but I prefer to study biology.*
El español no es difícil, pero tengo problemas con el alemán.	*Spanish is not difficult, but I have problems with German.*
¿Has visto algún libro de español escrito en alemán?	*Have you seen any Spanish book written in German?*

---

*A reminder: Usually, as the following patterns show, no possessive adjective is needed to identify the possessor. **El alumno levantó** *la* **mano para contestar; Alberto se quitó** *el* **sombrero; Cuando la hijita de Pedro comenzó a llorar, él le cambió** *el* **pañal**. Sometimes, however, the possessive adjective is necessary for clarity or to avoid ambiguity: *Mi* **pelo brilla más que** *el tuyo*; **Ponte** *tu* **camisa, no** *la mía*.

Exception: the article is used after the preposition in the case of **interesarse en**.

Desde niño, el senador Galán se interesó en la política.	*Since he was a child, Senator Galán was interested in politics.*

9. The definite article is omitted before the ordinal numbers in the names of kings, popes, and other rulers: **Carlos Quinto** (*Charles the Fifth*), **Isabel Segunda** (*Elizabeth the Second*).

10. Percentage figures in Spanish are generally preceded by the definite article. So are units of measure (e.g., *hour, dozen, liter*, etc.) in cases where English uses *a, an.*

El noventa por ciento de las películas extranjeras que ponen en España están dobladas.	*Ninety percent of the foreign movies shown in Spain are dubbed.*
Ese candidato tuvo el setenta y cinco por ciento de los votos.	*That candidate had seventy-five percent of the votes.*
La carne estaba a cinco dólares la libra, mientras que la leche estaba a sólo cincuenta centavos el litro.	*Meat was five dollars a pound, while milk was only fifty cents a liter.*
—¿Cuánto cobran por las clases de baile? —Veinte dólares la hora.	*"How much do they charge for dancing lessons?" "Twenty dollars an hour."*

APLICACIÓN

A. ¿Con o sin artículo definido? Complete, haciendo contracciones si es necesario.

1. En mi universidad, no hay _____ profesores malos, _____ profesores son en general excelentes, pero _____ estudiantes no quieren a ninguno tanto como a _____ doctora Julia Morton. En _____ invierno y en _____ verano, de _____ lunes a _____ sábado, entre _____ siete y _____ ocho, mientras tomo _____ desayuno, veo a esta señora pasar por _____ Calle Laredo, donde vivo. No sé si pasa también _____ domingo, porque ese día voy a _____ iglesia. Aunque nació en _____ Canadá, _____ profesora Morton comenzó a interesarse en _____ español desde _____ niñez. _____ señora Morton se lleva muy bien con _____ hispanos de todas _____ nacionalidades. Ella es especialista en _____ cultura azteca. Habla además _____ francés y _____ portugués.

2. Jesusita fue ayer a _____ mercado porque necesitaba _____ comestibles. _____ huevos estaban a sólo diez pesos _____ docena, pero _____ verduras le parecieron muy caras. Las compró, sin embargo, porque iba a servir _____ verduras en _____ cena. A Jesusita le encanta _____ pan, no puede concebir una comida sin _____ pan. Ella no come _____ carne, es vegetariana, pero a su novio le gusta _____ carne, así que compró _____ pan y también _____ carne.

3. En 1939 volvió _____ paz a España y _____ Generalísimo Francisco Franco tomó _____ poder. Cuando Franco murió, se coronó rey a Juan Carlos _____ Primero, que es nieto de Alfonso _____ Trece. _____ libertad reina ahora en España, después de tantos años sin _____ libertad. Más de _____ ochenta por ciento de _____ españoles prefiere _____ monarquía como sistema de gobierno.

4. Aunque _____ mujeres han sido discriminadas en todos _____ siglos, _____ historia presenta muchos casos de _____ mujeres que se han destacado. Muchas de estas mujeres se han dedicado a _____ vida religiosa. Por ejemplo, _____ Santa Teresa de Jesús, en _____ Siglo de Oro, _____ Sor Juana Inés de la Cruz, en _____ México colonial y, en el siglo XX, _____ Madre Teresa en _____ India.

B. Traduzca.

1. Miss Ruiz came to see us after supper; her face was sad, and she couldn't hold back her tears.

2. Wheat is harvested in Castille, while Southern Spain produces olives.

3. Pepito's mother made him go to bed early because he came from school with mud on his pants.

4. I put roses in Luisa's room because she loves flowers. Roses were fifteen dollars a dozen, but I bought them anyway.

5. Last Tuesday was election day, but forty percent of the people didn't vote.

6. The girl I met at work was born in Havana; she has black hair and green eyes.

Uses of the Indefinite Article

The indefinite article (un, una, unos, unas)* is used in Spanish much less than its counterpart in English, so most rules about its use really deal with cases in which the indefinite article is omitted in Spanish while it is used in English.

1. The indefinite article is omitted in Spanish in the following cases:

   a. After the verb *to be* when referring to professions, trades, nationalities, ranks, and affiliations.

Su madre soñaba con que él fuese médico pero él quería ser basurero.	*His mother dreamt of his being a doctor, but he wanted to be a garbage collector.*
No sabía que la novia de Blas era argentina.	*I didn't know Blas's girlfriend was an Argentinian.*
La madre de Purita es católica, pero ella es budista.	*Purita's mother is a Catholic, but she is a Buddhist.*

Note that in this type of classification the word following **ser** really functions as an adjective in Spanish. When this word is modified the classification becomes individualized and the indefinite article is used to nominalize it. **Ser médico, ser argentina**, and **ser católica** are general classifications; however, **ser un médico famoso, ser una argentina muy simpática**, and **ser una católica muy devota** refer to personal characteristics of the individual that make him or her stand out from the rest of the group.

---

*The definite article **la** becomes **el** before feminine nouns beginning with stressed **a** or **ha**. Popular usage has extended this rule to the indefinite article: **un asa, un hacha**, but **una habitación**.

The indefinite article can also be added for emphasis even when the noun is not modified. This happens mostly in exclamations.

¡Es un varón!	*It's a boy!*
¡Juanita es una actriz!	*Juanita is (quite) an actress!*

But:

No sé si el bebé es varón o hembra.	*I don't know whether the baby is a boy or a girl.*
Juanita es actriz.	*Juanita is an actress.*

b. Before **otro/a** (*another*), **cien**, **ciento** (*a hundred*), **mil** (*a thousand*), **cierto/a** (*a certain*); and after **medio/a** (*half a*) and **tal** (*such a*). The indefinite article is also omitted in the expression: **¡Qué** + noun + **tan (más)** + adjective! (*What a* + adjective + noun!).

¡Tenía tal apetito! Se comió media libra de pan y más de cien cerezas.	*He had such an appetite! He ate half a pound of bread and more than a hundred cherries.*
Cierta persona me dijo que Ramírez tuvo otro ataque recientemente.	*A certain person told me that Ramírez had another attack recently.*
Te he explicado esto mil veces y no quiero explicarlo otra vez.	*I have explained this to you a thousand times and I don't want to explain it again (another time).*
¡Qué día tan (más) hermoso!	*What a beautiful day!*
¡Qué situación tan (más) embarazosa!	*What an embarrassing situation!*

Exception: **Un(a) tal**, before a proper name, means *one, a certain, a person by the name of*. **Un(a) cierto/a** can also be used with a similar meaning, but it is less common.

Una tal Dolores Cisneros reclamó la herencia.	*Some woman by the name of Dolores Cisneros claimed the inheritance.*

c. With unmodified nouns preceded by the verbs **tener, poseer, llevar,** and **usar**. Also, with unmodified nouns preceded by the prepositions **con** and **sin**.

El hombre llegó al hotel sin reservación. Tenía fiebre y también tenía dolor de estómago. Aunque era invierno, no llevaba abrigo. Había venido a pie, porque no había conseguido taxi.	*The man arrived at the hotel without a reservation. He had a fever and he also had a stomachache. Although it was winter, he was not wearing a coat. He had come on foot because he hadn't been able to get a taxi.*
Pocas personas usan dedal cuando cosen.	*Few people use a thimble when they sew.*
Nadie me espera en casa; no tengo familia ni tampoco tengo perro.	*Nobody is waiting for me at home; I don't have a family and I don't have a dog either.*

Note that these nouns refer to things that the subject would normally have (wear, use) only one at a time. Since **un, una** also have a numerical meaning (*one*), using **un, una** would be redundant. However, if the concept of number is emphasized, the article is retained.

¡Tantas cuentas que pagar, y yo sin un centavo!	*So many bills to pay and I don't have a (single) cent!*
Cuando tengo mucho frío no llevo un suéter, sino dos.	*When I am very cold I don't wear one sweater but two.*

The indefinite article is also retained when the noun is modified. In that case, the emphasis is on the individuality of the noun, which is distinguished by the adjective from others of its kind.

El hombre tenía una fiebre muy alta y un dolor de estómago terrible.	*The man had a very high fever and a terrible stomachache.*
Mi madre siempre usa un dedal de plata.	*My mother always uses a silver thimble.*
La actriz, que llevaba un abrigo de visón, hablaba con un acento muy desagradable.	*The actress, who was wearing a mink coat, spoke with a very unpleasant accent.*

    d. In many proverbs and adages.

A caballo regalado no se le mira el colmillo.	*Never look a gift horse in the mouth.*
Ojos que no ven, corazón que no siente.	*Out of sight, out of mind.*
Casa que se blanquea, inquilinos quiere.	*A house that gets whitewashed wants tenants.*

  2. Special meanings of **unos, unas**.

The plural forms **unos, unas** are equivalents of *some* when *some* expresses quantity or degree, or when it means *a number of, a few*, or *about*.

Vivimos unos años en aquel edificio.	*We lived in that building for some (a number of) years.*
Tengo unos pesos que puedo prestarte.	*I have some (a few) dollars that I can lend you.*
Unos diez estudiantes presenciaron el accidente.	*Some (About) ten students witnessed the accident.*

Unos, unas often equals *a pair*.

unas piernas perfectas	*a perfect pair of legs*
unos brazos fuertes	*a strong pair of arms*
unos ojos preciosos	*a beautiful pair of eyes*
unas manos hábiles	*a pair of capable hands*

unas tijeras	*a pair of scissors*
unos alicates	*a pair of pliers*
unas tenazas	*a pair of tongs*

APLICACIÓN

Complete las siguientes narraciones con el artículo indefinido cuando sea necesario.

1. ¡Qué _____ suerte! Pablito encontró en la acera _____ billete de _____ cien dólares y, exactamente _____ media cuadra más allá, _____ otro billete, esta vez de cinco. Y eso, a pesar de que era _____ poco miope y andaba sin _____ lentes.

Pablito era _____ verdadero pícaro. No tenía _____ trabajo y se pasaba el día en la calle. Gracias a _____ manos hábiles, ganaba a veces _____ dólares jugando a las cartas. Tenía _____ barba y _____ bigote y, en invierno y en verano, llevaba _____ chaqueta vieja de cuero. Pocas personas sabían que Pablito tenía _____ familia y que era _____ familia de prestigio. Su padre era _____ catedrático y su madre _____ pianista famosa. Pero el pobre Pablito era _____ alcohólico y este vicio había arruinado su vida.

En la calle Independencia, Pablito se encontró con su mejor amigo, _____ tal Rata, y le contó su hallazgo. Rata era _____ mecánico, pero tampoco trabajaba. Felicitó a Pablito y los dos se fueron, abrazados, a celebrar lo sucedido con _____ tragos en _____ taberna.

2. El novio de Violeta es _____ soldado y siempre lleva _____ uniforme cuando sale con ella. Ayer estaba lloviendo y vino sin _____ paraguas. ¡Qué _____ tonto! Se le mojó el uniforme. Violeta es _____ prima mía; por eso le presté a su novio _____ pantalones. También le presté _____ paraguas para el regreso a su casa, porque seguía lloviendo y yo no tengo _____ carro. Además, le aconsejé que la próxima vez averiguara si iba a llover. «_____ hombre precavido vale por dos», dice el refrán.

3. ¡Qué _____ día tuve ayer! Cuando intenté abrir la puerta del dormitorio, descubrí que no tenía _____ llave. Tampoco llevaba _____ identificación. Llamé a _____ policía, pero él no creyó que yo era _____ estudiante, aunque soy _____ conocido líder estudiantil. ¡Jamás me había pasado tal _____ cosa! Finalmente, resolví el problema cuando _____ otro estudiante que es mi amigo me identificó.

4. ¿Te acuerdas de Rosa, aquella vecina nuestra que tenía _____ piernas preciosas y _____ ojos muy expresivos? Me dijeron que está comprometida con _____ tal Jesús, que es _____ venezolano. Yo no sabía que Rosa tenía _____ novio, porque no lleva _____ anillo. Pero parece que aunque Jesús es _____ buen joyero, no ha podido conseguir trabajo y no tiene _____ peso. Por eso no ha podido darle _____ anillo a Rosa.

The So-called Neuter Article lo

1. Lo + the masculine singular form of an adjective functions as an abstract noun. **Más** or **menos** may precede the adjective. The words *thing* or *part* are usually present in the equivalent English expression.

No me gusta lo viejo, prefiero lo nuevo.	*I don't like old things, I prefer new things.*
Lo más atractivo de ese viaje es el precio.	*The most attractive thing about that trip is the price.*
Lo malo de pagar los boletos para el concierto con tarjeta de crédito será recibir la cuenta un mes después.	*The bad part about paying for the concert tickets with a credit card will be receiving the bill one month later.*

APLICACIÓN

Comentarios sobre una película. Descríbales a sus compañeros los aspectos positivos y negativos de una película que vio combinando **lo** y los adjetivos que se indican. Use también **más / menos** en algunos casos.

Modelo: → ***Lo más*** *triste de la película fue la muerte de la niña.*

1. asombroso	**5.** positivo	**8.** interesante
2. desagradable	**6.** triste	**9.** malo
3. emocionante	**7.** increíble	**10.** mejor
4. divertido		

2. In Spanish, **lo** combined with an adjective or adverb can be the equivalent of *how* + adverb or *how* + adjective in English.

a. When **lo** is combined with an adjective in this case, the adjective agrees in gender and number with the noun it describes.

Imagínate lo violenta que fue la discusión.	*Imagine how violent the argument was.*
Yo no sabía lo buenas que eran esas actrices.	*I didn't know how good those actresses were.*
Mi amigo me advirtió lo malos que son esos programas.	*My friend warned me about how bad those programs are.*

b. **Lo** + adverb means *how* + adverb. The Spanish adverb, of course, doesn't change its ending.

La mujer se quejó de lo poco que le pagaron.	*The woman complained about how little they paid her.*
Nos sorprendió lo bien que ellas bailan merengue.	*We were surprised at how well they dance the merengue.*
No exagerabas cuando comentaste lo claramente que tu profesor lo explica todo.	*You weren't exaggerating when you commented on how clearly your professor explains everything.*

APLICACIÓN

Cosas que me sorprenden. Invente oraciones combinando *lo* con los adjetivos y adverbios que se dan. Recuerde que en el caso de los adjetivos, la terminación concuerda con el nombre, y en el caso de los adverbios, no cambia.

Modelo:　Me sorprende... lo corta que es esta lección. / lo rápidamente que comprendí esta lección.

1.　complicado	5.　barato	9.　fácilmente
2.　aburrido	6.　simpático	10.　bien
3.　mal	7.　despacio	11.　violentamente
4.　amablemente	8.　viejo	12.　pobre

Prepositions 1

SIMPLE PREPOSITIONS IN SPANISH			
a	*to, at, in, for, upon, by*	**hacia**	*toward*
ante	*before*	**hasta**	*until, as far as, up to*
bajo	*under*	**para**	*for, to, on, by*
con	*with*	**por**	*for, by, in, through, because of, around, along*
contra	*against*	**según**	*according to*
de	*of, from, to, about*	**sin**	*without*
desde	*since, from*	**sobre**	*on, about, over*
en	*in, into, at, on*	**tras**	*after*
entre	*between, among*		

Se presentaron ante el juez para protestar contra nosotros.	*They went before the judge to protest against us.*
Elena se inscribió bajo un nombre supuesto.	*Elena registered under a fictitious name.*
Él llegó hasta la esquina y se escondió tras un árbol.	*He went as far as the corner and hid behind a tree.*
Caminaron hacia la calle que está entre el parque y la iglesia.	*They walked toward the street that is between the park and the church.*
Según Conchita, hablaron mucho sobre el asunto sin tomar ninguna decisión.	*According to Conchita, they talked a lot about the matter without making any decision.*

APLICACIÓN

¿Culpable o inocente? Complete la siguiente narración, usando las preposiciones españolas equivalentes a las preposiciones que se dan en inglés.

La versión (*of*) el policía (*about*) el incidente fue que el auto estaba estacionado (*in*) la avenida Malpaso (*between*) las calles Fresno y Asunción, (*at*) las 10 (*in*) la mañana. El auto estaba justamente (*under*) un letrero que prohibía estacionarse (*in*) la mañana (*from*) las 8 (*to*) las 12. Así lo declaró el policía (*before*) el juez. (*According to*) el automovilista, sin embargo, él estaba (*in*) el coche cuando vio que el policía caminaba (*toward*) allí y, (*without*) decir una palabra, ponía un papel (*on*) su parabrisas. El chofer explicó que había dado vueltas (*around*) las calles (*in*) ese barrio (*for*) una hora (*without*) poder encontrar estacionamiento. Había ido (*as far as*) el parque, pero inútilmente. Entonces había decidido detenerse (*in order to*) esperar (*until*) que se fuera otro coche. Estaba allí, (*according to*) él, (*since*) las nueve y media. Añadió que, cuando vio que el policía le ponía una multa, salió (*of*) el coche y fue (*after*) él, tratando de explicarle que no había hecho nada (*against*) la ley, porque un auto (*with*) el chofer dentro no se considera estacionado. ¿Está Ud. (*with*) el chofer o (*against*) él? ¿Qué decidiría (*in*) este caso si fuera el juez?

USES OF *A*

1. **A** before the direct object.

   a. The preposition **a** precedes the direct object when the latter is a *definite* person or personified thing. Pronouns like **alguien, nadie,** and **quien,** which refer to people, are usually preceded by **a.**

La mujer acusó a su marido de haberle pegado.	*The woman accused her husband of having hit her.*
El niño besó a su madre y abrazó a su tía.	*The little boy kissed his mother and hugged his aunt.*
—¿A quién viste? —No vi a nadie.	*"Whom did you see?" "I saw no one."*
Todos debemos defender a nuestra patria.	*We all should defend our homeland.*
Brasil (el equipo de Brasil) venció a México (al equipo de México) en el campeonato de fútbol.	*Brazil (Brazil's team) defeated Mexico (Mexico's team) in the soccer championship.*

A is not used with an inanimate, non-personified object, nor when the noun object refers to an indefinite person or to a group of people in which individuals are de-emphasized.

El nuevo propietario arregló el techo de la casa, levantó las cercas y plantó flores.	*The new owner repaired the roof of the house, put up the fences, and planted flowers.*
Diógenes quería encontrar un hombre honrado.	*Diogenes wanted to find an honest man.* (Any man, not a specific one.)
La compañía importó obreros extranjeros para construir el puente.	*The company imported foreign workers to build the bridge.* (Individuals are de-emphasized; they imported workers as they would import machinery.)

   b. **A** is omitted after the verb **tener** when it means *to possess*: **Tengo dos hermanos (un novio muy guapo, varios profesores excelentes).**

sostener o estar

However, when **tener** means *to hold* or *to be*, **a** is used before definite animate direct objects.

La madre tenía a su bebé en los brazos.	*The mother was holding her baby in her arms.*
Tenemos a nuestro padre en el hospital.	*Our father is in the hospital.*

   c. If the subject of the sentence is nonhuman and the direct object is a definite animal, rules given in (a) and (b) for persons apply and **a** generally precedes the direct object, even in the case of lower species like insects.

La vaca lamía a su ternerito.	*The cow was licking her calf.*
Las ratas transportan a sus crías con la boca.	*Rats transport their offspring with their mouths.*
Cientos de hormigas atacaron al pobre gusano.	*Hundreds of ants attacked the poor caterpillar.*
La araña atrapó a la mosca en su tela.	*The spider trapped the fly in its web.*

But:

Las serpientes comen ratones.	*Snakes eat mice.* (Individuals are de-emphasized; mice are only food here.)

Use of **a** with animal direct objects when the subject is human is very subjective. Most people would use it with pets and animals of the higher species. (This is especially true in the case of animal lovers.) In general, if the speaker attaches importance to the animal, **a** is used; on the other hand, if the animal is treated like a *thing*, the **a** is omitted.*

El chico salvó a la abeja de morir ahogada.	*The boy saved the bee from drowning.*
Carlos ensartó a la pobre mariposa con un alfiler grande.*	*Carlos skewered the poor butterfly with a large pin.*

But:

La cocinera espantó las moscas que volaban sobre el pastel.	*The cook shooed away the flies that were flying over the pie.*

  2. **A** precedes the indirect object.

body, rob, take *from*

A mi tío Pascual le encantaban las películas de ciencia ficción, y cuando murió, le dejó su dinero a una compañía de películas en vez de dejármelo a mí.	*My uncle Pascual loved science-fiction movies and when he died, he left his money to a movie company instead of leaving it to me.*

---

*For some examples of the use of **a** with animals, see García Márquez, in *El amor en los tiempos del cólera*; «[...] tratando de asustar **al** loro [...] cuando se dieron cuenta de que no alcanzarían **al** loro [...] extendió la mano para atrapar **al** loro [...]»; Carpentier in *Los pasos perdidos*: «El graznido de un pájaro despierta **a** las chicharras del techo [...] un cargo de perrero para que arrojara **a** los perros del templo [...]»; Gregorio López Fuentes in *El indio*: «El triunfo soliviantó más **a** la manada (de jabalíes) [...] era que uno de los perros había levantado **al** ciervo [...] (el cazador) no podía abandonar **a** sus cachorros.»

**Note that although Carlos treats the butterfly like a thing, the speaker doesn't, as shown by the use of *poor*.

Some verbs like *to buy, to borrow, to rob* (*steal*), and *to take away* are followed by the preposition *from* in English. In Spanish the person or entity from whom the subject borrows, buys, etc., is the indirect object and **a** is used.*

El joven le pidió prestados unos pesos a su amigo para comprarle flores a la viejecita.	*The young man borrowed a few pesos from his friend to buy flowers from the old lady.*
Si le quitas 15 a 50 te quedan 35.	*If you take 15 away from 50 you have 35 left.*
En vez de pedirle prestado el dinero al banco, Daniel se lo robó a su padre.	*Instead of borrowing the money from the bank, Daniel stole it from his father.*

movimiento

3. **A** follows verbs that express motion, whether this motion is physical or figurative. It is also used after verbs of beginning. In these categories are: **acercarse a, arrojarse (lanzarse) a, bajar a, caer a, comenzar (empezar) a, echarse a, ir(se) a, llegar a, ponerse a, salir a, subir(se) a, tirar a, venir a, volver a**.

El suicida se arrojó (se lanzó) al abismo.	*The suicidal man threw himself into the abyss.*
Cuando salió a la calle, el joven se sentía tan alegre que comenzó (empezó) (se puso) a cantar.	*When he went out to the street, the young man felt so happy that he began to sing.*
Cuando Margarita oyó que la llamaban, bajó al primer piso.	*When Margarita heard them calling her, she went down to the first floor.*
—¡Vete a la cama, Pablito! —gritó la madre.	*"Go to bed, Pablito!" yelled the mother.*
El criminal siempre vuelve a la escena del crimen.	*The criminal always returns to the scene of the crime.*

Note that some of these verbs do not require a preposition in English.

El forastero se acercó a la casona desierta.	*The stranger approached the imposing, deserted house.*
Después de nadar mucho rato, el náufrago llegó a la orilla.	*After swimming for a quite a while the shipwrecked man reached the shore.*

4. **A** follows verbs that refer to a teaching-learning process. It is also used after verbs that express the subject's intention to engage in some activity or to have someone else do so. In these categories are: **aprender a, convidar (invitar) a, consagrarse (dedicarse) a, enseñar a, forzar (obligar) a, impulsar a, incitar a**. *involucrar*

—¿Quién le enseñó a manejar? Maneja Ud. bastante mal.	*"Who taught you how to drive? You drive rather badly."*

*This special use of the indirect object was presented in chapter 3.

Mi madre siempre me obligaba a comer hortalizas.	*My mother always forced me to eat vegetables.*
Después que murió su esposa, Tomás se dedicó a cocinar.	*After his wife died Tomás devoted himself to cooking.*
Os invitaremos a cenar con nosotros.	*We will invite you to have dinner with us.*

5. **A** expresses the manner in which an action is performed.

«Irse a la francesa» significa en español irse sin despedirse.	*"To leave French-style" (to take French leave) means in Spanish to leave without saying good-bye.*
«A mi manera» es una canción que me gusta mucho.	*"My Way" is a song I like very much.*
Irma siempre escribe sus cartas a mano, porque no sabe escribir a máquina.	*Irma always writes her letters by hand because she can't type.*
Sirvieron en la cena bisté a la parrilla y manzanas al horno.	*At dinner they served grilled steak and baked apples.*
¿Hiciste el viaje a caballo o a pie?	*Did you make the trip on horseback or on foot?*

Many adverbial expressions of manner take the preposition **a**.

a ciegas	*blindly*	a tontas y a locas	*without thinking*
a escondidas	*behind someone's back, secretly*	gota a gota	*drop by drop*
a la fuerza	*against one's will, by force*	paso a paso	*step by step*
a lo loco	*in a crazy way*	poco a poco	*little by little*
a oscuras	*in the dark*	uno a uno, uno por uno	*one by one*
a propósito	*on purpose*		
a sabiendas	*knowingly*		

Sus padres se oponían a sus relaciones y ellos se veían a escondidas.	*Their parents were opposed to their relationship, and they met secretly.*
Él no obró a ciegas, actuó a sabiendas.	*He didn't act blindly, he acted knowingly.*
No me gusta hacer las cosas ni a lo loco ni a la fuerza.	*I don't like to do things in a crazy way or by force.*
«Paso a paso se va lejos» y «Gota a gota se llena la copa» dicen dos refranes.	*"Little by little one goes far" and "Drop by drop the glass gets filled" say two proverbs.*
Fueron saliendo uno a uno, y poco a poco se vació la sala.	*They left one by one, and the room emptied little by little.*
La Sra. Guillén nos dejó a oscuras sobre ese asunto a propósito.	*Mrs. Guillén left us in the dark about that matter on purpose.*

6. **A** expresses a point in time.

Pasan mi telenovela favorita a las nueve.	*They show my favorite soap opera at nine.*
Al salir de la casa vi al cartero.	*Upon leaving the house I saw the mailman.*
A principios (fines) de mes te enviaré el cheque.	*At the beginning (the end) of the month I will send you the check.*

A + definite article + period of time = period of time + *later*.

Al poco tiempo (a los pocos días, a la semana, al mes, al año, a los cinco minutos) eran grandes amigos.	*A little while (a few days, a week, a month, a year, five minutes) later they were great friends.*

7. **A** often precedes measurements and prices.

Dicen que la temperatura estará mañana a 40° centígrados.	*They say the temperature will be 40° centigrade tomorrow.*
Es ilegal correr a cien kilómetros por hora en este pueblo.	*It is illegal to go one hundred kilometers per hour in this town.*
¿A cómo compraste las toronjas? Están a tres por un dólar en la esquina.	*How much did you pay for the grapefruits? They are three for a dollar at the corner.*

SOME COMMON VERBS FOLLOWED BY *A*			
acostumbrar a	*to be accustomed to*	**esperar a**	*to wait to*
arriesgarse a	*to risk* + -ing	**jugar a**	*to play*
asistir a	*to attend*	**limitarse a**	*to limit oneself to*
aspirar a	*to aspire to*	**negarse a**	*to refuse to*
atreverse a	*to dare to*	**oler a**	*to smell of, like*
ayudar a	*to help*	**parecerse a**	*to resemble*
comprometerse a	*to promise to*	**renunciar a**	*to give up*
condenar a	*to condemn to*	**resignarse a**	*to resign oneself to*
contribuir a	*to contribute to*	**responder a**	*to answer, respond to*
dar a	*to face (toward), look out on*	**saber a**	*to taste of, like*
		salir a	*to take after*
decidirse a	*to decide to*	**traducir a**	*to translate into*

José acostumbra a criticar a todo el mundo, pero cuando se atrevió a criticar abiertamente a su jefe, se arriesgó a perder su empleo.	*José is accustomed to criticizing everybody, but when he dared to criticize his boss openly he risked losing his job.*
Miguel no asistió a sus clases ayer, pero no estaba enfermo; lo vi jugando a las cartas con sus amigos.	*Miguel didn't attend his classes yesterday, but he wasn't sick; I saw him playing cards with his friends.*

Rosita aspira a ser presidenta de los
estudiantes, por eso se comprometió
a ayudar a organizar la fiesta.

*Rosita aspires to be student president
that's why she promised to help
organize the party.*

Los antecedentes penales del hombre
contribuyeron a la decisión del juez
de condenarlo a cadena perpetua.

*The criminal record of the man contributed
to the judge's decision to condemn him
to life in prison.*

Me decidí a alquilar el
apartamento porque da al parque.

*I decided to rent the apartment
because it faces the park.*

El señor Ortiz se negó a pagarles
y se limitó a firmar un pagaré.

*Mr. Ortiz refused to pay them and
he limited himself to signing an IOU.*

Mi hija no se parece a mí en el
temperamento, salió a su padre.

*My daughter doesn't resemble me in her
temperament, she took after her father.*

Blanca no se resigna a renunciar a
su hijo.

*Blanca doesn't resign herself to
giving up her child.*

Mi amiga no ha respondido al
cuestionario, porque espera a que
yo lo traduzca al español.

*My friend hasn't answered the
questionnaire because she is waiting
for me to translate it into Spanish.*

Ella preparó una bebida extraña.
Olía a café, pero sabía a
chocolate.

*She prepared a strange drink. It
smelled like coffee but it tasted like
chocolate.*

APLICACIÓN

A. Decida si debe ponerse *a* o no en cada caso. Haga contracciones con el artículo cuando sea necesario.

1. **Noche de insomnio.**

Tengo _____ tantos vecinos desconsiderados, que no puedo dormir. Anoche, por ejemplo, ya tarde, oía __a__ el loro de los Mendoza, que gritaba pidiendo _____ galletas. Los Mendoza tienen __a__ su loro en una jaula, pero no cubren _____ la jaula por la noche y el animal piensa que es de día. En el jardín, un gato llamaba __a__ su novia. Me enloquecía la guitarra de Víctor, el chico del tercer piso, que tocaba _____ rock. La música despertó __a__ mi perro y le inspiró _____ una serie de aullidos haciéndole coro. Sobre mi cabeza, sentía _____ los pasos enérgicos de la señora Vidal, que esperaba __a__ su esposo. Él llegó por fin, y por un gran rato los oí __a__ los dos discutir a gritos. Me parecía ver __a__ Juana Vidal, que agarraba _____ la escoba y atacaba __a__ su marido. ¡No soporto __a__ esa pareja! Pensé en llamar __a__ la policía, pero me contuve y traté de concentrarme en la lectura de un libro. Entonces, vi _____ una cucaracha en un rincón del cuarto y me levanté a buscar _____ el insecticida. ¡Detesto las cucarachas! Después que eliminé __a/no__ la cucaracha, me fui a la ventana y contemplé _____ la calle. Veía _____ los coches y oía _____ su estruendo,

aun con el cristal cerrado. Desesperada, decidí que si no podía hacer desaparecer
_____*a*_____ mis vecinos ni dejar de escuchar _____ sus ruidos, sí podía crear
_____ mis propios ruidos. Busqué _____ un casete de un compositor _*a*_____
quien admiro mucho, Wagner, y puse _____ el casete en mi casetera con el volumen
máximo.

2. **La finca de mis tíos.**

Cuando era niña, siempre pasaba las vacaciones con mis tíos en su finca. Mis tíos
tenían _____ tres hijas y yo quería mucho _____ la menor, que era de mi edad.
Mi tío tenía _____ mucho ganado en sus potreros. Me encantaba observar _____
los peones cuando, por las tardes, metían en el corral _____ las vacas que ordeñarían
por la madrugada. Hacían esto todos los días porque en los climas tropicales no tienen
_____ el ganado permanentemente en un establo como sucede en invierno en los
países fríos.

Las reses no son animales estúpidos como cree la gente. Yo he visto _____ las
vacas cuidar con mucho amor _____ los terneritos y reconocer _____ las
personas que las han tratado bien.

Mis tíos no compraban _____ carne para comer; comían _____ animales de la
finca. Cada quince días, los peones mataban _____ una vaca o _____ un ternero.
Esto me impresionaba mucho, porque los otros animales olían _____ la sangre y
mugían en el potrero. Eran mugidos muy tristes, como si las reses supieran que habían
perdido _____ uno de los suyos.

B. **Una película muy movida.** Complete la siguiente narración de manera original.

Creo que las películas de violencia no son buenas, porque enseñan a los niños a... e
incitan a los jóvenes imaginativos a... Pero mi amiga Paulita acostumbra a... y cuando
me invitó anoche a... no pude negarme. En estas películas, es obligatoria una escena
de persecución, casi siempre al final. Pero en la que vi anoche, la escena estaba al...
El bandido estaba dentro de un edificio; salió a..., se acercó a... y lo golpeó en la
cabeza; le quitó a... las llaves de su coche y arrancó en él. Iba muy rápido, probablemente
a... Los policías lo vieron y empezaron a... en su coche patrullero. Hacía frío, la
temperatura debía de estar a... y el pavimento estaba resbaladizo. Al llegar a... el bandido
intentó doblar a..., las ruedas chirriaron y el coche se subió a..., chocando contra un poste.
El bandido volvió a... El coche patrullero se acercaba a... cada vez más. Los
perseguidores querían bloquear al otro coche para forzarlo a... De repente, el fugitivo
detuvo su carro, salió de él y echó a... Los policías también habían dejado su auto y lo
perseguían a... A las pocas cuadras, el hombre cayó a..., pero se levantó al... Al final,
llegó a... sobre un río, que tenía paredes de concreto a los lados. El hombre se subió a... y
comenzó a... insultando a los policías. Éstos empezaron a... y una de las balas hirió al...
en un hombro. Los policías volvieron a..., pero estas balas no dieron en el blanco. El
hombre trató de bajar a... poco a... por uno de los pilares del puente, pero no pudo y,
desesperado, se arrojó a...

C. Haga comentarios basándose en las siguientes oraciones y usando expresiones adverbiales con la preposición *a*.

Modelo: Rosa tiene que escribir una carta y su impresora está rota.
→ *Va a tener que escribir la carta a mano.*

1. Era una noche sin luna y teníamos que avanzar muy despacio.
2. No debes hablar sin saber lo que dices.
3. No fue un accidente. Lo hizo intencionalmente.
4. El niño cogió el pedazo de pastel sin que nadie lo viera.
5. No te obligaré a hacer nada contra tu voluntad.
6. No sabía lo que hacía. La ira le impedía ver la verdad.
7. Cada vez que salía un soldado enemigo, nuestras tropas lo mataban.
8. Todo lo haces sin organización ni plan previo.
9. Recibí contestación a mi carta tres días después de escribirla.
10. Invirtió su dinero en aquella compañía y un año más tarde tenía el doble.

D. Traduzca.

aspira a ser político   *sale a*
1. Although Luis aspires to be a politician like his mother, I think he takes after his father and will be a concert pianist.

acercamos a   *daba a*   *se parecía a*
2. When we approached the house we saw that it faced a beautiful lake that looked like Lake Tahoe.

no me opongo a   *limitaré a*
3. I'm not opposed to helping Inés translate that poem into Spanish, but I'll limit myself to helping her only at the end of the week.

retar a   *aprender a*   *no me he decidido a*
4. Two friends of mine challenged me to learn to fly an airplane, but so far I haven't made up my mind to do it.

se parece a   *huele a*   *sabe a*
5. This tropical fruit looks like an apple and smells like garlic, but it tastes like ambrosia.

he decidido *renunciar a*   *dedicarse a*
6. I've decided to give up this job and borrow some money from my father in order to devote myself to learning to play the guitar.

responder a   *comprometerse a*
7. Before responding to Carlos's questions, Laura waited to hear that he was committing himself to do things her way and to not do anything without thinking. (*No emplee* **pensar**.)

resignarse a
8. I was in the habit of playing tennis every Saturday, but now that my leg is broken I have resigned myself to playing cards.

condeno a
9. The judge condemned the drunken motorist to spend two months in jail.

10. We wanted to make the trip on horseback, but someone stole the saddles from the farmer and we had to go on foot.
ir a pie

Sección léxica

Ampliación: Vocabulario de la vida moderna

En la lectura aparecen palabras como **take** y **Dolby** tomadas sin alteración del inglés, y también palabras españolas adaptadas a la tecnología moderna, como **mesa de mezclas** y **banda sonora**.

A continuación, se da una lista de algunas palabras comunes en la vida moderna que tienen diferentes nombres según el país.* El primer nombre que se da en cada caso es el que preferimos, porque se usa en el mayor número de países.

answering machine	**contestador automático, contestador de llamadas**
appliances	**electrodomésticos, blancos, enseres**
automatic teller	**cajero automático, electrocajero**
ballpoint pen	**bolígrafo, pluma, lápiz de pasta, lapicero, birome (*f.*)**
beeper	**buscapersonas, el busca, radiolocalizador, rastreador de personas, bíper**
cassette player	**casetera, tocacintas**
closet	**ropero, armario empotrado, closet, placard (*m.*)**
computer	**computadora, computador, ordenador**
cordless phone	**teléfono inalámbrico, teléfono sin hilos**
dishwasher	**lavaplatos, lavavajillas**
down payment	**entrada, enganche, depósito, pago inicial, pronto, señal, seña, prima**
food processor	**procesador de alimentos, robot**
hot plate	**calientaplatos, comal, plancha**
jeans	**vaqueros, mahones, bluyins, blue jeans, pantalones de mezclilla**
lunch box	**lonchera, fiambrera**
magic marker	**marcador, plumón, rotulador, fibra, mechón**
mop	**trapeador, trapera, fregona, mapo, mopa, aljofifa, trapo y palo**
paper clip	**clip, (*pl.* clips), presilla, ganchito**
push-button phone	**teléfono de teclas, teléfono de botones**
radio/tape recorder	**radiograbadora, radiograbador, grabador, radiocaset**
refrigerator	**refrigerador, refrigeradora, nevera, heladera**
stapler	**engra(m)padora, presilladora, abrochadora, grapadora, clipiadora**
VCR	**vídeo, videocasetera, videograbadora**
walkman	**walkman, loro**

APLICACIÓN

Sustituya cada nombre en cursiva por el nombre que se usa en el mayor número de países.

1. Acabo de comprar un teléfono *sin hilos* y *de botones* que tiene también *contestador de llamadas* en la misma unidad.

2. *El robot, el lavavajillas, el comal* y *la heladera* se clasifican como *blancos*.

---

*No se trata de que el estudiante aprenda todas estas palabras, sino de que se dé cuenta de la gran variedad en este tipo de vocabulario.

3. Cuando comenzaron las clases en septiembre, compré *plumas, plumones, presillas* y *una abrochadora.*

4. Guarda *el mapo* en *el armario empotrado* de la cocina, por favor.

5. Siempre deposito mi dinero en *el electrocajero.*

6. *Un radiolocalizador* no es lo mismo que *un loro.*

7. En mi habitación tengo *una videocasetera, un radiocaset* y *un tocacintas.*

8. Puse una cantidad como *enganche* y voy a pagar mi *ordenador* a plazos.

9. La joven tenía puestos unos *bluyins* muy estrechos y llevaba *una fiambrera* en la mano.

Distinciones: Parecer y parecerse a

Tanto **parecer** como **parecerse a** equivalen a *to resemble*, pero no pueden usarse indistintamente.
Parecer expresa la semejanza del sujeto a un concepto o a una persona, animal o cosa indefinidos.
Parecerse a espresa la semejanza del sujeto a una persona, animal o cosa definidos.

Las siguientes fórmulas pueden aplicarse a la mayoría de los casos:
Parecer + sustantivo sin artículo.
Parecer + sustantivo precedido del artículo indefinido.
Parecerse a + nombre propio o pronombre.
Parecerse a + sustantivo precedido por un artículo definido, un demostrativo o un posesivo.

Esta tela parece seda.	*This fabric resembles silk.*
Roberto parece un boxeador. (cualquier boxeador, persona indefinida)	*Roberto resembles a boxer.*
Esa mujer parece un loro. (cualquier loro, porque habla sin parar)	*That woman resembles a parrot.*
Tu vestido parece un traje de baño. (cualquier traje de baño, cosa indefinida)	*Your dress resembles a bathing suit.*
Roberto se parece a ese boxeador. (un boxeador determinado)	*Roberto resembles that boxer.*
Con ese peinado, esa mujer se parece a mi loro. (un animal definido)	*With that hairdo that woman resembles my parrot.*
Tu vestido se parece al traje de baño de Lola. (un traje de baño determinado)	*Your dress resembles Lola's bathing suit.*

APLICACIÓN

Complete, usando la forma apropiada de *parecer* o *parecerse a*. Haga contracciones cuando sea necesario.

1. —¡Qué bonita postal te mandó tu prima de su viaje por Europa; _____ un parque. —Sí,

_____ el Parque de Chapultepec de la Ciudad de México.

2. El niño tenía miedo porque, en la oscuridad, las cortinas blancas movidas por el viento
_____ fantasmas.

3. El profesor quiere hablarme porque mi composición _____ a la de Yoli.

4. Algunos perros _____ sus amos.

5. Ese joven no _____ un criminal, pero _____ que lo condenarán, porque dos testigos
lo acusan.

6. Tu casa _____ un castillo, no _____ la descripción que hiciste de ella.

7. Elisita _____ su abuela, como ella, _____ una muñeca de porcelana.

8. A ese niño le gusta mucho trepar; _____ un mono.

9. Tomé tu abrigo por equivocación, porque _____ el mío.

10. Tino y Tano son gemelos, pero no _____. Tino es muy serio y lleva gafas, _____ un
intelectual; Tano es muy guapo, _____ un artista de cine. Mi hermana dice que
_____ Brad Pitt.

Para escribir mejor

Otros signos de puntuación

En capítulos anteriores se ha estudiado el uso de la coma y el punto y coma. A continuación se dan los casos más importantes en el uso de otros signos de puntuación.

1. Se usan los dos puntos:
   a. Para indicar que sigue una enumeración de lo contenido en la frase precedente.

   José tenía dos grandes defectos: era   *José had two serious defects; He*
   perezoso y mentía constantemente.   *was lazy and he lied constantly.*

   b. Cuando se va a citar lo dicho por otra persona.

   Cuando los policías lo detuvieron   *When the police arrested him he*
   dijo: —Soy culpable.   *said, "I'm guilty."*

   c. En los saludos de las cartas, aun en las cartas familiares.

   Querido Ernesto: *Dear Ernesto,*

2. Se usan los puntos suspensivos:
   a. En una cita, para indicar que se ha omitido parte de la frase original se usan puntos suspensivos entre corchetes.

   [...] y acercó a la niña a su pecho, en   *. . . and she held the child to her*
   un abrazo apretado [...]   *breast in a tight embrace . . .*

b. Para indicar una pausa de tipo emocional.

Pues, yo no sé... creo que no le diría nada... o tal vez sí...	*Well, I don't know . . . I think I wouldn't tell him anything . . . or perhaps I would . . .*

c. En frases incompletas. También en enumeraciones incompletas, como equivalente de **etcétera**.

Ella tiene las mejores intenciones, pero...	*She has the best intentions, but . . .*
Mis modelos han sido los novelistas realistas: Pereda, Valera, Pérez Galdós...	*My models have been the realistic novel writers: Pereda, Valera, Pérez Galdós . . .*

3. El guión menor (*hyphen*) divide una palabra al final de una línea. También indica palabras compuestas como **socio-económico** e **histórico-político**. El guión se usa en español mucho menos que en inglés.

4. El guión mayor, o raya (*dash*), se usa, lo mismo que el paréntesis, para separar elementos incidentales en la frase, pero el paréntesis hace una separación más marcada.

El hombre de la cámara —un turista seguramente— se detuvo frente a la iglesia.	*The man with the camera—a tourist for sure—stopped in front of the church.*

La raya sirve también para indicar que alguien habla en un diálogo.*

—Y usted, ¿ha viajado mucho?	*"And you, have you traveled a lot?"*
—No, señor, sólo he hecho unos cuantos viajes locales.	*"No, sir, I have taken only a few local trips."*

5. Las comillas se utilizan:

a. Para indicar una cita textual.

Martí dijo: «Nuestro vino es agrio, pero es nuestro vino».	*Martí said, "Our wine is acidic, but it is our wine."*

b. Para dar énfasis a una palabra o frase o indicar ironía.

Entonces «mi amigo» invitó a mi novia a salir con él.	*Then "my friend" invited my sweetheart to go out with him.*

c. Con palabras extranjeras, técnicas o muy familiares.**

Después del último «take» se presta atención al «sound-track».	*After the last take, attention is given to the sound track.*

---

*A veces también se usan comillas (" ", « »), pero la raya es el signo más común para el diálogo en español.

**También se usa la letra en cursiva para indicar éstas.

APLICACIÓN

Ponga los signos de puntuación que faltan en las siguientes oraciones.

1. El refrán dice Perro que ladra no muerde.
2. La razón de mi negativa es muy simple no quiero colaborar con hipócritas.
3. Pero ¿te vas? Eso no sé me confunde un poco...
4. Y usted, ¿no trabaja? No, yo vivo de mis rentas.
5. Ramón Gómez de la Serna que debe su fama a su humor ingenioso dijo El tornillo es un clavo peinado con la raya al medio.
6. Pusimos las manzanas que recogimos cuatro o cinco docenas en el maletero del carro.
7. ¿Dónde dejaste a los escuincles? dijo el hombre.
8. La guerra entre España y los Estados Unidos se llamó hispano americana.
9. Espera, Gustavo, no te vayas Quiero que sepas
10. Mi primo trabaja como stunt man en el cine.
11. Dio un concierto de violín maravilloso. Tocó piezas de Chopin, Beethoven, Bach
12. y salió sin decir una palabra.
13. Juan y Santiago el mismo Santiago de quien te hablé resolvieron el problema.
14. No soy ambicioso. Sólo le pido a Dios dos cosas salud y paz.
15. Sí, él me ayudó, pero a gastar mi dinero. Con ayudas de esa clase terminaré en la miseria.

TRADUCCIÓN

A Dracula Movie

On Sundays, after going to church, I'm in the habit of having lunch in a restaurant with my girlfriends, but yesterday I went to lunch alone because my friends were out of town. After being there a few minutes, I began to get bored; it's no fun to eat without having someone to talk with. As there were some movie theaters nearby, I made up my mind to go into one of them.

They were showing a Dracula film dubbed in Spanish. In the billboard photo, Dracula looked like Bela Lugosi, but of course it wasn't he. Although at times I rent horror films to watch them with friends, bravery isn't one of my virtues and, in order to watch a film of this kind without any company and in the darkness of a movie theater, one needs bravery. In any case, I dared to enter.

I groped my way until I found a seat. When I got used to the darkness I saw that the auditorium was almost empty. "It's natural," I said to myself, "it's three in the afternoon and people prefer to be outside when the weather is good."

How strange! In spite of being a little afraid, I fell asleep in the middle of the picture. I think I slept a half hour. When I woke up startled, I saw a young man seated on my left. He had arrived while I was sleeping. This bothered me. "It's not that he couldn't have found a seat in another row," I thought, "because today there are about a thousand empty ones." The man was tall and thin and wore a black cape over his shoulders. "He looks Transylvanian," I thought, amused. "He must have borrowed the cape from Dracula, because no young man uses a cape nowadays."

On the screen, Dracula was sinking his fangs into the neck of a young woman who was sleeping, and delightedly he was drinking her blood drop by drop. In the next scene, Dracula was again a vampire and was taking flight through the open window. The young woman, now awake, watched the vampire fly away. Terrified, she was calling to her sister and when she opened her mouth, one could see her long, sharp fangs.

Las películas de Drácula son muy conocidas en todo el mundo y los países hispanos no son excepción. La joven de la Traducción describe una escena similar a ésta que ha visto en un cine.

The words "The End" appeared and I heard a low, sinister laugh. It was the man in the cape. What a guy! I was sure that he had laughed on purpose in order to frighten me. I was short of breath but, of course, it wasn't for fear of that crazy man. Suddenly I understood why I had fallen asleep before: I was sick—the flu or some virus; I had a sore throat and probably a fever. I would get to bed as soon as I got home.

I went out to the lobby. There were people waiting for us to leave in order to go in to the next show. I felt something warm and wet on my neck. I touched myself and to my surprise I saw that my fingers were red. Almost at the same time, a child approached me and shouted, "Mom, look at that woman's fangs." I ran frantically to the mirror that was next to the door. The mirror reflected the lobby and the people, but not my image.

TEMAS PARA COMPOSICIÓN

1. **La mujer vampiro.** Escriba la continuación del relato que acaba de traducir, suponiendo que la narradora es ahora una vampira.

2. **Una explicación natural.** Esta narración también puede interpretarse considerando que la narradora tenía gripe o un virus como pensó y que la fiebre, combinada con el horror de la película, la hizo imaginar todo esto. Escriba una continuación lógica que excluya el aspecto sobrenatural.

3. **Una vez en un cine.** Todos tenemos alguna anécdota relacionada con un cine. Hay allí discusiones por los asientos, alguno se molesta porque el que está delante no lo deja ver o porque dos personas comentan la película en voz alta, etc. Escriba un episodio, real o imaginario, sucedido en un cine.

4. **Los vampiros: realidad y ficción.** Hable sobre estos animalitos en la vida real y sobre las leyendas tejidas en torno a ellos.

5. **La capa.** La capa es una prenda de vestir muy interesante; muchos personajes la llevan: Don Juan, el demonio y todos los superhéroes y los malvados de los comics. ¿Es esto casualidad? ¿Qué efecto tiene en Ud. un personaje con capa? ¿Qué le sugiere? Haga un censo de algunos personajes de ficción y su vestimenta especial, y dé una interpretación personal del significado de cada traje.

Esta mujer policía hispana de Texas utiliza una computadora portátil en su trabajo. No hay duda de que ella comprendería a Magda, la mujer del drama de Lidia Falcón, mucho mejor que el rudo inspector que aparece en la obra.

Lectura

Introducción

Lidia Falcón, la fundadora del Partido Feminista Español, es además una escritora interesante. La mayor parte de su obra tiene un mensaje social, y éste es el caso de la obra de teatro cuya primera escena reproducimos aquí. La situación extremada que nos presenta, con un inspector de policía más interesado en un partido de fútbol que en una pobre mujer golpeada, es un recurso que utiliza la autora para llamar la atención de la opinión pública hacia la causa femenina.

Las obras teatrales que se desarrollan en una época contemporánea al lector suelen ser fáciles de leer, porque copian el lenguaje de la gente común. Esto se ve claramente en esta escena, donde los personajes son un ama de casa y dos policías.

Esta obra tiene un propósito de denuncia y lleva a cabo este propósito por medio de la exageración y la ironía. Tenga esto en cuenta desde el principio. Algunas frases no tendrán sentido para Ud. a menos que las lea consciente de la intención de burla de la autora; por ejemplo, el hecho de que el inspector diga que la seguridad de la patria está en peligro sólo porque unos bandidos han asaltado un banco y que perdona a Magda por haber hecho la acusación contra su esposo.

No moleste, calle y pague, señora

ESCENA I

Comisaría° de policía. Se levanta el telón° y el inspector está sentado en el estrado°. Una radio de transistores que tiene encima de la mesa retransmite° un partido de fútbol°. Fuma un puro° y se limpia las uñas con un palillo.

°5° Magda entra en la habitación. Es una mujer de mediana edad; vestida con un traje feo y anticuado, zapatos bajos, peinado de peluquería barata; manos de fregar; lleva un ojo morado, arañazos en la cara y un brazo en cabestrillo°; se expresa mal y siempre está a punto de llorar. Se acerca a trompicones° hasta el estrado. Éste, con °10° la mesa, le queda casi a la altura de la cara.

MAGDA.—(*Muy asustada.*) Buenos días...

El inspector no la oye. Se retransmite en ese momento un gol; el inspector ríe y se frota las manos; aplaude entusiasmado. Después, sigue limpiándose las uñas con satisfacción.

°15° MAGDA.—(*Un poco más alto.*) Buenos... buenos días...

El inspector levanta la vista, y mira con sorpresa y desconfianza a la mujer.

INSPECTOR.—¿Qué hace usted aquí?

MAGDA.—El... el policía de la puerta me dijo que pasara...

°20° INSPECTOR.—(*Cada vez más irritado.*) ¿Para qué?

MAGDA.—Para presentar una denuncia°...

INSPECTOR.—(*Entre sorprendido y colérico.°*) ¿Una denuncia? ¿Aquí? ¿Hoy?

estación /·cortina de un teatro·/ plataforma

broadcasts / soccer / *tabaco, cigarro* (cigar)

en... in a sling

a... *poco a poco, con dificultad*

acusación

muy enojado

MAGDA.—(*Asiente con la cabeza cada vez más insegura.*) Sí...

25 INSPECTOR.—(*Ahora realmente sorprendido.*) Pero, ¿por qué?

MAGDA.—(*Balbuceando.°*) Usted... ¿usted es policía?   Stammering

INSPECTOR.—¡Naturalmente! ¿Qué cree que hago aquí si no?

El inspector vuelve a olvidar a Magda. Se limpia las uñas
satisfecho, prestando toda su atención al programa de radio.

30 MAGDA.—(*Da un paso hacia la mesa, mira hacia arriba para
llamar la atención del policía. No sabe qué hacer. Por fin, como el
inspector no se da por aludido°, insiste.*) Mi marido me ha pegado...   **no...** *finge no oír*

El inspector la mira con asombro. Deja el palillo y se inclina
sobre la mesa para mirarla mejor.   ~~bruto~~, mira con sorpresa

35 INSPECTOR.—Y a mí, ¿qué?°   **Y...** What's that to me?

MAGDA.—Quería presentar una denuncia...

INSPECTOR.—(*Colérico.*) ¡Denuncia! ¿Será posible? ¿No tiene
usted nada mejor que hacer que venir aquí a presentar denuncia
porque su marido la ha pegado un domingo por la tarde, mientras

40 retransmiten el partido de fútbol?

MAGDA.—(*Está muy desconcertada e insegura, pero saca valor e
insiste.*) Me ha hecho mucho daño... Me ha roto el brazo... y me ha
echado de casa. Dice que no me volverá a dejar entrar. Dice que va
a meter a los niños en un asilo° para que no le molesten más...   *orfanato*

45 El inspector la mira ahora con sorpresa y distracción, como si
escuchara un cuento. Hasta parece interesado por el relato°. Baja un   *narración*
momento el tono de la radio.

INSPECTOR.—¿Por qué?

MAGDA.—(*Más valiente al ver el interés del policía.*) Dice que ya

50 no me quiere, que no le gusto. Dice que los niños y yo le molestamos,
que hacemos mucho ruido y que no le dejamos oír el partido...

El inspector da un respingo° al oír esto y pone una expresión   **da...** hace un
feroz.   movimiento brusco

INSPECTOR.—(*Enfadado.*) ¿Y eso es verdad?

55 Magda lo mira asustada nuevamente, y sin comprender
responde...

MAGDA.—Bue... bueno, a veces sí, claro... Los niños son
pequeños... Juegan y chillan y yo no puedo...

El resto de la frase se pierde. Magda sigue hablando sin que se la

60 oiga. La radio está más fuerte, se oyen los gritos del campo de fútbol.

INSPECTOR.—(*A gritos y muy enfadado.*) ¡Y todavía querrá
denunciarlo! ¡Un pobre hombre, cansado de trabajar, que regresa a
su casa para disfrutar con el inocente recreo de escuchar un partido
de fútbol, y final de la Copa, además, y competición contra el Real

65 Madrid° en su propio campo! ¡Y se encuentra con una mujer llorona   *equipo de fútbol*
y unos niños gritones que no le dejan oír con tranquilidad!... ¡Pero si
es para matarlos a todos! ¡Poco le ha hecho!

Magda se echa a llorar bajito. Entra el subinspector alterado°.   *agitado*

SUBINSPECTOR.—¡Inspector! ¡Han atracado° el Banco Requejo!   *asaltado*

70 ¡Aquí mismo! ¡Los atracadores están dentro! ¡Han herido al cajero
y tienen veinte rehenes°...   hostages

El inspector baja nuevamente el tono de la radio, mientras bufa°,   *gruñe*
se retuerce en el asiento y se mesa° los cabellos.   **se...** *se tira de*

INSPECTOR.—¡Maldita sea! ¡Malditos sean todos los
75 terroristas, masones, mafiosos, comunistas, etarras,* macarras°,
maricones°, chorizos°!

    La radio grita en ese momento otro gol. El inspector está rojo
de ira°. Grita inarticuladamente sin pronunciar palabras. Magda
llora. El subinspector asiente con la cabeza, comprensivo de la
80 actitud de su superior.

    INSPECTOR.—(*Indignado.*) ¡Vaya por Dios°! ¿Todavía sigue
usted aquí? ¿No se ha dado cuenta de los graves problemas que
tenemos? ¡La seguridad de la patria está en peligro y usted
llorando por un bofetón más o menos! Nosotros arriesgándonos
85 la vida por usted, y otros como usted, para defenderlos de
criminales, terroristas, chorizos, maricas, y demás ralea°! ¡Y su
pobre marido, reventado de trabajar°, sin poder disfrutar del
partido!... (*Hace un ademán° con la mano de perdón y olvido,
mientras le señala la puerta.*)

90   ¡Ande, váyase! ¡Váyase de una vez, y por ésta se lo
perdono...! ¡Pero que no se repita!

    Magda sale llorando, apretándose el brazo, por el lateral
izquierdo°, por donde ha entrado y salido el subinspector.

    El inspector sube el tono de la radio. Enciende otro puro y
95 vuelve a limpiarse las uñas con sonrisa de satisfacción. Se oyen
los gritos en el campo al marcar otro gol.

Side glossary:

Maldita... *Damn it!*

pimps / *homosexuales*
ladronzuelos

furia

Vaya... Well, for God's sake

demás... *otra gente de esa
clase* / **reventado...**
*matándose de tanto
trabajar* / *gesto*

el... *el lado izquierdo del
escenario*

APLICACIÓN

A. Vocabulario

Reemplace las palabras en cursiva con expresiones apropiadas de la lista que se da debajo.

1. Cuando Magda llega a la *estación de policía* para presentar su *acusación*, el inspector está
fumando un *tabaco*.   *(comisaría)* *(puro)*

2. Magda está nerviosa y hace *la narración* de la tragedia familiar *con dificultad*.   *(trompicones)* *(el relato)*

3. Su esposo le ha roto un brazo y quiere enviar a sus hijos a un *orfanato*.   *(asilo)*

4. El inspector está sentado en *una plataforma* y *finge no oír*.   *(estrado)* *(no se da por aludido)*

5. Cuando por fin habla, dice: «*Eso no me importa*».   *(y a mí, ¿qué?)*

6. El esposo, *exhausto* de tanto trabajar, estaba *agitado* y había *furia* en su voz.   *(reventado)* *(alterado)* *(ira)*

7. El inspector va a exterminar a los terroristas y *otra gente de esa clase*.   *(demás ralea)*

8. El inspector está *muy enojado*, *gruñe* y se *tira* de los cabellos.   *(colérico)* *(bufa)* *(mesa)*

9. Han *asaltado* un banco y los bandidos tienen veinte *prisioneros*.   *(atracado)* *(rehenes — hostage)*

10. El inspector hace un *gesto* de perdón mientras cae *la cortina*.   *(ademán)* *(telón)*

ademán / alterado / asilo / atracado / a trompicones / bufa / colérico / comisaría / demás ralea /
denuncia / un estrado / ira / mesa / no se da por aludido / puro / el relato / rehenes / reventado / el
telón / y a mí, ¿qué?

---

*Los etarras son miembros de la ETA, acrónimo de Euskadi ta Askatasuna (Patria Vasca y Libertad), un grupo terrorista
que lucha por la independencia del País Vasco.

B. Comprensión

1. ¿Qué está haciendo el inspector cuando se levanta el telón?
2. ¿Cómo es Magda? ¿Cuál es su estado físico?
3. ¿Para qué se ha presentado Magda en la comisaría de policía?
4. ¿Qué ha hecho su marido, según Magda?
5. ¿Por qué el inspector no quiere prestarle atención a Magda?
6. ¿Cuál es la amenaza del marido respecto a los hijos?
7. ¿Por qué se ha molestado tanto el marido en esta ocasión?
8. ¿Con qué argumentos defiende el inspector la conducta del marido?
9. ¿Qué noticia trae el subinspector?
10. ¿Qué organizaciones maldice el inspector?
11. ¿Con qué pretexto despide el inspector a Magda?
12. ¿A condición de qué, «perdona» el inspector a Magda?

C. Interpretación

1. ¿Qué imagen quiere darnos la autora cuando nos dice que el traje de Magda es feo y anticuado y que tiene zapatos bajos, peinado de peluquería barata y manos de fregar?
2. ¿Cómo sabemos que espiritualmente Magda es insegura y tímida?
3. ¿Siente Ud. compasión por Magda? ¿Cómo logra la autora esta reacción?
4. ¿Qué función tiene el estrado en la narración? ¿Tiene algún efecto en la imagen que se presenta de Magda?
5. ¿Qué piensa Ud. del inspector? ¿Con qué detalles logra la autora esta reacción en el lector?
6. ¿Le parece a Ud. exagerada la conducta del inspector? ¿Por qué (no)?
7. ¿Qué clase de persona (de marido, de padre) es el marido de Magda? Explique en qué basa su opinión.
8. El teatro del absurdo deforma la realidad para transmitir su mensaje. ¿Clasificaría Ud. esta escena como teatro del absurdo? ¿Por qué (no)?
9. La autora ha hablado de los mensajes de su obra literaria. ¿Cuál es el mensaje de esta selección?
10. ¿Es universal o local el tema de esta obra? Explique su opinión.

D. Intercambio oral

1. **La presente situación social de la mujer en los Estados Unidos.** ¿En qué difiere de la de hace cien años? ¿En qué sentido es diferente el tratamiento que da nuestra sociedad a hombres y mujeres?

2. **Los movimientos feminista y masculinista.** ¿En qué consisten? ¿Cuál está más justificado? ¿Por qué?

3. **La violencia doméstica.** ¿Cómo puede evitarse? Además de la violencia del hombre contra la esposa, ¿qué otros casos de violencia hay? ¿Qué sucesos reales relacionados con este problema se han publicado en los periódicos recientemente? ¿Debe la policía intervenir en los casos de violencia doméstica? ¿Hasta qué punto? ¿Qué debe hacerse en tales situaciones?

La obsesión del inspector de la lectura por el fútbol es muy común en la mayoría de los países hispánicos. Estos fanáticos de Sevilla ven en una pantalla de televisón gigante un partido de la competencia por la Copa Mundial del año 2002, y gritan emocionados porque su equipo acaba de hacer un gol.

4. La violencia de la policía. La obra nos presenta a un policía pasivo para cumplir con su deber porque le importa más oír el juego de fútbol por radio. Nuestros policías parecen tener el problema opuesto a esta pasividad: se les ha acusado frecuentemente de reacciones excesivas y muy violentas. ¿Está justificada esta conducta de la policía? ¿Cuál es la causa? ¿Cuál es la solución?

5. El fanatismo por los deportes. Este fanatismo puede convertirse en un problema. En los Estados Unidos se habla de «las viudas del fútbol». ¿Por qué algunas personas tienen tal obsesión por los deportes? ¿Cuál es la razón de que el fútbol (*soccer*) tenga tantos fanáticos en todo el mundo y tan pocos en los Estados Unidos?

Sección gramatical

Prepositions II

USES OF DE

1. De expresses origin, separation, or departure. Some common verbs normally followed by **de** are **abstenerse de, alejarse de, deshacerse de, divorciarse de, huir de, partir de, prescindir de, salir de, separarse de, ser de, surgir de, venir de**.

Magda venía del hospital.	*Magda was coming from the hospital.*
Sin decir palabra, ella se separó de nosotros y salió del cuarto.	*Without saying a word she walked away from us and left the room.*
El médico me dijo que prescindiera del tabaco y me abstuviera de beber.	*The doctor told me to do without tobacco and to abstain from drinking.*
Mi amiga se divorció del mismo hombre dos veces.	*My friend divorced the same man twice.*

No sé de dónde surgió el problema, pero nos va a ser difícil deshacernos de él.	*I don't know where the problem came from, but it is going to be difficult for us to get rid of it.*
Es mejor huir de la tentación que arrepentirse de haber caído en ella.	*It is better to flee from temptation than to repent for having fallen into it.*

2. **De** expresses possession or indicates where someone or something belongs.

El mantel es de mi madre, las servilletas son de Susana y los cubiertos son de mi abuela.	*The tablecloth is my mother's, the napkins are Susana's, and the silverware is my grandmother's.*
Un hombre de mundo y una muchacha de campo no hacen una buena pareja.	*A man of the world and a country girl don't make a good couple.*
Me interesan mucho los problemas de actualidad.	*I am very interested in present-day problems.*
Brasil es el país más grande de la América del Sur.	*Brazil is the biggest country in South America.*

3. **De** is used to form adjectival phrases, many of which are equivalent to a two-noun combination in English. Spanish noun + **de** + noun = English noun + noun.

bebedor de café	*coffee drinker*	**reloj de oro**	*gold watch*
casa de campo	*country house*	**techo de tejas**	*tile roof*
cuentos de hadas	*fairy tales*	**vestido de seda**	*silk dress*
mesa de cristal	*glass table*	**vida de ciudad**	*city life*

4. **De** is equivalent to *with* and *in* when describing or identifying someone or something. When the identification is based on the location, **de** is equivalent to *in*, *on*, or *at*.

El hombre de la barba roja y la mujer del parche en el ojo parecen piratas.	*The man with the red beard and the woman with the patch over her eye look like pirates.*
¿Quién es el joven del uniforme blanco?	*Who is the young man in the white uniform?*
El hombre de la tienda me dijo que él no vivía en el edificio de la esquina, sino en la casa de al lado.	*The man at the store told me that he didn't live in the building on the corner, but in the house next door.*

5. **De** expresses manner. Some common expressions with de are **de balde (de gratis)**, *for free*; **de buena (mala) gana**, *(un)willingly*; **de buena (mala) fe**, *in good (bad) faith*; **de memoria**, *by heart*; **de pie**, *standing*; **de puntillas**, *on tiptoe*; **de reojo**, *out of the corner of one's eye*; **de repente**, *suddenly*; **de rodillas**, *on one's knees*.

La vi de casualidad cuando tuve que salir de repente.	*I saw her by chance when I had to go out suddenly.*
Yo era tan pequeñito entonces, que sólo de puntillas alcanzaba a la mesa.	*I was so small then that only on tiptoe did I manage to reach the table.*

En el pasado, los alumnos que no sabían la lección de memoria, debían permanecer de pie o de rodillas en un rincón.	*In the past, pupils who didn't know the lesson by heart had to remain standing or kneeling in a corner.*
Durán actuó de mala fe en ese negocio.	*Durán acted in bad faith in that deal.*
De buena gana le hubiera hablado, pero me limité a mirarla de reojo.	*I would have spoken to her willingly but I limited myself to looking at her out of the corner of my eye.*

6. **De** expresses cause and, therefore, it follows the verbs **culpar**, *to blame for*; **morir(se)**, *to die of*; **ofenderse**, *to be offended at*; **padecer, sufrir**, *to suffer from*; **quejarse**, *to complain about*; and **reírse**, *to laugh at*.

El enfermo se quejaba de dolores de cabeza y padecía de alergia.	*The patient was complaining of headaches and suffered from an allergy.*
El marido de Magda la culpaba del ruido de los niños.	*Magda's husband blamed her for the children's noise.*
No es educado reírse de la gente.	*It is not polite to laugh at people.*

Morirse de as well as **muerto/a de** are very often used in a figurative manner: **morirse / estar muerto/a de (aburrimiento, cansancio, calor, dolor, hambre, frío, miedo)**, *to be dying of (boredom, dead tired, extremely hot, in great pain, starving, freezing, half-dead with fright)*; **morirse / estar muerto/a de risa**, *to die (to crack up) laughing*; **morirse / estar muerto/a de (sed, sueño, tristeza)**, *to be extremely (thirsty, sleepy, sad)*; **morirse / estar muerto/a de vergüenza**, *to die of embarrassment (shame)*.

Enciende el aire acondicionado, por favor, me muero de calor.	*Turn the air-conditioning on, please, I am dying of the heat.*
Cada vez que el niño decía una palabrota, su padre se moría de risa, pero yo me moría de vergüenza.	*Every time the child said a dirty word, his father died laughing, but I died of embarrassment.*

Some common expressions that combine past participles and adjectives with **de** to indicate cause are **estar aburrido/cansado de esperar**, *to be bored from/tired of waiting*; **estar (amarillo de envidia, morado de frío, pálido de miedo, rojo de ira)** *to be (green with envy, blue with the cold, pale with fear, red with anger)*.

Pálidos de miedo, los niños veían a su padre, que estaba rojo de ira, pegarle a su madre.	*Pale with fear, the children watched their father, who was red with anger, hit their mother.*
Hace mucho frío en esta esquina. Estoy morada del frío y cansada de esperar el autobús; llamaré un taxi.	*It is very cold at this corner. I am blue with the cold and tired of waiting for the bus; I'll call a taxi.*

7. Since **de** expresses cause, it is often combined with verbs that express emotion or describe mental states and attitudes. Some verbs of this type are: **alegrarse de, arrepentirse de, asombrarse de, asustarse de, avergonzarse de, cansarse de, compadecerse de, desconfiar de, dudar de, enamorarse de, extrañarse de, sorprenderse de**.

Se arrepentirá Ud. de haberle dado el empleo a Armando.	*You will be sorry you gave Armando the job.*
Debes avergonzarte de haber desconfiado de mí.	*You ought to be ashamed of having mistrusted me.*
La abuela se asombraba de las nuevas modas.	*The grandmother was astonished at the new fashions.*
Don Paco se ha enamorado de Madrid y no se cansa de pasear por sus calles.	*Don Paco has fallen in love with Madrid and he doesn't tire of strolling along its streets.*
Debemos compadecernos de las víctimas del abuso doméstico.	*We should feel pity for the victims of domestic abuse.*

COMMON VERBS FOLLOWED BY *DE*

abusar de	*to abuse, misuse; to impose on*	**disfrutar de**	*to enjoy*
acordarse de**	*to remember*	**encargarse de****	*to take charge (care) of*
agarrarse de (a)	*to seize, clutch*	**enterarse de**	*to hear, find out (about)*
burlarse de	*to make fun of*	**jactarse de****	*to boast about*
cambiar de	*to change*	**llenar de**	*to fill with*
carecer de	*to lack*	**no dejar de***	*not to fail to*
cesar de*	*to cease to*	**olvidarse de****	*to forget*
componerse de, constar de	*to consist of*	**protestar de**	*to protest*
		quejarse de	*to complain about*
darse cuenta de	*to realize*	**servir de**	*to serve as*
dejar de*	*to cease to, stop*	**sospechar de**	*to suspect*
depender de	*to depend on*	**vestirse de**	*to be (get) dressed as, dressed in*
despedirse de	*to say good-bye to*		

---

*These verbs are usually combined with an infinitive.
**These verbs may be combined either with an infinitive or with a noun.

Te jactas de tener buena memoria, pero dijiste que te encargarías de apagar las luces y te olvidaste de hacerlo.	*You boast of having a good memory, but you said that you would take care of turning off the lights and you forgot to do it.*
Al fin se dio Ud. cuenta de que no puede depender de Octavio. Él abusa de sus amigos, se burla de todo y sólo quiere disfrutar de la vida.	*Finally you realized that you can't depend on Octavio. He imposes on his friends, makes fun of everything, and only wants to enjoy life.*
Cuando el ladrón se enteró de que la policía sospechaba de él, se cambió de ropa y se deshizo del revólver.	*When the thief heard that the police suspected him, he changed clothes and got rid of his revolver.*

Mi apartamento se compone de
una sola habitación que sirve de
sala y dormitorio.

*My apartment consists of only one
room, which serves as living room
and bedroom.*

Los jóvenes se vistieron de negro
para protestar de la dictadura.

*Young men and women dressed in
black to protest the dictatorship.*

APLICACIÓN

A. **Hablando de Magda.** Complete las oraciones con el equivalente en español de las palabras entre paréntesis. Haga contracciones cuando sea necesario.

1. La mujer (*with*) el brazo en cabestrillo y un ojo morado (*from*) un golpe se llama Magda.

2. Su marido (*boasts about*) ser muy inteligente y (*he doesn't cease to*) humillarla, llamándola tonta.

3. El hombre quiere (*to enjoy*) su juego de fútbol sin interrupciones y (*complains about*) que hay mucho ruido.

4. En realidad, muchos problemas (*come from*) la obsesión de este hombre por el deporte.

5. Magda (*regrets*) haberse casado con un hombre tan egoísta.

6. El departamento donde viven es pequeño, (*it consists of*) sólo dos habitaciones, y la familia (*lacks*) muchas cosas.

7. Magda (*got tired of*) tantos malos tratos, ahora (*she realizes*) que este hombre (*has abused*) ella.

8. Magda (*willingly*) (*would flee from*) su casa, pero (*she depends on*) su esposo económicamente.

9. El inspector no la apoya, al contrario, (*makes fun of*) ella.

10. Magda necesita (*to change*) vida.

11. Magda debe ir a un abogado (*to find out about*) su situación legal.

12. Si no hay otra solución, Magda debe (*separate from*) su esposo y después (*divorce*) él.

B. Complete usando una expresión adverbial con *de*.

1. El hombre llegó muy tarde a su casa. Para no despertar a su mujer, se quitó los zapatos y caminó...

2. Mi televisor no funciona y no tengo dinero, pero por suerte, mi amigo es técnico en televisores y lo arreglará...

3. Si estoy en un restaurante con un amigo y él me dice que hay un hombre en la otra mesa que parece loco, yo, como soy discreto, no miro de frente, sino...

4. Hacía sol, era una bonita tarde de primavera. Pero el cielo se cubrió de nubes y comenzó a llover...

5. En algunas religiones, la gente reza en la iglesia...; en otras, se reza...

6. Paquita no tiene los teléfonos de sus amigos en su libreta de direcciones porque se los sabe todos...

7. A mi novio no le gusta ir de tiendas; a veces me acompaña, pero sé que va...

8. Perdóname, José. Sé que te hice daño, pero no lo hice a propósito; actué...

C. **Aplicación interactiva.** Un/a estudiante completará la frase adjetival con un sustantivo y escogerá a un/a compañero/a. Su compañero/a hará una oración con la frase adjetival.

1. piso de...	5. copas de...	9. tarima de...
2. tribunal de...	6. profesor de...	10. pasajes de...
3. vestido de...	7. juego de...	11. viaje de...
4. cartas de...	8. clases de...	12. contrato de...

D. Complete de manera original, usando el verbo que se indica en cada caso.

1. Ella es muy caritativa. Siempre ayuda a los pobres. (compadecerse de)
2. El estudiante nuevo no quiso ir a la recepción. (avergonzarse de)
3. El hombre atropelló a un chico con su coche ayer. (culpar de)
4. Los inquilinos del edificio están furiosos y se niegan a pagar la renta. (quejarse de)
5. Me sorprendió la muerte del esposo de María. ¡Parecía tan fuerte y saludable! (padecer de)
6. La señora Perales no quiso darle la llave de su casa a la mujer que va a limpiar los sábados. (desconfiar de)
7. La hermana de Raimundo ha estado varias veces en el hospital recientemente, ¿no? (sufrir de)
8. No sé por qué lo dije. Mis palabras le causaron una mala impresión al profesor. (arrepentirse de)
9. Mi coche está roto, pero mi padre lo va a arreglar. (entender de)

E. **Reacciones personales.** Colóquese imaginariamente en cada una de las siguientes circunstancias y explique cómo se siente, usando *estar muerto/a de* o *morirse de*.

1. En su casa hay fantasmas.
2. Ud. no ha comido nada en todo el día.
3. En un banquete, Ud. accidentalmente salpica de salsa el vestido de dos señoras muy elegantes.
4. Trabajó doce horas consecutivas hoy.
5. Va caminando por el desierto. (*Dé dos reacciones.*)
6. Ud. está viendo por televisión una comedia de su actor cómico favorito.
7. Hoy se levantó a las seis y ya son las doce de la noche.
8. Ha salido a la calle con ropa ligera y comienza a nevar.
9. El dentista le está arreglando una muela sin anestesia.
10. Acaba de romper con su novio/a.

F. Traduzca.

1. "Cristina's brother is the boy with the guitar." "Which one, the one in the green coat?" "No, the young man in black."
2. When the man with the enormous mustache saw that the two boys were laughing at him he turned red with anger.
3. Of all the paintings in the museum, the one Celia liked best was *The Boy in Blue*. Would you take care of buying a good copy for her? Please, do not fail to do it.

4. The police suspect a man with black hair dressed as a sailor. They know that the victim said good-bye to him before leaving town.

5. If you are Hispanic, you turn yellow with envy and purple with the cold, not green and blue.

6. "These lottery tickets are from Don Pascual's store." "Is that the store next door?" "No, it's the store at the corner."

USES OF *CON*

1. **Con** expresses accompaniment, both physical and figurative, as *with* does in English.

El sábado pasado fui con Josefina a un baile.	*Last Saturday I went with Josefina to a dance.*
Debes definirte: o estás conmigo o estás contra mí.	*You should define your position: either you are with me or against me.*

2. **Con** expresses instrumentality: **con las manos**, *with one's hands*; **con pluma**, *with a pen*; **con una herramienta especial**, *with a special tool*.

3. **Con** is combined with a noun to form adverbial expressions of manner.

No puedo trabajar con cuidado y con prisa al mismo tiempo.	*I can't work carefully and in a hurry at the same time.*
La enfermera hablaba con vacilación y con acento extranjero.	*The nurse spoke hesitantly and with a foreign accent.*

4. The following table includes common verbs that are used with **con**.

SPANISH VERB + *CON* + NOUN OR PRONOUN			
acabar con	*to put an end to, finish off*	**contribuir con (dinero, etc.)**	*to contribute (money, etc.)*
casarse con	*to marry*	**encariñarse con**	*to get attached to*
comparar(se) con	*to compare (oneself) to*	**enojarse con (+ person)**	*to get angry at*
comprometerse con	*to get engaged to*	**soñar con**	*to dream of*
contar con	*to rely on, count on*	**tropezar con**	*to stumble over, run across*

Contamos con Ud. para que acabe con nuestros problemas.	*We count on you to put an end to our problems.*
Lucía se comprometió con Antonio y se casará con él en febrero.	*Lucía got engaged to Antonio and she will marry him in February.*
Mi padre tropezó con los patines y se enojó mucho con mi hermanito.	*My father stumbled over the roller skates and was very angry at my little brother.*
Cuando quise deshacerme del gato ya era tarde; me había encariñado con él.	*When I tried to get rid of the cat it was too late; I had gotten attached to him.*
Bernardo contribuyó con mil dólares a ese programa.	*Bernardo contributed one thousand dollars to that program.*

APLICACIÓN

Complete de manera original.

1. Soy sentimental y me encariño mucho con...
2. A veces me enojo con...
3. Aunque el hombre iba alumbrando el camino con..., la noche era muy oscura y tropezó con...
4. En abril, Yolanda se comprometió con... y ese mismo mes, su hermana se casó con...
5. Nuestro ejército acabó con...
6. Por favor, no me compares con...
7. ¿Podemos contar con... para esta buena obra?
8. Si me saco la lotería, contribuiré con... para obras de caridad.
9. Soy muy optimista, siempre sueño con...
10. En el fútbol se le da a la pelota con...

USES OF *EN*

1. **En** indicates location in time or space, whether it is physical or figurative.

En julio nos quedaremos en un hotel en la playa.	*In July we will stay at a hotel on the beach.*
Liliana dejó la copa en la mesa de centro y se sentó en el sofá.	*Liliana left the glass on the coffee table and sat on the sofa.*
Mi amigo, que en paz descanse, murió en la miseria.	*My friend, may he rest in peace, died in dire poverty.*
Está metido en el tráfico de drogas y terminará en la cárcel.	*He is involved in drug dealing and will end up in jail.*

2. **En** refers to a specialty, expertise, or degree.

Mi tío es doctor en medicina, especialista en enfermedades de la piel y experto en cáncer de la piel.	*My uncle is a doctor of medicine, a specialist in skin diseases, and an expert in cancer of the skin.*
Celestina era muy sabia en asuntos de amor.	*Celestina was very wise in matters of love.*

3. **En** expresses manner or means.

Julia tiene miedo de viajar en avión, prefiere ir en barco.	*Julia is afraid of traveling by plane, she prefers to go by boat.*
A muchos les gustan los libros de español escritos en inglés.	*Many people like Spanish books written in English.*
Entraron en silencio en la funeraria.	*They entered the funeral parlor silently.*
Muchos dicen en broma lo que no se atreven a decir en serio.	*Many people say in jest what they don't dare to say seriously.*

SOME COMMON VERBS FOLLOWED BY THE PREPOSITION *EN*			
apoyarse en	*to lean on, upon*	**ingresar en (una sociedad, etc.)**	*to join (an association, etc.)*
confiar en	*to trust, confide in*	**molestarse en**	*to take the trouble to*
convertirse en	*to turn into*	**pensar en**	*to think of* **
empeñarse en, insistir en	*to insist on*	**quedar en**	*to agree to, decide on*
entrar en*	*to enter*	**tardar** + period of time **en**	*to take (person or vehicle) + period of time to*
fijarse en	*to notice*	**vacilar en**	*to hesitate to*
influir en	*to influence*		

*In most Spanish American countries one hears **entrar a** rather than **entrar en**.

Pensar de expresses *to have an opinion about*.

¿Qué piensas de Madonna? *What do you think about Madonna?*

Probablemente no te fijaste en Adela, pero cojeaba al andar y se apoyaba en su esposo.	*You probably didn't notice Adela, but she walked with a limp and was leaning on her husband.*
El examen del lunes va a influir mucho en la nota; cuando pienso en esto, me pongo nerviosa.	*Monday's exam is going to influence the grade a lot; when I think of this I become nervous.*
Pablo y yo quedamos en vernos esta noche.	*Pablo and I agreed to meet tonight.*
Como yo vacilé en acompañarlo, Fernando insistió en entrar solo en el cuarto.	*As I hesitated to accompany him, Fernando insisted on entering the room alone.*
Confío en que esto no se convierta en un problema.	*I trust this won't turn into a problem.*
Tardé más de cinco minutos en encontrar una respuesta apropiada.	*It took me (I took) over five minutes to find a suitable answer.*
No voy a molestarme en pedirle que ingrese en nuestra asociación.	*I won't bother asking him to join our association.*

APLICACIÓN

Complete de manera original.

1. ¿Te fijaste en...?
2. Después de mucha discusión, quedamos en... y confío en...
3. Aunque Josefina tenía una pierna lastimada, se empeñó en... y entró en... caminando con dificultad, apoyada en...
4. Me pasé el día pensando en...
5. Elvis Presley influyó mucho en... y en unos años se convirtió en...
6. Probablemente, tardaré... en..., así que no te molestes en...
7. Me gustaría ingresar en...
8. Por favor, si puedo ayudarlo, no vacile en...

SPANISH VERBS THAT DO NOT REQUIRE A PREPOSITION*

Some Spanish verbs do not require a preposition but their English equivalents do require one. The table contains the most common ones.

acusar	*to tell on*	**impedir**	*to prevent from*
aprobar	*to approve of*	**lograr**	*to succeed in*
buscar	*to look for*	**pagar**	*to pay for*
conseguir	*to succeed in*	**presidir**	*to preside over*
esperar	*to wait for*	**querer**	*to care for, feel affection for*

*Unless, of course, one uses **a** before the direct object, as explained in chapter 7.

Busco un amigo que apruebe lo que hago, que jamás me acuse y, sobre todo, que me quiera.	*I am looking for a friend who approves of what I do, who never tells on me and, above all, who cares for me.*
Estrella esperó a su amiga, que es taquillera en el cine, y así consiguió entrar sin pagar el boleto.	*Estrella waited for her friend who is a ticket seller at the theater and this way she succeeded in entering without paying for the ticket.*
Los enemigos del decano no lograron hacer que lo reemplazaran, pero le impidieron que presidiera la última reunión de profesores.	*His enemies didn't succeed in having the dean replaced, but they prevented him from presiding over the last faculty meeting.*

APLICACIÓN

A. Traduzca.

1. He prevented her from going because he cares for her.
2. Dr. Torres presided over the meeting.
3. The boys succeeded in taking the record player without paying for it.
4. When I was waiting for the bus I saw a little girl looking for her mother.
5. I don't approve of what you did, but I won't tell on you.

B. **El asalto al tren.** Complete con la preposición correcta si se necesita una preposición. Haga contracciones con el artículo cuando sea necesario.

El tren partió __de__ Aguasclaras a las tres __de__ la tarde y, apenas se había alejado unos metros __de__ la estación, cuando los bandidos entraron __en__ nuestro vagón como surgidos __de__ la nada. __En__ realidad, habían bajado __d__ el techo. El conductor no se dio cuenta __de__ que había problemas __en__ nuestro vagón. Este asalto puede compararse __con__ los que se ven en las películas __d__ el oeste, porque los asaltantes estaban vestidos __de__ vaqueros.

El pasajero __d__ el primer asiento, que era un policía jubilado, se puso __de__ pie para tratar __de__ tirar __de__ el cordón de alarma, pero uno de los bandidos, que tenía una escopeta, lo vio __de__ reojo y le pegó __con__ la culata __d__ el arma. El hombre __de__ la escopeta, que parecía ser el jefe, dijo que nuestras vidas dependían __de__ nosotros mismos, porque no vacilaría __en__ matar a quienes tratasen __de__ impedirle __—__ realizar el asalto. Nos pidió que nos abstuviésemos __de__ gritar y añadió que confiaba __en__ nuestro sentido común. Todos estábamos pálidos __de__ miedo.

El asaltante, que no cesaba ___*de*___ hablar, dijo que todos teníamos que contribuir ___*con*___ nuestro dinero a la revolución y que los ciudadanos debían cumplir *con* su deber y acabar ~~con~~ *con* los enemigos del pueblo. Insistió ___*en*___ que muchos no aprobaban ___*de*___ los medios que ellos utilizaban, pero que la violencia era la única manera ___*de*___ influir ___*en*___ la opinión pública y conseguir ___———___ ayudar a los pobres.

Cuando estábamos cerca ___*de*___ la próxima estación, los asaltantes se despidieron ~~con~~ *de* nosotros y nos dijeron que, ___*con*___ nuestra contribución, habíamos ingresado ___*en*___ ~~al~~ el movimiento revolucionario.

Sección léxica

Ampliación: Formación de sustantivos abstractos

En la lectura aparecen varios sustantivos abstractos, la mayoría de ellos combinados con la preposición **con** para describir emociones: **con satisfacción, con sorpresa, con desconfianza, con distracción, con tranquilidad**. Paralelo al *-tion* del inglés, **-ción** es uno de los sufijos más usados en español para formar sustantivos abstractos. Otros sufijos comunes para formar palabras de este tipo (que son todas femeninas) son:

-ancia:	abundancia, arrogancia, distancia, importancia, intolerancia, vagancia
-dad:	bondad, entidad, humildad, infinidad, intensidad, seriedad
-encia:	ausencia, decadencia, decencia, excelencia, paciencia, prudencia
-ez:	altivez, delgadez, estupidez, niñez, pesadez, rapidez
-eza:	belleza, dureza, extrañeza, firmeza, ligereza, naturaleza, nobleza, pereza, pureza, tristeza
-tud:	altitud, inquietud, juventud, lentitud, plenitud, virtud
-ura:	blandura, cordura, frescura, gordura, hermosura, holgura, negrura, ternura

APLICACIÓN

A. Diga qué significan en inglés las siguientes palabras.

1. blancura
2. sensatez
3. fragancia
4. solvencia
5. grandeza
6. presteza
7. soledad
8. destreza
9. finura
10. rudeza
11. simpleza
12. altura

Madrid. Día Internacional de la Mujer. Unas 4.000 personas desfilaron con pancartas y carteles para reclamar los derechos femeninos y protestar contra la violencia doméstica, que el año anterior había costado la vida a 92 mujeres españolas, muertas a manos de sus maridos.

B. Reemplace los adverbios terminados en *-mente* con sustantivos abstractos precedidos de *con*.

Modelo: Se comportó sensata* y decentemente.
    → Se comportó con sensatez y decencia.

1. No me dirigí a don Eustaquio arrogantemente. Le pedí humildemente que me ayudara y él reaccionó noble y bondadosamente.

2. ¿Trabajaba lentamente? No, trabajaba rápida, pero eficientemente.

3. Sirvieron vinos y comida abundantemente y, después de comer, nos sentamos perezosamente bajo un árbol.

4. Actuar firmemente no significa actuar duramente ni tampoco intolerantemente.

5. El niño me miró intensa y tristemente y yo lo acaricié tiernamente.

6. Examinemos seriamente el caso, y no lo decidamos ligeramente, sino prudentemente.

7. Aunque el hombre estaba borracho y hablaba pesada y estúpidamente, yo lo escuché tranquila y pacientemente.

8. La señora, que vestía elegantemente y hablaba altivamente, miraba inquietamente hacia la puerta.

Distinciones: Modismos con la palabra atención

1. **¡Atención!**   *Careful! Look out!*

    ¡Atención! Obras en la carretera.   *Careful! Road repairs.*

    Atención a la ortografía.   *Watch your spelling.*

    ¡(Su) atención, por favor!   *(May I have) your attention, please!*

---

*sensata = sensatamente. Cuando hay dos palabras que terminan en **-mente**, la terminación **-mente** se omite en la primera de ellas.

2. **llamar la atención** *to attract attention, to catch the eye*

   Éste fue el modelo que llamó más la atención en la exhibición de autos. *This was the model that attracted the most attention at the auto show.*

3. **Me llama la atención.** *It surprises me.*

   A todos nos llamó la atención que el profesor no estuviera en la fiesta. *We were all surprised that the professor was not at the party.*

4. **llamarle la atención (a uno por algo)** *to reprimand, to find fault (with somebody over something)*

   La jefa le llamó la atención a su secretaria por su falta de puntualidad. *The boss reprimanded her secretary for her lack of punctuality.*

5. **prestar atención** *to pay attention, to listen to*

   Magda hablaba, pero el policía no le prestaba atención. *Magda was talking, but the policeman wasn't listening to her.*

6. **en atención a esto** *in view of this*

   Soy un cliente muy antiguo y, en atención a esto, espero que hagan una excepción en mi caso. *I am a very old customer and, in view of this, I hope you make an exception in my case.*

7. **atención** *kindness*

   Muy agradecido por su atención, quedo de Ud. atentamente, *Thanking you for your kindness, I remain, sincerely,*

8. **atenciones** *courtesies*

   Nos colmaron de atenciones cuando estuvimos en su casa. *They went out of their way for us when we were at their home.*

APLICACIÓN

Para cada situación de la columna izquierda, escoja la expresión correspondiente de la columna derecha.

1. Probablemente no hablaba bien el inglés, porque no abrió la boca en toda la noche.

2. A ella le gusta mucho destacarse y siempre va a las fiestas vestida de rojo.

3. David se pasa la clase hablando con la chica de al lado y no me deja concentrarme.

4. Las instrucciones para el manejo de esta máquina son muy importantes, y un descuido puede causar serios accidentes.

5. Aunque era culpable, el chico era menor de edad y no tenía antecedentes penales.

6. Voy a escribir una carta pidiendo informes sobre esas excursiones.

7. Los esposos Cortés son muy amables.

8. Voy a anunciar los días y las horas de nuestras próximas reuniones.

a. Mándala a la atención del director del programa.

b. Por eso no me llamó la atención lo que dijo de ti.

c. Nos llamó la atención su silencio.

d. Muy agradecido por su atención.

e. ¡Atención a las carteras!

f. Es un color que llama la atención.

g. Señoras y señores, su atención, por favor.

h. Le pediré al administrador del edificio que le llame la atención.

9. Lo conozco muy bien. Envidia a los que triunfan y habla mal de ellos.

10. Cuando hay mucha gente en las tiendas en Navidad, se multiplica el número de robos.

11. Mi vecino siempre deja su auto en mi espacio en el estacionamiento de mi edificio.

12. Tengo que escribir una carta en español. ¿Qué pongo al final?

i. Sí, tuvieron muchas atenciones conmigo.

j. Sí, la profesora Robles le llamó la atención ayer.

k. En atención a esto, le suspendieron la sentencia.

l. Deben Uds. prestar mucha atención a la explicación del técnico.

Para escribir mejor

El diálogo

En un diálogo, la persona que escribe desaparece para que hablen los personajes que ha creado. A veces, un autor expresa sus ideas a través de las palabras de un personaje, pero otras veces, como en el caso de la lectura de este capítulo, los personajes hablan según su carácter, que es muy diferente del carácter de la persona que escribe.

En realidad, el secreto de un buen diálogo es la naturalidad y su correspondencia con los personajes que en él participan. En la lectura, Magda, un ama de casa no muy instruida, tímida, con poca autoestima, muestra todo esto a través de sus palabras balbuceantes y sumisas. El inspector habla como hombre duro, acostumbrado a imponer su autoridad. Su rudeza se refleja en su vocabulario grosero. En la escena hay pasajes narrativos, pero fíjese que en ellos la narradora no hace comentarios de tipo subjetivo, sino que da detalles que contribuyen al trazado de sus personajes. La descripción del inspector, obsesionado con el fútbol que se transmite por radio mientras fuma un gran puro y se limpia las uñas con un palillo, completa la imagen del personaje que sus palabras van a darnos.

Un buen diálogo no debe contener detalles superfluos; tampoco largos parlamentos que parezcan discursos. Un intercambio de frases cortas y preguntas y respuestas produce una conversación viva e interesante.

EL DIÁLOGO EN EL TEATRO

En la escena de la lectura, la señora Falcón utiliza mucha descripción. Esto es característico del «teatro para ser leído», muy común hoy. En el teatro tradicional, sin embargo, el dramaturgo escribe principalmente para representar ante un público y añade las descripciones como una manera de ayudar a los que pondrán la obra en escena, diciéndoles cómo debe ser el decorado, qué gestos deben hacer los personajes, etc. Estas sugerencias del dramaturgo se llaman **acotaciones**. Algunos dramaturgos ponen muchas acotaciones en sus piezas; otros, como Benavente y Unamuno, muy pocas.

EL DIÁLOGO EN CUENTOS, NOVELAS Y RELATOS

El diálogo intercalado dentro de una narración le da vida a ésta. Fíjese cómo el escritor uruguayo Enrique Amorim utiliza el diálogo entre un joven y su prima en este fragmento de su cuento «Miss Violeta March»:

—¡Qué horror! —exclamó mi pequeña prima, sacudiéndose el brazo—. ¡Cómo ganar este tiempo perdido!... —sonrió con malicia—. O perder este maravilloso tiempo ganado contigo...

—¿Estás contenta, primita?

—¡Ay, mucho, mucho! ¡Tanto como quisiera haber nacido en estos campos!

Y corrimos por los senderos dando saltos, contentos de haber nacido en cualquier lado.

—Oye —la detuve—. A ti qué te gusta más, ¿París o Nueva York?

—A mí: ¡París! ¡París! —respondióme llena de gozo.

—Pues escucha. Yo defenderé a la ciudad americana contra tus ataques de entusiasta parisina. Y explicaremos que esta ardua discusión nos ha tomado el tiempo.

—Eso es, eso es lo más atinado —gritó Mila inocentemente—. ¡Qué buena excusa la que se te acaba de ocurrir!...

Esta vez en fila, en la terraza, nos estaban esperando Victoria, la madre y Miss March. No se habían sentado aún a la mesa. Mi tía dijo sentenciosa:

—Siempre el mismo tú. Discutiendo tonterías y el padre, malhumorado en la mesa.

Observe que los buenos escritores no usan constantemente **dijo** para indicar que un personaje ha hablado, sino que utilizan otros verbos que frecuentemente indican el estado anímico del personaje. En este fragmento vemos: **exclamó, sonrió con malicia, la detuve, respondióme llena de gozo, gritó Mila inocentemente, dijo sentenciosa**. Algunos otros verbos que pueden usarse son: **contestar, preguntar, murmurar, replicar, gritar, protestar, insistir, anunciar, quejarse, observar, exclamar, repetir.**

APLICACIÓN

A. Escriba una escena breve con un diálogo de tipo teatral.

B. Escriba un pasaje narrativo corto, intercalando en él un diálogo. Trate de usar otros verbos en vez de *decir*.

TRADUCCIÓN

Conflicting Opinions

Mónica and Teresa are roommates who never cease to argue because the first is an ardent feminist whereas the second is not. Mónica has just finished reading the morning paper when Teresa enters the room.

MÓNICA:	I'm furious. In an article, a psychotherapist states that we can't put an end to domestic violence because we can't rely on the truthfulness of women's accusations.
TERESA:	I don't doubt the sincerity of your reaction, Moni, but sometimes wives exaggerate. You can't blame only the man for what happens at home.
MÓNICA:	Are you now going to defend that Australian we read about yesterday? He got angry at his wife and stabbed her because she refused to change the television channel so that he could watch a soccer game. The poor woman died from the stab wounds.
TERESA:	(*Looking at Mónica out of the corner of her eye.*) Remember that they were both drunk, according to the paper.
MÓNICA:	So what? I am surprised at your stubbornness. Perhaps when you marry Luis he'll abuse you and you'll stop trusting men and will regret (*no emplee* **sentirás**) having fallen in love with him. If that is the case, I hope you'll have the courage to divorce Luis.

La mujer avanza, pero todavía la detiene la cultura del "machismo"

❏ **La educación le permitirá enfrentar los retos del Siglo XXI**

Este titular con su subtítulo salió en un número reciente del periódico *Prensa Hispana* de Phoenix, Arizona.

TERESA: You have to be kidding me. You can't compare Luis to those brutal men. You should be ashamed of yourself for thinking of such a possibility.

MÓNICA: I realize that he doesn't show any symptoms now, but who knows, sometimes people change suddenly.

TERESA: (*Irritated.*) Let's change the subject. I don't like your talking about Luis this way just because you suspect all men.

MÓNICA: OK. Have you heard that a woman killed her husband because he abused her constantly? She had complained about his abuses to the police several times, but they had not paid attention to her. The swine finally paid for what he did.

TERESA: (*Filling her cup with coffee again.*) Frankly, I don't approve of her conduct and I'm surprised at the insensitivity of your last remark. But I won't take the trouble to show you that your opinion lacks good sense.

MÓNICA: (*Sarcastically.*) Thanks. I can always count on you to say something nice. Notice that I have refrained from insulting you.

TERESA: Well, I didn't like what you said about Luis. Let's try to be more courteous.

MÓNICA: Good idea. But don't fail to think about what I've said concerning men. And don't forget that I've warned you.

Mónica goes off to her psychology class, leaving Teresa half-angry and half-amused.

TEMAS PARA COMPOSICIÓN

1.   **Opiniones encontradas.** ¿Está Ud. de acuerdo con Mónica o con Teresa? Comente las opiniones de estas chicas y, basándose en lo que dicen, describa la personalidad de cada una.

2.   **Compañeros/as de habitación.** ¿Qué costumbres y defectos de la otra persona hacen difícil la convivencia? ¿Qué hábitos y características personales debe tener un/a compañero/a de cuarto ideal? ¿Qué experiencias personales de convivencia con otra persona tiene Ud.?

3.   **Los nuevos oficios y profesiones de la mujer.** El movimiento feminista ha impulsado a la mujer a entrar en profesiones y oficios que antes eran casi exclusivamente para los hombres. Dé su punto de vista sobre esto.

4.   **Los matrimonios mal llevados.** ¿Es posible salvar un matrimonio cuando ha habido entre los esposos insultos y hasta golpes por largo tiempo? ¿Es el divorcio una solución? ¿Deben permanecer unidos los esposos por el bien de los hijos? ¿Hasta qué punto afecta a los hijos el fracaso matrimonial de los padres?

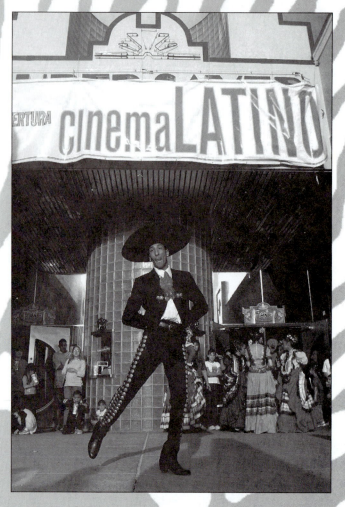

El narrador de «La sandía» es un profesor argentino que va a Colorado a enseñar español. Este idioma ha adquirido gran importancia en este estado a causa de la numerosa población hispánica. La foto muestra una danza folclórica para celebrar la inauguración del Cinema Latino en Colorado Springs en mayo del 2002. Se trata de un complejo con ocho pantallas que muestra exclusivamente películas habladas en español o con subtítulos en este idioma. Todo el personal del cine es hispanohablante. Para hacer el lugar más atractivo a la comunidad hispánica, en su mayoría de origen mexicano, hay además concesiones con productos de la marca mexicana Bimbo y dulces y horchata al estilo de este país.

Lectura
«La sandía» de Enrique Anderson Imbert

Sección gramatical
Uses of **para**
Uses of **por**
Special Uses of **para** and **por**
Compound Prepositions

Sección léxica
Ampliación: Sustantivos formados con el participio pasivo
Distinciones: *To grow* y *to raise*

Para escribir mejor
La narración

Lectura

Introducción

Enrique Anderson Imbert, el autor de este relato, nació en 1910 en Córdoba, Argentina, pero vivió la mayor parte de su vida en los Estados Unidos. Murió en este país en diciembre del 2000.

El nombre de Anderson Imbert se asocia con los de otros escritores argentinos contemporáneos como José Luis Borges y Julio Cortázar, cuyos cuentos se clasifican como «literatura fantástica». Los cuentos de Anderson Imbert son muy imaginativos y unen la brevedad a su final sorprendente, aunque hay excepciones como «La sandía», que aunque termina de manera inesperada, no es un cuento breve.

Anderson Imbert es autor de tres novelas y siete colecciones de cuentos, pero se destacó además como profesor y como crítico literario. Como profesor, enseñó en las universidades de Michigan (1947–65) y de Harvard (1965–80). Como crítico literario, su obra más conocida es la *Historia de la literatura hispanoamericana*, que ha sido traducida al inglés y es una obra clásica en su género. Publicó también una antología de la literatura hispanoamericana que se ha utilizado como libro de texto por muchos años en los Estados Unidos.

Este cuento se centra en tres temas principales: la expropiación gubernamental, los prejuicios y estereotipos étnicos y la violencia juvenil.

De los tres temas, es el de las diferencias étnicas el que ocupa el lugar central. Galán, el protagonista, lo mismo que el autor, es un profesor argentino que enseña literatura en los Estados Unidos. Pero Galán se siente extranjero en este país en todo el sentido de la palabra, pues no ha podido incorporarse ni lingüística ni culturalmente a él. Esta alienación del protagonista es la que conduce a la tragedia final.

Como sucede con la mayoría de los cuentos de Anderson Imbert, el fin de «La sandía» es sorprendente, pero si Ud. lee el relato una segunda vez, verá cómo el autor va preparando desde el principio al lector para el acto con el que se termina la historia.

La sandía°

watermelon

Galán había ido a Boulder, Colorado, Estados Unidos, para enseñar literatura en la escuela de verano de la universidad. De lunes a viernes, gracias al alboroto° estudiantil, el tiempo pasaba volando; pero los sábados y domingos ¡qué aburridero°! Los
5   estudiantes se escabullían° y él se quedaba solo, vagando° entre aulas abandonadas. Para peor, este fin de semana se prolongaba en un lunes que también era fiesta: el 4 de julio. Día de la Independencia... de otra patria. O sea, un día más de aburrimiento. Galán hubiera querido despachar las clases una tras otra, sin
10 descanso, para acabar de una vez y marcharse de vacaciones.

Muy temprano, ya aburrido, salió de su residencia. Un auto —el único a esas horas— se detuvo a su lado. Era uno de los decanos, a quien había conocido en la inauguración de cursos. «Parece un gigante —pensó Galán— pero es porque lo estoy viendo a través de un cristal
15 de aumento°. En realidad es un chico lampiño° y rubicundo°.»

—¿Quiere que lo lleve a alguna parte?

ruido
aburrimiento
*se escapaban / yendo de
un lado a otro*

cristal... magnifying
glass / *sin barba ni
bigote / de tez rojiza*

—No voy a ninguna parte.

—Si no tiene otra cosa que hacer, ¿por qué no se viene conmigo?

—¿A dónde?

—A un valle.

—Si no es molestia° para usted...   *inconveniente*

—Molestia, ninguna. Suba.

Y partieron.

—Lo voy a llevar al Valle de los Treinta. Treinta amigos. Nos pusimos de acuerdo, lo compramos y con las maderas del bosque y las piedras de la montaña nos levantamos unas casas. Durante años y años hemos veraneado allí. Pero ahora el Gobierno nos expropia las tierras para construir una represa°. Justamente hoy, a las diez,   *embalse* (dam) nos reunimos con nuestro abogado. Estoy seguro de que vamos a conseguir una buena indemnización, pero aun así lamento perder ese paraíso, sobre todo por mis niños. Para ellos la vida en el valle es la felicidad misma. Imagínese cómo les habrá caído la noticia de que teníamos que irnos.

—¡Pobres! Los comprendo.

—Andan con la cara larga. Están convencidos de que la culpa es de unos espías que, respaldados° por un gobierno enemigo, se   *protegidos* metieron en nuestras tierras y ahora nos despojan°... Como en   *roban* una película de bandidos, ¿no?, con *cowboys* buenos y *cowboys* malos.

Se rieron. Galán esperó un ratito y dijo:

—Mire. Pensándolo bien, creo que lo mejor será que dejemos el paseo para otro día. Hoy están ustedes muy ocupados y mi presencia los va a molestar.

—No. Si° usted no estará presente. Mientras nosotros   But conversamos con el abogado, usted se da unas vueltas°, solito y su   *paseos* alma°. Le va a gustar.   **solito...** *completamente*
solo

—Pero no estoy presentable: así, en mangas de camisa, con esta barba de dos días.

—No se preocupe.

Por las ventanillas del auto Galán vio cómo los senderos — estrechos, tortuosos°— huían del inmenso azul de la mañana y se   *retorcidos* ocultaban en un laberinto de cuestas°. Tres veces se bajó el decano y   *pendientes* abrió el candado° de tres tranqueras°. Unos barquinazos° más y por   padlock / gates / *saltos* fin el auto frenó° frente a una cabaña. En la sala bebían cerveza   *paró* muchos caballeros: nórdicos, rubios, altos, fuertes. El decano presentó a Galán. Un saludo exacto y esos caballeros —de apellidos anglosajones y escandinavos— siguieron hablando de expropiaciones e indemnizaciones.

«No es que sean fríos —pensó Galán— es que hoy no tienen el ánimo° para cortesías de salón. Además, entre ellos y yo no hay   **no...** they are not in the nada en común. A mí me faltan esos ojos claros y me sobran estos   mood bigotazos negros; debo parecerles una criatura inferior.» A una voz°   **A...** *Unánimemente* se formó la asamblea. El decano sonrió a Galán y Galán, sonriendo, salió de la cabaña y empezó a alejarse.

65   Era un lugar raro. En el aire vibraba una violencia a punto de manifestarse. «Algo va a pasar aquí; una aventura, cualquier cosa» —se dijo Galán. Y se rió. Un cerro lo invitó —lo desafió, más bien— a trepar°. Trepó. «Todavía estoy ágil. Los cincuenta años no me pesan. ¡Arriba!» Cuando estaba llegando a lo que creía ser la

70 cima° descubría que había otra; y al llegar a ésta, otra. Se tocó la cabeza: caliente como una sandía al sol. «Cuidado con una insolación° a mi edad.» Oyó el rumor° de un río. Bajó para refrescarse. Tropezó en° una raíz, resbaló en el barro y cayó de bruces° sobre un charco de la orilla. Se levantó, sucio. Zapatos,

75 pantalones, camisa: todo hecho una miseria°. Aun la cara sentía embarrada°. ¡Qué facha°! ¡Qué dirían los pulcros° yanquis del Valle de los Treinta cuando lo vieran regresar así! Se agachó° sobre el agua. Se lavó manos y cara. Se refrescó la cabeza. Se tendió en una peña° para secarse al sol.

80   Una abeja empezó a zumbarle por la oreja izquierda. Trató de espantarla, pero la abeja se obstinaba. Ahora se le posó en la mejilla. En eso le pareció oír el cascabel° de una serpiente. La abeja paseó por la nariz. Después se fue. A la serpiente no la oyó más. Galán miró a uno y otro lado. Agarró una rama larga y azotó°

85 el suelo, a su alrededor. «Si la serpiente estaba aquí, con estos golpes habrá disparado°.» Por si acaso, le daría tiempo para disparar más lejos. Dio otros golpes. Nada. «Bueno: la verdad es que la abeja y la serpiente no son tan malas, después de todo.» Se tendió otra vez sobre la peña pelada. Mientras el sol le secaba el

90 barro de los zapatos, los pantalones y la camisa se puso a mirar, en el fondo° del río, cómo lucían los colores de las piedras: verdes, amarillas, rosadas, pardas, grises, coloradas... Todas redondeadas por esa larga lengua que lamía y lamía desde hacía siglos. Y vio, debajo del agua, a la sombra de un árbol, una sandía. Redonda

95 como una piedra más. O como una cabeza. La habían colocado allí, en la corriente, para mantenerla fría. ¡Qué hermosa era! Verde, verde, verde. ¡Y lo roja que estaría por dentro! Color de fuego y gusto de hielo. «Fruta oxímoron: fría llamarada°», anotó Galán. Oyó que la hojarasca° se removía. ¡Epa! ¿Sería la serpiente, ahora

100 el cascabel con sordina°? ¡Ah, no! ¡Qué alivio! Era solamente un chico. Era un chico de unos once años. «Igual al padre» —observó. Y jugó con la impresión: «Parece un chico, pero es porque lo estoy viendo a través de unos lentes al revés°: en realidad es un gigante.» El chico estaba disfrazado de explorador°, con un gran sombrero,

105 botas de cuero, un pañuelo al cuello y en el cinto una pistola de juguete. Un Kit Carson° infantil y feroz que pasó al lado de Galán sin mirarlo, pero sabiendo que estaba allí, y se asomó al río:

    —¿Todavía está la sandía? —dijo, buscándola con los ojos.

    —Sí. Todavía... —contestó Galán, sonriéndose—. ¿Tenías miedo

110 de que yo me la hubiera comido?

    —Oh, no. Usted no haría eso ¿no? —y, alzando la voz, gritó—: O.K. It's O.K.

    Entonces del bosquecillo salieron otros dos niños: de seis y ocho

---

Glosas marginales:

- *subir*
- *parte superior*
- sunstroke / *ruido*
- *Tropezó... Chocó con de... con la cara hacia abajo* / mess
- *cubierta de barro / apariencia / limpios / inclinó*
- *roca*
- rattle
- *golpeó*
- *huido*
- bottom
- *llama grande / conjunto de hojas secas*
- mute
- *a... through glasses from the wrong end / scout*
- *Véase* **Traducción** *al final del capítulo*

años.

115 —¡Hola! —los saludó Galán con cariño: le recordaron a sus propios hijos.

Los niños le miraron, callados.

—¿No hay serpientes de cascabel por aquí? Tengan cuidado. Me pareció haber oído una.

120 —Por aquí, no —contestó el chico—; por el puente, dicen que sí.

—¡Tengan cuidado! No estoy seguro, pero creo que oí una serpiente de cascabel.

—Usted habla raro —dijo el chico.

125 —Es que no hablo bien en inglés. Mi lengua es española.

—Ah, es mexicano.

—No. Argentino. ¿Saben dónde queda la Argentina?

Con un gesto de las manos y otro de la boca el chico dijo que no, mientras con un encogimiento de hombros° agregaba que tampoco

130 le importaba saberlo.

Galán:

—La Argentina está muy lejos, muy al sur.

—¿Y en México celebran el 4 de julio, como nosotros?

—No. No sé. Supongo que no. Cada país tiene sus propias

135 fiestas. Pero yo no soy mexicano...

El chico se puso a inspeccionar a Galán, de arriba a abajo.

—Ah —dijo Galán riéndose—, no creas que siempre ando así, sucio. Me caí y me embarré.

—Yo tuve una vez un amigo mexicano. No era malo. Creo.

140 —Me alegro.

—Aunque los mexicanos...

—Los mexicanos, ¿qué?

—Nada. Mi padre está con otros señores, allá abajo.

—Ya sé.

145 Ahora el chico señaló a la redonda° el Valle de los Treinta y dijo:

—Todo esto es nuestro.

—Ya sé.

—Dicen que México es lindo.

150 —Sí. Debe de ser un país muy lindo. No sé. Nunca he estado allí. Yo vengo de la Argentina, que también es un lindo país. Yo nací en un lugar muy parecido a éste.

Los niños no le sacaban la vista de encima. El mayor dijo que iba a buscar una cosa y se fue.

155 —¿Me comprenden bien? —Galán siguió hablando a los niños, que lo miraban y miraban—. Porque mi inglés es muy malo, ¿no? Yo nací en un lugar como éste, al pie de unas sierras, junto a un río...

(Kit Carson vino de atrás, despacito, con una gran piedra entre

160 las manos alzadas, y la descargó° con todas sus fuerzas sobre la cabeza de Galán. La cabeza, abierta y sangrando, cayó al río, junto a la sandía.)

con... *levantando los hombros*

a... *alrededor*

tiró

Galán, el protagonista de «La sandía» dice que su patria, la Argentina, es un hermoso país. Este valle de la región de «El Bolsón», con sus picos nevados al fondo, no tiene nada que envidiarle al valle que se describe en el cuento.

APLICACIÓN

A. Vocabulario

Identifique cada palabra de la columna izquierda con su definición o sinónimo en la columna derecha.

1. agacharse	**a.** aspecto
2. cuesta	**b.** limpio
3. de bruces	**c.** escaparse
4. descargar	**d.** pendiente
5. despojar	**e.** sin pelo en la cara
6. embarrado	**f.** inclinarse
7. escabullirse	**g.** paseo
8. facha	**h.** quitar una posesión a alguien
9. frenar	**i.** tirar
10. lampiño	**j.** rojizo
11. pulcro	**k.** cubierto de lodo
12. rubicundo	**l.** acostado con la cara contra el suelo
13. vagar	**m.** parar
14. vuelta	**n.** ir de un lugar a otro sin destino fijo

B. Comprensión

1. ¿Qué diferencia había entre la vida de Galán de lunes a viernes y la de los fines de semana?
2. ¿Qué era el Valle de los Treinta?
3. ¿Qué papel desempeña el gobierno en esta historia?
4. ¿De qué están convencidos los niños?
5. Según Galán, ¿cómo eran los caballeros reunidos en la cabaña?
6. Según Galán, ¿cómo les parecería él a esos señores? ¿Por qué?
7. ¿Por qué estaba sucio Galán?
8. ¿Qué pasó con la abeja y la serpiente?
9. ¿Qué cosas vio Galán en el río?
10. Describa al chico que apareció de repente.
11. ¿Qué les dice Galán a los chicos acerca de sí mismo?
12. ¿Qué hizo «Kit Carson» al final?

C. Interpretación

1. ¿Qué importancia tiene el título del cuento?
2. ¿Por qué dice Galán que el decano parece un gigante?
3. ¿Por qué se refiere el decano a las películas de bandidos?
4. ¿Cómo interpreta Galán la actitud de los señores cuando el decano lo presentó a ellos?
5. ¿Cómo nos prepara el autor para la tragedia final cuando Galán sale solo a explorar el lugar?
6. ¿Por qué dice Galán que la sandía es una fruta «oxímoron»? ¿Qué opina Ud. de esta observación?
7. Cuando Galán ve a «Kit Carson», ¿por qué dice que parece un chico a pesar de ser un gigante?
8. ¿Por qué los chicos toman a Galán por mexicano?
9. La actitud de los chicos ante los mexicanos, ¿cree Ud. que es espontánea o influida por comentarios y actitudes de sus padres? Explique su opinión.
10. ¿Por qué hizo «Kit Carson» lo que hizo al final?

D. Intercambio oral

1. **Las expropiaciones.** La expropiación ocurre cuando se desposee de una cosa a su propietario, dándole una indemnización por lo general. Se efectúa legalmente por motivos de utilidad pública. Algunos creen que de esta manera el gobierno abusa de los derechos individuales. ¿Qué opina Ud.?

2. **Los prejuicios y estereotipos étnicos.** Explique los conceptos estereotípicos que tiene Galán acerca de los norteamericanos. Y los que tienen los chicos con respecto a los hispanos. ¿Tiene alguno de ellos cierta base real?

3. **La violencia juvenil.** ¿Por qué es tan común la violencia juvenil hoy día? ¿Influencia del cine y la televisión? ¿Culpa de los padres? ¿De los vídeojuegos? ¿Resultado de las drogas? ¿Tiene la música algo que ver con esta violencia?

4. **Los acentos.** La variedad de acentos de los extranjeros que hablan inglés produce diferentes efectos en los oyentes. ¿Negativos? ¿Positivos? ¿Erróneos? ¿Hay discriminación en los Estados Unidos hacia el acento de ciertos países? ¿Y hacia el acento de algunas regiones norteamericanas? ¿Por qué (no)?

Sección gramatical

Uses of para

The general concept behind **para** is aim, goal, destination, either real or figurative.

Para is used to express:

1. Purpose, aim (*in order to*).

Mi hermano estudia para ingeniero.	*My brother is studying to be an engineer.*
El gobierno quería el valle para construir una represa.	*The government wanted the valley in order to build a dam.*
Galán bajó al río para refrescarse.	*Galán went down to the river to cool off.*
No hay que ser rico para ser feliz.	*It is not necessary to be rich in order to be happy. (You don't have to be rich . . .)*

2. Motion toward a specific destination.

Parto para el Brasil esta tarde.	*I am departing for Brazil this afternoon.*
La ambulancia acababa de salir para la escena del accidente.	*The ambulance had just left for the scene of the accident.*
Las mujeres iban para el mercado con grandes cestas.	*The women were on their way to the market with large baskets.*

3. Use or suitability. Also for whom or for what something is meant.

Te olvidaste de poner en la mesa copas para vino.	*You forgot to put wineglasses on the table.*
Éste es el mejor remedio para el dolor de cabeza.	*This is the best remedy for headaches.*
Hay una venta especial de llantas para nieve.	*There is a special sale of snow tires.*
Llevaban velas para el santo patrón del pueblo.	*They were carrying candles for the patron saint of the village.*
Los candados eran para las tranqueras.	*The padlocks were for the gates.*

4. Deadlines or a definite point in time.

El carpintero tendrá la mesa lista para la semana que viene.	*The carpenter will have the table ready by next week.*
Para el otoño, el valle ya no será nuestro.	*By the fall, the valley will no longer be ours.*
Este reporte es para el primero de diciembre.	*This paper is due on December the first.*
—¿Qué hora es? —Faltan diez minutos para las tres.	*"What time is it?" "It is ten minutes to three."*

5. *Compared with, considering (that).*

Esta casa es demasiado grande para una familia tan pequeña.	*This house is too large for such a small family* (considering that the family is so small).
Hoy hace mucho calor para noviembre.	*Today it is very warm for November.*
El valle era un paraíso para los niños.	*The valley was a paradise for the children.* (Other people would not necessarily consider it a paradise.)
Ella tiene ya sesenta años pero se ve joven para su edad.	*She is already sixty but she looks young for her age* (considering her age).

6. *To be about to, to be on the verge of.** **Listo para** means *ready to.*

Estaba muy nerviosa y le faltaba poco para echarse a llorar.	*She was very nervous and she was about to start crying.*
Hay muchas nubes negras en el cielo. Está para llover.	*There are many black clouds in the sky. It is about to rain.*
Los plátanos vienen congelados y listos para freír.	*The plantains come frozen and ready to be fried.*
Estábamos para salir cuando oímos la explosión.	*We were about to go out when we heard the explosion.*

APLICACIÓN

A. Explique el uso de los siguientes objetos usando la preposición *para* en su respuesta.

¿Para qué se usa/n...?

1. el líquido corrector
2. unos anteojos oscuros
3. la guía de teléfonos
4. las toallas de papel
5. un monedero
6. el jabón

B. Dé una fecha futura —exacta o probable— para cada pregunta.

¿Para cuándo...?

1. terminará este curso
2. te graduarás de la universidad
3. piensas casarte
4. cambiarás el coche que tienes por uno nuevo

---

*In many Spanish American countries, and especially in Mexico, **estar por** is used instead of **estar para** to express *to be about to, to be on the verge of.*

Llevaré paraguas porque está por llover.	*I'll carry an umbrella because it is about to rain.*
Espera a Juan, está por llegar.	*Wait for Juan, he'll be arriving at any minute. (He is about to arrive.)*

In some countries, especially in the Caribbean, **estar al** is the expression commonly used in this case:

Llevaré paraguas porque está al llover.

Espera a Juan, está al llegar.

C. Identifique al destinatario de cada acción usando *para*.

¿Para quién/es...?

1. explica el profesor la lección
2. compras tú flores a veces

3. son la mayoría de las cartas que llegan a tu casa
4. compras regalos de Navidad

D. Conteste las preguntas explicando el propósito de las acciones.

¿Para qué...?

1. lavas tu ropa
2. cierras a veces las cortinas
3. estudias

4. ahorras dinero
5. vas al cine
6. llamas por teléfono a tus amigos

E. Establezca comparaciones usando *para* y basándose en la información que se da en cada caso.

Modelo: Esta casa tiene cinco dormitorios. En mi familia hay sólo tres personas.
    → *Esta casa es demasiado grande para mi familia.*

1. El coche costaba $5.000. Yo sólo había ahorrado $3.000.
2. La temperatura del horno es de 450°. El pastel hay que hornearlo a 350°.
3. Nenita sabe resolver ecuaciones de álgebra. Nenita tiene sólo diez años.
4. Peso ciento veinte libras. Mido seis pies de estatura.
5. Hoy la temperatura es de 50°. Estamos en el mes de junio.

Uses of por

There are two basic concepts behind **por**. One involves the subject's feelings and explains the motivation or reasons for an action; the other deals with the physical aspects of an action and introduces details such as approximate time, approximate location, as well as means or manner of performing the action, agent of an action, etc.

Por is used to express:

1. Motivation, reasons, compulsion (*because of, out of, for, on behalf of, on account of*).

No pudimos ir por el mal tiempo.	*We couldn't go because of the bad weather.*
¡Por Dios! Ella hizo eso por celos.	*For heaven's sake! She did that out of jealousy.*
Gonzalo hace muchos sacrificios por sus hijos.	*Gonzalo makes many sacrifices for his children.* (for their sake)
El abogado rogó al juez por su cliente.	*The lawyer pleaded with the judge on behalf of his client.*
El Papa recibió el Premio Nobel por su labor por la paz.	*The Pope received the Nobel Prize on account of his work for peace.*

2. Feelings or attitudes of the subject toward a person or thing; also *to be for, to be in favor of.*

Siento gran admiración por ese autor.	*I feel great admiration for that author.*
Su odio por aquel hombre no podía describirse con palabras.	*His hatred for that man could not be described with words.*
María siempre vota por los candidatos republicanos.	*María always votes for the Republican candidates.*
Estoy cien por ciento por esa ley.	*I am one hundred percent for that law.*

3. The object of an errand, usually with verbs like **ir, venir, mandar, enviar.**

Vine por el libro que dejé aquí ayer.	*I came for the book that I left here yesterday.*
Como no quería cocinar, envió al chico por comida al restaurante.	*As she didn't want to cook, she sent the boy to the restaurant for food.*
Mi esposa se siente muy mal. Voy por el médico.	*My wife feels very sick. I am going for the doctor. (I'm going to get the doctor.)*

4. Approximate location or time; place of transit (*around, in, by, through, throughout, along*).

El chico dijo que no había serpientes por ahí.	*The boy said that there weren't snakes around there.*
Nos gustaría viajar por España.	*We would like to travel around Spain.*
La Alhambra se comunica con el Generalife por un túnel.	*The Alhambra is connected with the Generalife through a tunnel.*
—¿Por dónde se sale de este edificio? —Por aquí.	*"How does one get out of this building?" "This way."*
Pasó por mi lado sin verme.	*He passed by my side without seeing me.*
El día está precioso. Demos un paseo por la avenida.	*The day is very beautiful. Let's stroll along the avenue.*

5. Duration of an action. **Por** is frequently omitted in this case.

Nos quedaremos en la ciudad (por) una semana.	*We will stay in the city (for) a week.*
Estuvo discutiendo con el vendedor (por) dos horas.	*He was arguing with the salesman for two hours.*
Estuvimos sin vernos (por) un mes.	*We didn't see each other in a month.*

6. Substitution, exchange, price.

No creo lo que dices. ¿Me tomas por tonta?	*I don't believe what you are saying. Do you take me for a fool?*
Mi amigo está enfermo, ¿puedo examinarme por él?	*My friend is sick, may I take the exam for him (in his place)?*

Como el novio vive en Europa, se casarán por poder.	*Since the bridgegroom lives in Europe, they will be married by proxy.*
El gobierno les dará una buena indemnización por esas tierras.	*The government will give them a good indemnification for that land.*

Sustituir por does not mean *to put (be) in the place of* but *to replace with.* Note that the elements involved are inverted in the Spanish sentence.

Sustituya los nombres por pronombres.	*Substitute pronouns for the nouns (Replace the nouns with pronouns.)*
Sustituiré el azúcar por sacarina.	*I will substitute saccharin for sugar. (I will replace sugar with saccharin.)*

To substitute for in the sense of one person taking the place of another, is **sustituir a**.

Ayer el profesor Padilla sustituyó a nuestro profesor, que estaba enfermo.	*Yesterday Professor Padilla substituted for our professor, who was sick.*

7. Percentage, rate, multiplication. Frequent English equivalents: *per, by.*

Mi secretaria toma taquigrafía a diez palabras por minuto.	*My secretary takes shorthand at ten words per minute.*
Tres por cuatro son doce.	*Three times four is twelve.* $(3 \times 4 = 12)$
¿Trabajas por hora o trabajas a destajo?	*Do you work by the hour or do you work on a piecework basis?*
El cuarenta por ciento de los habitantes del país son analfabetos.	*Forty percent of the inhabitants of the country are illiterate.*

8. Means, manner, instrument, agent.

Echaron a los huelguistas por la fuerza.	*They threw the strikers out by force.*
Usando mi calculadora resolví la ecuación como por arte de magia.	*Using my calculator I solved the equation as if by magic.*
Me dieron todas las instrucciones por teléfono.	*They gave me all the instructions by telephone.*
Galán veía el camino por las ventanillas del auto.	*Galán saw the road through the car windows.*
Las piedras del río habían sido redondeadas por el agua.	*The rocks in the river had been rounded by the water.*

9. Incompleteness (*yet to be done, yet to be finished*).

El puente está por terminar.	*The bridge is yet to be finished.*
Hay todavía mucho trabajo por hacer.	*There still is a lot of work to be done.*

APLICACIÓN

A. Complete de manera original.

1. Siento gran simpatía por...
2. En las próximas elecciones votaré por...
3. Siempre hago lo que puedo por...
4. Pagué... por...
5. Treinta y seis es el resultado de multiplicar...
6. Me gusta mucho pasear por...
7. Camino de mi casa, paso por...
8. Siento amor por...
9. Entré en esta habitación por...
10. El salario mínimo en nuestro país es... por...

B. Conteste, fijándose en el uso de *por*.

1. ¿Has dicho a veces cosas desagradables por celos? ¿Por otra razón? ¿Cuál?
2. ¿Te han tomado alguna vez por otra persona? ¿Por quién?
3. ¿Vives por aquí o vives lejos de aquí?
4. ¿Nacieron todos Uds. por la misma época?
5. ¿Tienes algún trabajo por hacer? ¿Cuál?
6. ¿Te gustaría que otra persona pudiese tomar tus exámenes por ti? ¿Quién?
7. ¿Conoces a alguien que se haya casado por poder?
8. ¿Te han enviado alguna vez un mensaje por telegrama?
9. Más o menos, ¿qué por ciento de hispanos hay en esta región?
10. ¿Sientes mucha admiración por tu profesor/a de español?
11. Si no puedes devolver un libro de la biblioteca personalmente, ¿por quién lo envías?
12. ¿Cuánto hay que pagar generalmente por una entrada para un concierto?

C. Exprese las siguientes oraciones de manera diferente, usando *sustituir*.

Modelo: No usaré más mi automóvil. Usaré en cambio una bicicleta.
    → **Sustituiré** *mi automóvil* **por** *una bicicleta*.

1. A nuestra juventud no le gusta la seda. Todos prefieren el algodón.
2. No quiero este café. Prefiero que me traiga un té.
3. Mi gato Quiqui se murió. Ahora tengo otro gato llamado Pomponio.
4. Echaron a la Srta. Robles de su empleo y contrataron al Sr. Martín.
5. Antes comía mantequilla, pero el médico me ordenó que comiera margarina.
6. El ladrón se llevó las monedas de oro. Dejó en su lugar dinero falso.
7. Por favor, tráigame maíz en vez de berenjena.

8. Íbamos a leer *Doña Perfecta* en ese curso, pero el profesor prefirió que leyéramos *Misericordia*.

9. El sofá de la sala era muy viejo y mis padres compraron un sofá nuevo.

10. Antes usaba un reloj despertador para despertarme, pero ahora uso un radio reloj.

IDIOMATIC PHRASES WITH *POR*			
al por mayor	*wholesale*	**por eso**	*for that reason*
al por menor	*retail*	**por gusto**	*unnecessarily, for the fun of it*
por adelantado	*in advance*	**por las nubes**	*sky-high* (price or praise)
por ahora	*for the time being*	**por lo general**	*as a general rule*
por casualidad	*by accident*	**por lo menos**	*at least*
por completo	*completely*	**por lo tanto**	*consequently, therefore*
por consiguiente	*therefore*	**por lo visto**	*apparently*
por decirlo así	*so to speak*	**por ningún motivo**	*under no circumstances*
por desgracia	*unfortunately*	**por otra parte**	*on the other hand*
por Dios	*for heaven's sake*	**por regla general**	*as a (general) rule*
por encima	*hastily, cursorily*	**por suerte**	*luckily*
por entero	*entirely*	**por supuesto**	*of course*
por escrito	*in writing*	**por... vez**	*for the . . . time*

Examples:

Por casualidad vi el anuncio de ese apartamento en el periódico. *Por regla general*, no leo el periódico, pero ayer lo leí *por encima*. *Por lo visto* era mi día de suerte. *Por lo tanto*, decidí ir inmediatamente a ver el lugar. Visitaba ese barrio *por primera vez*. La casera puso el apartamento *por las nubes*, añadiendo que acababan de pintarlo *por completo*. También dijo que esperaba que yo no la hubiese molestado *por gusto*, y que tenía que pagar dos meses *por adelantado* para que me dieran un contrato *por escrito*. ¡*Por Dios*! Yo gano muy poco. *Por consiguiente*, he decidido que no puedo alquilar ningún apartamento *por ahora*. *Por lo menos*, puedo vivir con mis padres, y ellos no me echarán *por ningún motivo*. ¡Soy un tipo que nació de pie, *por decirlo así*!

By accident *I saw the ad for that apartment in the newspaper. As a* rule *I don't read the newspaper but yesterday I read it* hastily. Apparently *it was my lucky day.* Consequently, I *decided to go immediately to see the place. I was visiting that neighborhood* for the first time. *The landlady praised the apartment* to the skies *adding that it has just been* completely *repainted (they had just painted it* completely). *She also said that she hoped I had not bothered her* unnecessarily *and that I had to pay two months* in advance *in order for them to give me a* written lease. For Heaven's sake! *I earn very little.* Therefore, *I have decided that,* for the time being, *I can't rent any apartment.* At least *I can live with my parents, and they won't throw me out* for any reason. *I am a guy who was born lucky,* so to speak!

COMMON VERBS FOLLOWED BY *POR*			
acabar por	*to end up by*	**morirse por**	*to be dying to*
brindar por	*to drink to*	**optar por**	*to choose to*
esforzarse por	*to strive to, for*	**preguntar por**	*to inquire about, to ask for*
interesarse por	*to be interested in; to inquire about*	**preocuparse por**	*to worry about*
luchar por	*to struggle to, for*	**trepar por**	*to climb up*
		votar por	*to vote for*

Aunque Peralta se esforzó mucho por vender su invento al principio, acabó por abandonar el proyecto.	*Although Peralta strived a lot to sell his invention at the beginning, he ended up by abandoning the project.*
Brindemos por los que luchan por la libertad.	*Let's drink a toast to those who struggle for freedom.*
Me moría por conocer al nuevo huésped, pero opté por ser discreta.	*I was dying to meet the new guest, but I chose to be discreet.*
Si deseas causar una buena impresión, debes preguntar por la salud de su madre.	*If you wish to make a good impression, you should inquire about his mother's health.*
Las ratas treparon por la soga para subir al barco.	*The rats climbed up the rope to get on the ship.*

APLICACIÓN

A. Haga un comentario original en cada caso, usando la expresión que se da entre paréntesis.

1. La semana pasada robaron tres coches de los estacionamientos de la universidad. (por eso)

2. Quisiera un empleo mejor que el que tengo, pero es difícil encontrar un buen trabajo en estos tiempos. (por ahora)

3. Mi amiga tiene sesenta gatos y quince perros. ¡Gasta una fortuna en comida de animales! (al por menor / al por mayor)

4. La vocación de Alberto por la música es increíble. (por entero)

5. No sé el significado del verbo «conchabarse». ¿Lo sabes tú? (por primera vez)

6. Si va Ud. de noche por una calle oscura y ve que atacan a alguien, ¿huye del lugar o acude a ayudar a la víctima? (por supuesto)

7. Muchos piensan que los hijos adoptivos tienen derecho a saber quiénes son sus padres naturales. (por otra parte)

8. Tengo que escribir un informe para mi clase del Siglo de Oro, pero el profesor no dijo si debe ser extenso o puede ser corto. (por lo menos)

9. Cuando el carpintero comenzó a hacerme el armario en julio, le pagué el costo total, y tardó tres meses en terminar el trabajo. (por adelantado)

10. He buscado la llave de mi casa por todas partes, pero no la encuentro. (por suerte)

11. Mi compañero de apartamento es muy desordenado, no lava los platos que usa, ni siquiera hace su cama. (por consiguiente)

12. Muchas personas aprovechan la mañana del domingo para dormir, otras hacen ejercicio, otras van a la iglesia. ¿Qué haces tú? (por lo general)

B. Escoja la expresión de la columna derecha que completa correctamente cada espacio en blanco.

1. Fernando y yo no nos veíamos mucho, pero fuimos al mismo colegio de niños y éramos amigos, _____. _____, me alegré cuando lo vi parado en la esquina. Hacía mal tiempo; era uno de esos días en que uno no sale _____, sino por obligación. Comenzó a llover. Casi nunca llevo el paraguas cuando salgo, pero esta vez lo traía _____, y ofrecí compartirlo con Fernando. «No compartas tu paraguas con otra persona _____, me dijo, trae mala suerte». _____, Fernando es muy supersticioso.

    por casualidad
    por decirlo así
    por desgracia
    por encima
    por escrito
    por gusto
    por las nubes
    por lo tanto
    por lo visto
    por ningún motivo

2. Los precios de los mecánicos están _____. Mi mecánico me dio un presupuesto _____ para reparar mi auto; lo miré _____ y me pareció razonable. Pero ahora he leído la letra pequeña y, _____, el arreglo va a costarme un dineral.

C. Complete de manera original.

1. El ladrón entró en el banco trepando por...

2. Si me quieres como dices, debes interesarte más por...

3. Todos discutían. Juanito y Rosa querían ir a bailar, Pablo y Lucía insistían en ir al cine, y Humberto y Marta preferían ir al bingo. Yo opté por...

4. Si una persona inventa una mentira y la repite un número infinito de veces, acaba por...

5. Durante la recepción, todos levantaron las copas y brindaron por...

6. Hace un calor horrible. Me muero por...

7. Cuando te dije que debías trabajar más y dormir menos, no fue por interferir en tu vida, sino porque me preocupo por...

8. Él se llama Federico, pero todos lo conocen por Freddy. Cuando llegues a la residencia estudiantil, pregunta por... y no por...

9. Las notas son muy importantes en el expediente de un estudiante, debes esforzarte por...

10. El insecto había caído en un vaso de agua y luchaba por...

Special Uses of para and por

Sometimes the difference between **para** and **por** is quite subtle and either one may be used depending on whether the speaker wishes to stress (a) the purpose or goal of an action, or (b) its motivation. Such is the case in the following sentences.

Ernesto se casó con la viuda para apoderarse de su dinero.	*Ernesto married the widow to get her money.*
Ernesto se casaría con la viuda por apoderarse de su dinero.	*Ernesto would marry the widow because he wants to get her money.*

Also compare the following:

1. **Trabajar para** (*to be employed by*) and **trabajar por** (*to work on behalf of*).

El tío de Elena trabaja para la Compañía de Electricidad.	*Elena's uncle works for the Electric Company.*
El tío de Elena ha trabajado mucho por los pobres.	*Elena's uncle has worked a lot for the poor.* (on their behalf)

2. **Hacer... para** (*to make . . . for*) and **hacer... por** (*to do . . . for*).

Hice esto para ti.	*I made this for you.* (A material object to give to you.)
Hice esto por ti.	*I did this for you.* (For your sake, on your behalf.)

3. **Luchar para** and **luchar por** both mean *to struggle to*. The use of **para** emphasizes the goal and implies that the subject not only struggled to achieve something, but succeeded in achieving it. **Por**, on the other hand, focuses on the struggle and is not concerned with the results.

Luché mucho para abrirme paso.	*I struggled a lot to get ahead.* (And I succeeded.)
Luché mucho por abrirme paso, pero fracasé.	*I struggled a lot to get ahead, but I failed.*

4. **Para** + personal pronoun or noun expresses an opinion.

Para mí, (que) el asesino fue el camarero.	*In my opinion, the murderer was the waiter.*

Por + personal pronoun is used to indicate a person's indifference toward something.

Por mí, puedes hacer lo que te parezca.	*For all I care (As far as I am concerned) you may do whatever you please.*

APLICACIÓN

A. Complete los espacios en blanco, decidiendo entre *para* y *por*.

1. Mi examen médico.

Todos debemos hacernos un examen médico _____ año, pero yo había aplazado el mío _____ mucho tiempo _____ indolencia. _____ fin, el sábado le pedí un turno _____ teléfono al doctor Bisturí _____ hacerme un examen, y ayer fui a su consulta. Bisturí me hizo pasar _____ un túnel extraño mientras él, en la habitación contigua, me veía _____ televisión. También me sacó sangre _____ enviarla al laboratorio. Me dijo que yo estaba en condiciones físicas bastante malas _____ mi edad. (Tengo sólo veinticinco años.) Al final no me recetó nada, sólo me aconsejó que dejara de fumar. «Es muy malo _____ la salud —añadió—. Sus pulmones están afectados _____ el cigarro. Estoy seguro de que Ud. tiene cierta dificultad _____ respirar». Pagué cien dólares _____ este consejo tan original, y prometí que haría lo posible _____ seguirlo.

2. Viaje a Iquitos.

Salimos _____ Iquitos al amanecer. La navegación _____ el río iba a durar _____ varias horas y llevábamos refrescos y provisiones _____ comer durante el recorrido. Mi esposo hacía este viaje _____ placer, porque siempre le ha fascinado la selva; yo iba _____ acompañarlo y no quedarme sola en casa. _____ mí era el primer viaje a esa región; mi esposo había estado allí antes, porque trabaja _____ una compañía exportadora y va al Perú frecuentemente _____ asuntos de negocios.

Pronto fuimos atacados _____ millares de mosquitos, que volaban _____ todas partes y esperaban a que estuviésemos descuidados _____ acribillarnos con sus picadas. Los indígenas nos dieron ramas _____ espantarlos. _____ la prisa al salir, habíamos olvidado en el hotel el repelente _____ mosquitos. Otro problema era que a veces teníamos que utilizar la mímica _____ comunicarnos con los indígenas, porque no nos entendían bien.

La selva es impresionante. _____ un pintor de paisajes debe ser el paraíso. Daría cualquier cosa _____ saber pintar _____ copiar la luz que se filtra _____ los árboles de hojas gigantescas.

3. Un turista y un guía.

El turista caminaba _____ una calle del puerto, asediado _____ los vendedores de «souvenirs», mientras se esforzaba _____ descifrar un mapa que llevaba en la mano. Cuando me vio, se me acercó _____ preguntarme _____ una dirección que llevaba apuntada en un papel. _____ ser extranjero, hablaba bastante bien el español. Me dijo que tenía que estar de regreso en el puerto _____ las cuatro, porque su barco zarpaba esa tarde _____ la Florida, y me preguntó si dos horas eran suficiente tiempo _____ hacer un recorrido breve _____ la ciudad. Añadió que tenía mucho interés _____ conocerla. La dirección que él buscaba queda _____ la parte sur, lejos de los muelles. _____ llegar a ese sitio había que tomar un taxi. Como soy muy servicial, me ofrecí _____ acompañarlo. Siento gran cariño _____ mi ciudad y me gusta mostrarla y hablar de ella. Tomamos un taxi y _____ el camino le fui explicando lo que sabía sobre los lugares _____ los que pasábamos. Cuando llegamos a la dirección que él buscaba, me dio las gracias _____ todo y quiso compensarme _____ mi servicio. _____ supuesto, rehusé enérgicamente el dinero que me daba, diciéndole que yo no hacía estas cosas _____ dinero y que _____ mí era un placer ayudar a un visitante. Me pidió perdón _____ su falta de tacto y me explicó que, _____ saber yo tanto de la historia de mi país, me había tomado _____ un guía profesional. Me dio su dirección _____ escrito y me prometió hacer _____ mí lo mismo que yo había hecho _____ él si algún día visitaba la Florida.

B. Haga un comentario original basado en cada una de las siguientes situaciones y usando las expresiones explicadas en *Special Uses of* para *and* por (página 224).

1. Ud. planea un viaje con dos amigos. Cada uno de ellos tiene un hotel favorito y quiere hacer reservaciones en él, pero Ud. no tiene preferencia por ningún hotel en especial y les dice a sus amigos:...

2. Era muy difícil entrar en el estadio el sábado por la noche, porque iba a cantar Julio Iglesias y había cientos de personas tratando de entrar al mismo tiempo.

   a. Ud. se cansó de los empujones y el tumulto y decidió irse a su casa en vez de seguir tratando de entrar. Al llegar a su casa, le explicó a su madre:...

   b. Ud. persistió y, por fin, consiguió entrar. Una vez dentro del estadio, encontró a un amigo y le explicó que no había sido fácil la entrada diciéndole:...

3. Tomás Minaya tiene un empleo como inspector en el gobierno municipal. Hablando de Minaya y su empleo, Ud. dice:...

4. Su madre es una mujer maravillosa. El Día de las Madres Ud. le envía una tarjeta agradeciéndole todos sus sacrificios. Ud. escribe:...

5. Lisa ha faltado mucho a sus clases este semestre y está estudiando muy poco. Ud. expresa una opinión pesimista sobre las notas que recibirá Lisa:...

6. Es el cumpleaños de su novio/a y Ud. ha hecho un pastel en su honor. Ud. le entrega una caja con el pastel dentro y le explica su contenido, diciéndole:...

7. Ud. admira mucho la labor de la Madre Teresa y explica el motivo de su admiración diciendo:...

Compound Prepositions

In Spanish two or more words are often combined to form compound prepositions. Sometimes one or more of the components of a compound preposition serves no other purpose than to intensify the meaning of the verb that accompanies it. The sentence **¡Qué mal educado! Pasó por delante de nosotros sin saludar** (*What an impolite man! He passed in front of us without saying hello.*) also could be expressed without **por**, but using **por** stresses the idea of movement in the verb **pasó**.

Many compound prepositions establish spatial relationships and can be grouped in pairs of opposite meaning.

al lado de, junto a	*by, next to*	**separado/a de**	*separated from*
alrededor de	*around*	**a través de**	*through*
arriba de, encima de	*on, over, on top of*	**debajo de**	*under, beneath*
cerca de	*near*	**lejos de**	*far from*
delante de*	*before, in front of*	**detrás de**	*behind*
frente a, enfrente de*	*facing, in front of*	**de espaldas a**	*with one's back toward*
fuera de	*outside (of)*	**dentro de**	*inside (of)*

*****Frente a**, **enfrente de**, and **delante de** are often interchangeable, but you cannot use the first two unless the person or thing that is in front of you is facing you.

En esta aula, el profesor está *frente a* (*delante de*) los estudiantes, y los estudiantes que están sentados en la primera fila están *delante de* los que están sentados en la segunda.	*In this classroom the professor is* in front of *the students, and the students who are seated in the first row are* in front of *those who are seated in the second row.*
La cola *frente al* (*delante del*, *enfrente del*) teatro era larga; había más de veinte personas *delante de* mí.	*The line* in front of *the theater was long; there were more than twenty people* in front of *me.*

Other common compound prepositions include:

a causa de	*on account of, because of*	**a pesar de**	*in spite of*
acerca de	*about, concerning*	**con respecto a**	*in regard to, with respect to*
además de	*besides*	**después de**	*after*
a excepción de	*with the exception of*	**en contra de**	*against*
a fuerza de	*by dint of*	**en cuanto a**	*as for*
antes de	*before* (time or order)	**en lugar de, en vez de**	*instead of*

Examples:

***En cuanto al* viejo, que andaba con dificultad *a causa de* su artritis, era malicioso *además de* avaro. *A pesar de* haber nacido muy pobre, había conseguido amasar una fortuna *a fuerza de* ser ahorrativo. Vivía en una choza *junto al* río *en vez de* vivir en el pueblo, *cerca de* sus hijos. Nadie lo visitaba, *a excepción de* su nieto.**	As for the *old man, who walked with difficulty* because of *his arthritis, he was cunning* besides *being a miser.* Despite *having been born very poor, he had succeeded in amassing a fortune* by dint of *being thrifty. He lived in a hut* by *the river* instead of *living in town,* near *his children. Nobody visited him* with the exception of *his grandson.*

Note that often one of the components of a compound preposition is an adverb that can be used alone.

Trajeron antes los bocaditos; el champán lo sirvieron después.	*They brought the appetizers first; the champagne was served later.*
Si dejas tu bicicleta fuera, se oxidará.	*If you leave your bicycle outside, it will get rusty.*

APLICACIÓN

Dé el equivalente en español de las palabras entre paréntesis.

1. **La reunión del lunes.**

   Nos reunimos el lunes (*before*) la clase para hablar (*with respect to*) la nueva cafetería y también (*about*) los problemas de estacionamiento. Sólo (*by dint of*) paciencia o de mucha suerte consigue uno estacionarse aquí. (*In spite of*) la fuerta lluvia, todos estábamos en la reunión, (*with the exception of*) Alejandro y Eduardo. Alejandro avisó que no asistiría (*on account of*) el mal tiempo; (*as for*) Eduardo, (*instead of*) llamar, envió una nota, que llegó dos días (*after*) las reunión. Siempre está (*against*) todo, pero no coopera con nadie.

2. **Mi cuarto.**

   No tengo baño (*inside*) mi cuarto; en mi apartamento hay un solo baño, que está (*near*) la cocina, (*next to*) la habitación de mi compañero. Mi cuarto no es muy grande, y parece más pequeño porque las cosas están frecuentemente (*outside*) el ropero: hay zapatos (*under*) la cama, ropa (*on top of*) las sillas, libros (*behind*) la puerta. A veces, cuando me paro (*in front of*) el espejo, no puedo verme porque tengo montones de discos (*on top of*) la cómoda (*in front of*) mí. Pero, (*in spite of*) tanto desorden, me siento bien en mi cuarto. Miro (*through*) la ventana y veo los arbustos que hay (*around*) el edificio. También veo a varios niños que juegan (*far from*) la calle, en un patio.

Sección léxica

Ampliación: Sustantivos formados con el participio pasivo

Tanto en inglés como en español, muchos participios pasivos se usan como adjetivos, pero en español, además, los participios, igual que los adjetivos en general, hacen muchas veces el oficio de nombres sustantivos.

Participios como adjetivos:

Galán estaba aburrido cuando salió de su residencia.	*Galán was bored when he left his residence.*
El argentino vive en un país parecido a éste.	*The Argentine lives in a country similar to this one.*

Participios como nombres sustantivos.*

Ese decano me parece un aburrido.   *That dean seems like a bore to me.*

El parecido del chico con su padre   *The similarity of the boy and his*
es asombroso.   *father is amazing.*

La siguiente lista contiene algunos participios communes y sus significados adjetivales y nominales.

	COMO ADJETIVO	COMO NOMBRE SUSTANTIVO
acusado/a	*accused*	*defendant*
alumbrado/a	*lit*	*lighting, illumination (m.)*
arrepentido/a	*repentant, regretful*	*repentant person*
atrevido/a	*daring*	*insolent person*
bordado/a	*embroidered*	*embroidery, needlework (m.)*
caído/a	*fallen*	*fallen person, fall (f.)*
casado/a	*married*	*married person*
condenado/a	*condemned, convicted*	*convict*
desconocido/a	*unknown*	*stranger*
detenido/a	*detained; under arrest*	*detainee*
dicho/a	*said*	*saying (m.)*
divorciado/a	*divorced*	*divorced person; divorcée*
empleado/a	*employed*	*employee*
enamorado/a	*in love*	*lover, suitor*
escrito/a	*written*	*writing, text (m.)*
fracasado/a	*failed*	*failure, person who fails*
graduado/a	*graduated*	*graduate*
hecho/a	*made; done*	*fact; happening (m.)*
herido/a	*wounded*	*wounded person; wound (f.)*
impreso/a	*printed*	*printed matter (m.)*
impuesto/a	*imposed*	*tax (m.)*
invitado/a	*invited*	*guest*
lavado/a	*washed*	*washing (m.)*
parecido/a	*similar*	*likeness, similarity (m.)*
pedido/a	*requested, ordered*	*request, order (m.)*
presumido/a	*vain, conceited*	*conceited person*
prometido/a	*promised; engaged*	*fiancé; fiancée*
querido/a	*dear, beloved*	*lover, mistress*
reservado/a	*reserved*	*private room or compartment (m.)*
tejido/a	*woven, knitted*	*weave; knit; tissue (anat.) (m.)*
vencido/a	*beaten, defeated; expired (medicine, permit, etc.)*	*defeated one, loser*
zurcido/a	*darned, mended*	*mend, darn, patch (m.)*

*En el habla popular de algunos países y especialmente de México, algunos participios pasivos adquieren significados interesantes al sustantivarse.

Es un *mantenido*. (Un hombre que no trabaja y vive de su mujer.)

Esa chica es una *igualada*. (Es poco respetuosa y se comporta como si fuera igual a sus superiores.)

Aquella mujer era la *entretenida* **del general**. (Era su amante.)

Sabes que eres mi *consentido*. (Eres mi favorito.)

No soy una *ofrecida*. (Una mujer «fácil».)

El marido de Inés es un *desobligado*. (Una persona irresponsable, que no cumple con sus obligaciones.)

APLICACIÓN

A. Diga qué nombre se le da a la persona o personas que...

1. recibió una sentencia de cárcel.
2. detuvo la policía.
3. tiene esposo/a.
4. ha dicho cosas ofensivas.
5. acusan de un crimen.
6. tiene una idea exagerada de su valer.
7. no ha triunfado en la vida.
8. ha venido a la fiesta que Ud. da.
9. ama a otra.
10. trabaja en una compañía.
11. rompió legalmente su matrimonio.
12. no se conoce.
13. ha recibido heridas.
14. tienen relaciones extramatrimoniales.
15. acaba de terminar sus estudios.

B. Diga qué nombre se le da a...

1. la mercancía que pedí porque la quiero comprar.
2. el sistema de luces de la ciudad.
3. lo que alguien escribió.
4. la labor que estoy bordando.
5. los papeles que se imprimieron.
6. el trabajo de lavar la ropa.
7. el por ciento del sueldo que se le da al gobierno.
8. un remiendo que puse en unos pantalones rotos.
9. una sección privada en un restaurante.
10. una tela que alguien tejió.
11. el acto de caer.
12. un proverbio o expresión de uso popular.

C. Exprese en español.

1. an embroidered blouse
2. my beloved relatives
3. an expired license
4. her dead children
5. a knitted cap
6. my divorced friend
7. the beaten team
8. the merchandise requested
9. the fallen trees
10. an unknown fact
11. a daring act
12. the badly lit streets
13. similar problems
14. repentant sinners
15. reserved seats
16. married people

Distinciones: To grow y to raise

To Grow

1. *To grow*, **crecer**, es un verbo intransitivo en español y significa **hacerse más grande**. Puede usarse para personas, animales o cosas.

Galán creció en un rancho de ganado lanar.	*Galán grew up on a sheep ranch.*
Lo malo de los gatitos es que crecen y se convierten en gatos.	*The bad thing about kittens is that they grow and become cats.*

2. *To grow plants* equivale a **cultivar**.

En la Argentina se cultiva mucho trigo.	*In Argentina they grow a lot of wheat.*

3. *To grow a beard* (*a mustache*) es **dejarse crecer la barba (el bigote)**. Esta expresión se usa también para el pelo y las uñas.

El actor se dejó crecer el bigote y la barba para hacer el papel de pirata.	*The actor grew a mustache and a beard to play the role of a pirate.*

To Raise

1. Cuando *to raise* es sinónimo de *to grow* (*vegetables*, *flowers*, *trees*, *etc.*) su equivalente en español es **cultivar**; cuando es sinónimo de *to bring up* (tratándose de personas o animales), su equivalente es **criar**.

El granjero cultiva maíz y cría cerdos.	*The farmer raises corn and pigs.*

Estos hombres trabajan en un campo de maíz en Valle Central, Chile. Aunque el país es famoso sobre todo por el cultivo de viñedos, el maíz también se cultiva en abundancia.

2. *To raise* como sinónimo de *to lift up* es **levantar**. **Levantar** se usa también en expresiones como **levantar la voz** y **levantar una estatua** (**un edificio, una pared**, etc.).

El albañil levantó el brazo para indicar hasta qué altura pensaba levantar el muro.	*The mason raised his arm to indicate up to what height he was planning to raise the wall.*

3. *To raise* como sinónimo de *to increase in price* es **subir**. *To raise one's salary* es **subir(le) / aumentar(le) (a uno) el sueldo**. *To raise (to collect) money* es **recoger (recaudar) dinero**.

Cuando el casero supo que me habían aumentado el sueldo, me subió el alquiler.	*When the landlord learned that they had raised my salary, he raised my rent.*

APLICACIÓN

Complete con la palabra apropiada.

1. Me gusta mucho el campo porque (*I grew up*) _____ en el rancho de mis abuelos. Mis dos hermanos y yo quedamos huérfanos de pequeños y mis abuelos nos (*brought up*) _____. El abuelo (*had raised*) _____ con sus propias manos la casa donde (*I grew up*) _____.

Mi abuelo (*raised*) _____ vacas y caballos en la finca. También (*raised*) _____ algunas legumbres, pero en pequeña escala, porque necesitaba el terreno para pasto del ganado.

Cuando mi abuela murió, el abuelo se encerró en su habitación. No hablaba con nadie y (*he grew*) _____ la barba. Estuvo muy triste por varios meses.

2. Los obreros que están (*raising*) _____ el edificio junto a mi casa utilizan un ascensor especial para (*raise*) _____ los materiales. Mi barrio (*is growing*) _____ de manera asombrosa: además de este edificio, se están construyendo muchos otros. Esto va a (*raise*) _____ el valor de la propiedad, pero también va a (*raise*) _____ los alquileres en esta zona.

3. Niño, voy a enseñarte a respetarme y a no (*raise*) _____ la voz cuando te regaño; quiero que cuando (*you grow up*) _____ todos digan que (*I brought you up*) _____ bien.

4. Si podemos (*raise*) _____ suficiente dinero, le organizaremos un gran homenaje a nuestro profesor y le (*will raise*) _____ una estatua en el recinto universitario.

5. (*They have raised*) _____ tanto el precio de las verduras en los últimos tiempos, que he decidido (*to grow*) _____ mis propias verduras.

SU CASA CAMPESTRE

CONSTRUIDA DONDE USTED LA QUIERA.

BENHABITAT le garantiza que su casa será construída en donde usted tenga su lote, con la más avanzada tecnología de construcción, por expertos profesionales, con póliza de cumplimiento, bajo estrictas normas de seguridad, utilizando **materiales** de primera calidad y a precio fijo.

AGUAYO & ASOCIADOS

CONSTRUCTORA
BENHABITAT
Ideas constructivas

BOGOTA: DIAG. 109 No. 20-60 Tels.: 2142209 - 2143111 - 2145388
AVENIDA 19 No. 104A-52 Tel.: 6128668 FAX: (91) 6125971 - CALI
Ahora en MEDELLIN: Circular 4 No. 74-77 (Avenida Nutibara)
Tel.: 2501333 - 2506855

Tener una casa en el campo es el sueño de mucha gente. Si Ud. desea tener una casa campestre en Colombia, la compañía que aquí se anuncia puede construírsela.

Para escribir mejor

La narración

Es difícil enseñar a narrar por tratarse de un arte muy personal, pero hay pautas generales que ayudarán al estudiante a mejorar su técnica narrativa.

RECOMENDACIONES GENERALES

Narrar es, básicamente, contar acciones y hechos ocurridos. La narración necesita movimiento, porque los sucesos y hechos forman parte de una progresión que va hacia un desenlace. El relato no tiene que ser cronológico, puede comenzar en el momento presente e ir hacia atrás, lo cual probablemente aumentará el interés del lector. Pero, cronológica o no, la narración debe ser ordenada.

Es importante comenzar bien. Abra con un párrafo sencillo, que presente datos o personajes importantes para la historia que va a contarse.

Lea otra vez el primer párrafo de «La sandía», y verá la siguiente información acerca del personaje que va a ser el protagonista: su profesión, el grupo étnico al que pertenece y el hecho de que es extranjero en los Estados Unidos.

Es necesario estar familiarizado con el ambiente en que se desenvuelve la acción. Si Ud. inventa un lugar imaginario, básese al hacerlo en un lugar que conozca bien, o combine elementos de varios lugares que conozca. Si va a narrar sobre una época pasada, busque información sobre las costumbres y la vida de la época. Los personajes deben encajar en el ambiente por su personalidad y comportamiento. En «La sandía,» el protagonista tendrá problemas precisamente por ser extranjero en un nuevo ambiente.

Evite lo absurdo. Su narración, aunque sea ficticia, debe ser siempre verosímil, es decir, creíble.

MANERAS DE ANIMAR EL RELATO

Su narración será más interesante si Ud. describe el ambiente y los personajes, además de enumerar los sucesos. Pero evite el detallismo excesivo. Un narrador que da demasiados detalles es aburrido, tanto si está narrando oralmente para sus amigos en la vida real, como si está escribiendo.

No olvide lo que dijimos en el capítulo 8 al referirnos al diálogo: un diálogo breve intercalado en la narración le da vida a ésta.

El elemento humano es importante. Aunque los sucesos que se cuentan sean comunes o triviales, resultarán interesantes si hay en ellos interés humano. Fíjese en la sencillez del cuento de Anderson Imbert: unos niños toman equivocadamente a un extranjero por enemigo y él acaba asesinado. El interés humano radica aquí en ver que un hombre inocente pierde su vida a consecuencia de un error.

Una buena manera de animar el relato es «dramatizándolo», es decir, separándolo mentalmente en secciones que formen episodios o pequeños actos.

También se anima creando cierto suspenso y evitando que el lector pueda adivinar el desenlace antes del final.

Los personajes son muy importantes en la animación del relato. Preséntelos como seres vivos, con características físicas y espirituales parecidas a las de personas que Ud. ha encontrado en la vida real. Ser buen observador ayuda mucho en esto. Identifíquese con sus criaturas y trate de pensar como ellas pensarían.

No sea prolijo al informar al lector sobre el carácter de los personajes. Es mejor que ellos mismos se vayan revelando, a medida que avanza la narración, a través de sus palabras, sus actos y sus reacciones. Observe que a lo largo del cuento averiguamos más datos acerca de Galán: que tiene 50 años, que tiene hijos y que en su trato con los niños es simpático, paciente y cariñoso.

PLANOS NARRATIVOS

Puede narrarse en primera o en tercera persona. En el caso de esta última, hay varios subplanos, los más importantes de los cuales son el de autor omnisciente y el de autor-testigo presencial.

El autor omnisciente sabe todo lo que pasó y puede hasta entrar en la conciencia de los personajes y saber cómo se sienten. El autor-testigo presencial cuenta en tercera persona, pero a veces se mete en la narración con un «yo» ficticio o auténtico. En «La sandía,» es interesante para el lector recordar que el autor y Galán tienen en común por lo menos dos características: son argentinos y son profesores en los Estados Unidos.

APLICACIÓN

A. Divida el cuento «La sandía» en episodios o actos breves e invente un título apropiado para cada uno.

B. Escoja el tema 4 que se sugiere al final del capítulo y escriba una narración siguiendo las recomendaciones que se han dado.

TRADUCCIÓN

Kit Carson

If by any chance you are not familiar with the name Kit Carson, which appears in «*La sandía*», and you are dying, so to speak, to learn something about this character, I will give you a brief account in writing.

To begin with, the man's real name was Christopher Carson, but he is generally better known by the name of Kit Carson. In his day, he was famous for being a trapper, a scout, and a warrior. His contemporaries would have been surprised to learn that by 1940 his name would also be famous for being the title of a Western movie. In the movie the role of Kit is performed by Jon Hall, who fights with his rival, performed by Dana Andrews, for the love of Lynn Bari.

At the age of fifteen, Kit ran away from his home in Missouri to join a caravan that was leaving for New Mexico. For such a young person, this was quite a daring act. Around the year 1840 Kit, on account of his knowledge of Indian customs and languages, worked as a guide for expeditions through the whole Indian territory in the West. Luckily, he survived many dangerous situations during those years.

Kit hoped to end up by retiring to a sheep ranch in New Mexico. Thus he would substitute a tranquil life as a rancher for the hectic life of his youth. But settlers were being attacked by the Native Americans and, therefore, Kit had to worry again about surviving. Unfortunately, he saw himself involved in military campaigns against the Apache, the Navajo, and the Comanche of New Mexico and Texas. Finally, he was promoted to army general in 1866.

This is all the information I can give you for the time being. If you are interested in learning more about Kit Carson, you can ask for his autobiography at the library or search (*use* **buscar en**) the Internet.

Éste es el famoso Kit Carson, mencionado en la lectura y quien es tema de la traducción.

TEMAS PARA COMPOSICIÓN

1. **El chico ante la ley.** Invente una conclusión para «La sandía». ¿Debe ser enjuiciado el asesino? ¿Ante un tribunal de menores o de adultos? ¿Qué decisión tomaría Ud. respecto al culpable si fuera Ud. juez o miembro de un jurado?

2. **Una película del oeste.** Cuente la trama de una película del oeste que haya visto o que sea de su invención.

3. **Los prejuicios.** Escriba sobre diversos tipos de prejuicios y estereotipos, como los de color, religión, edad y minusvalía física o mental.

4. **Una narración.** Escriba una narración en tercera persona sobre sucesos —reales o imaginarios— ocurridos durante unas vacaciones en este país o en el extranjero. Busque para su relato un título que cautive el interés del lector. Al redactar, siga las recomendaciones que se dan en la sección *Para escribir mejor*.

5. **John Wayne, una leyenda de Hollywood.** John Wayne, aun después de muerto, sigue siendo enormemente popular como héroe del oeste. Analice el porqué de este fenómeno y cuente algo sobre la vida de este actor.

6. **Los indígenas americanos.** Los indígenas de éste y otros países han sufrido mucho a manos de sus gobiernos. ¿Existe alguna solución a estos problemas?

La región española de la Rioja, donde tiene lugar el cuento de Matute, es famosa por sus vinos. En la foto se ve un extenso cultivo de viñedos y al fondo, el pequeño pueblo de Fonzalechi.

CAPÍTULO 10

Lectura

Introducción

Esta lectura es un cuento de Ana María Matute, una conocidísima escritora española contemporánea. Matute vivió de niña en casa de sus abuelos en el campo, en la región de la Rioja. Este lugar es escenario de muchas de sus narraciones, bajo el nombre inventado de Artámila. La escritora nos pinta un mundo de gente pobre, endurecida en sus sentimientos por la vida difícil que lleva, y de niños prematuramente maduros por el sufrimiento. Estos niños le inspiran gran ternura a la autora.

Matute ha escrito varias novelas de calidad, como *Fiesta al noroeste*, pero lo mejor de su obra son sus cuentos.

Esta narración se puede dividir en tres partes. En la primera, que termina en la línea 52, conocemos a Lope y a su primo Emeterio, que es alcalde del pueblo, y el chico se va a trabajar de pastor a las tierras de su primo. La intervención del maestro, al final de esta parte, sirve para informarnos que Lope es un jovencito inteligente que tendría éxito si pudiera estudiar.

La segunda parte cubre cinco años y Ud. verá en ella la dura vida de Lope en el campo, con la única compañía de un hombre que es casi un retrasado mental.

En la tercera parte (que comienza en la línea 65), Lope baja al pueblo y va a casa de Emeterio después de cinco años. En la plaza del pueblo se encuentra con un antiguo compañero de escuela, que es ahora un joven fino, estudiante de derecho. Este encuentro marca el contraste entre los dos antiguos compañeros, contraste que es producto de la falta de educación de Lope y de la vida aislada y dura que ha llevado en el campo. El encuentro es el punto decisivo de la historia y da lugar a la violenta reacción de Lope y al trágico final.

Pecado de omisión

A los trece años se le murió la madre, que era lo último que le quedaba. Al quedar huérfano, ya hacía lo menos tres años que no acudía a la escuela, pues tenía que buscarse el jornal° de un lado para otro. Su único pariente era un primo de su padre llamado Emeterio
5 Ruiz Heredia. Emeterio era el alcalde y tenía una casa de dos pisos asomada° a la plaza del pueblo, redonda y rojiza bajo el sol de agosto. Emeterio tenía doscientas cabezas de ganado paciendo por las laderas° de Sagrado, una hija moza, bordeando los veinte, morena, robusta, riente y algo necia. Su mujer, flaca y dura como un
10 chopo°, no era de buena lengua° y sabía mandar. Emeterio Ruiz no se llevaba bien con aquel primo lejano, y a su viuda, por cumplir, la ayudó buscándole jornales extraordinarios. Luego, al chico, aunque lo recogió una vez huérfano, sin herencia ni oficio, no le miró a derechas°. Y como él, los de su casa. La primera vez que Lope
15 durmió en casa de Emeterio, lo hizo debajo del granero°. Se le dio cena y un vaso de vino. Al otro día, mientras Emeterio se metía la camisa dentro del pantalón, apenas apuntado° el sol en el canto de

buscarse... ganarse la vida

frente

slopes
clase de árbol
no... hablaba mal de la gente

no... lo ignoró
pequeña edificación para almacenar los granos
comenzaba a salir

los gallos, le llamó por el hueco de la escalera, espantando a las
gallinas que dormían entre los huevos:

—¡Lope!

Lope bajó descalzo, con los ojos pegados de legañas°. Estaba
poco crecido para sus trece años y tenía la cabeza grande, rapada°.

—Te vas de pastor a Sagrado.

Lope buscó las botas y se las calzó. En la cocina, Francisca, la
hija, había calentado patatas con pimentón°. Lope las engulló° de
prisa, con la cuchara de aluminio goteando a cada bocado.

—Tú ya conoces el oficio. Creo que anduviste una primavera por
las lomas de Santa Áurea, con las cabras de Aurelio Bernal.

—Sí, señor.

—No irás solo. Por allí anda Roque el Mediano. Iréis juntos.

—Sí, señor.

Francisca le metió una hogaza° en el zurrón°, un cuartillo° de
aluminio, sebo° de cabra y cecina°.

—Andando —dijo Emeterio Ruiz Heredia.

Lope le miró. Lope tenía los ojos negros y redondos, brillantes.

—¿Qué miras? ¡Arreando°!

Lope salió, zurrón al hombro. Antes, recogió el cayado°, grueso y
brillante por el uso, que aguardaba, como un perro, apoyado en la
pared.

Cuando iba ya trepando por la loma de Sagrado, lo vio don
Lorenzo, el maestro. A la tarde, en la taberna, don Lorenzo lió° un
cigarrillo junto a Emeterio, que fue a echarse una copa de anís.

—He visto al Lope —dijo—. Subía para Sagrado. Lástima de
chico.

—Sí —dijo Emeterio, limpiándose los labios con el dorso de la
mano—. Va de pastor. Ya sabe, hay que ganarse el currusco°. —Lo
malo —dijo don Lorenzo rascándose la oreja con su uña larga y
amarillenta— es que el chico vale°. Si tuviera medios° podría
sacarse partido de él°. Es listo. Muy listo. En la escuela... Emeterio
le cortó, con la mano frente a los ojos:

—¡Bueno, bueno! Yo no digo que no. Pero hay que ganarse el
currusco. La vida está peor cada día que pasa.

Lope llegó a Sagrado, y voceando° encontró a Roque el Mediano.
Roque era algo retrasado° y hacía unos quince años que pastoreaba
para Emeterio. Tendría cerca de cincuenta años y no hablaba casi
nunca. Durmieron en el mismo chozo de barro°, bajo los robles°. En
el chozo sólo cabían echados y tenían que entrar a gatas°, medio
arrastrándose, pero se estaba fresco en el verano y bastante abrigado
en el invierno.

Los pastores no bajaban al pueblo, excepto del día de la fiesta.*
Cada quince días un zagal° les subía la «collera»°: pan, cecina, sebo,
ajos. A veces, una bota de vino°. Las cumbres de Sagrado eran
hermosas, de un azul profundo, terrible, ciego. El sol, alto y
redondo, como una pupila impertérrita°, reinaba allí.

20	
	secretion
	afeitada
25	paprika / *tragó*
30	
	pan grande / *mochila* / *recipiente* / *grasa* / *carne seca*
35	
	¡*Andando!*
	bastón de pastor
40	*enrolló*
45	
	el... el pan de cada día
	tiene buenas cualidades / *recursos* / *podría...* one could get some good from him
50	
	llamando a gritos
	retardado
55	**chozo...** mud shelter / oaks **a...** on all fours
60	*muchacho* / *comida* **bota...** small wine skin
	imperturbable

*Se refiere a la fiesta del santo patrón del pueblo, una vez al año.

65 ...Cinco años más tarde, una vez, Emeterio le mandó llamar por
el zagal. Hizo reconocer a Lope por el médico, y vio que estaba
sano y fuerte, crecido como un árbol.

Francisca se había casado y tenía tres hijos pequeños, que
jugaban en el portal° de la plaza. Un perro se le acercó con la lengua — arcade
70 colgando. Tal vez le recordaba. Entonces vio a Manuel Enríquez, el
compañero de la escuela que siempre le iba a la zaga°. Manuel — le... *estaba menos avanzado que él*
vestía un traje gris y llevaba corbata. Pasó a su lado y les saludó con
la mano. Francisca comentó:

—Buena carrera, ése. Su padre lo mandó estudiar y ya va para
75 abogado.

Al llegar a la fuente volvió a encontrarlo. De pronto, quiso
llamarle. Pero se le quedó el grito detenido, como una bola, en la
garganta.

—¡Eh! —dijo solamente. O algo parecido.
80 Manuel se volvió a mirarle, y le conoció°. Parecía mentira°; — *reconoció / increíble*
le conoció. Sonreía.

—¡Lope! ¡Hombre, Lope...!

¿Quién podía entender lo que decía? ¡Qué acento tan extraño
tienen los hombres, qué raras palabras salen por los oscuros
85 agujeros de sus bocas! Una sangre espesa iba llenándole las venas,
mientras oía a Manuel Enríquez.

Manuel abrió una cajita plana°, de color de plata, con los — flat
cigarrillos más blancos, más perfectos que vio en su vida. Manuel se
la tendió°, sonriendo. — *extendió*
90 Lope avanzó su mano. Entonces se dio cuenta de que era áspera°, — rough
gruesa. Como un trozo de cecina. Los dedos no tenían flexibilidad,
no hacían el juego°. Qué rara mano la de aquel otro: una mano fina, — no... *no funcionaban bien*
con dedos como gusanos grandes, ágiles, blancos, flexibles. Qué
mano aquélla, de color de cera, con las uñas brillantes, pulidas. Qué
95 mano extraña; ni las mujeres la tenían igual. La mano de Lope
rebuscó°, torpe°. Al fin, cogió el cigarrillo, blanco y frágil, extraño, — *buscó y buscó* / clumsily
en sus dedos amazacotados°, inútil, absurdo, en sus dedos. La — *pesados*
sangre de Lope se le detuvo entre las cejas. Aplastó el cigarrillo en
los dedos y se dio media vuelta°. No podía detenerse, ni ante la — se... turned around
100 sorpresa de Manuelito, que seguía llamándole:

—¡Lope! ¡Lope!

Emeterio estaba sentado en el porche, en mangas de camisa,
mirando a sus nietos. Sonreía viendo a su nieto mayor, y
descansando de la labor, con la bota de vino al alcance de la mano.
105 Lope fue directo a Emeterio y vio sus ojos interrogantes y grises.

—Anda, muchacho, vuelve a Sagrado, que ya es hora...

En la plaza había una piedra cuadrada, rojiza. Una de esas
piedras grandes como melones que los muchachos transportan
desde alguna pared derruida°. — *en ruinas*
110 Lentamente, Lope la cogió entre sus manos. Emeterio le miraba,
reposado, con una leve curiosidad. Tenía la mano derecha metida
entre la faja° y el estómago. Ni siquiera le dio tiempo de sacarla; el — sash
golpe sordo°, el salpicar de su propia sangre en el pecho, la muerte y — *sin ruido*
la sorpresa, como dos hermanas, subieron hasta él, así, sin más.

Un pastor español vigila sus ovejas, lo mismo que el protagonista de «Pecado de omisión». Los pastores hacen un trabajo muy difícil y viven además una vida primitiva y solitaria.

115   Cuando se lo llevaron esposado°, Lope lloraba. Y cuando las mujeres, aullando como lobas°, le querían pegar e iban tras él, con los mantos alzados° sobre las cabezas, en señal de duelo°, de indignación, «Dios mío, él que le había recogido°, Dios mío, él que le hizo hombre. Dios mío, se habría muerto de hambre si él no le
120   recoge». Lope sólo lloraba y decía:
    —Sí, sí, sí...

handcuffed

aullando... howling like wolves / *levantados* / *dolor* / **le...** had taken him in

---

APLICACIÓN

A. Vocabulario

Escoja las palabras apropiadas de la lista que se da debajo, para reemplazar las palabras en cursiva.

1. Sintió gran *dolor* por la muerte de su madre, pero reaccionó y comprendió que no tenía *posibilidades* de estudiar y que tenía que *ganarse la vida*, por eso le pidió trabajo a su único pariente.

2. El chico tenía mucha hambre y *tragó el pan grande*. *Levantado* el mantel, fue hacia la ventana y pasó mucho rato *frente* a ella. De vez en cuando, pensativo, se pasaba la mano por la cabeza *afeitada*.

3. Cuando el sol *comenzaba a salir*, el pastor oyó que *decían a gritos* su nombre, pero permaneció *imperturbable*, sentado en una pared *en ruinas*, con el *bastón* y *la mochila* a su lado, mientras *enrollaba* un cigarrillo con sus dedos *pesados*.

4. Parecía *increíble*, pero después de tantos años, Manuel, el compañero de escuela que siempre *estaba menos avanzado que él*, lo *conoció*.

alzado / amazacotados / apuntaba / asomado / buscarse el jornal / cayado / derruida / duelo / engulló / impertérrito / la hogaza / le iba a la zaga / liaba / medios / mentira / rapada / reconoció / voceaban / el zurrón

B. Comprensión

Complete cada frase con sus propias palabras, basándose en la información que se da en la lectura. Dé toda la información que pueda en cada caso.

1. Emeterio Ruiz Heredia...
2. La familia de Emeterio...
3. Don Lorenzo dijo...
4. Roque el Mediano...
5. En Sagrado, Lope...
6. El médico...
7. La hija de Emeterio...
8. Manuel Enríquez...
9. Las manos de Manuel... y las manos de Lope...
10. Emeterio estaba...
11. Lope cogió una piedra...
12. Cuando se llevaron a Lope esposado...

C. Interpretación

Conteste.

1. ¿Qué es un «pecado de omisión»? ¿Por qué se llama así el cuento?
2. ¿Qué imagen de Lope nos da la autora al principio de la historia?
3. ¿De qué manera consigue la autora darnos una imagen negativa de Emeterio?
4. ¿Qué datos da la autora para presentar la vida en Sagrado de manera negativa?
5. La autora dedica unas cuantas líneas para describir la mano de Manuel Enríquez y la de Lope. ¿Por qué es muy importante esta descripción?
6. ¿Por qué reaccionó Lope de la manera que lo hizo ante Manuel Enríquez y huyó de él?
7. ¿Por qué mató Lope a su primo? En su opinión, ¿fue lógica la reacción de Lope o fue exagerada? ¿Por qué piensa Ud. así?
8. ¿Tienen razón las mujeres en lo que dicen al final? ¿Por qué (no)?
9. La palabra «sí» puede significar muchas cosas, dependiendo del tono con que se pronuncie. A veces puede ser irónica o puede tener un sentido similar al «*Yeah, yeah*» del inglés. ¿Qué significa, en su opinión, el «Sí, sí, sí» con que termina el cuento?

D. Intercambio oral

1. **Los pecados de omisión.** Hay muchas clases de pecados de omisión y frecuentemente los cometemos, al dejar de hacer cosas que deberíamos hacer. Hagan listas de «pecados» de esta clase y comenten sobre ellos.

2. **La influencia del medio.** ¿De qué manera influye el medio en un individuo y su comportamiento? ¿Es la educación decisiva para tener un futuro brillante o puede triunfar fácilmente una persona que se ha criado en un ambiente malo y que no ha estudiado?

3. **La caridad.** ¿En qué consiste la verdadera caridad? ¿Qué debería haber hecho un hombre rico, alcalde del pueblo, como Emeterio, por el chico huérfano? ¿Tienen obligación los ricos de ayudar a los pobres? ¿De qué manera?

4. **El juicio de Lope.** Distribúyanse los papeles de Lope, el juez, el abogado defensor, el fiscal y los testigos, que pueden ser el maestro, la viuda de Emeterio, su hija, Manuel, o cualquier otra persona del pueblo. Representen el juicio en clase y decidan el veredicto. Aunque en España no hay jurados, pueden tener uno en clase, al estilo norteamericano, si lo desean.

Sección gramatical

Placement of Descriptive Adjectives

Limiting adjectives (those indicating number or quantity) are placed in Spanish before the noun. So are demonstratives, indefinites, and possessives in their unstressed form. The problem of placement concerns only descriptive adjectives since they can either precede or follow the noun. The rules concerning the position of descriptive adjectives are very flexible. Good writers use adjective position to attain certain effects, taking into consideration such elements as rhythm and sound. There are, however, some general guidelines that can help inexperienced writers to place adjectives correctly.

1. Descriptive adjectives follow the noun when they are differentiating, that is, when they distinguish between one noun and others of its kind. Adjectives that refer to color, size, shape, condition, nationality, group, or any type of classification are differentiating adjectives. (In English, since all adjectives precede the noun, differentiating adjectives are distinguished by vocal stress: The *blond* child was the one who said that.)

Por favor, pon la mesa redonda frente al sillón azul, y la alfombra grande en mi habitación.	*Please put the round table in front of the blue chair, and the large rug in my bedroom.*
Cambié el curso de química orgánica por uno de sicología aplicada.	*I changed the course on organic chemistry for one on applied psychology.*

The adjectives **buen(o)** and **mal(o)** may precede or follow the noun.

Después de un día malo, se necesita un buen descanso.	*After a bad day one needs a good rest.*

2. Since past participles used as adjectives normally express a condition, they have a differentiating function and follow the noun in most cases.

En el nido caído había un pajarito con un ala rota y un pajarito muerto.	*In the fallen nest there was a bird with a broken wing and a dead bird.*

3. Adjectival phrases (those formed with **de** + noun) always follow the noun. So do descriptive adjectives when modified by an adverb.

Javier hablaba con una chica bastante bonita, que llevaba un traje de noche.	*Javier was talking to a rather pretty girl who was wearing an evening gown.*

4. A descriptive adjective following a noun is as important as the noun. When the descriptive adjective precedes the noun, it becomes nondifferentiating; in other words, its importance is minimized and it functions as an ornament or to add color.

An easy way to decide whether or not an adjective is nondifferentiating is to try to eliminate it. If the adjective can be omitted without a loss in meaning, it is probably nondifferentiating and should be placed before the noun. In the sentence *His father gave him a beautiful clock for his birthday*, the word *beautiful* can be omitted without great loss in meaning. In the sentence *His father gave him an alarm clock for his birthday*, omitting *alarm* would leave the meaning incomplete. So we say **un hermoso reloj** and **un reloj despertador**.

5. There are three main types of nondifferentiating descriptive adjectives.

a. Adjectives that express qualities inherent in the noun and, therefore, form a concept with it. One says **La fría nieve cubría el campo, Un violento huracán destruyó la cosecha,** and **El ágil atleta saltó los obstáculos**. These are expected adjectives. One expects snow to be cold, a hurricane to be violent, and an athlete to be agile. Note that all these purely ornamental adjectives could be omitted without loss of meaning in the sentences. However, if one says **No me gusta la sopa fría, Juan es un hombre violento,** and **Necesitan una chica ágil**, it is evident that **fría, violento,** and **ágil** cannot be eliminated. **No me gusta la sopa** would have a different meaning while **Juan es un hombre** and **Necesitan una chica** would have little meaning or no meaning at all.

Study the following quotations from a description of the town of Málaga by Rubén Darío.

«**Los hombres pasan con sus trajes *nuevos*, los sombreros *grises cordobeses*, los zapatos *de charol*...**».

Note that all the adjectives here follow the noun because they have a differentiating function: they are describing what kind of suits, hats, and shoes those men are wearing.

«**Sol *andaluz*, que vieron los *primitivos* celtas, que sedujo a los *antiguos* cartagineses, que deslumbró a los navegantes *fenicios*, que atrajo a los *brumosos* vándalos, que admiró a los romanos...**».

The adjectives **andaluz** and **fenicios** geographically distinguish the sun and the navigators respectively and, therefore, they follow the noun. **Primitivos**, **antiguos** and **brumosos** are used to refer to three of the ancient peoples that colonized the Iberian Peninsula. Anybody who knows the history of Spain would expect these adjectives to be used with reference to these peoples. Furthermore, they could be omitted without the meaning of the sentence being affected.

«**Junto a las *doradas* naranjas *dulcísimas*, se ve la *americana* chirimoya**».

Doradas precedes **naranjas** because it is an adjective one expects to be applied to oranges. **Dulcísimas** follows because it has a differentiating quality; it is telling us what kind of oranges these are. The position of **americana** preceding **chirimoya** is an interesting case, since adjectives of nationality rarely precede the noun. But the **chirimoya** (a tropical fruit unknown in the United States) is not a Spanish fruit. **Americana** (here meaning *from the New World*) is "expected" and nondifferentiating in this case since there are no **chirimoyas** except the ones from America.

b. Subjective adjectives are also nondifferentiating. Complimentary statements, like those found in the social pages of the newspapers, belong to this category.

La *linda* señorita Marieta Camejo, hija de la *elegante* dama Lucía Cortés viuda de Camejo, se casará el sábado próximo con el *distinguido* abogado Pablo Enrique Castillo Vergara.	Pretty *Miss Marieta Camejo, daughter of the* elegant *lady Lucía Cortés widow of Camejo, will marry the* distinguished *lawyer Pedro Enrique Castillo Vergara next Saturday.*

c. Adjectives that normally would be differentiating are often placed before the noun in poems or in written descriptions that have a poetic tone.*

A la *solitaria* mansión de *esbeltas* y *elegantes* columnas, se llegaba por un *retorcido* sendero.	*One reached the* lonely *mansion with its* slim *and* elegant *columns by a* winding *path.*

6. Other cases of a descriptive adjective preceding the noun.

   a. In some set phrases.

a corto (largo) plazo	*short (long) term*
Bellas Artes	*Fine Arts*
La Divina Comedia	The Divine Comedy
libre pensador (librepensador)	*freethinker*
mala hierba**	*weed*
mala suerte	*bad luck*
(la) pura verdad	*(the) real truth*
el Santo Padre	*the Holy Father*
(hacer) su santa voluntad	*(to do) as one pleases*
una solemne tontería	*a very foolish thing*

   b. In exclamations.

¡Qué hermoso día!	*What a beautiful day!*
¡Increíble suceso!	*An unbelievable incident!*

APLICACIÓN

A. ¿Antes o después? Coloque los adjetivos en el lugar apropiado.

1. **Bailes mexicanos.**

   El Palacio de (*Bellas*) _____ Artes _____ de la (*hermosa*) _____ ciudad

   _____ de México es un (*suntuoso*) _____ edificio _____ de (*blanco*)

   _____ mármol _____, situado en una (*céntrica*) _____ sección _____ de

   la (*populosa*) _____ capital _____. Allí suele presentarse el (*folklórico*)

   _____ ballet _____, un (*maravilloso*) _____ espectáculo _____ de

   (*regionales*) _____ trajes _____ y (*típicos*) _____ bailes _____.

---

*In Spanish, an adjective placed before the noun has a more elegant tone than one that follows.

****Mala hierba** is used also in a figurative sense to refer to people:

Esa chica es mala hierba, no quiero que mi hija ande con ella.	*That girl is a bad influence; I don't want my daughter to go around with her.*

2.   **La niña vuelve a casa.**

Aquél era en verdad un (*miserable*) _____ barrio _____. Los (*decadentes*)

_____ edificios _____ se agrupaban como buscando (*recíproco*) _____

apoyo _____. Un (*flaco*) _____ gato _____ hurgaba en los (*atestados*)

_____ cubos de basura _____. Media docena de (*semidesnudos*) _____

chiquillos _____ saltaban rientes frente a una (*abierta*) _____ toma de agua

_____ para refrescarse con el (*fresco*) _____ chorro _____. El agua corría

veloz hacia la alcantarilla, dejando a su paso (*pequeños*) _____ charcos _____ en

el (*irregular*) _____ pavimento _____. Dos (*raquíticas*) _____ palomas

_____ hundían con ansia el pico en uno de los charcos.

«Aquí es» —dijo la niña desde el (*mullido*) _____ asiento _____ del

(*elegante*) _____ coche _____ con una (*tímida*) _____ vocecita _____.

El señor que conducía y su esposa intercambiaron (*compasivas*) _____ miradas

_____. Una (*gorda*) _____ mujer _____ de (*canoso*) _____ pelo

_____ estaba sentada a la puerta del (*ruinoso*) _____ edificio _____.

Llevaba un (*desteñido*) _____ vestido _____. La mujer dirigió al coche una

(*curiosa*) _____ mirada _____. La (*trasera*) _____ puerta _____ se abrió

y la (*frágil*) _____ chiquilla _____ saltó a la acera y corrió hacia la

(*sorprendida*) _____ mujer _____.

3.   **Visita a una mina.**

Cuando llegaron a la (*angosta*) _____ entrada _____ de la mina, José Asunción,

un (*flaco*) _____ minero _____, entró delante para guiar a los (*impresionados*)

_____ turistas _____. Caminaron todos despacio por el (*oscuro*) _____ túnel

_____, guiándose por la (*débil*) _____ luz _____ de la linterna que llevaba el

minero.

4.   **Una tormenta en el mar.**

Era una (*tropical*) _____ tormenta _____. El (*pesquero*) _____ barco

_____ en que íbamos se movía como un juguete de las (*furiosas*) _____ olas

_____. El (*fuerte*) _____ viento _____ azotaba la cubierta de la

(*desamparada*) _____ embarcación _____. Debajo se agrupaban los (*temerosos*)

_____ pasajeros _____. María, que era una (*religiosa*) _____ mujer

_____, rezaba en (*alta*) _____ voz _____.

B. Imagine que Ud. es un/a cronista social que describe un acto para un periódico. Para cada nombre en cursiva, escoja uno de los adjetivos que se dan, adaptando su terminación. No use el mismo adjetivo dos veces. (Observe que, en este caso, la mayor parte de los adjetivos son adornos.)

activo	emocionante	memorable
adornado	estupendo	multicolor
alegre	fino	nuevo
ancho	gentil	obligado
antiguo	grande	principal
aristocrático	hermoso	querido
azul	honorable	recién construido
bello	ilustre	remodelado
bien coordinado	importante	rojo
bonito	inolvidable	romántico
caluroso	inspirado	simpático
de seda	inteligente	solemne
distinguido	interesante	tan conocido
divertido	joven	típico
eficiente	límpido	vivo
elegante	lujoso	valiente

La inauguración del Parque de la Constitución

La *ceremonia* de inauguración del *Parque* de la Constitución, contó con la asistencia de *funcionarios* de la ciudad. El *señor* alcalde asistió, acompañado de su *esposa* y su *hija*. También vimos allí, en un *palco* destinado a las *autoridades*, al *jefe* de policía y a tres de nuestros *concejales*. La *música* estuvo a cargo de la *banda municipal*, que tocó *marchas* y *canciones*. Poco antes de que comenzaran los *discursos*, la *esposa* del alcalde cortó la *cinta* que sujetaba más de cien *globos*. Fue un *espectáculo* verlos cubrir el *cielo* de esta *tarde* de agosto.

C. Añada adjetivos originales a las siguientes descripciones, tratando de usar un tono poético. Puede cambiar un poco las oraciones si así lo desea.

1. Las nubes avanzaban acumulándose hasta formar una especie de maraña. Eran grises, casi negras. Se veía que se acercaba un chubasco. De pronto, se oyó un trueno a lo lejos. Hilos de agua comenzaron a caer oblicuamente, empapando la hierba y los matorrales. La luz de los relámpagos atravesaba el cielo. Todo duró menos de media hora. El sol salió cuando menos se esperaba. El campo olía a limpio, y los pajaritos, saliendo de Dios sabe dónde, cantaban en las ramas de los árboles.

2. Cuando salimos al campo empezaba a amanecer. Todos dormían todavía. La tranquilidad del paisaje invitaba a la meditación. Vi en lontananza unas lomas, casi cubiertas por la niebla. Parecían gigantes. Después fuimos viendo señales de vida. Por un puente pasaba una recua de mulas. Rebaños de ovejas subían por la falda de una loma, y en el prado, un grupo de palomas volaba sobre el techo de un caserón. Yo iba en un caballo y los demás en mulas. Cuando pasábamos cerca de alguna casa, los perros nos perseguían ladrando.

DIFFERENCES IN THE MEANING OF ADJECTIVES ACCORDING TO POSITION*		
	BEFORE THE NOUN	**AFTER THE NOUN**
antiguo	*former, of long standing, ex-*	*very old, ancient*
cierto	*certain*	*sure, definite*
diferente	*various*	*different*
medio	*half*	*average*
mismo	*same, very*	*-self*
nuevo	*another*	*brand-new*
pobre	*poor (unfortunate, pitiful)*	*penniless, needy*
propio	*own* (used as an intensifier)	*own* (of one's ownership)
puro	*sheer*	*pure*
raro	*rare (few)*	*strange, odd, uncommon*
simple	*just, mere*	*simple-minded*
único	*only, single*	*unique*
viejo	*old* (of long standing)	*old* (in years)

*This list is based on general usage. However, the use of position to express differences in meaning is not a practice followed rigidly by native speakers; sometimes context and not position determines the meaning.

Examples:

La *pobre* Ana Montejo era una persona *rara*. A la muerte de sus padres, se había mudado a un edificio *viejo*, no lejos de su *antigua* casa. Salía en *raras* ocasiones y había acumulado, en el *único* dormitorio de su departamento, un montón de cachivaches *antiguos* que le daban a la habitación un aspecto *único*.	Poor *Ana Montejo was an* odd *person. On her parents' death, she moved into an* old *building, not far from her* former *house. She went out on* rare *occasions and she had accumulated, in the* only *bedroom of her apartment, a lot of very old* stuff *which gave the room a* unique *look.*
Lo vi todo con mis *propios* ojos.	*I saw everything with* my very own *eyes.*
No vivo con mis padres sino en mi *propio* apartamento, pero algún día quiero tener casa *propia*.	*I don't live with my parents but rather in* my own *apartment but I want to own a house* of my own *some day.*

APLICACIÓN

Coloque los adjetivos en el lugar apropiado.

1. La (*única*) _____ medicina _____ que le recetó el médico fue que respirara (*puro*) _____ aire _____.

2. En mi (*antiguo*) _____ barrio _____ la mayoría de las familias eran de (*media*) _____ clase _____.

3. (*Cierta*) _____ señorita _____ Pardo llamó para interesarse por el (*antiguo*) _____ espejo _____ que quieres vender. Le expliqué que tenía un (*raro*) _____ marco _____ y que era una (*vieja*) _____ pieza _____.

4. Ésta no es la (*misma*) _____ foto _____ de la actriz, sino una (*diferente*) _____ foto _____. La (*misma*) _____ actriz _____ me la envió firmada por su (*propia*) _____ mano _____.

5. Don Jorge era un (*simple*) _____ hombre _____ y (*raras*) _____ veces _____ comprendía mis razonamientos.

6. Por (*pura*) _____ suerte _____ conseguí localizar a Ernesto y fui con él a ver al (*pobre*) _____ Rodrigo _____, que estaba muy enfermo. Rodrigo se emocionó al ver a sus (*viejos*) _____ compañeros _____.

7. Sirvieron (*diferentes*) _____ frutas _____, pero yo sólo comí (*media*) _____ naranja _____.

8. Debes hacer ese negocio, es un (*cierto*) _____ éxito _____ y una (*única*) _____ oportunidad _____.

9. Mi amigo Juan no tiene un (*nuevo*) _____ coche _____, éste es el (*mismo*) _____ coche _____ que tenía, pero (*mismo*) _____ Juan _____ lo pulió y está muy brillante.

10. Era un (*pobre*) _____ joven _____ y comenzó siendo un (*simple*) _____ empleado _____, pero ahora tiene (*propio*) _____ negocio _____ y es rico.

POSITIONING TWO OR MORE DESCRIPTIVE ADJECTIVES

1. Very often a noun is modified by two or more descriptive adjectives. The first thing to do in this case is to decide whether all these adjectives are of the same type. There are three possible combinations.

    a. Nondifferentiating adjective + noun + differentiating adjective.

Su madre siempre nos preparaba deliciosos postres cubanos.	*Her mother always prepared delicious Cuban desserts for us.*

Deliciosos is far more subjective than **cubanos**. Of the two adjectives, **deliciosos** is the one that could be omitted without a loss in meaning.

    When one of the adjectives is an adjectival phrase, the other adjective, whether nondifferentiating or not, is often placed before the noun to provide some kind of stylistic balance for the adjectival phrase. This is true especially if the adjective is somewhat subjective. In the following examples, **costoso** and **lejano** may be relative terms depending on who is saying them.

Marta llevaba un costoso traje de noche.	*Marta was wearing an expensive evening gown.*

Siempre pasan las vacaciones en un lejano pueblo de pescadores.	*They always spend their vacation in a distant fishing town.*

But:

Aurelio compró un traje de lana gris.	*Aurelio bought a gray wool suit.* (**Gris**, being an objective, differentiating adjective here, cannot precede **traje**.)

b. Noun + differentiating adjectives.

Lope era un joven sensible, tímido e inteligente.	*Lope was a sensitive, shy, and intelligent young man.*

Sensible, **tímido**, and **inteligente** are adjectives of the same kind; all are part of Lope's description. Note that in Spanish the first two adjectives are separated by a comma and the second and third by a conjunction.

c. Nondifferentiating adjectives + noun.

Acabo de leer *Lo que el viento se llevó*, una larga e interesante novela sobre la Guerra Civil.	*I have just read* Gone with the Wind, *a long and interesting novel about the Civil War.*

Larga and **interesante** are two adjectives one expects to be applied to *Gone with the Wind*. They are nondifferentiating. Note also that these adjectives could be omitted.

2. There is a preference in the order of two or more differentiating descriptive adjectives: the adjective considered most important is placed closest to the noun.

Mi prima se especializa en literatura española medieval.	*My cousin specializes in medieval Spanish literature.*

The speaker considers **española** to be the more important word of the classification and **medieval** to be a subdivision. But it is also possible to say **Mi prima se especializa en literatura medieval española.** In this case, the speaker's cousin specializes in medieval literature, and within this specialization, **española** is considered a subdivision.

APLICACIÓN

Coloque cada par de adjetivos junto al nombre en cursiva, en la posición más apropiada. Los adjetivos se dan en orden alfabético, es posible que sea necesario invertir el orden y también usar *y* en algunos casos.

1. (azul / tibia) Todo sucedió en una *mañana* del mes de abril.
2. (vasta / verde) Los caballos galopaban por la *llanura*.
3. (tropical / violenta) Una *tormenta* destruyó la cosecha.
4. (enormes / puntiagudos) Cuando el cazador vio los *colmillos* del jabalí, tuvo tanto miedo que no pudo disparar.
5. (aterciopelados / fragantes) Deshojó uno por uno los *pétalos* de la rosa.

6. (blanco / inalámbrico) Le regalé a mi madre un *teléfono*.

7. (desierto / oscuro) Era una noche sin luna, y nadie los vio escaparse por el *camino*.

8. (de noche / pequeño) La chica llevaba un *bolso* en la mano.

9. (modernos / pedagógicos) Mi profesor es un admirador de los *sistemas*.

10. (blancos / escasos) El viejo se peinaba los *cabellos*.

11. (fiel / viejo) Gracias a la amistad de mi *amigo* Miguel, resolví el problema.

12. (huérfana / pobre) Anita me da lástima porque es una *niña*.

13. (inmenso / familiar) El caballero vivía solo en el *caserón*.

14. (cálidas / transparentes) Me encantan las *aguas* de las playas del Caribe.

15. (complicados / matemáticos) ¡Es un genio! Resolvió esos *problemas* en un minuto.

Special Forms of the Absolute Superlative

An absolute superlative is an intensifier that expresses a very high degree of a quality without establishing a comparison. The most common ways to form an absolute superlative are (a) by using **muy**, and (b) by dropping the last vowel of the adjective—if there is one—and adding **-ísimo, -ísima, -ísimos, -ísimas**.*

However, **muy** is not the only adverb that may intensify an adjective. Possible substitutes include **absurdamente, astronómicamente, atrozmente, bien, harto, especialmente, excepcionalmente, extraordinariamente, extremadamente (en extremo), enormemente, excesivamente, incalculablemente, increíblemente, terriblemente, sumamente.**

Soy bien tímido y me pongo sumamente nervioso cuando hablo con una persona a quien considero excepcionalmente inteligente.	*I am very shy and I become extremely nervous when I am talking to a person whom I consider to be exceptionally intelligent.*

It is also possible to use the prefixes **extra-** and **super-**.

Esa máquina es superrápida, pero Ud. debe ser extracuidadoso al usarla.	*That machine is extremely fast, but you should be extra careful when you use it.*

In the case of the **-ísimo** adjectives, especially in the written language, there are (a) some alternate forms, and (b) some special words. Important examples:

(a) alternate forms	(b) special words
buenísimo = **bonísimo, óptimo**	célebre > **celebérrimo**
fuertísimo = **fortísimo**	libre > **libérrimo**
grandísimo = **máximo**	mísero > **misérrimo**
malísimo = **pésimo**	sabio > **sapientísimo**
pequeñísimo = **mínimo**	
pobrísimo = **paupérrimo**	

---

*Remember that **-z** changes to **-c**: feliz > **felicísimo**; **-c** to **-qu**: blanco > **blanquísimo**; **-g** to **-gu**: largo > **larguísimo**; and **-ble** to **-bil**: notable > **notabilísimo**.

APLICACIÓN

Reemplace *muy* y los adjetivos terminados en *-ísimo/a/os/as* y sus variantes con adverbios, prefijos o palabras de las listas anteriores.

1. Cuando oí las palabras muy alentadoras del señor Cruz, me sentí felicísimo. No solamente me ofrecía un puesto muy importante en una compañía conocidísima, sino además un sueldo muy alto. A mí, que me crié en una familia pobrísima, este éxito me producía un orgullo grandísimo y una satisfacción muy especial.

2. Fue un partido emocionantísimo. Nuestro equipo es muy célebre, pero el equipo rival era muy agresivo y por un tiempo larguísimo pareció que los nuestros sufrirían una derrota humillantísima. Pero nuestro entrenador es muy sabio y usó estrategias habilísimas. Al final, nuestros buenísimos jugadores quedaron a la altura de su merecidísima reputación.

3. El cuarto que nos destinaron en el hotel era malísimo, muy oscuro y de dimensiones pequeñísimas. La cama era muy incómoda y estaba habitada por unas chinches ferocísimas que daban unas picadas muy dolorosas. Por supuesto, nuestra estadía en aquel hotel fue brevísima: a la mañana siguiente, furiosísimos, nos marchamos.

Sección léxica

Ampliación: Formación de adjetivos

En la lectura aparecen los adjetivos derivados **rojiza** y **amarillenta**. Como éstos, muchos adjetivos se forman por derivación, al añadir uno o más sufijos a un sustantivo. Algunos de estos sufijos son:

1. **-ado**

colcha	**acolchado**	óvalo	**ovalado**
corazón	**acorazonado**	perla	**perlado**
cuadro	**cuadrado**	rosa	**rosado**
naranja	**anaranjado**	sal	**salado**

2. **-(i)ento**

amarillo	**amarillento**	grasa	**grasiento**
avaro	**avariento**	hambre	**hambriento**
calentura	**calenturiento**	polvo	**polvoriento**
ceniza	**ceniciento**	sed	**sediento**

3. **-ino**

alabastro	**alabastrino**	muerte	**mortecino**
cristal	**cristalino**	púrpura	**purpurino**
daño	**dañino**		

Este sufijo se combina frecuentemente con nombres geográficos e históricos.

los Andes	**andino**	el rey Alfonso	**alfonsino**
capital	**capitalino**	la reina Isabel	**isabelino**

4. -izo

cobre	**cobrizo**	paja	**pajizo**
enfermo	**enfermizo**	plomo	**plomizo**
huida	**huidizo**	rojo	**rojizo**
olvido	**olvidadizo**		

5. -oso

cariño	**cariñoso**	lluvia	**lluvioso**
chiste	**chistoso**	moho	**mohoso**
engaño	**engañoso**	orgullo	**orgulloso**
fango	**fangoso**	pasta	**pastoso**
fatiga	**fatigoso**	tierra	**terroso**
lujo	**lujoso**	trampa	**tramposo**

6.   También se forman adjetivos combinando sufijos con otras partes de la oración.* Por ejemplo, **-ón** forma adjetivos de mucho uso en la lengua oral, pero se combina con verbos, no con sustantivos. Algunos de los adjetivos formados con **-ón** son despectivos.

adular	**adulón**	jugar	**juguetón**
burlar	**burlón**	llorar	**llorón**
criticar	**criticón**	mandar	**mandón**
comer	**comilón**	preguntar	**preguntón**
dormir	**dormilón**	responder	**respondón**

APLICACIÓN

A. Busque el significado de los adjetivos de las listas anteriores que no conozca. Después use los más apropiados para reemplazar partes de las siguientes oraciones.

1.   Yo tenía mucha sed y ese arroyo que parecía un cristal invitaba a beber.

2.   A mi perro le gusta mucho dormir, pero también le gusta mucho jugar y comer.

3.   Hay caras en forma de corazón y caras semejantes a un cuadro, pero según los estetas, la cara ideal debe tener forma de óvalo.

4.   Era un tipo muy repulsivo. Tenía los dientes casi amarillos y el pelo con mucha grasa.

5.   Como eran de la capital, no podían adaptarse a la vida de los Andes.

6.   El camino antes tenía mucho polvo, pero después de la lluvia se puso peor, porque se llenó de fango.

---

*En *Ampliación* de capítulo 9 se explicó el uso del participio pasivo en **-ado, -ido** para formar adjetivos. En el capítulo 13 se explicará el uso del pasivo de presente y otras terminaciones frecuentes que equivalen a *-ing*.

7. Hay engaño en ese negocio porque a Jiménez le gusta mucho hacer trampa.

8. La lámpara tenía mucho moho y había perdido su hermoso brillo de cobre.

9. Ella se pintó las uñas con un esmalte con tonos de perla muy bonito, pero el contraste entre el color púrpura de sus labios y su tez como el alabastro, le daba aspecto de enferma.

10. Me gustan las personas que dicen chistes y también las que me demuestran cariño. Detesto a las que me adulan y también a las que son avaras.

11. ¡Qué matrimonio! La mujer es la que manda y el marido critica siempre a todo el mundo.

12. Las frutas verdes hacen daño, no las comeré aunque tenga mucha hambre.

B. ¿Cómo calificaría Ud. a una persona que...?

1. lo olvida todo

2. tiene calenturas

3. tiene mucho orgullo

4. nunca se queda callada cuando alguien dice algo

5. disfruta burlándose de todo

6. pregunta demasiado

C. ¿Qué adjetivo aplicaría Ud. a algo (o a alguien) que...?

1. es de lujo

2. parece una pasta

3. se parece a la tierra

4. causa fatiga

5. pertenece a la época de la reina Isabel

6. tiene el color de la ceniza

7. parece estarse muriendo

Distinciones: Palabras españolas que equivalen a to take

1. **tomar** = *to take (in one's hand; to take notes, a medicine; to drink a beverage)*

Toma el dinero que te debo.	*Take the money I owe you.* (Generally said while handing the money to the person.)
El doctor me dijo que tomase las pastillas tres veces al día.	*The doctor told me to take the pills three times a day.*

2. **coger*** = *to take or grab an object; to take a vehicle*

Si cogemos el tren de las cuatro llegaremos a tiempo.	*If we take the four o'clock train we will get there on time.*
El policía logró coger a la suicida por los cabellos.	*The policeman succeeded in grabbing the suicidal woman by the hair.*

---

*En la Argentina, el Uruguay y el Paraguay, **coger** tiene un sentido obsceno y ha sido sustituido por **agarrar** y **tomar**. En México, por el mismo motivo, se prefiere el verbo **tomar**, aunque **coger** se oye a veces.

3. **llevar** = *to take* (*to carry, transport, accompany someone or something; to lead* [said of a road])

Yo llevaba varios libros pesados, pero por suerte él me llevó a casa en su coche.	*I was carrying several heavy books but luckily he took me home in his car.*
El niño no va nunca solo a la escuela; su madre lo lleva.	*The boy never goes to school alone; his mother takes him.*
¿Adónde me lleva este camino?	*Where will this road take me?*

4. **llevarse** = *to take (to steal)*

—¡Nos han robado! —¿Qué se llevaron?	*"We've been robbed?" "What did they take?"*

Otros equivalentes de *to take*

1. **quitar** = *to take (to remove from); to take away*

Quita esa caja de la cama; está sucia.	*Take that box off the bed; it's dirty.*
Si quitas tres dólares, nos quedan siete.	*If you take away three dollars we will have seven left.*

2. **quitarse** = *take off* (clothing)

Él entró en el agua sin quitarse los zapatos.	*He went into the water without removing his shoes.*

3. **despegar** = *to take off* (said of a plane)

El avión despegará en unos minutos.	*The plane will take off in a few minutes.*

4. **sacar (tomar) una fotografía** = *to take a picture*

En el zoológico sacaremos fotos de los monos.	*At the zoo we will take pictures of the monkeys.*

5. **hacer un viaje** = *to take a trip*

¿Te gustaría hacer un viaje a Italia el próximo verano?	*Would you like to take a trip to Italy next summer?*

6. **dar un paseo, una vuelta** = *to take a walk, a stroll; to go for a ride*

Es muy agradable dar un paseo al atardecer.	*It is very pleasant to take a walk at dusk.*

7. **sacar** = *to take out*

Abrió el armario y sacó dos copas y una botella.	*He opened the cabinet and took out two wineglasses and a bottle.*

8. **dormir (echar) una siesta** = *to take a nap*

   **En el verano me gusta echar una
   siesta bajo los árboles.**

   *In the summertime I like to take a
   nap under the trees.*

9. **tomarse (cogerse) unas vacaciones** = *take a vacation*
   tomarse (cogerse) un descanso = *to take time off*

   **Ud. se ve cansado. Debe tomarse
   un descanso (unas vacaciones).**

   *You look tired. You ought to take
   some time off (a vacation).*

APLICACIÓN

A. Complemente cada frase de la columna izquierda con la frase más apropiada de la columna
de la derecha.

1. ¿Puedes prestarme tu libro?

2. Es bueno caminar después de comer.

3. Tu primo no está en estas fotos.

4. Hace mucho calor en esta
   habitación.

5. ¿Duerme Ud. a veces por la
   tarde?

6. Necesito ir de compras, pero mi
   coche está roto.

7. Un ladrón entró en nuestra
   casa.

8. Estoy extenuada, necesito
   descansar.

9. No sé adónde va este camino.

10. Marta se queja de que su
    marido siempre sale solo.

11. El avión todavía está en la pista
    porque hay una tormenta de
    nieve.

12. No tengo espacio para escribir,
    hay muchos libros sobre la mesa.

13. ¿Qué instrucciones te dio el doctor?

14. Siento haber llegado tan tarde.

a. Quítalos y ponlos en el estante.

b. Pues, te llevo en el mío.

c. Yo sí, lleva al pueblo de San José.

d. No pude coger el autobús de las
   tres.

e. No podrá despegar hasta
   mañana.

f. Es verdad. Él no la lleva a
   ninguna parte.

g. Es que tienes el abrigo puesto.
   Quítatelo.

h. Que tome la medicina una vez
   al día.

i. Tómate unas vacaciones.

j. Es que no le gusta que le saquen
   fotografías.

k. Por supuesto, aquí está, tómalo.

l. Se llevó todas las joyas.

m. Vamos a dar un paseo por el
   parque.

n. Sí, echo una siesta si tengo
   tiempo.

B. Traduzca.

1. You must take out a license to get married.

2. The rocket will take off at dawn.

3. They took away the prisoner's shoes.

4. The little girl took me by the hand.

5. Bernardo always takes coffee with his dinner.
6. It is necessary to take notes in this class.
7. I would like to take a trip to Europe now.
8. He took me for a ride in his blue Mercedes.
9. The doctor told me to always carry the pills in my pocket and to take two before taking the train.
10. The armchair was so comfortable that she took a nap.
11. She took money out of her purse and told me, "Take this."
12. When you take out the dog, don't forget to take your key.

Para escribir mejor

La descripción

Una descripción es la representación de una escena, persona, animal o cosa por medio de palabras. A veces el escritor es como una cámara fotográfica y trasmite al lector una imagen objetiva de la realidad; otras veces, es más como un pintor y da al lector la imagen de la realidad tal como él la ve.

En una descripción objetiva, es decir, de cámara fotográfica, no suele haber toques personales ni metáforas, sólo los adjetivos necesarios para que el lector pueda «ver» los objetos. Esta clase de descripción se encuentra, principalmente, en escritos de carácter técnico o científico.

En una descripción subjetiva, por el contrario, hay generalmente comparaciones, metáforas y abundancia de adjetivos puramente decorativos, porque el escritor no quiere simplemente que «veamos» los objetos, sino además compartir con nosotros sus sentimientos o reacciones hacia ellos. La mayor parte de las descripciones que encontramos en obras literarias son subjetivas, aunque algunas lo son mucho más que otras.

DESCRIPCIONES DE LUGARES

El siguiente ejemplo está tomado de *Camino del perfección*, del español Pío Baroja, y se distingue por su subjetivismo extremo.

> Aquel anochecer lleno de vaho, de polvo, de gritos, de mal olor; con el cielo bajo, pesado, asfixiante, vagamente rojizo; aquella atmósfera, que se mascaba al respirar; aquella gente endomingada, que subía en grupos hacia el pueblo, daba una sensación abrumadora, aplastante, de molestia desesperada, de malestar, de verdadera repulsión.

Aquí el novelista al describir se concentra en las sensaciones que la escena despierta en el protagonista y no en la escena en sí. Observe el uso de adjetivos como **asfixiante, abrumadora, aplastante,** que dan idea de la opresión que siente el personaje.

La descripción anterior nos presenta una escena que se mueve ante un personaje inmóvil. En el próximo ejemplo, también de *Camino de perfección*, tanto el personaje como la escena se mueven, y tenemos la impresión de estar viendo una película.

> Volvíamos andando por la Castellana hacia Madrid. El centro del paseo estaba repleto de coches; los veíamos cruzar por entre los troncos negros de los árboles; era una procesión interminable de caballos blancos, negros, rojizos, que piafaban impacientes; de coches charolados con ruedas rojas y amarillas, apretados en cuatro o cinco hileras,

que no se interrumpían; los lacayos sentados en los pescantes con una tiesura de muñecos de madera.

La sensación de movimiento se obtiene aquí por medio de la enumeración rápida de los carruajes.

RECOMENDACIONES GENERALES

El primer paso para una buena descripción es la observación de un sujeto (ya sea real o ya sea creado en la mente del escritor, combinando elementos reales). Esta observación no tiene que ser sólo visual, puede contener elementos apreciados con los otros sentidos. Baroja, por ejemplo, en su primera descripción, menciona gritos y mal olor.

El segundo paso es sumamente importante, consiste en ordenar y seleccionar los detalles que van a escribirse. Como se aconsejó en el caso de la narración, debe evitarse el detallismo excesivo, pues una enumeración demasiado completa o minuciosa resulta aburrida.

Al llegar al tercer paso, que es el acto de escribir, deben escogerse con cuidado los adjetivos para que produzcan en el lector el efecto que se desea. Deben también evitarse las palabras demasiado comunes y los verbos de significado general o vago, como ser, haber, hacer y tener.

EL RETRATO

Uno de los retratos más famosos de la literatura castellana es el que hace don Miguel de Cervantes de sí mismo:

> Éste que veis aquí, de rostro aguileño, de cabello castaño, frente lisa y desembarazada, de alegres ojos y de nariz corva, aunque bien proporcionada, las barbas de plata, que no ha veinte años fueron de oro, los bigotes grandes, la boca pequeña, los dientes ni menudos ni crecidos, porque no tiene sino seis, y ésos mal acondicionados y peor puestos, porque no tienen correspondencia los unos con los otros; el cuerpo entre dos extremos, ni grande ni pequeño, la color viva, antes blanca que morena, algo cargado de espaldas y no muy ligero de pies; éste digo que es el rostro del autor de *La Galatea* y de *Don Quijote de la Mancha*.

Este autorretrato —puramente físico— de Cervantes es tan preciso, que un artista podría dibujar al escritor tal como era guiándose sólo por su descripción.

RETRATOS DE ANIMALES

Casi tan famoso como el autorretrato de Cervantes, es el retrato del burro Platero que hace Juan Ramón Jiménez en *Platero y yo*.

> Platero es pequeño, peludo, suave; tan blando por fuera, que se diría todo de algodón, que no lleva huesos. Sólo los espejos de azabache de sus ojos son duros cual dos escarabajos de cristal negro...
>
> Es tierno y mimoso igual que un niño, que una niña...; pero fuerte y seco por dentro, como de piedra. Cuando paso sobre él, los domingos, por las últimas callejuelas del pueblo, los hombres del campo, vestidos de limpio y despaciosos, se quedan mirándolo.
>
> —Tien' asero...
>
> Tiene acero. Acero y plata de luna, al mismo tiempo.

Observe que el poeta no hace una descripción minuciosa, sino que ha escogido los aspectos que él aprecia más en su burro: la suavidad de su piel, la cual lo hace parecer hecho de algodón, y la dureza de sus ojos, como escarabajos de cristal negro. Estos ojos duros no son un signo negativo, al contrario, indican entereza de carácter, hecho que se confirma más adelante, cuando la gente comenta que el burrito «tiene acero». El retrato no es solamente físico; el escritor nos habla de su carácter: es tierno, mimoso y al mismo tiempo fuerte y seco por dentro.

APLICACIÓN

A. Escoja una de las descripciones de lugares que se dan como modelo e imítela. Explique las impresiones que Ud. trata de dar al lector.

B. Describa un lugar que Ud. haya visitado o que desee visitar.

C. Basándose tanto como sea posible en el autorretrato de Cervantes, descríbase a sí mismo/a. La descripción puede ser idealizada.

D. ¿Tiene Ud. un animalito? Descríbalo, indicando sus rasgos físicos más característicos, y dé también algún detalle que informe al lector sobre su carácter.

TRADUCCIÓN

A Winner's Humble Background

The life of Lope in a poor, rural area of northern Spain is a very sad (*do not use* **muy**) and tragic story. A certain wise and kindhearted teacher in Lope's village saw the possibility of a successful future for the boy. However, his own relative, Emeterio, a selfish, mean-spirited man, took in Lope, who had been left an orphan, and forced him to live in an isolated, desolate place where he had to work as a sheepherder. This decision of Emeterio prevented (*use* **impedir que** + subjuntivo) the intelligent youth from continuing to go to school. After several years of this extremely difficult life, Lope turned into a rough and ignorant young man.

An interesting case that I read recently in a local newspaper contrasts with Lope's depressing life. The protagonist of this heartwarming real-life story, which takes place in the western part of

Lo mismo que el triunfador del cual se habla en la traducción, estos trabajadores migratorios mexicanos realizan un trabajo duro y tedioso en los campos de cultivo. En este caso, se trata de un campo de cebollas que hay que limpiar de hierbas malas. En vez de arrodillarse, los trabajadores trabajan inclinados, pues esto les permite trabajar más rápido.

the United States, is a humble farmworker. Instead of using his true name as it appears in the report, I'll call him Ignacio.

This, then, (**pues**) is the extraordinary story of Ignacio, a bright, ambitious Hispanic immigrant who eventually becomes a prominent executive. He began his working life at the early age of 14 in the agricultural fields of the fertile Central Valley of California at the beginning of the 1970s. He would get up at five in the morning and spend long hours carrying out exhausting tasks. Along with his loving parents and his two hard-working brothers, Ignacio picked peaches, grapes, cotton and sugar beets, and he also did all the other jobs that are necessary to obtain bountiful crops. He recalls that the worst thing was putting on high rubber boots in the 108-degree summer heat and walking through the extensive fields of safflowers, whose sharp thorns caused him painful scratches.

Ignacio and his family made innumerable sacrifices so that he would be able to pursue his studies and, unlike Lope, he had the good luck to receive an excellent education. Ignacio graduated from prestigious Stanford University and is now president of Bank of America Corporation in Arizona.

TEMAS PARA COMPOSICIÓN

1. La historia de Lope. Vuelva a contar «Pecado de omisión», esta vez en primera persona y desde el punto de vista de Lope.

2. La vida de campo. ¿Qué desventajas tiene sobre la vida de ciudad? ¿Tiene ventajas? ¿Qué diferencias hay en la vida campestre según el país, el clima, la región, etc.? ¿Hay vidas campestres mejores que otras? ¿Por qué (no)?

3. Otro caso que conozco de un triunfador de origen humilde. Hay muchos casos similares al de Ignacio, tanto en el presente como en el pasado. Hable de uno que conozca directa o indirectamente.

4. Los inmigrantes en los Estados Unidos. ¿Debe haber en los Estados Unidos una amnistía que dé estado legal a todos los inmigrantes que no tienen papeles? ¿De qué manera sería esto beneficioso o perjudicial para nuestro país?

Santa Fe, Nuevo México. Esta pareja compra artesanías hispánicas.

CAPÍTULO *11*

Lectura

Introducción

Sabine Ulibarrí, el autor de este cuento, nació en Tierra Amarilla, Nuevo México, en 1919, y es uno de los más destacados escritores nuevomexicanos. Aunque escribió varios volúmenes de poesía, debe su fama a sus cuentos. Sus colecciones, algunas de ellas publicadas en forma bilingüe, incluyen: *Tierra Amarilla: Cuentos de Nuevo México, Mi abuela fumaba puros* y *Primeros encuentros*. A esta última colección pertenece «Adolfo Miller».

En los cuentos de *Primeros encuentros*, Ulibarrí regresa al mundo de su niñez y frecuentemente nos presenta la interacción entre hispanos y anglos vista a través de sus ojos de niño.

En la actualidad, Sabine Ulibarrí es Profesor Emérito de la Universidad de Nuevo México y vive en Albuquerque.

«Adolfo Miller» tiene lugar en Tierra Amarilla, un pueblo cerca de Chama, ciudad que también se menciona en el cuento. Ambos están al norte del estado, casi en la frontera con Colorado.

Gran parte de los hispanos que viven en Nuevo México (un 38% de la población total) son descendientes de los españoles que comenzaron a llegar a finales del siglo XVI. La tradición cultural de este estado puede considerarse mestiza pues es, como muchos de sus habitantes, mezcla de los españoles y los indígenas de la región: navajos, apaches y, sobre todo, pueblos.

Las familias hispanas de Nuevo México han conservado de manera muy firme la religión y la lengua de sus antepasados. Su español es sencillo y un poco arcaico.

Al leer este cuento, observe que el autor usa pocas oraciones subordinadas y prefiere las frases cortas. Su estilo es conciso y la narración sigue la norma de «escribo como hablo», para dar la impresión de una historia trasmitida de una generación a otra dentro de la misma familia.

La historia que nos relata el autor tiene como centro a la familia de Francisquita, la esposa de su tío Víctor, y presenta la interacción de esta familia con un gringo joven que da título al cuento. La fuerza de las tradiciones y la lengua española en este pueblo va a verse en el hecho de que Adolfo Miller no «americaniza» a la familia con su presencia, sino al contrario, es él quien aprende a hablar bien el español y se «hispaniza».

La narración termina de manera abierta, con muchas interrogantes, para que el lector saque sus propias conclusiones de lo sucedido, y esto la hace más interesante.

Adolfo Miller

Don Anselmo y doña Francisquita tuvieron sólo una hija. La hija se llamaba Francisquita también. A su debido° tiempo y por debidas razones esa hija se casó con mi tío Víctor. A través de este parentesco° conozco la historia que voy a contar.

5   En la vida apacible° de Tierra Amarilla apareció un día un rubio gringuito mostrenco°. Nadie sabía de dónde venía, si tenía familia o qué quería. Lo único que se supo es que allí estaba. Dijo que se llamaba Adolfo Miller.

    Dormía quién sabe dónde, comía quién sabe qué. Su ropa era vieja y rota. El pobre no tenía ni en qué ni dónde caer muerto°.

apropiado

relación de familia

tranquila
sin hogar

ni... ni un centavo

263

El chico era listo. Era amable. Tenía una sonrisa que deshacía°   *melted*
los corazones. Poco a poco se fue ganando las simpatías de todos.
Hablaba un español macarrón°. Dondequiera que iba dejaba risas y   *incorrecto*
sonrisas. Él se reía más que nadie.

15   Se acercó a la tienda de don Anselmo a pedir trabajo. Don
Anselmo lo empleó. Le dio pequeñas tareas: barrer el piso, alzar°   *recoger*
cosas, hacer entregas. Adolfo se echó cuerpo y alma° en su trabajo.   *se... put his heart and soul*
Pronto se ganó la buena voluntad y la confianza de don Anselmo.

   Después de poco tiempo se lo llevó a casa y le dio más
20   quehaceres: asistir° los animales, ordeñar° las vacas, limpiar las   *dar de comer a / milking*
caballerizas. Adolfo ahora se pasaba el tiempo correteando° entre   *corriendo*
la tienda y la casa. Se le arregló un dormitorio bien cómodo en la
caballeriza. Comía con la familia.

   Entretanto Adolfo se hacía más hispano cada día. Casi podía
25   decirse que era más hispano que los hispanos. Ahora hablaba un
español perfecto. Su manera de ser° era la nuestra. La gente lo   *manera... idiosincrasia*
tomaba ya como hijo de don Anselmo.

   Adolfo era guapo. Francisquita era linda. Pudo haber nacido entre
los dos algo. Él lo quiso. Ella también lo quiso. Hubo miradas entre
30   ellos que lo decían todo. Hubo instancias en que él le guiñó el ojo° y   *le... winked at her*
ella le correspondió. Hubo ocasiones cuando él entró con un cubo de
agua a la cocina. Se encontraron solos. Un momento. Nada. La
vigilancia de doña Francisquita y el recio carácter° de don Anselmo   *recio... temperamento fuerte*
siempre estaban entre medio°. Nunca pudo pasar nada. Los nietos de   *entre... in the way*
35   don Anselmo pudieron haber sido Millers pero no fue así.

   Adolfo ahora se ocupaba de los más serios problemas de don
Anselmo. Él se encargaba de ir a Chama todos los días a hacer
depósitos en el banco. Administraba el rancho en la Ensenada.
Apartaba° el ganado para vender. Contrataba y despedía peones   *Separaba*
40   para la casa y para el rancho. Don Anselmo tenía el hijo que
siempre había querido. Adolfo quizás había encontrado el padre
que había perdido.

   Pero Adolfo tenía otras facetas. Era el macho más pendenciero°,   *quarrelsome*
el más atrevido, en los bailes los sábados por la noche. En muchas
45   ocasiones don Anselmo tuvo que ir a sacar a Adolfo de la cárcel.
No creo que esto molestara al viejo. Creo que acaso Adolfo estaba
haciendo lo que el viejo quiso hacer y nunca hizo. Parecía que don
Anselmo se sentía orgulloso de su protegido.

   Así andaban las cosas cuando volvió mi tío Víctor de la
50   universidad. Vino elegante, culto° y arrogante. En las reuniones   *cultivado*
sociales pronto se dio cuenta de° Francisquita. Era ella la más bella,   *se... se fijó en*
la más atractiva en todo sentido, de todo ese valle. Se quisieron, se
enamoraron, se casaron. Mi tío Víctor le cambió el nombre a
Frances.

55   Las cosas cambiaron. Don Anselmo le pasó al nuevo yerno la
administración de sus negocios. El yerno era orgulloso, galán° y   *gallant*
acaso vanidoso. Adolfo, por fuerza°, tuvo que pasar a segundo lugar.   *por... necesariamente*

   Adolfo ya no tenía quince años. Se había acostumbrado a ser
el hijo predilecto°, casi el dueño, casi el señor. Ahora de pronto   *favorito*
60   valía menos. Un señorito salido de la universidad° viene con las   *un... a college boy*

manos limpias a tomar el lugar que él ganó con sacrificio y
dedicación. Viene a quitarle la mujer que él se merece y que le
quiere como él la quiere a ella.

65   Adolfo se aguantó°. Se calló. No dijo nada. Siguió las
instrucciones que su nuevo jefe le dio. Sereno, callado y serio
seguía haciendo sus quehaceres como antes. Excepto que ya no
era lo mismo. La sonrisa, la risa, la amabilidad desaparecieron.
Las peleas y las borracheras° los sábados por la noche también
70 desaparecieron. Adolfo era Adolfo, pero ya no era el mismo. Allí
detrás del ombligo° llevaba un hondo y violento resentimiento.

    Por muchos años don Anselmo se había encargado de la venta
de becerros° de toda la familia. En muchos casos se aceptaban
becerros de amigos de la familia. Se llevaba el ganado a Chama,
se alquilaban el número indicado de carros de ferrocarril, con
75 arreglos para pastura° en determinadas paradas del tren. Cuando
la embarcadura° llegaba a Denver se vendía el ganado a subasta°.
Este procedimiento era mucho más práctico y más económico.
Los ganaderos° ganaban más si vendían directamente. De otra
manera, el comprador se llevaba la ganancia°.

80   Ya por varios años Adolfo había hecho este viaje y esta
aventura. De pronto, Víctor es el encargado. Adolfo es el asistente.

    Llegan a Denver. Venden el ganado. Serían mil cabezas.
Serían treinta mil dólares. Buena venta. Contentos. Satisfechos.

    Se van al Brown Palace, el hotel más elegante de Denver. Allí
85 están. Víctor, el nuevo dueño. El nuevo esposo. Adolfo, el viejo
jefe. El nuevo soltero. El trabajo ha sido pesado. Están cansados.

    Víctor dice: —Voy a darme un baño.

    Adolfo dice: —Voy por cigarros y una botella de whiskey.

    Víctor se baña. Adolfo se va. Se va para siempre. Y nunca
90 vuelve. Y se lleva los $30.000.

    Ya todos los participantes de este drama han muerto. Pero
todo el mundo se acuerda. Don Anselmo tuvo que pagar de su
propia cuenta° la parte que le tocaba a cada quien. Adolfo Miller
desapareció para siempre.

95   ¿Quién puede saber el porqué de todo esto? Uno se pregunta,
¿por qué lo hizo? ¿Es que Adolfo se tragó su propia saliva°
cuando Víctor le quitó a Francisquita, y le cambió el nombre a
Frances? Nadie sabe cuánto le pagaba don Anselmo a Adolfo.
Quizás no mucho. ¿Y es que Adolfo estaba cobrando lo que
100 honradamente se le debía°? ¿Es que era un gringo fregado° y
aprovechado° que esperó y buscó su oportunidad? ¿Es que fueron
unos nuevomexicanos fregados que supieron aprovecharse de un
noble, gentil° y hermoso gringo? ¿O es que, como dijeron
muchos, que uno cría cuervos para que le saquen los ojos°?

105   Yo no sé, pero me pregunto. Me supongo que mi tía
Francisquita recordó y lloró en silencio un gran amor que pudo
ser y nunca fue. Creo también que don Anselmo recordó siempre
el hijo que nunca tuvo, y un día tuvo, y otro día perdió para
siempre. No tengo la menor idea de qué pensó o qué creyó mi tío
110 Víctor. Él no dijo nada nunca.

---

se... *toleró la situación*

boozing

detrás... deep down

calves

feeding
shipment / **a...** at auction

dueños de ganado
profit

de... out of his own pocket

se... swallowed his pride

cobrando... collecting what was rightfully his / conniving / *oportunista*
gallant
que... that there are those who bite the hand that feeds them?

APLICACIÓN

A. Vocabulario

Escoja en la lista que se da debajo la palabra que completa correctamente cada oración.

1. Don Anselmo tenía una finca grande con muchas vacas. Era un _____ importante en la región.

2. Si quieres beber leche en esta finca, tienes que levantarte temprano y _____ las vacas.

3. Mi tía quiere dominar a todo el mundo, tiene un carácter muy _____.

4. Sé que José lleva el mismo apellido que Armando, pero no sé exactamente qué _____ tienen.

5. No perdí dinero en el negocio, por el contrario, tuve buenas _____.

6. Mi amigo es muy _____, anoche en la fiesta, comenzó a pelear con otro hombre y yo los tuve que _____.

7. Todos mis profesores son buenos, pero mi profesor de español es mi maestro _____.

8. No debes actuar precipitadamente, debes hacer las cosas a su _____ tiempo.

9. Yo estaba furiosa por lo que había dicho mi amiga e iba a insultarla, pero me _____.

10. En este pueblo nunca pasa nada. La vida aquí es muy _____.

11. Víctor era _____ y por eso le gustó a Francisquita.

12. Es muy posible que Adolfo fuera un _____ que abusó de la confianza de todos.

aguanté / apacible / apartar / aprovechado / debido / galán / ganadero / ganancias / ordeñar / parentesco / pendenciero / predilecto / recio

B. Comprensión

Conteste, basándose en el texto de la lectura.

1. ¿Quiénes eran los miembros de la familia de don Anselmo?
2. ¿Quién era Adolfo Miller?
3. ¿Qué buenas cualidades y qué malas cualidades tenía Adolfo?
4. ¿Dónde comía y dónde dormía Adolfo antes que don Anselmo le diera trabajo? ¿Y después?
5. ¿Qué datos da el autor para indicar que había cierta atracción entre Adolfo y Francisquita?
6. ¿Qué responsabilidades y cargos tuvo Adolfo después de cierto tiempo?
7. ¿Qué pasó cuando llegó Víctor?
8. ¿De qué manera cambió la situación de Adolfo con el matrimonio de Francisquita?
9. ¿Cómo reaccionó Adolfo después del matrimonio?
10. ¿Qué procedimiento seguía don Anselmo para vender su ganado?
11. ¿Qué pasó en Denver después que Víctor y Adolfo vendieron el ganado?
12. ¿Cómo piensa el autor que reaccionaron don Anselmo y Francisquita?

C. Interpretación

1. ¿Hay en este cuento un protagonista o hay protagonistas múltiples? Explique en qué basa su opinión.

2. En su opinión, ¿qué sentimientos había entre Francisquita y Adolfo?

3. ¿Por qué cree Ud. que Francisquita se casó con Víctor?

4. ¿Cree Ud. que don Anselmo hubiera permitido que su hija se casara con Adolfo Miller? ¿Por qué (no)?

5. Adolfo es un personaje enigmático. En su opinión, ¿por qué se llevó el dinero?

6. El autor pregunta al final si el aprovechado era Adolfo o eran los nuevomexicanos. ¿Qué piensa Ud.?

7. ¿Qué pensaría realmente Francisquita cuando supo lo que había hecho Adolfo?

8. ¿Qué cree Ud. que habrá pensado Víctor?

9. El autor no dice si don Anselmo hizo o no algo contra Adolfo al final. ¿Qué habría hecho Ud.? ¿Lo habría denunciado a la policía? ¿Por qué (no)?

D. Intercambio oral

1. **Teorías sobre la vida anterior de Adolfo.** ¿Quiénes serían sus padres? ¿De dónde vendría? ¿Por qué no tendría hogar?

2. **La expresión «más hispano que los hispanos».** ¿Es esto posible o se trata de una exageración? ¿Qué significa ser «hispano» y qué hace una persona para «hispanizarse»? ¿Qué significa ser norteamericano y qué hace una persona para «americanizarse»?

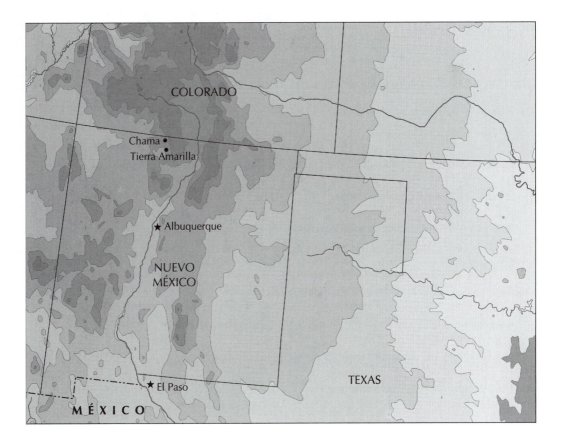

3. **Los triángulos amorosos.** Francisquita parece amar a Adolfo y también a Víctor. ¿Es posible estar enamorado/a de dos personas al mismo tiempo? ¿Por qué (no)? Los estudiantes ilustrarán su opinión con casos de la vida real.

4. **Los matrimonios arreglados.** En la época en que sucede este cuento, era común que los padres escogieran el esposo o la esposa para sus hijos. ¿Sería éste el caso de Francisquita? Hoy todavía esto sucede en otras culturas, pero no es común en los Estados Unidos. Aunque parezca extraño, las estadísticas demuestran que los matrimonios «arreglados» tienen un porcentaje más grande de éxito que aquellos en que la persona elige a su pareja sin ninguna presión de los padres. ¿Cómo se explica esto?

Sección gramatical

Ways to Express Conjecture and Probability in Spanish

In English, when a speaker is uncertain about the facts of a situation, he or she can express conjecture or probability in several ways. For example, if uncertain about the whereabouts of a wallet, one can say: "I wonder where my wallet is" or "Where can my wallet be?" One can also speculate: "It must be in my desk" or "It's probably in my desk." In this chapter, we shall study the various ways in which conjecture and probability are expressed in Spanish and the various verb forms that are involved.

As the Spanish future and conditional tenses play an important role in these matters, it will be useful to review briefly their other uses as well.

USES OF THE FUTURE TENSE

1. First of all, Spanish and English share the following characteristics:

   a. Each has a future tense.

Adolfo y Víctor venderán el ganado.	*Adolfo and Víctor will sell the cattle.*

   b. Each has a common substitute.

Adolfo y Víctor van a vender el ganado.	*Adolfo and Víctor are going to sell the cattle.*

   c. Each may use a present tense as a substitute to convey an idea of certainty, this usage being even more frequent in Spanish than in English.

Esta noche salen para Denver.	*Tonight they leave for Denver.*

   d. Each may use the future tense as a command.

Luisito, comerás las espinacas quieras o no.	*Luisito, you will eat your spinach, whether you want to or not.*

2. However, there are some important cases in which the languages do not match.

a. When *will* is used in English to ask a person to do something, **querer**, and not the future, is used in Spanish.

Necesitamos más sobres, ¿quieres traerlos?	*We need more envelopes. Will you bring them?*
¿Quieres cargarme este paquete, por favor?	*Will you carry this package for me, please?*

Likewise, unwillingness to do something is indicated in Spanish by **no querer**.

¿Qué hago ahora? Luisito no quiere comerse las espinacas.	*What will I do now? Luisito will not eat his spinach.*
Sergio nos invitó al concierto, pero mi novio no quiere ir.	*Sergio invited us to the concert, but my boyfriend will not go.*

b. When *will* is used in English in a tag question meant to corroborate a previous statement, **¿verdad?** is used in Spanish.

Estudiarás conmigo para el examen, ¿verdad?	*You will study with me for the exam, won't you?*
No vas a fallarme, ¿verdad?	*You won't fail me, will you?*

c. In English, *will* is often used to express a customary action or an ongoing situation. In this case, the equivalent in Spanish is the present tense.

Siempre pueden ocurrir accidentes.	*Accidents will happen.*
Una persona que es capaz de hacer eso, es capaz de todo.	*A person who will do that will do anything.*
Este coche hace 40 millas por galón.	*This car will do 40 miles per gallon.*

d. Unlike English, the future tense is very frequently used in Spanish to express probability or conjecture with respect to present time.

—Llaman. ¿Quién será?	*"Someone's at the door. I wonder who it is."*
—Será Felipa. La estamos esperando.	*"It's probably Felipa. We're expecting her."*

(Note that the English concepts *I wonder* and *probably* are contained in the Spanish verb forms.)

—¿Dónde estarán mis lentes? No puedo leer sin ellos.	*"Where can my glasses be? I can't read without them."*
—Estarán donde los dejaste.	*"They must be where you left them."*
—¡Muy gracioso!	*"Very funny!"*

The common expression *God knows* is rendered in Spanish with the future of probability: **Sabrá Dios**.

Sabrá Dios lo que pasó por la mente de don Anselmo cuando supo lo sucedido.	*God knows what went through Don Anselmo's mind when he learned what happened.*

Often the Spanish future progressive (future of **estar** + **-ndo** form of main verb) is preferred to the simple future in order to avoid possible ambiguity.

¿Qué estarán haciendo en esa tienda?   *I wonder what they are doing in that store.*

¿Qué harán en esa tienda? might be ambiguous since it could also mean *What will they do in that store?*

APLICACIÓN

A. Doña Ana tiene dificultades para moverse por su artritis, y les pide a varias personas que la ayuden. Formule peticiones originales en cada caso, usando el verbo *querer* y basándose en las claves que se dan. No repita los verbos.

Modelo: A su sobrino Agustín / cartas
            →*¿Quieres echarme estas cartas en el buzón?*

1. A su amiga Ernestina / el supermercado
2. A Rosa, la señora que la cuida / un vaso de leche
3. A su médico / una receta
4. A su sobrina Luisita / las zapatillas
5. A su esposo Alejandro / la tapa de la medicina
6. A su nieto Gustavito / el bastón

B. Hágase preguntas originales a Ud. mismo/a basándose en las siguientes situaciones.

Modelo: Es medianoche y está sonando el teléfono.
            →*¿Quién llamará a estas horas?*

1. No sé la dirección de Isabel y ella no quiso dármela.
2. He perdido mis llaves.
3. Tocan a la puerta.
4. Ella gana muy poco y paga un alquiler altísimo.
5. No sé el nombre del nuevo compañero.
6. Lilita me dijo que tenía que decirme algo muy importante.
7. Estas cortinas son muy elegantes, pero aquí no dice el precio.
8. El problema es serio y no encontramos una solución.

C. Mr. Moore y su esposa están en un restaurante de Guadalajara y el camarero no sabe inglés. Dos estudiantes traducirán lo que ellos dicen. Otro/a estudiante les traducirá a los Moore lo que dice el camarero.

MR. MOORE:	My wife wants me to drink a diet soda but I won't. I am going to have wine with my dinner. Will you bring me the wine list, please?
CAMARERO/A:	¡Cómo no! En seguidita se la traigo, señor.
MRS. MOORE:	Jim, wine has a lot of calories. You'll go on a diet tomorrow, I promise you!
MR. MOORE:	I will [do it], dear. (*Al camarero.*) We'll order in a few minutes. Will you please come back later?

CAMARERO/A:	Muy bien, señor. Me llaman cuando decidan.
MR. MOORE:	(*Hablándole a su esposa.*) God knows what «mole de guajolote» is.
MRS. MOORE:	It is probably a fish dish.
CAMARERO/A:	No, señores, el mole de guajolote no lleva pescado, sino pavo con una salsa de chocolate, chile y limón.
MRS. MOORE:	It must have a lot of calories too. Waiter, will you bring me another glass, please? This one's dirty.
CAMARERO/A:	Lo siento mucho, señora, ahorita le traigo otro.
MRS. MOORE:	(*Buscando en su bolsa.*) Where can my glasses be?
MR. MOORE:	They must be in the car.
MRS. MOORE:	Now I won't be able to read the menu. You will read it to me, won't you?
MR. MOORE:	That's no problem. I'll read [*No emplee el futuro*] it for you.

USES OF THE CONDITIONAL/OTHER EQUIVALENTS OF *WOULD* OR *WOULD NOT*

1. In both Spanish and English, the conditional expresses an event that would (or would not) take place subsequent to a *past* reference point.

Adolfo dijo que compraría cigarros.　　　*Adolfo said that he would buy cigarettes.*

You have learned that the present of **ir** + **a** + infinitive is an alternate for the future tense. Likewise, the imperfect of **ir** + **a** + infinitive can be used as an alternate for the conditional.

Adolfo dijo que iba a comprar cigarros.　　　*Adolfo said that he was going to buy cigarettes.*

2. In chapter 2, p. 40, you learned that unwillingness to perform an action in the past is expressed with the preterite of **no querer**.

Les pedí a mis amigos que me ayudaran, pero no quisieron.　　　*I asked my friends to help me, but they wouldn't.*

3. In chapter 2, p. 37, you also learned that the Spanish equivalent of *would* when it means *used to* is the imperfect tense, not the conditional.

Cuando yo era niña, mi padre preparaba el desayuno los domingos y después toda la familia iba la iglesia.　　　*When I was a child, my father would prepare breakfast on Sundays and, afterward, the whole family would go to church.*

4. In chapter 6, p. 144, you learned that in order to indicate an unlikely or contrary-to-fact situation in Spanish, the imperfect subjunctive is used in the **si** (*if*) clause and the conditional in the conclusion.

Si fuera rica, bebería champán con todas mis comidas.　　　*If I were rich I would drink champagne with all my meals.*

5. The conditional is used with verbs such as **deber, desear, gustar, poder, preferir,** and **querer** to convey politeness or to soften a suggestion. Note that the English conditional can be used similarly.

¿Podrían Uds. traer a Adolfo a mi casa? Me gustaría ayudarlo.	*Could you bring Adolfo to my house? I would like to help him.*
No deberías dejar que Francisquita hablara tanto con Adolfo.	*You shouldn't allow Francisquita to talk so much with Adolfo.*

6. Just as the future tense may express probability or conjecture with respect to the present, so the conditional may express probability or conjecture with reference to the past.

¿Se casaría realmente Francisquita con Víctor por amor?	*I wonder if Francisquita really married Víctor for love.*
No oirían el teléfono porque estarían en otra habitación.	*They probably didn't hear the telephone because they were probably in another room.*

As seen earlier regarding the future tense, the Spanish conditional progressive (conditional of **estar** + **-ndo** form of main verb) is often preferred to the simple conditional in order to avoid possible ambiguity.

¿Qué estarían buscando en la biblioteca?	*I wonder what they were looking for in the library.*

¿Qué buscarían en la biblioteca? might be ambiguous since it could also mean *What would they look for in the library?*

APLICACIÓN

A. Ud. y su compañero/a conocen a Miguel, un chico que nunca cumple sus promesas. Su compañero/a dice que Miguel va a hacer algo y Ud. le explica que él prometió hacer algo diferente. La promesa debe ser original.

Modelo: Miguel va a... llevar a su novia a la playa el sábado.
          → Pero él prometió que iría conmigo al pueblo.

Miguel va a...

1. alquilar una película de horror.
2. comer en casa de Armando.
3. ir al cine con dos amigos.
4. ver televisión toda la tarde.
5. jugar al tenis con su hermano.
6. bailar en la discoteca.

B. Con los Moore en el restaurante. Un/a compañero/a comenta algo que sucedió en el restaurante y Ud. hace una conjetura para explicar la causa.

Modelo: Alicia / comer muy poco
          → Alicia comió muy poco.
              No tendría apetito.

1. Al entrar, el señor Moore / caminar muy despacio

2. Darles a los Moore / una mesa muy mala

3. Alicia / no pedir carne

4. La señora Moore / no poder leer el menú

5. La señora / beber una gaseosa de dieta

6. El camarero / cambiar el vaso de la señora

7. Un amigo mío / traducirle al camarero lo que decían los Moore

8. El señor Moore / intentar pagar con un cheque

C. Su compañero/a de apartamento es muy directo/a, pero Ud. es una persona muy diplomática. Cambie las palabras en cursiva al condicional, para expresar de manera más suave lo que él/ella le dice a su casero (*landlord*) en la siguiente nota.

> Señor Valdés: Le escribo para informarle que el horno de nuestro apartamento no funciona. Ud. *puede* reparar este horno, pero nosotros *preferimos* tener un horno nuevo. *Queremos* una cocina más moderna; por eso *deseamos* un horno de microondas. Ud. *debe* comprar uno, porque no *vale* la pena gastar en reparar un horno viejo.

USING THE FUTURE PERFECT AND THE CONDITIONAL PERFECT TO EXPRESS PROBABILITY OR CONJECTURE

The future perfect and the conditional perfect may also express probability or conjecture with relation to present perfect and past perfect time, respectively.

Future perfect:

Nadie contesta. ¿Se habrán ido ya?	*Nobody answers. I wonder if they have already left.*
Adolfo se habrá llevado el dinero.	*Adolfo probably has taken the money.*

Conditional perfect:

Nadie contestaba. ¿Se habrían ido ya?	*Nobody answered. I wondered if they had already left.*
Todos se preguntaban por qué Adolfo se habría llevado el dinero.	*They all wondered why Adolfo had taken the money.*

APLICACIÓN

A. Don Abelardo vive en un pueblo pequeño y es muy curioso. Exprese las conjeturas de Abelardo sobre sus vecinos usando el futuro perfecto.

Modelo: ¿Quién marcaría sus iniciales en este árbol?
→ ¿Quién habrá marcado sus iniciales en este árbol?

1. ¿Se mudarían ya los Pérez del rancho «Las azucenas»?

2. ¿Cuánto le costarían a doña Asunción los muebles que compró?

VENTILE SUS OPINIONES

Haga sus comentarios. Sugiera, critique, pregunte. EL BUZON es para eso. Escriba, pero recuerde: "Lo bueno, si breve, dos veces bueno.

Cromos

Calle 70A 7-81 Bogotá.

¿Ha escrito Ud. alguna vez a una revista o periódico? La revista colombiana *Cromos* lo invita a expresar sus opiniones. ¿Sobre qué tema escribiría Ud. a esta revista?

3. ¿Se casaría la hija de Jiménez que fue a estudiar a la ciudad?

4. ¿Se pelearía Jesusita con su novio?

5. ¿Perdería su casa la viuda de Domínguez?

6. Y si la perdió, ¿decidiría mudarse con sus hijos?

7. ¿Quién robaría el dinero del banco?

8. ¿Quién cortaría las flores del parque?

B. Impresiones de viaje. Un viajero que recorrió en automóvil varias regiones rurales de Sudamérica, anotó en su diario las cosas que le parecían extrañas. Exprese esas preguntas, usando el condicional perfecto de los infinitivos que se dan.

1. En aquel pueblecito no había escuela, pero los doce hijos de Tomás sabían escribir. Me pregunté dónde (enseñarles).

2. Cuando la mujer de Tomás estuvo enferma, él la había llevado al hospital de la ciudad. ¡Eran tan pobres! ¿Cómo (pagar) el viaje?

3. La semana anterior, Tomás había vendido varias mantas en el mercado. Me preguntaba cuánto (ganar).

4. Un día, fui con Tomás al mercado y lo oí hablar unas palabras en inglés con los turistas. ¿Cómo (aprender) inglés en aquel lugar remoto?

5. En el mercado vi a dos jóvenes campesinos con camisetas que decían «New York». ¿Dónde (comprarlas)?

6. Todas las familias del pueblecito vivían muy pobremente. Me pregunté por qué el gobierno no (hacer) ya algo por ellos.

DEBER DE AND *HABER DE* TO EXPRESS CONJECTURE AND PROBABILITY

There are two other ways of conveying suppositions and approximations in Spanish.

1. **Deber de***

Adolfo llegó solo al pueblo. No debía de tener familia.	*Adolfo arrived in town alone. He probably didn't have a family.*
Debe de haberse perdido en la ciudad.	*He must have got lost in the city.*

2. **Haber de****

Francisquita ha de haberse casado con Víctor por complacer a sus padres.	*Francisquita must have married Víctor to please her parents.*
Mi compañero de cuarto ha de estar durmiendo, porque se oyen ronquidos.	*My roommate must be sleeping because you can hear snoring.*

---

*In modern Spanish the **de** is sometimes omitted.

**This usage is common in Spanish America, especially in Mexico.

APLICACIÓN

Traduzca sin usar ni **probablemente** ni **me pregunto.**

Juan y María, two gossips, have just attended the second marriage of a famous American actress and a European politician.

JUAN:	I wonder if she's already expecting.
MARÍA:	She probably is. (*Emplee* **deber de**.)
JUAN:	I wonder how they met.
MARÍA:	It must have been during his recent visit to Hollywood.
JUAN:	No, they had probably met before, while he was still married.
MARÍA:	Your friend Gertrudis probably told you that. She must be the biggest gossip in town. (*Emplee* **haber de**.)

Sección léxica

Ampliación: Vocabulario comercial

En vista de que la sección *Para escribir mejor* trata de cartas tanto personales como comerciales, conviene repasar con anticipación el vocabulario relacionado con los negocios. Las listas que se dan a continuación, contienen palabras de uso muy común en los bancos y en el mundo comercial en general. Aprenda las que no sepa, y luego aplíquelas en los ejercicios que siguen.

EL BANCO

el balance	*balance*
la banca	*banking* (as an institution)
el billete	*bill* (*bank note*)
el/la cajero/a	*teller*
el capital	*principal; capital*
la cifra	*figure, number*
la compañía	*company*
cotizarse	*to be quoted*
la cuenta corriente (de cheques)	*checking account*
la cuenta de ahorros	*savings account*
el cheque	*check*
la chequera	*checkbook*

el cheque sin fondos (sobregirado)	overdrawn check
el crédito	credit
la fianza	guarantee
el efectivo; en efectivo	cash; in cash
el endoso	endorsement
el giro	draft
la hipoteca	mortgage
el interés	interest
la inversión	investment
la letra	draft
la mensualidad	monthly payment
la moneda	currency; coin
la operación	transaction
el pagaré	I.O.U.
la planilla	application (form)
el préstamo	loan
la quiebra; declararse en quiebra	bankruptcy; to declare bankruptcy
el saldo	balance
el sobregiro	overdraft
la sucursal	branch (commercial)
el tipo de cambio	exchange rate

EL COMERCIO EN GENERAL

la acción	stock
el/la accionista	stockholder
a plazos	in installments, on time
el/la apoderado/a	manager; person with power of attorney
la bolsa	stock exchange
la caja chica (de menores)	petty cash
el/la comerciante	tradesman, tradeswoman, merchant
el/la consumidor/a	consumer
al contado	in cash (as opposed to in installments)
el/la contador/a público/a	public accountant
la contribución, el impuesto	tax
el contrato de arrendamiento	lease

el/la corredor/a de bienes raíces	*real estate broker*
la firma	*signature; commercial firm*
la ganancia	*gain, profit*
el inventario	*inventory*
el mercado; comercializar	*market; to market*
la mercancía	*merchandise*
el/la notario/a público/a	*notary public*
el pago adelantado	*advance (payment)*
la pérdida	*loss*
el plazo	*deadline*
el seguro	*insurance*
la sociedad anónima	*corporation (Inc.)*
el/la socio/a	*partner, associate*
el sueldo	*salary*
el/la tenedor/a de libros	*bookkeeper*
vencer	*to expire; to fall due*
el/la vendedor/a	*salesperson*

APLICACIÓN

A. **Conversaciones que se oyen en un banco.** Complete con las palabras apropiadas para que los diálogos tengan sentido.

1. JUANITO: Quiero solicitar un _____ para comprar un automóvil.

   EMPLEADO: ¿Tiene trabajo fijo y crédito establecido? Si no, necesitará darnos una

   _____ o conseguir una persona que lo garantice.

   JUANITO: Tengo trabajo y crédito. Además, mi padre puede firmar si es necesario. Él

   ha hecho varias _____ de negocios con este banco, pero no aquí, sino en

   la _____ de la calle de Atocha.

   EMPLEADO: Muy bien. Puede llenar esta _____.

   JUANITO: Si pido cincuenta mil pesos, ¿de qué cantidad será la _____ que tendré

   que pagar?

   EMPLEADO: De unos $1.700. Parte de esa cantidad es para los intereses, y la otra parte

   cubre el _____.

2. SR. SMITH: Para enviar dinero a España necesito hacer un _____ ¿verdad?

   CAJERO: Sí, es la mejor manera.

SR. SMITH: ¿Podría decirme cuál es la _____ de España, y a cómo se _____ en dólares?

CAJERO: La peseta. La cotización ahora es de _____ por dólar.

3. SRTA. CORTÉS: Quisiera abrir dos cuentas: una _____ y otra de _____.

EMPLEADA: En seguida, señorita. Llene Ud. esta _____ con sus datos.

SRTA. CORTÉS: ¿Qué _____ pagan Uds. por los ahorros?

EMPLEADA: El seis por ciento si la _____ del _____ es menor de $5.000.

SRTA. CORTÉS: Voy a depositar este cheque de $200 en la cuenta de ahorros. El depósito de la cuenta corriente será en _____. Aquí tiene Ud. $500 en cinco _____ de a cien.

EMPLEADA: El cheque no tiene _____ detrás. Fírmelo, por favor. Después vaya al _____ de la izquierda. Él se ocupará de sus depósitos.

SRTA. CORTÉS: Tengo una pregunta. Mis cheques... ¿podrían ser rosados? Me gustaría una _____ rosada también.

EMPLEADA: Lo siento, señorita, sólo puede Ud. escoger entre el azul y el gris.

4. JACINTO: ¡Pobre Martínez! Ha perdido mucho dinero, porque ha hecho varias _____ malas últimamente.

MAURICIO: Sí, oí decir que tiene varios _____ vencidos y no ha podido pagarlos. Ha dado además varios cheques sin _____.

JACINTO: Me dijeron también que piensa hacer una segunda _____ sobre su casa.

MAURICIO: Ésa sería una solución para no tener que declararse en _____.

B. Identifique la palabra a que se refiere cada una de las siguientes definiciones.

1. persona que garantiza que la firma de un documento es auténtica
2. antónimo de *pérdida*.
3. manera de pagar poco a poco una deuda
4. documento que firmo cuando alquilo un apartamento
5. inversión con la que varios individuos participan en una compañía
6. persona que representa a otra legalmente
7. dinero que recibe periódicamente un empleado por sus servicios
8. compañía formada por accionistas
9. lista de la mercancía que hay en un negocio o tienda
10. persona que vende casas y edificios

C. Escoja diez palabras de la lista de **El comercio en general** (páginas 277–278) y defínalas en español. Puede usar un diccionario como ayuda, pero trate de usar sus propias palabras.

Distinciones: Distintos significados y usos de la palabra cuenta

En la lectura aparecen **darse cuenta de** y **de su propia cuenta** y en la *Ampliación* hay otros casos del uso de **cuenta**, como **cuenta corriente** y **cuenta de ahorros.** A continuación examinaremos los usos más comunes de esta palabra.

1. Algunos significados del sustantivo **cuenta.**

   a. **cuenta** = *account*

Quiero abrir una cuenta de ahorros en este banco.	*I want to open a savings account at this bank.*
Cárguelo todo a mi cuenta.	*Charge everything to my account.*

   b. **cuenta** = *check; bill*

El camarero nos traerá la cuenta.	*The waiter will bring us the check.*
No hemos pagado la cuenta del teléfono.	*We haven't paid the phone bill.*

   c. **cuenta** = *count*

El estudiante se equivocó tanto, que el profesor perdió la cuenta de sus errores.	*The student made so many mistakes that the professor lost count of his errors.*
La cuenta regresiva del satélite ya ha empezado.	*The countdown of the satellite has now begun.*

   d. **cuenta** = *bead*

Le regalé a mi abuela un collar muy bonito con cuentas de cristal.	*I gave my grandmother a very beautiful necklace with glass beads.*

2. Algunas expresiones con **cuenta(s):**

   a. **a (por) cuenta y riesgo de una** = *at one's own risk*

Si inviertes tu dinero en esa empresa, va a ser a tu cuenta y riesgo.	*If you invest your money in that company, it's going to be at your own risk.*

   b. **a fin de cuentas** = *after all*

A fin de cuentas, ellos saben lo que hacen.	*After all, they know what they're doing.*

   c. **ajustarle las cuentas a alguien** = *to give someone a piece of one's mind.*

¡Qué lástima! Don Anselmo nunca pudo ajustarle las cuentas a Adolfo.	*What a pity! Don Anselmo was never able to give Adolfo a piece of his mind.*

d. caer en la cuenta (de) = *to realize, to catch on*

Cuando caí en la cuenta de que me habían mentido, era demasiado tarde.	*When I realized that they had lied to me, it was too late.*

e. darse cuenta de = *to realize, to notice, to be aware of*

Nos damos cuenta de lo importante que es la lengua española.	*We are aware of how important the Spanish language is.*

f. en resumidas cuentas = *in short*

En resumidas cuentas, tendremos que tener paciencia.	*In short, we'll have to have patience.*

g. hacer (de) cuenta que = *to pretend*

Haz de cuenta que no los viste.	*Pretend that you didn't see them.*

h. más de la cuenta = *too much, too many, too long*

Voy a tener problemas con el dinero a fin de mes, porque he gastado más de la cuenta.	*I'll have money problems at the end of the month because I have spent too much.*

i. por (de) cuenta de uno = *on one (at one's expense)*

Esta comida corre por mi cuenta	*This meal is on me.*
Generalmente, los gastos de boda son de cuenta del padre de la novia.	*Usually, the wedding expenses are paid by the father of the bride.*

j. presentar las cuentas del Gran Capitán* = *to pad a bill or one's expense account*

Cuando mi tío volvió de su viaje de negocios, presentó las cuentas del Gran Capitán y lo despidieron.	*When my uncle returned from his business trip, he padded his expense account and was fired.*

k. sacar la cuenta = *to make the calculation*

No sé cuánto te debo. Tendremos que sacar la cuenta.	*I don't know how much I owe you. We'll have to figure it out (add it up, work it out).*

l. tener (tomar) en cuenta = *to bear in mind*

Ten en cuenta que muchos de los becerros no eran de don Anselmo.	*Bear in mind that many of the calves weren't Don Anselmo's.*

---

*Se dice que Gonzalo Fernández de Córdoba (conocido como «el Gran Capitán») les presentó a los Reyes Católicos una lista falsa de sus gastos durante una expedición.

m. trabajar por cuenta de uno = *to be self-employed*

—¿Para qué compañía trabajas?	*"For what company do you work?"*
—No trabajo para una compañía; trabajo por mi cuenta.	*"I don't work for a company; I'm self-employed."*

APLICACIÓN

Complete de manera original, usando las palabras *cuenta/cuentas*.

1. Como uso mucho el aire acondicionado, mi... de electricidad es siempre muy alta.
2. El joven llegó a su casa borracho y el padre lo estaba esperando para...
3. Eres demasiado inocente y crédula. Inés te dijo varias mentiras y tú no...
4. Hay mucha nieve y el camino está muy peligroso. Si sales en el auto, lo harás...
5. Tuve que comprar una llanta nueva, cargar el acumulador y arreglar los frenos;... gasté mucho dinero.
6. Alberto es muy aburrido y habla demasiado. Por eso, cada vez que lo veo en la calle,... que no lo vi.
7. Sé cuál es el problema de Laura, pero no te lo digo porque vas a contárselo a todo el mundo. Tú hablas...
8. Mi novio repara computadoras, pero no está empleado en una compañía, él trabaja...
9. —Brenda y yo acordamos que yo pagaría la mitad de sus gastos, pero me presentó... tratando de cobrarme una suma astronómica. —¿Y tú le pagaste? —No, yo... otra vez, y el total correcto era la mitad de lo que ella quería cobrarme.
10. Si hay estudiantes hispanos en esta clase, el profesor debe... que para ellos estos ejercicios son más fáciles que para los estudiantes que no son hispanos.
11. —Le he repetido a Ernesto las instrucciones muchas veces, tantas que ya he perdido... —Pues no debes repetírselas más...., él tiene un manual y puede leerlas él mismo.
12. No me gustan los collares de... muy grandes.
13. Tengo... abierta en esta tienda, pero prefiero pagar al contado.
14. En España, muchos restaurantes incluyen la propina en...
15. No te preocupes si no tienes dinero; los gastos de esta noche corren...

Para escribir mejor

Las cartas

CARTAS COMERCIALES

1. *El formato*

Igual que en inglés, las cartas comerciales en español tienen tres posibles formatos, según donde comiencen las líneas y los párrafos: estilo bloque, estilo semibloque y estillo sangrado.

Estilo bloque

Estilo semibloque

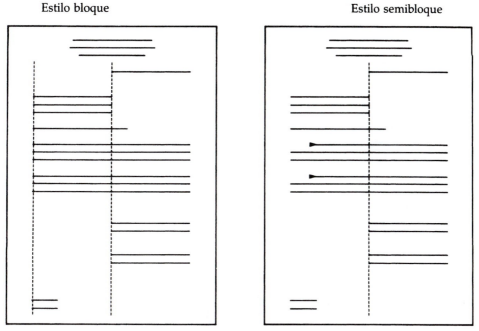

Estilo sangrado

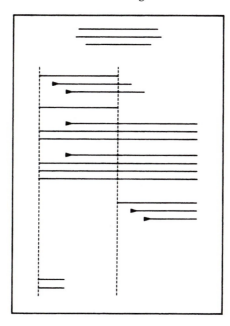

En las cartas en español, es común que el margen de la izquierda sea más ancho que el de la derecha o igual a éste, pero no más estrecho. A diferencia de lo que sucede en inglés, el margen de la derecha se trata de mantener en español lo más parejo posible. Esto es fácil de hacer hoy gracias a la computadora, que «justifica» los espacios si uno lo desea. Si Ud. no quiere «justificar» las líneas de su carta, tenga presente que frecuentemente deberá dividir las palabras para que el margen no quede muy disparejo y que, si la división en sílabas no es su fuerte, debe repasarla.

En muchas ciudades hispánicas se ven buzones poco comunes, como el que aparece en esta foto.

2. *Partes de una carta*

   a. *La fecha*

Se escribe de cuatro a ocho líneas más abajo del membrete, según la longitud de la carta. Incluye lugar, día, mes y año, pero si el lugar se indica en el membrete, no es necesario repetirlo aquí. Recuerde que en español el día se pone antes del mes (**4 de junio, 2004**) y que los números ordinales no se usan en las fechas, con excepción del primero de mes, abreviado **1°** o **1ero: 1° de abril, 2004.**

   b. *El nombre y la dirección*

Son los mismos del sobre. En España, es común usar **D., Da. (don, doña)** además de cualquier otro título: **Sr. D. José Guzmán Landívar, Sra. Da. Esperanza Barnet Vda. de Rondón.** Algunas abreviaturas comunes que se usan en los títulos son:

Admor.	administrador
Arq.	arquitecto
Cía	compañía
D.	don
Da.	doña
Dr., Dra.	doctor, doctora
Ema.	eminencia
Excmo.	excelentísimo
Genl.	general

Hno., Hna.	hermano, hermana
Hon. Sr. Pdte.	honorable señor presidente
Ilmo. (Ilo.)	ilustrísimo
Ing.	ingeniero
Ldo., Lda. (Lcdo., Lcda.)	licenciado, licenciada
Mons.	monseñor
Pbro.	presbítero
Rdo. P. (R. P.)	reverendo padre
Rda. M. (R. M.)	reverenda madre
S. E.	su excelencia
Sr., Sres.	señor, señores
Sra., Sras.	señora, señoras
Srta., Srtas.	señorita, señoritas
S. Sa.	su señoría (*for some dignitaries, like judges*)
Supertte.	superintendente
S. A.	sociedad anónima (*Inc., in English*)
S. de R. L.	sociedad de responsabilidad limitada (*Limited Liability Co.*)
Vda.	viuda

Algunas abreviaturas usadas en las direcciones son:

Avda., Av.	avenida	**E.P.M.**	en propia mano
Apdo.	apartado (de correos)*	**izqo., izqa.**	izquierdo/a
dcho., dcha.	derecho/a	**No.**	número
Dpto.	departamento	**Prova.**	provincia

c. *La línea de atención*

Se coloca generalmente debajo de la dirección, y se usa cuando la carta va dirigida a una compañía, pero su contenido interesa a una persona en especial. Su abreviatura es **Atn.**

d. *La línea de referencia*

Va a la derecha, entre la dirección y el saludo. Se abrevia **Ref.**

e. *El saludo*

El saludo se escribe dos líneas después de la dirección. En inglés, las cartas informales utilizan una coma en el saludo; en español, se usan dos puntos siempre.

Algunas fórmulas comunes de saludo son:

Estimado/a/os/as + título

Apreciado/a/os/as + título

Distinguido/a/os/as + título

Honorable + título (para un presidente u otro dignatario)

El saludo tradicional **Muy Sr. (Sres.) mío(s) (nuestros)** todavía se usa, pero la tendencia moderna es de reemplazarlo por uno de los de la lista anterior.

---

*En algunos países de Sudamérica se usa la palabra **casilla**.

f. *El cuerpo de la carta*

Una carta de respuesta comienza con un acuse de recibo. Algunas fórmulas tradicionales de acuse de recibo, que equivalen más o menos a *to be in receipt of*, son:

> **Acuso recibo de su atta. del 28 del mes. pdo. ...** (atta. = atenta carta; pdo. = pasado)
>
> **Recibí su atta. de fecha 15 del cte. ...** (cte. = **corriente**, refiriéndose a este mes)
>
> **Acabo (Acabamos) de recibir su carta del 14 de octubre...**

Otros principios comunes, equivalentes a *in reply to your letter,* son:

> **En contestación a su carta del mes de enero p. pdo. ...** (p. pdo. = **próximo pasado**).
>
> **Me apresuro a contestar su carta de ayer 3 de febrero...**

Estas fórmulas pueden resultarle muy útiles si no sabe cómo comenzar, pero hoy en día se da preferencia a un estilo más personal. Es mejor comenzar indicando las razones por las que se escribe e introducir el acuse de recibo de modo casual en las primeras líneas.

> **Siento mucho no poder enviarle los informes que solicita en su carta del 6 de septiembre...**
>
> **Los libros que les pedí por correo el pasado mes de julio, han llegado a mi poder en malas condiciones...**
>
> **Estoy interesado en el empleo que Uds. anuncian en *El Sol* del pasado domingo...**
>
> **Tenemos el gusto de informarle que el crédito que solicitó en su carta del 10 de mayo...**

g. *La despedida o cierre*

Algunas expresiones tradicionales que su utilizan para terminar:

> **Muy agradecido/a por su atención, quedo de Ud.(s) atte. (atentamente), S. S. (Su servidor/a)**
>
> **En espera de sus gratas noticias, quedo de Ud.(s) atentamente,**
>
> **De Ud. atto./a(atento/a) y S.S.,**
>
> **Quedamos de Ud.(s) atte.,**
>
> **En espera de su contestación, me reitero su atto./a S.S.,**
>
> **Sin más por ahora,**
>
> **Sin otro particular por el momento, quedo de Ud.(s) S.S.,**
>
> **Respetuosamente, S.S.S., (Su seguro/a servidor/a)**
>
> **Queda suyo/a afmo./a (afectísimo/a)**

h. *Iniciales, anexos o adjuntos y copias*

Las iniciales del que firma la carta y las del que escribe se colocan juntas en la parte inferior izquierda del papel, separadas por una raya diagonal. Dos espacios más abajo van los **anexos**, si los hay. Si se envían copias de la carta a otra(s) persona(s), el/los nombre(s) se escribe(n) al final, precedido(s) de **c.c. (con copia)**.

Las iniciales **P.S. (post-scriptum)** usadas en inglés, pueden usarse también en español. Es más común, sin embargo, usar las iniciales **P.D. (posdata)**.

i. *Recomendaciones generales*

Sea conciso y claro. Trate de ser amable y fino, aun cuando se trate de una carta de queja. Al final de este capítulo encontrará Ud. varios modelos de cartas, pero es imposible incluir un modelo para cada circunstancia que pueda presentarse en la vida real. Así que practique escribiendo el mayor número de cartas posible. La única manera de aprender a escribir buenas cartas, es escribiendo muchas.

Esta joven mexicana escribe. ¿Será una carta para su novio, para sus padres, para una amiga? No lo sabemos, pero su expresión indica que lo hace con gran interés.

CARTAS PERSONALES

El formato de las cartas personales es, obviamente, mucho más flexible que el de las cartas de negocios. Sin embargo, las siguientes listas de saludos y despedidas pueden resultar útiles.

Saludos:

(Muy) Estimado / Querido Fernando:	*Dear Fernando,*
Queridísima (Adorada) mamá:	*Dearest Mother,*
Amor mío:	*My love,*
Mi vida:	
Mi cielo:	

Las expresiones **Mi vida** y **Mi cielo**, muy comunes entre enamorados, no pueden traducirse al inglés. Por otra parte, no hay equivalentes en español para palabras como *Honey, Sweetheart, Darling,* etc.

En algunos países y sobre todo en el Caribe, las palabras **negro/a, negrito/a, chino/a, chinito/a** se usan como formas de tratamiento. Estas palabras expresan cariño y no tienen nada que ver con la raza de la persona.

Despedidas:

Afectuosamente,	*Affectionately,*
Cariñosamente, Con cariño,	*Fondly,*

Recibe el cariño de	*With love,*
Te besa y abraza	*A kiss and a hug,*
Muchos abrazos de	*Hugs from*
Siempre tuyo/a,	*Yours forever,*
Se despide de ti,	*Good-bye now,*
Tu novio/a que te adora,	*Your sweetheart who adores you,*
Recibe el eterno amor de	*With the eternal love of*
Con mucho amor de	*Much love,*

APLICACIÓN

A. Decida qué afirmaciones son ciertas y cuáles son falsas y corrija las falsas.

1. En español se usa una coma después del saludo en las cartas de tipo más familiar.
2. El margen de la derecha no debe ser más ancho que el margen de la izquierda.
3. Si la ciudad se indica en el membrete, no es necesario repetirla en la línea de la fecha.
4. Lo mismo que en inglés, *atención* se abrevia en español *Att.*
5. El saludo más usado hoy es *Muy Sr. mío.*
6. Una carta debe imitar la manera en que se hablaría a la persona.
7. La abreviatura *p. pdo.* significa *por pedido.*
8. En español nunca se escriben dos títulos seguidos antes del nombre.
9. Cuando se incluye algún otro papel adicional en una carta, se escribe la palabra *Anexo* en la esquina inferior izquierda.
10. No es recomendable explicar inmediatamente el motivo de la carta.

B. Identifique las abreviaturas.

1. R. P. Mendía
2. Valdés y Cía, S. A.
3. Estimado Sr. Admor.
4. P. D.
5. Hon. Sr. Pdte.
6. Recibí su atta. del 3 del cte.
7. Quedo afmo. S.S.S.
8. Hno.
9. Avda.
10. E.P.M.
11. Me reitero su atto. S. S.
12. Quedamos de Uds. atte.
13. Distinguida Lcda. Castillo
14. Apreciado Ing. Gutiérrez
15. S. E.
16. R. M. Mónica Pérez Gil
17. c.c.
18. No.
19. Prova.
20. Apdo.

C. Practique los saludos y despedidas de las cartas personales, escribiendo una breve carta a un amigo o familiar querido, a su novio/a, etc.

MODELOS DE CARTAS

Lea con cuidado los siguientes modelos de cartas. Los ejercicios de la página 293 y algunos de los *Temas para composición*, se basan en ellas.

1. **Modelo de carta comercial (de negocio a negocio)**

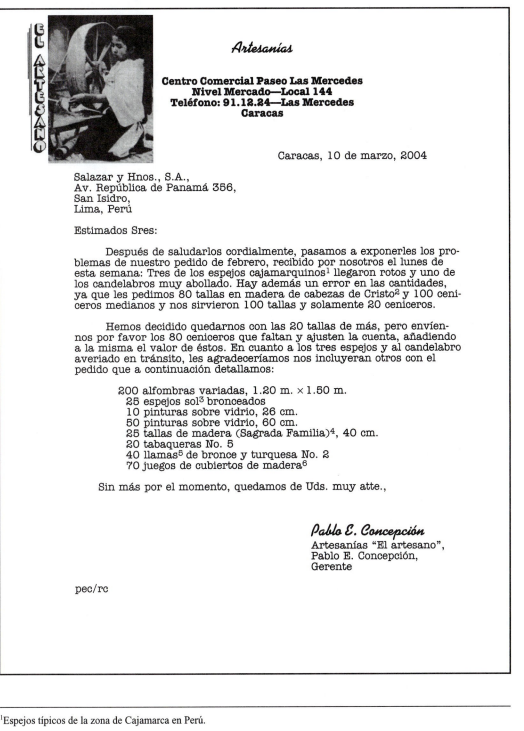

Artesanías

Centro Comercial Paseo Las Mercedes
Nivel Mercado—Local 144
Teléfono: 91.12.24—Las Mercedes
Caracas

Caracas, 10 de marzo, 2004

Salazar y Hnos., S.A.,
Av. República de Panamá 356,
San Isidro,
Lima, Perú

Estimados Sres:

Después de saludarlos cordialmente, pasamos a exponerles los problemas de nuestro pedido de febrero, recibido por nosotros el lunes de esta semana: Tres de los espejos cajamarquinos[1] llegaron rotos y uno de los candelabros muy abollado. Hay además un error en las cantidades, ya que les pedimos 80 tallas en madera de cabezas de Cristo[2] y 100 ceniceros medianos y nos sirvieron 100 tallas y solamente 20 ceniceros.

Hemos decidido quedarnos con las 20 tallas de más, pero envíennos por favor los 80 ceniceros que faltan y ajusten la cuenta, añadiendo a la misma el valor de éstos. En cuanto a los tres espejos y al candelabro averiado en tránsito, les agradeceríamos nos incluyeran otros con el pedido que a continuación detallamos:

200 alfombras variadas, 1.20 m. × 1.50 m.
25 espejos sol[3] bronceados
10 pinturas sobre vidrio, 26 cm.
50 pinturas sobre vidrio, 60 cm.
25 tallas de madera (Sagrada Familia)[4], 40 cm.
20 tabaqueras No. 5
40 llamas[5] de bronce y turquesa No. 2
70 juegos de cubiertos de madera[6]

Sin más por el momento, quedamos de Uds. muy atte.,

Pablo E. Concepción
Artesanías "El artesano",
Pablo E. Concepción,
Gerente

pec/rc

---

[1] Espejos típicos de la zona de Cajamarca en Perú.

[2,4] Los motivos religiosos son comunes en las artesanías hispanas.

[3] Espejos típicos peruanos con adornos que imitan rayos de sol.

[5] La llama, animal originario del Perú y Bolivia, es también un motivo común en la artesanía de estos países.

[6] Tenedor y cuchara grandes, propios para servir ensaladas.

2. Modelo de carta comercial (de negocio a cliente)

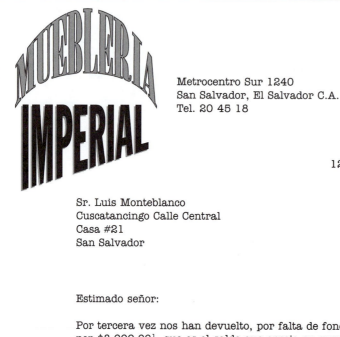

Metrocentro Sur 1240
San Salvador, El Salvador C.A.
Tel. 20 45 18

12 de diciembre de 2003

Sr. Luis Monteblanco
Cuscatancingo Calle Central
Casa #21
San Salvador

Ref.: Factura No. 397

Estimado señor:

Por tercera vez nos han devuelto, por falta de fondos, un cheque suyo por ¢8,000.00[1], que es el saldo que arroja su cuenta. Dicha devolución, unida a su silencio, empeora su situación y varía por completo la opinión que teníamos formada de Ud., como un buen cliente que siempre cumplía con sus obligaciones.

En vista de las circunstancias, nos vemos obligados a poner el caso en manos de nuestros abogados, para que ellos adopten las medidas pertinentes.

Le aclaramos que a su deuda de ¢8,000.00 hemos agregado la cantidad de ¢400.00, importe del cinco por ciento de interés por demora en el pago de la misma.

Atentamente,

Mueblería Imperial

Carmen Méndez Vda. de Fonseca
Carmen Méndez Vda. de Fonseca
Propietaria

CMF/ala

---

[1]El símbolo ¢ significa **colones**, la unidad monetaria de El Salvador. Observe que en El Salvador, a diferencia de lo que sucede en la mayoría de los países hispanos, se escriben las cantidades igual que en los Estados Unidos, con una coma indicando los miles y un punto indicando los decimales.

3. Modelo de carta para solicitar empleo

Robert T. Williams
7507 Bender Dr.
Austin, Texas 78749
Fax (512) 999-4504

3 de mayo de 2003

Sr. Emilio García Soto,
Joyería *Miraflor*,
Avenida Morelos 25,
México, D.F.

Distinguido señor:

Por medio de su sobrino Pablito Guzmán, que es viejo amigo mío, he sabido que, a partir del próximo mes de septiembre, va a necesitar Ud. un tenedor de libros que trabaje por las tardes en su establecimiento, y deseo ofrecerle mis servicios.

Seguramente le sorprenderá que le escriba desde Texas. Permítame explicarle que pienso instalarme en México a mediados de junio. Voy a matricularme en dos cursos universitarios para extranjeros, pero como las clases son por la mañana, estaré libre para trabajar a partir del mediodía.

Como puede Ud. ver por esta carta, escribo bien el español. Lo hablo también bastante bien y, como pienso permanecer en México por lo menos un año, lo hablaré todavía mejor en el futuro.

Le incluyo mi hoja de vida. Como verá en ella, voy a graduarme este semestre de Bachiller en Administración de Negocios, con especialidad en Contabilidad. Si Ud. lo desea, puedo hacer además que una compañía local donde he trabajado le envíe una carta de recomendación.

Quedo en espera de su apreciable respuesta.

Afmo. y S.S.

Robert T. Williams
Robert T. Williams

Anexo: Hoja de vida

4. Modelo de carta personal

Boston, 12 de abril de 2003

Sra. Encarnación Camargo de Armas,
(Personal)
Financiera Bolívar, S.A.,
Calle 93A No. 18-20,
Bogotá, Colombia

Queridísima mamá:

Siento mucho no haber escrito en tres semanas, pero he tenido algunos problemas. Sé que le extrañará a Ud.[1] que le escriba a la dirección de la oficina y no a casa, pero no quiero que papá vea esta carta hasta que Ud. hable con él de lo que voy a contarle.

Como sabe, papá se oponía a que yo comprara carro cuando vine a estudiar a los Estados Unidos, por considerar que era peligroso. Pues tenía razón.

He tenido un accidente. No se asuste, no fue grave, aunque el carro quedó en bastante mal estado. Yo, gracias a Dios, no necesité quedarme en el hospital. Fue un milagro. Sólo me rompí dos dientes delanteros con el golpe, pero ya me los están arreglando. Por cierto, necesito $650 para el dentista. ¡Cómo se va a poner papá!

El otro problema que tengo se refiere al chofer del otro carro, que quedó destrozado, aunque el hombre solamente se partió un brazo. Ahora va a ponerme pleito, porque afirma que fue mi culpa, que la luz estaba en verde de su lado y que tengo que pagarle una indemnización grande, más el costo de su automóvil. Estará Ud. pensando que el seguro cubre todo esto. ¡Aquí es donde está verdaderamente el problema, pues se me olvidó pagarlo! Esto me tiene desesperado. No sé qué hacer. Por favor, mami, explíqueselo todo a papá con dulzura, porque se va a poner como un energúmeno.

Por lo demás, todo anda bien, incluyendo mis estudios. Le volveré a escribir pronto, informándole sobre la situación con el otro chofer. O tal vez es mejor que me llame Ud.

La quiere mucho su hijo,

Jairo

P.D. No es verdad lo de la luz, pero no puedo probarlo.

---

[1]En Colombia es común el uso de **Ud.** entre padres e hijos. El **tú** lo usan generalmente los jóvenes sólo con sus amigos de la misma edad.

APLICACIÓN

A. Escriba una carta similar a la número 3, dirigida a un negocio o compañía en un país hispano, donde Ud. ofrece sus servicios para trabajar por unos meses.

B. Conteste una de las cartas modelo como si Ud. fuera el/la destinatario/a.

C. Escriba una carta basándose en la siguiente situación.

Ud. acostumbra comprar por catálogo. Recibió su pedido equivocado y lo devolvió, pero la segunda vez volvieron a enviarle la mercancía que no era. Ud. escribe una carta de queja a la compañía.

D. Un amigo o una amiga suya va a casarse y Ud. está invitado/a a la boda, pero no puede asistir. Escriba una carta personal breve, excusándose y acompañando un regalo.

TRADUCCIÓN

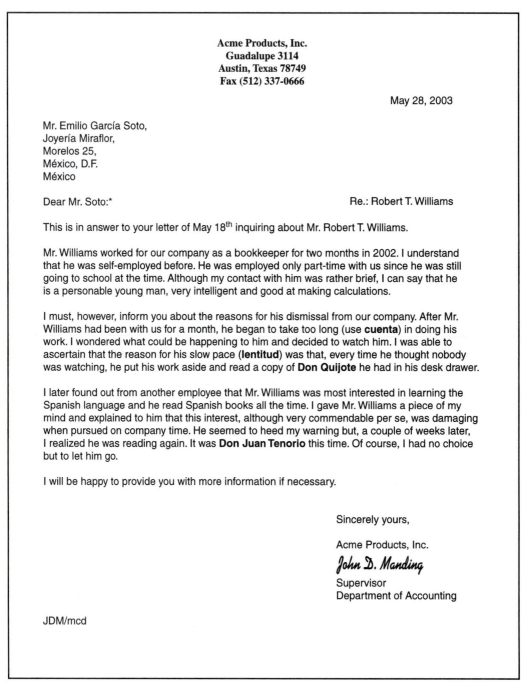

Acme Products, Inc.
Guadalupe 3114
Austin, Texas 78749
Fax (512) 337-0666

May 28, 2003

Mr. Emilio García Soto,
Joyería Miraflor,
Morelos 25,
México, D.F.
México

Dear Mr. Soto:*   Re.: Robert T. Williams

This is in answer to your letter of May 18th inquiring about Mr. Robert T. Williams.

Mr. Williams worked for our company as a bookkeeper for two months in 2002. I understand that he was self-employed before. He was employed only part-time with us since he was still going to school at the time. Although my contact with him was rather brief, I can say that he is a personable young man, very intelligent and good at making calculations.

I must, however, inform you about the reasons for his dismissal from our company. After Mr. Williams had been with us for a month, he began to take too long (use **cuenta**) in doing his work. I wondered what could be happening to him and decided to watch him. I was able to ascertain that the reason for his slow pace (**lentitud**) was that, every time he thought nobody was watching, he put his work aside and read a copy of **Don Quijote** he had in his desk drawer.

I later found out from another employee that Mr. Williams was most interested in learning the Spanish language and he read Spanish books all the time. I gave Mr. Williams a piece of my mind and explained to him that this interest, although very commendable per se, was damaging when pursued on company time. He seemed to heed my warning but, a couple of weeks later, I realized he was reading again. It was **Don Juan Tenorio** this time. Of course, I had no choice but to let him go.

I will be happy to provide you with more information if necessary.

Sincerely yours,

Acme Products, Inc.

John D. Manding

Supervisor
Department of Accounting

JDM/mcd

---

*Como el remitente de esta carta es norteamericano, no sabe que el apellido paterno de don Emilio no es Soto. Use el apellido correcto en su versión española.

TEMAS PARA COMPOSICIÓN

1. La carta de Sr. Manding. ¿Cree Ud. que hizo bien él en escribir esta carta? ¿Hizo bien Robert Williams en pedirle a Manding una recomendación? ¿Deben ser completamente sinceros los que escriben una carta de recomendación? ¿Empleará el propietario de la Joyería Miraflor a Williams? ¿Lo emplearía Ud?

2. Un buen jefe o una buena jefa. Explique lo que Ud. considera un buen jefe o una buena jefa. ¿Preferiría Ud. que su jefe fuera hombre o mujer? ¿Por qué? Explique lo que debe y lo que no debe hacer un buen empleado.

3. El diálogo entre la señora de Armas y su esposo. Imagine el momento en que la madre de Jairo le explica al padre el contenido de la carta que aparece en la página 292, y lo que dirá y hará el padre al enterarse.

4. La vida futura de Adolfo. Haga conjeturas sobre lo que hizo Adolfo después de huir con el dinero. ¿Adónde fue y cómo vivió? ¿Tendría problemas con la ley? ¿Volvería a robar? Explique si sus conjeturas tienen alguna base.

5. La confesión de Adolfo. Imagine que Adolfo se siente mal por haber sido ingrato y decide confesarle a don Anselmo los verdaderos motivos de su actuación. ¿Por qué habrá robado ese dinero? ¿Cómo reaccionaría don Anselmo en un caso así? ¿Perdonaría a Adolfo? ¿Por qué (no)?

San Miguel de Allende. Uno de los muchos pueblos pintorescos de México, similares al que se describe en el cuento «El ramo azul». Es la hora de entrada a la escuela, y las calles de adoquines están llenas de niños y de adultos que los llevan.

Lectura

Introducción

Ud. va a leer un cuento de Octavio Paz, un gran escritor mexicano (1914–1998). Paz comenzó a escribir muy joven y su producción como poeta y ensayista es muy rica. Viajó mucho y fue representante diplomático de México en Francia y en la India. Influencia de su vida en este último país, es la perspectiva religiosa oriental que se mezcla con lo moderno en su obra.

Paz escribió numerosos libros de poesía: *Luna silvestre, Raíz del hombre...*, pero su obra más conocida es *El laberinto de la soledad*, que pertenece al género del ensayo. En su labor como crítico literario, se destaca el libro *Sor Juana Inés de la Cruz o las trampas de la fe*. Paz recibió muchos premios importantes, entre ellos un doctorado honorario de la universidad de Harvard, el Miguel de Cervantes en 1981 y el premio Nobel en 1990.

Aunque el aspecto más sobresaliente de la obra de este escritor es el ensayo, los pocos cuentos que escribió, agrupados bajo el título *Arenas movedizas*, son sumamente interesantes, porque condensan las directrices temáticas de su poesía y presentan la realidad como un sistema de signos.

«El ramo azul» pertenece al período temprano de Paz, que tiene muchas influencias surrealistas. El movimiento surrealista es más conocido en la pintura, sobre todo a través de las obras de Salvador Dalí, pero se manifestó también en la literatura. Aunque el surrealismo no se puede considerar «abstracto», porque utiliza elementos reales, va más allá del mundo real y se concentra en lo imaginario, en el subconsciente, en los sueños.

«El ramo azul» es un buen ejemplo de la combinación de atracción y temor hacia lo desconocido que se ha señalado como característica de los cuentos de Paz. Se desarrolla en una noche de calor, en medio de una exuberante naturaleza tropical. El autor va a utilizar muchas imágenes y es importante que Ud. tenga esto en cuenta. Por ejemplo, él se ve solo en la noche, en medio de la naturaleza, y siente que es parte de un universo en el cual conversan seres inmensos. Él puede bien ser una sílaba de esa conversación, por eso se refiere en la línea 35 a los labios que lo pronunciaban.

El ramo azul

Desperté, cubierto de sudor. Del piso de ladrillos rojos, recién regado°, subía un vapor caliente. Una mariposa de alas grisáceas° revoloteaba° encandilada° alrededor del foco° amarillento. Salté de la hamaca y descalzo atravesé el cuarto, cuidando no pisar algún
5 alacrán° salido de su escondrijo° a tomar el fresco. Me acerqué al ventanillo y aspiré el aire del campo. Se oía la respiración de la noche, enorme, femenina. Regresé al centro de la habitación, vacié el agua de la jarra en la palangana° de peltre° y humedecí la toalla. Me froté el torso y las piernas con el trapo empapado°, me sequé un
10 poco y, tras de cerciorarme° de que ningún bicho° estaba escondido entre los pliegues de mi ropa, me vestí y calcé. Bajé saltando la escalera pintada de verde. En la puerta del mesón° tropecé con el dueño, sujeto tuerto° y reticente. Sentado en una sillita de tule°, fumaba con el ojo entrecerrado°. Con voz ronca° me preguntó:

mojado / grayish
volaba / ciega por la luz / bombilla
escorpión / escondite

recipiente donde se echa agua para lavar o lavarse / pewter / muy mojado / asegurarme / insecto / hotel pequeño y rústico / con un solo ojo / junco (reed) / medio cerrado / bronca, profunda

15 —¿Onde° va, señor?

—A dar una vuelta. Hace mucho calor.

—Hum, todo está ya cerrado. Y no hay alumbrado° aquí. Más le valiera quedarse.

Alcé los hombros°, musité° «ahora vuelvo» y me metí en lo
20 obscuro. Al principio no veía nada. Caminé a tientas° por la calle empedrada°. Encendí un cigarrillo. De pronto salió la luna de una nube negra, iluminando un muro° blanco, desmoronado a trechos°. Me detuve, ciego ante tanta blancura. Sopló un poco de viento. Respiré el aire de los tamarindos°. Vibraba la noche, llena de hojas e insectos. Los grillos° vivaqueaban° entre las hierbas altas. Alcé la
25 cara: arriba también habían establecido campamento° las estrellas. Pensé que el universo era un vasto sistema de señales, una conversación entre seres inmensos. Mis actos, el serrucho° del grillo, el parpadeo° de la estrella, no eran sino pausas y sílabas, frases dispersas de aquel diálogo. ¿Cuál sería esa palabra de la cual
30 yo era una sílaba? ¿Quién dice esa palabra y a quién se la dice? Tiré el cigarrillo sobre la banqueta°. Al caer, describió una curva luminosa, arrojando breves chispas°, como un cometa minúsculo.

Caminé largo rato, despacio. Me sentía libre, seguro entre los
35 labios que en ese momento me pronunciaban con tanta felicidad. La noche era un jardín de ojos. Al cruzar una calle, sentí que alguien se desprendía° de una puerta. Me volví, pero no acerté a° distinguir nada. Apreté el paso°. Unos instantes después percibí el apagado° rumor° de unos huaraches° sobre las piedras calientes. No quise
40 volverme, aunque sentía que la sombra se acercaba cada vez más. Intenté correr. No pude. Me detuve en seco°, bruscamente. Antes de que pudiese defenderme, sentí la punta de un cuchillo en mi espalda y una voz dulce:

—No se mueva, señor, o se lo entierro°. Sin volver la cara, pregunté:
45 —¿Qué quieres?

—Sus ojos, señor —contestó la voz suave, casi apenada°.

—¿Mis ojos? ¿Para qué te servirán mis ojos? Mira, aquí tengo un poco de dinero. No es mucho, pero es algo. Te daré todo lo que tengo, si me dejas. No vayas a matarme.
50 —No tenga miedo, señor. No lo mataré. Nada más° voy a sacarle los ojos.

—Pero, ¿para qué quieres mis ojos?

—Es un capricho° de mi novia. Quiere un ramito de ojos azules. Y por aquí hay pocos que los tengan.
55 —Mis ojos no te sirven. No son azules, sino amarillos°.

—Ay, señor no quiera engañarme. Bien sé que los tiene azules.

—No se le sacan a un cristiano° los ojos así. Te daré otra cosa.

—No se haga el remilgoso° —me dijo con dureza—. Dé la vuelta.

Me volví. Era pequeño y frágil. El sombrero de palma le cubría
60 medio rostro. Sostenía con el brazo derecho un machete de campo que brillaba con la luz de la luna.

—Alúmbrese° la cara.

Encendí y me acerqué la llama al rostro. El resplandor me hizo entrecerrar los ojos. Él apartó° mis párpados con mano firme. No
65 podía ver bien. Se alzó sobre las puntas de los pies y me contempló

Adónde

luces en las calles

Alcé... I shrugged my shoulders / *dije en voz baja / a... de manera insegura / pavimentada con piedras / pared / desmoronado... destruido en varios lugares / un árbol tropical /* crickets / *se acomodaban para pasar la noche / establecido... acampado / sonido que hace al frotar sus alas / encenderse y apagarse (Méx.) / breves... muy pequeñas partículas de fuego*

salía / no... no conseguí / Apreté... Caminé más rápido / suave, bajo / sonido / sandalias mexicanas / en... de repente

clavo

triste

Nada... Solamente

antojo, deseo especial

color ámbar

persona

difícil

Encienda un fósforo y póngalo cerca de su cara / separó

intensamente. La llama me quemaba los dedos. La arrojé. Permaneció un instante silencioso.

—¿Ya te convenciste? No los tengo azules.

—Ah, qué mañoso° es usted —respondió—. A ver, encienda *hábil para engañar*
70 otra vez.

Froté otro fósforo y lo acerqué a mis ojos. Tirándome de la manga, me ordenó:

—Arrodíllese.

Me hinqué°. Con una mano me cogió por los cabellos, *arrodillé*
75 echándome la cabeza hacia atrás. Se inclinó sobre mí, curioso y tenso, mientras el machete descendía lentamente hasta rozar° mis *tocar suavemente* párpados. Cerré los ojos.

—Ábralos bien —ordenó.

Abrí los ojos. La llamita me quemaba las pestañas. Me soltó de
80 improviso°. *de repente*

—Pues no son azules, señor. Dispense°. *Perdone*

Y desapareció. Me acodé° en el muro, con la cabeza entre las *puse los codos*
manos. Luego me incorporé°. A tropezones°, cayendo y *puse derecho / A... con*
levantándome, corrí durante una hora por el pueblo desierto. Cuando *dificultad*
85 llegué a la plaza, vi al dueño del mesón, sentado aún frente a la puerta. Entré sin decir palabra. Al día siguiente huí de aquel pueblo.

Parábola óptica, 1931, del fotógrafo mexicano Manuel Álvarez Bravo, es una buena muestra de la importancia de los ojos como tema en el período surrealista.

APLICACIÓN

A. Vocabulario

Encuentre en la columna izquierda la definición o sinónimo de cada palabra o expresión de la lista en la columna derecha.

1. otra manera de decir *persona* o *individuo*		**a.** alacrán
2. de repente		**b.** alumbrado
3. adjetivo para algo muy mojado		**c.** alumbrar
4. dobleces		**d.** apenado
5. pared		**e.** apretar el paso
6. sistema de luces en las calles		**f.** atropezones
7. otra forma de decir *perdone*		**g.** banqueta
8. adjetivo para una persona con un solo ojo		**h.** chispas
9. lugar para ocultarse		**i.** cristiano
10. decir algo en voz muy baja		**j.** dispense
11. ciego a causa de una luz intensa		**k.** empapado
12. escorpión		**l.** encandilado
13. palabra que se usa en México para decir *acera*		**m.** en seco
14. partículas muy pequeñas de fuego		**n.** escondrijo
15. caminar más rápido		**ñ.** hincarse
16. triste		**o.** incorporarse
17. sonido suave		**p.** mañoso
18. iluminar		**q.** muro
19. adjetivo para alguien que es hábil para engañar		**r.** musitar
20. arrodillarse		**s.** pliegues
21. ponerse derecho o levantarse un poco		**t.** rumor apagado
22. frase adverbial que indica que algo se hace con dificultad		**u.** tuerto

B. Comprensión

1. ¿Cómo sabemos que hace mucho calor en este lugar?

2. ¿Cómo sabemos que el mesón donde se hospeda el narrador está en un pueblo de campo?

3. Describa al dueño del mesón.

4. ¿Por qué le recomienda el dueño al narrador que no salga?

5. ¿Qué cosas oye, huele, ve, percibe el narrador en la noche?

6. ¿Qué detalles nos da el autor sobre el campesino?

7. ¿Qué quería el campesino y por qué?

8. ¿Cómo se alumbró la cara el narrador? ¿Por qué lo hizo?

9. ¿Por qué no consiguió el campesino lo que buscaba?

10. ¿Qué hizo el narrador cuando el campesino se fue?

C. Interpretación

1. ¿Por qué dice el narrador que la noche era «enorme, femenina»?

2. El narrador dice que el universo era un vasto sistema de señales. ¿De qué manera se consideraba él una parte de este complejo universo?

3. ¿Qué sugiere el autor al decirnos que el hombre llevaba huaraches?

4. Cuando el narrador pensaba que la noche era «un jardín de ojos», ¿era un hombre cuerdo o paranoico?

5. ¿Le parece lógica y sensata la conducta del narrador ante la amenaza del intruso? ¿Qué hubiera hecho Ud.?

6. El intruso trata al narrador de usted, y el narrador lo trata de «tú». ¿Por qué?

7. ¿Qué le parece el estilo de este cuento? ¿Qué características sobresalen en él?

8. ¿Hay algún motivo especial para que el cuento esté narrado en primera persona? ¿Cómo variaría si todo se viera desde el punto de vista de un narrador diferente?

D. Intercambio oral

1. **Los sueños.** El narrador comienza la historia diciendo que despertó. ¿Es verdad lo que nos cuenta o es una pesadilla? ¿Se trata quizás del encuentro con un loco? Explique su opinión. ¿Hay sueños proféticos? ¿Pueden interpretarse los sueños como una manifestación del subconsciente de la persona? ¿Tienen algún significado los sueños recurrentes?

2. **La novia del campesino.** No sabemos nada de la supuesta novia del campesino. ¿Existirá realmente? Si existe, ¿será posible que haya querido deshacerse de él pidiéndole como regalo algo absurdo?

3. **El hombre de campo y el hombre de ciudad.** ¿Qué diferencias hay entre el hombre del campo y el de la ciudad? ¿Son las mismas en este país y en México? ¿Es cierto el estereotipo de que los campesinos son más inocentes y la gente de la ciudad es más maliciosa? ¿Prefiere Ud. el campo o la ciudad? ¿Por qué?

4. **El delito en las calles.** ¿Dónde abunda más el delito? ¿Cuáles son las causas? ¿Es la locura una causa importante? ¿Qué pueden hacer las autoridades para combatirlo? ¿Qué medidas o precauciones puede tomar un individuo para protegerse?

5. **Fantasías visuales.** Ud. seguramente ha visto cuadros de Dalí. ¿Qué tienen en común este cuento, muchos cuadros de Salvador Dalí y muchas imágenes de MTV? ¿Qué opina Ud. de tales imágenes de MTV? ¿Qué propósito tienen?

Sección gramatical

Verbs Used Reflexively

Before discussing the passive voice later in this chapter, it will be helpful to examine the concept of *reflexive* verbs and verbs used *reflexively*.* Remember that a very common way to express the passive voice in Spanish is with a *reflexive* construction.

---

*We retain the traditional terms *reflexive* and *reflexively* although in some cases they are less precise than *pronominal* and *pronominally*, translations of the Spanish **pronominal** and **pronominalmente**.

A verb is said to be reflexive when its action is directed back on the grammatical subject. (A simpler definition states that a Spanish verb is reflexive when it is used with an object pronoun— **me, te, se, nos, os, se**—of the same person as the subject of the verb.)

The principal reflexive uses of verbs are described below. Bear in mind that some of the subtleties of the reflexive can only be learned through years of experience with the language.

1. Some verbs are always used reflexively in Spanish.

arrepentirse (de)	*to repent, be sorry about (regret)*
atreverse (a)	*to dare*
jactarse (de)	*to boast*
quejarse (de)	*to complain*

Miguel se jacta de que no hay nada que él no se atreva a hacer.	*Miguel boasts that there is nothing that he doesn't dare to do.*

2. Transitive verbs are often used reflexively.

a. Many of these verbs show the following pattern: If the subject performs the act on someone else, the reflexive pronoun is not used (column **a**); if the subject is the person affected, the reflexive pronoun is used in Spanish, even though it may not be used in English (column **b**). Observe that the English translation differs in columns **(a)** and **(b)**.

(a)		**(b)**	
acostar	*to put to bed*	**acostarse**	*to go to bed*
divertir	*to amuse*	**divertirse**	*to have a good time, enjoy oneself*
llamar	*to call*	**llamarse**	*to be named*
sentar	*to seat*	**sentarse**	*to sit down*

Gloria sentó al nene en la mecedora y luego se sentó en el sillón cercano.	*Gloria sat the child in the rocker and then she sat down in the nearby armchair.*
A veces los cómicos divierten al público pero ellos mismos no se divierten.	*Sometimes comedians amuse the public but they themselves do not have a good time.*

b. Often a Spanish transitive verb requires the reflexive pronoun when no other direct object is expressed.* Observe that in the following cases, the English translation is the same.

derretir(se)	*to melt*	**extender(se)**	*to extend*
detener(se)	*to stop*	**secar(se)**	*to dry*

Para hacer esa salsa, debe Ud. derretir la mantequilla primero.	*To make that sauce you should melt the butter first.*
Hacía mucho calor y el helado se derritió.	*It was very hot and the ice cream melted.*
El ranchero extendió el brazo para señalar el límite de sus tierras, que se extendían hacia el oeste.	*The rancher extended his arm to indicate the limit of his land, which extended toward the west.*

---

*Recall what was said in chapter 3 about the use of the *dative of interest* with verbs used reflexively.

Si la ropa no se seca pronto, tendré que secarla en la secadora.	*If the clothes don't dry soon, I'll have to dry them in the dryer.*
Cuando detuve el coche en el paso a nivel, vi que un tren se detenía para no atropellar una vaca.	*When I stopped the car at the crossing, I saw that a train was stopping in order not to run over a cow.*

3. Numerous verbs—transitive and intransitive—acquire different meanings when used reflexively.

comer	*to eat*	**comerse**	*to eat up*
dormir	*to sleep*	**dormirse**	*to fall asleep*
ir	*to go*	**irse**	*to go away, go off*
llevar	*to carry*	**llevarse**	*to carry off*

Antonio se comió todas las galletas.	*Antonio ate up all the crackers.*
A Cristina le gusta dormir pero con frecuencia le cuesta trabajo dormirse.	*Cristina likes to sleep but frequently she has a hard time falling asleep.*

In other cases, the shift of meaning may not be translatable and/or may vary from one Spanish-speaking area to another. Some verbs that are not reflexive in Spain are used reflexively in Spanish America.

desayunar(se)	*to have breakfast*	**enfermar(se)**	*to get sick*
despertar(se)	*to wake up*	**morir(se)**	*to die*

(Me) desperté a las ocho y a las ocho y media desperté a mi hermanito.	*I woke up at eight o'clock and at eight-thirty I woke up my little brother.*

If we examine some of the differences between **morir** and **morirse**, the complexity of this problem becomes evident. **Morir** refers to a death that occurs in an accident or under violent circumstances.

Muchos soldados murieron en la batalla.	*Many soldiers died in the battle.*
El niño murió en el incendio.	*The child died in the fire.*

Morirse expresses the idea *to die* (of natural causes), *to be dying, to be moribund.*

Hace días que el enfermo se muere.	*The sick man has been dying for days.*

Both **morir** and **morirse** can be used figuratively; the latter is found most often with human subjects.

A medida que mueren las costumbres viejas, nacen las nuevas.	*As old customs die, new ones are born.*
Nos morimos por ir a ese concierto.	*We are dying to go to that concert.*
Durante el espectáculo, Mariano se moría de (la) risa.	*During the show Mariano was dying of laughter.*

4. Many verbs are used reflexively when referring to actions that involve a part of the body or an article of clothing of the grammatical subject.

Al quitarse las botas, Enrique se lastimó el tobillo izquierdo.	*On removing his boots, Enrique hurt his left ankle.*

Note that the reflexive pronoun is not used when the action is purely voluntary and no external instrumentality (including another body part) is involved.

El anciano cerró los ojos pero tardó mucho en conciliar el sueño.	*The elderly man closed his eyes but he didn't fall asleep for a long time.*

5. A number of verbs when used reflexively may acquire a causative meaning.

cortarse el pelo	*to have one's hair cut*
empastarse una muela (un diente)	*to have a tooth filled*
retratarse	*to have one's picture taken*
sacarse una muela (un diente)	*to have a tooth extracted*
Ayer Manuel se cortó el pelo porque iba a retratarse.	*Yesterday Manuel got a haircut because he was going to have his picture taken.*

APLICACIÓN

A. Añada un pronombre reflexivo si es necesario.

1. Con este calor, la nieve que cayó anoche _____ derretirá rápidamente.

2. Cuando los heridos _____ abrieron los ojos, vieron que estaban en el hospital.

3. Mi mamá me dijo que _____ acostara a mi hermanito.

4. Ellos siempre _____ arrepienten de sus malas acciones después de hacerlas.

5. Cuando el aire acondicionado no funciona bien, _____ quejamos.

6. Fui al dentista para empastar _____ un diente.

7. Después de comer _____, ella _____ puso el sombrero y _____ fue de la casa.

8. Si _____ comes todos esos bombones, vas a enfermar _____.

9. Cuando llegó el médico, el paciente ya _____ moría.

10. Ella es siempre la primera en levantar _____ la mano para contestar.

11. Si el profesor es aburrido, los alumnos _____ dormirán.

12. Antes de volar, el águila _____ extendió las alas.

B. Traduzca.

Last night I was dying to go to bed early because I had had a tooth extracted in the afternoon. However, when I was about to put on my pajamas, some friends arrived, explaining that they wanted to amuse me with several new jokes, so I didn't dare say anything. How could I complain in a case like this? I didn't get to sleep until after midnight, and my friends drank up all the beer and soda that I had in the house. They also took a gallon of ice cream, saying that they didn't want it to go to waste during my "illness."

IMPERSONAL USE OF *SE*

Se is found with the third-person singular of the verb (used intransitively) to mean *one, they, people, you* (indefinite).* This construction is similar to the reflexive substitute for the passive discussed on pages 309–310, but is much less common.

Hoy día se habla mucho de los problemas sicológicos.	*Nowadays people talk a lot about psychological problems.*
En el campo se vive mucho más tranquilamente que en la ciudad.	*In the country one lives much more peacefully than in the city.*

In order to use a reflexive verb impersonally, one must add **uno/a** or **una persona.**

Si uno (una persona) se alaba constantemente, se aburren sus oyentes.	*If a person praises himself constantly, his listeners get bored.*

APLICACIÓN

Actividades del fin de semana. Haga un comentario en cada caso usando oraciones impersonales con *se*. Añada *uno/a* si es necesario.

Modelo: **Nos divertimos** mucho en la boda de Pepe, pero **bebimos** demasiado.
              → *En las bodas* **uno se divierte** *mucho, pero a veces* **se bebe** *demasiado.*

1. Los sábados por la mañana, mi hermano y yo *nos entretenemos* cortando la hierba del jardín.
2. Otras veces, *vamos* de compras al supermercado.
3. Los sábados por la noche *me reúno* con amigos y *bailo* en la discoteca.
4. Como los sábados *me acuesto* después de medianoche, los domingos *me levanto* mucho más tarde que en los días de semana.
5. *Todos* en casa *comemos* mucho en el desayuno los domingos.
6. Mi familia es tradicional, por eso después del desayuno *todos asistimos* a los servicios religiosos.
7. Cuando *salimos* de la iglesia *conversamos* un rato con los vecinos.
8. Los domingos *almorzamos* en un restaurante.
9. Por la tarde, *mis hermanos y sus amigos juegan* al fútbol en el parque.
10. *Yo, si estoy* cansada, *me quedo* en casa; *duermo* la siesta o *me siento* a leer.

---

*It should be noted that the indefinite or impersonal English *you* is sometimes expressed in Spanish by **tú**, especially in the spoken language. Occasionally **usted** is also used in this way.

A veces en la vida (tú) trabajas mucho y no tienes éxito.	*Sometimes in life you work hard and you're not successful.*

The Passive Voice

Speakers of Spanish and English have at their disposal two voices, or ways, to indicate the relation of the subject of the verb to the action expressed by the verb. In the active voice, the subject *performs* the action.

Cervantes escribió esa novela.	*Cervantes wrote that novel.*

On the other hand, in the passive voice the subject is the *recipient* of the action.

Esa novela fue escrita por Cervantes.	*That novel was written by Cervantes.*

The passive voice may be expressed in Spanish by means of various constructions.

THE TRUE PASSIVE (*SER* + PAST PARTICIPLE)

When an agent (performer) is expressed or strongly implied, **ser** is used with the past participle in Spanish, much as the verb *to be* is used in English with the past participle.

Esa profesora es admirada por casi todos sus estudiantes.	*That professor is admired by almost all her students.*
Me consta que ese batería será muy aplaudido por el público en su primer concierto.	*I'm sure that percussionist will be much applauded by the public in his first concert.*
En aquella época fueron construidas todas las casas de la cuadra.	*At that time all the houses on the block were built.*
Aquellos árboles han sido plantados en la última semana.	*Those trees have been planted during the last week.*

Observations:

1. The foregoing construction, which so closely parallels English usage, is much less frequently used in Spanish. Much preferred are the active and/or reflexive structures discussed below. The overuse of the true passive is regarded as a stylistic defect. Especially frowned upon is the use of the present progressive of **ser** + present participle, e.g. **El edificio está siendo construido por una empresa extranjera**. It is much better Spanish to say **Una empresa extranjera construye (está construyendo) el edificio.**

2. You must not use the true passive in Spanish when the English subject is an indirect object. In the sentence *We were given the bad news yesterday,* it is clear that *we* is an indirect object if the sentence is converted to the active voice: *They gave the bad news to us yesterday.* One should say either **Nos dieron la mala noticia ayer** or **Se nos dio la mala noticia ayer.**

THE INDEFINITE THIRD-PERSON PLURAL OF THE ACTIVE VERB

When the agent is not expressed or strongly implied, a very common equivalent of the English passive voice is the indefinite third-person plural of the active verb.*

In this construction, the subject in Spanish is not **ellos** or **ellas** but an unexpressed indefinite *they*. The English subject becomes the direct object in Spanish.

Admiran mucho a esa profesora.	*That professor is much admired. (They admire that professor a lot.)*
Me consta que aplaudirán mucho a ese batería en su primer concierto.	*I'm sure that percussionist will be much applauded in his first concert. (I'm sure that they will applaud that percussionist a lot in his first concert.)*
En aquella época construyeron todas las casas de la cuadra.	*At that time all the houses on the block were built. (At that time they built all the houses on the block.)*
Han plantado aquellos árboles en la última semana.	*Those trees have been planted during the last week. (They have planted those trees during the last week.)*

THE APPARENT PASSIVE (*ESTAR* + PAST PARTICIPLE)

In English, the isolated sentence *Mario was wounded* can be interpreted two ways: (a) it could refer to an action in which someone wounded Mario or (b) it could refer to the state or condition that Mario was in as a result of the fact that someone wounded him.**

In Spanish, the first meaning is expressed by **ser** + past participle: **Mario fue herido**. The second meaning is not really a passive because no action is expressed and therefore **estar** + past participle is used: **Mario estaba herido**.

Cuando yo me mudé a esa cuadra, ya todas las casas estaban construidas.	*When I moved to that block all the houses were already built.*
Ya están plantados los árboles, ¿verdad?	*The trees are already planted, aren't they?*
El delincuente estuvo encarcelado de 1995 a 1999.	*The criminal was locked up from '95 to '99.*

---

*The active structure exists in English, but is not used nearly so often as in Spanish. In the following examples, observe how the active voice is preferred in Spanish, whereas the passive is used in English.

A Maruja no le gusta que la critiquen.	*Maruja doesn't like to be criticized.*
Seguramente esta tarde echarán al correo los dos paquetes.	*The two packages will definitely be mailed this afternoon.*
Y ¿piensas tú que cuando nos morimos no nos piden cuenta de nuestras acciones? (Galdós, *Miau*, cap. 27)	*And do you think that when we die we are not asked for an account of our actions?*

Some grammarians of English use the term *statal passive,* which corresponds to **estar + past participle, and *actional passive,* which corresponds to **ser** + past participle.

Carefully observe the resultant states expressed in the following sentences.

El agua está compuesta de oxígeno e hidrógeno.	*Water is composed of oxygen and hydrogen.*
México está limitado al norte por los Estados Unidos y al sur por Guatemala.	*Mexico is bordered on the north by the United States and on the south by Guatemala.*
Las montañas estaban cubiertas de nieve.	*The mountains were covered with snow.*

In none of the above cases does the verb **estar** express an action taking place at the time indicated by the tense, which is a function of **ser** + past participle. In short, these examples only *look like* the passive voice.

APLICACIÓN

A. Vuelva a escribir los siguientes pasajes, formando oraciones de voz pasiva con los verbos que se indican.

Modelo: *Las campañas electorales **fueron iniciadas** por los candidatos políticos hace varios meses.*

1. Los candidatos políticos *iniciaron* las campañas electorales hace varios meses. Ya *han visitado* muchas ciudades y *visitarán* muchas más. Todos los días sus partidarios los *alaban*, mientras que sus adversarios los *condenan*. En algunos lugares, los ciudadanos los *han aplaudido* y, en otros, los *ha abucheado* el público. Muchos periódicos *recomiendan* a los candidatos preferidos, pero frecuentemente el público no *sigue* tales recomendaciones. Al final, los ganadores *celebrarán* su triunfo con grandes fiestas.

Modelo: *La telenovela que estoy viendo **es transmitida** por el canal 47.*

2. La telenovela que estoy viendo la *transmiten* por el canal 47. Se llama «Kassandra» y la *produjeron* y *filmaron* en Venezuela, aunque el guión lo *escribió* una escritora cubana. A esta señora, Delia Fiallo, la *conocen* mucho los hispanohablantes de los Estados Unidos porque es autora de la mayoría de las telenovelas que se *importan* de Venezuela. Kassandra era una bebé de familia rica, pero la *robaron* de su cuna y la *cambiaron* por una niña gitana que había muerto. A Kassandra la *criaron* los gitanos. Ahora Kassandra es una joven muy hermosa y todos *admiran* su belleza. Un gitano de su tribu la *ama*, pero ella no *corresponde* al amor del hombre. Cuando el circo regresa a la ciudad natal de Kassandra, una criada de la familia *reconoce* a la joven a causa de su gran parecido con su madre. La novela no ha llegado a su final, pero estoy segura de que su familia le *devolverá* a Kassandra su fortuna y su nombre y de que la justicia *castigará* a la mujer culpable de que los gitanos la *hayan robado*.

B. Hablando de «El ramo azul».

Haga oraciones para indicar los estados resultantes de los verbos de las siguientes oraciones. Observe que algunos verbos tienen complemento directo y otros son reflexivos.

Modelo: El sudor cubrió el cuerpo de Octavio.
    → *El cuerpo de Octavio estaba cubierto de sudor.*
    Octavio se arrodilló.
    → *Octavio estaba arrodillado.*

1. Regaron el piso de ladrillos.
2. Octavio humedeció la toalla.
3. Octavio se levantó de la hamaca.
4. Octavio se vistió y se calzó.
5. El dueño del mesón se sentó frente a la puerta.
6. El dueño del mesón advirtió a Octavio de los peligros de salir de noche.
7. El protagonista apagó el cigarrillo.
8. La luna iluminó el muro.
9. Octavio encendió el fósforo.
10. Octavio convenció al hombre de que no tenía los ojos azules.

The Reflexive Substitute

In this construction, there are two different structures: one for things, animals, and groups of persons; another for individualized persons. Usually the agent is not expressed nor strongly implied.

1. Things, animals, and groups of persons

In this case, the English subject becomes the subject of the Spanish active verb used with **se**. If the subject is singular, the verb is singular; if the subejct is plural, the verb is also plural.*

En aquella época se construyeron todas las casas de la cuadra.	*At that time all the houses on the block were built.*
Ese árbol se plantó el verano pasado.	*That tree was planted last summer.*
Se llevaron al laboratorio las ratas que se habían comprado el lunes.	*The rats that had been bought on Monday were taken to the laboratory.*
Se seleccionarán varias jóvenes para una prueba de cine.	*Several young women will be selected for a screen test.*
Los maestros recién graduados se enviaron a la nueva escuela.	*The recently graduated teachers were sent to the new school.*
No se permiten niños pequeños en el hospital.	*Small children are not allowed in the hospital.*

Observations:

In this construction, the verb most often precedes the subject. However, the subject may precede if it is modified by a definite article, a demonstrative, or a possessive. Thus it is correct to say **Las casas se construían con madera** (but not **Casas se construían con madera**); **Aquellos árboles se han plantado recientemente** (but not **Árboles se han plantado recientemente**).

Occasionally the agent may be expressed with the reflexive passive as it is with the true passive.

Estos libros se venden por todos los libreros.	*These books are sold by all booksellers.*

---

*When a group of persons is the subject, some grammarians apply the term **cosificación** to this structure.

2. Individualized person(s)

When the English subject is an individualized person or persons, the reflexive passive permits the use of **se** + third-person singular of the verb only and the English subject becomes the Spanish direct object.

Se admira mucho a esas dos profesoras.	*Those two professors are much admired.*
Se aplaudirá a ese batería.	*That percussionist will be applauded.*

Note the use of the personal **a** in the following examples.

    a. If direct object pronouns are required, the preferred forms of the third person are **le**, **les**, **la**, **las**. However, many native speakers, especially in Spanish America, avoid the construction involving reflexive and feminine direct object pronouns.

Se la admira mucho.	*She is much admired.*
Se le aplaudirá mucho.	*He will be much applauded.*

    b. If a direct object noun precedes **se**, a redundant pronoun is added between **se** and the verb. Again the third-person pronouns used are **le**, **les**, **la**, **las**. (Compare with chapter 3, page 67.)

A Andrés se le castigará por haber tomado el auto sin permiso.	*Andrés will be punished for having taken the car without permission.*
A Sarita se la premió por haber salvado al niño que se ahogaba.	*Sarita was rewarded for having saved the drowning boy.*

RECAPITULATION

1. If the subject is thing(s), animal(s), or group(s) of persons, use **ser** + past participle if the agent is expressed or strongly implied.

Esas canciones fueron compuestas por el cantautor José Feliciano.	*Those songs were composed by the singer-composer José Feliciano.*

If the agent is not expressed or strongly implied, use

    a. the reflexive substitute with agreement of subject and verb,

Se compusieron esas canciones el año pasado.	*Those songs were composed last year.*

    b. or, the impersonal third-person plural of the active verb.

Compusieron esas canciones el año pasado.	*They composed those songs last year.*

2. If the subject is an individualized person or persons, use **ser** + past participle if the agent is expressed or strongly implied:

Esos dos senadores no serán invitados a la Casa Blanca por el Presidente.	*Those two senators will not be invited to the White House by the President.*

If the agent is not expressed or strongly implied, use

    a. the impersonal third-person plural of the active verb,

No invitarán a esos dos senadores a la Casa Blanca.	*They won't invite those two senators to the White House.*

    b. or, less frequently, the reflexive substitute with **se** + third-person singular of the active verb.

No se invitará a esos dos senadores a la Casa Blanca.	*Those two senators won't be invited to the White House.*

APLICACIÓN

A. Transforme las oraciones de la voz pasiva a la activa, como se hace en el modelo.

Modelo: La carta **fue echada** al correo por Gustavito.
        → *Gustavito* **echó** *la carta al correo.*

1. La moción había sido adoptada por los congresistas en la sesión anterior.
2. El viajero fue amenazado por el campesino.
3. La operación fue hecha con mucha destreza por el cirujano.
4. El premio es concedido por un jurado muy distinguido.
5. El problema fue resuelto en 1999 por un profesor árabe.
6. Es probable que ese loco sea enviado a un manicomio por las autoridades.
7. Salvador Dalí es muy admirado por los amantes de la pintura.
8. El mesón era atendido personalmente por el dueño.
9. Este cuento ha sido estudiado por muchos críticos.
10. El alumbrado de las calles será pagado por el municipio.
11. El conferencista fue interrumpido por los gritos del público.
12. Me dijeron que la joven sería empleada por una casa de modas.

B. Transforme las oraciones de la voz pasiva con *ser* a la pasiva refleja, como se hace en el modelo.

Modelo: Los paquetes **serán enviados** mañana.
        → **Se enviarán** *los paquetes mañana.*
    El libro **fue vendido** ayer.
        → **Se vendió** *el libro ayer.*

1. Esa calle fue empedrada recientemente.
2. Docenas de soldados eran reclutados todos los días.
3. Todos los chicos del pueblo ya fueron vacunados.
4. El café es cultivado en esa región.
5. Las medicinas fueron distribuidas entre los pobres.
6. Los grillos serán exterminados con un insecticida especial.
7. Estas técnicas han sido estudiadas en muchos laboratorios.
8. La cubierta del disco será impresa en rojo y negro.
9. Los niños no son admitidos en el mesón.
10. La sala debe ser empapelada con un papel de calidad.

La tecnología FreshLook ColorBlends® combina tres colores para crear un aspecto totalmente natural. Consulte a su proveedor de asistencia ocular participante para un par de prueba gratuito* en la consulta.

Azul

Marrón

Verde

Gris

Miel

Turquesa

Cambie de opinión. Cambie de ánimo.

Cambie el color de sus ojos.

Lentes de contacto de color FreshLook, de usar y tirar.

Para ojos oscuros. Para ojos claros.

Incluso aunque su vista sea perfecta. Por ahora.

Por esta noche.

*Tarifas profesionales no incluidas. Nulo donde esté prohibido por la ley. Puede no ser indicado para todas las personas. Oferta de tiempo limitado. © 2001 CIBA Vision.

FreshLook®
www.colorcontacts.com

C. Cambie las siguientes oraciones de voz pasiva a una construcción con *se*. Observe que todos los sujetos son personas definidas, y que por lo tanto, el verbo será siempre singular y se necesita la preposición *a*.

Modelo: Su hija **fue contratada** hace dos semanas.
→ **Se contrató** *a su hija hace dos semanas.*

1. Los prisioneros serán juzgados por el delito de robo.
2. De repente, el forastero es sorprendido en lo oscuro.
3. Dudo que el inspector haya sido enviado a la urbanización.
4. El gobernador fue elegido en las elecciones de 1998.
5. Todos los estudiantes van a ser llamados por orden alfabético.
6. Varios policías fueron golpeados durante los disturbios.
7. El director dijo que esa estudiante sería premiada.
8. El hombre había sido herido con un machete.
9. El médico mandó que los heridos fueran conducidos inmediatamente al hospital.
10. La cantante no es aplaudida con entusiasmo.

D. Reemplace ahora con pronombres las personas de las transformaciones que hizo en el ejercicio anterior.

Modelo: Se contrató a su hija hace dos semanas.
→ *Se la contrató hace dos semanas.*
Castigarán a los niños desobedientes.
→ *Se les castigará.*

E. Anuncios en el periódico.

Cambie las oraciones que tienen *yo* o *Ud.* como sujeto, a oraciones de pasiva refleja.

Modelo: Alquilo una habitación moderna y bonita.
→ *Se alquila...*

1. Vendo auto Chevrolet del 2000 y garantizo que está en buenas condiciones. Puede Ud. verlo en Santa Rosa 315. Pido una cantidad moderada y doy facilidades de pago.
2. Necesito operarias para taller de costura. Pago buen salario y ofrezco además vacaciones y seguro de salud. Favor de no llamar si Ud. no tiene experiencia. Exijo también buenas referencias. Ud. debe ser residente legal de este país.

F. Terrorismo en el aeropuerto. Cambie las construcciones de pasiva refleja a construcciones de tercera persona del plural impersonal en el siguiente pasaje.

En la noche del viernes se colocó una bomba en una de las salas de espera del aeropuerto internacional. Se sospecha que los culpables pertenecen a un grupo terrorista al que se persigue en varios países. No hubo muertos, pero sí heridos, que se transportaron inmediatamente al hospital. Se dice que se vio a una mujer sospechosa, vestida de negro, pero los testigos que se entrevistaron no pudieron dar muchos informes.

Sección léxica

Ampliación: Pares de palabras con significado diferente

En la lectura hay muchos ejemplos de sustantivos que tienen «gemelos» del género opuesto con un significado diferente: **cuchillo, jarra, palma, punta, ramo, ventanillo**. En español abundan los pares de palabras de esta clase.

En el reino vegetal, la forma masculina de la palabra se refiere frecuentemente al árbol y la femenina, al fruto.

el almendro	*almond tree*	**la almendra**	*almond*
el avellano	*hazel tree*	**la avellana**	*hazelnut*
el castaño	*chestnut tree*	**la castaña**	*chestnut*
el cerezo	*cherry tree*	**la cereza**	*cherry*
el ciruelo	*plum tree*	**la ciruela**	*plum*
el manzano	*apple tree*	**la manzana**	*apple*
el naranjo	*orange tree*	**la naranja**	*orange*

Muchas veces, el tamaño o forma del objeto es lo que marca la diferencia de género.

el anillo	*ring* (jewel)	**la anilla**	*hoop, large ring; curtain ring*
el canasto	*large basket*	**la canasta**	*small basket* (usually with two handles)
el cesto	*large basket; hamper*	**la cesta**	*small basket*
el cuchillo	*knife*	**la cuchilla**	*pocket knife; razor blade*
el gorro	*bonnet; cap* (without visor)	**la gorra**	*cap* (with visor)
el jarro	*mug, jug*	**la jarra**	*pitcher, jar*

Otros ejemplos comunes de estos pares de palabras son:

el bando	*faction; party; side*	**la banda**	*musical band; gang*
el derecho	*law; just claim*	**la derecha**	*right* (opposite of left)
el fruto	*fruit* (on tree or in figurative sense)	**la fruta**	*fruit* (after it is gathered)
el giro	*draft, money order; turn*	**la gira**	*tour*
el grado	*degree; grade; stage*	**la grada**	*step* (in a stair)
el herido	*wounded male*	**la herida**	*wounded female; wound*
el leño	*piece of timber, log*	**la leña**	*firewood, kindling*
el lomo	*back of animal; spine of book*	**la loma**	*hill*
el madero	*board*	**la madera**	*wood*

el mango	*mango; straight handle*	**la manga**	*sleeve; cloth strainer*
el modo	*way, manner*	**la moda**	*fashion*
el palmo	*a few inches; span*	**la palma**	*palm* (of hand); *palm, palm tree*
el partido	*match; political party*	**la partida**	*departure; party* (group of people)
el peso	*weight*	**la pesa**	*weight* (dumbbell); *scale*
el punto	*point* (in time or space); *period*	**la punta**	*sharp point; tip*
el ramo	*bunch of flowers; small branch* (once it is cut)	**la rama**	*bough, branch* (of tree)
el resto	*remainder; the others*	**la resta**	*subtraction*
el suelo	*ground, soil*	**la suela**	*sole* (of shoe)
el ventanillo	*small window; peephole*	**la ventanilla**	*window* (in car, at bank, post office, etc.)

APLICACIÓN

A. Escoja la palabra que completa correctamente cada oración.

1. Fueron al bosque a buscar (leño / leña) para calentar la casa.

2. Cuando (el bando / la banda) estaba de (giro / gira), el empresario les envió (un giro / una gira) de varios miles de dólares.

3. La cajera que está en (el ventanillo / la ventanilla) del banco recoge mi depósito.

4. El niño llevaba (un gorro / una gorra) de pelotero y era muy pequeñito, apenas levantaba (unos palmos / unas palmas) del suelo.

5. La mujer oyó un ruido y tomó (un madero / una madera) para defenderse.

6. La ciudad de Washington es famosa en la primavera por sus (cerezos / cerezas).

7. ¿La ropa sucia? Ponla en (el cesto / la cesta).

8. El hombre abrió (el cuchillo / la cuchilla), y la hoja brilló con brillo siniestro.

9. En invierno, los vendedores tuestan (castaños / castañas) en la calle.

10. Cuando Caperucita Roja encontró al lobo, llevaba (un canasto / una canasta) con comida para su abuelita.

11. Ella tenía unos hermosos ojos de color (avellano / avellana).

12. Tengo (el derecho / la derecha) de pasar, porque voy por (el derecho / la derecha).

13. Theodore Roosevelt hablaba continuamente de (el lomo / la loma) de San Juan.

14. Si trabajas mucho de joven, recibirás (los frutos / las frutas) de tu trabajo en la vejez.

15. El médico estaba preocupado por la profundidad de (el herido / la herida).

16. Cuando el tigre atacó al cazador, (el resto / la resta) de (el partido / la partida) huyó.

17. (Los ciruelos / Las ciruelas) son de color morado.

18. ¿Mi (peso / pesa)? Es un secreto que sólo sabemos (el peso / la pesa) y yo.

19. Las cortinas de estilo «café» se cuelgan con (anillos / anillas).

20. Si (el suelo / la suela) es fértil, podemos plantar (manzanos / manzanas).

21. En la guerra civil, mi primo Plácido luchó en (el bando / la banda) liberal.

22. Después de aprender a sumar, los niños aprenden (el resto / la resta).

23. El Domingo de Ramos, el sacerdote bendice (los palmos / las palmas).

24. El profesor explicó la diferencia entre asa y (mango / manga).

25. El amareto es un licor que se hace con (almendros / almendras).

B. Dé la palabra que corresponde a cada definición.

1. parte inferior de un zapato

2. joya que se lleva en el dedo

3. lo que queda o sobra

4. el extremo de un lápiz

5. parte de una escalera

6. la clase de sombrero que usan los payasos

7. lo que ponemos en la mesa para servir el agua

8. lo que levanta una persona para desarrollar sus músculos

9. unidad para medir la temperatura

10. la parte de un libro que vemos cuando está en el estante

11. la manera de hacer algo

12. encuentro de dos equipos en un deporte

13. lo que utiliza el cocinero para poner letras y adornos en un pastel

14. signo de puntuación que separa dos párrafos

15. ventana muy pequeña

16. donde bebo mi café

Distinciones: To get

Pocos verbos ingleses cuentan con tan extensa variedad de significados como el verbo *to get* (pretérito: *got*; participio pasivo: *got, gotten*). A continuación se presenta una muestra de los muchos usos de este verbo junto con sus equivalentes en español.

1. Los equivalentes españoles de *to get* en el sentido de *to become* se han tratado en el capítulo 6.

2. En el inglés informal especialmente, el verbo *to get* reemplaza frecuentemente a *to be* en la voz pasiva para recalcar el resultado más que la acción. El equivalente más común en español es la pasiva refleja.

No sabemos cómo se rompió la ventana.	*We don't know how the window got broken.*
A veces el portero no puede abrir las puertas porque se pierden las llaves.	*Sometimes the janitor can't open the doors because the keys get lost.*

3. Algunos significados básicos de *to get*. Cuando *to get* quiere decir:

    a. *to obtain* = **obtener, conseguir, lograr**

Si Alfonso se gradúa, conseguirá un empleo mejor.	*If Alfonso graduates, he will get a better job.*
Luis siempre logra lo que quiere.	*Luis always gets what he wants.*

    b. *to catch (an illness)* = **coger, pescar, agarrar**

Dolores ha cogido (agarrado) un resfriado.	*Dolores has got a cold.*

    c. *to understand* = **comprender, entender**

Verónica contó un chiste pero yo no lo entendí.	*Verónica told a joke but I didn't get it.*

    d. *to fetch, go and bring, bring* = **buscar, ir a buscar, traer, llamar, ir por**

Traigan (busquen, vayan a buscar) sus libros y podremos estudiar juntos.	*Get (Go and get) your books and we'll be able to study together.*
Hay que ir por el médico inmediatamente.	*It's necessary to get the doctor at once.*

    e. *to buy* = **comprar**

Los Sánchez compraron un coche nuevo la semana pasada.	*The Sánchez family got a new car last week.*

    f. *to arrive (at), reach* = **llegar**

Acabamos de llegar.	*We just got here.*
¿A qué hora llegarán a Toledo?	*What time will they get to Toledo?*

    g. *to receive* = **recibir**

Ayer los señores Alvarado recibieron dos cartas de su hija.	*Yesterday Mr. and Mrs. Alvarado got two letters from their daughter.*

4. *To get* se usa también en numerosas expresiones idiomáticas cuyos equivalentes españoles tienen que aprenderse uno por uno. A continuación se enumeran algunas de las expresiones más comunes.

    a. *to get along with* = *to be compatible* = **congeniar con, llevarse (bien)**

Algunos jóvenes no se llevan bien con sus padres.	*Some young people don't get along with their parents.*

b. *to get back at (even with)* . . . *for* = **desquitarse con... de (por)**

Emilio se desquitará con sus enemigos de esa mala jugada.	*Emilio will get back at his enemies for that dirty trick.*

    c. *to get off (vehicle), to descend from* = **apearse (de), bajar(se) (de)**
to get off (clothes) = *to take off* = **quitar(se)**

(Nos) bajaremos del tren en la próxima parada.	*We'll get off the train at the next stop.*
Me cuesta trabajo quitarme estas botas.	*It's hard for me to get these boots off.*

    d. *to get on (vehicle)* = **subir a, montar (en) (a)**
      to get on (clothes) = *to put on* = **poner(se)**

Subamos a este tren.	*Let's get on this train.*
No puedo ponerle este vestido a Mercedes; le queda chico.	*I can't get this dress on Mercedes; it's too small for her.*

    e. *to get out* = *to go out, to go away* = **salir**

La mujer les dijo a los chicos que saliesen de su jardín.	*The woman told the kids to get out of her garden.*

    f. *to get rid of* = **deshacerse de, salir de**

Tenemos que salir (deshacernos) de este auto; no sirve para nada.	*We have to get rid of this car; it's no good at all.*

APLICACIÓN

A. Traduzca.

1. He doesn't know what time it is because his watch got lost.
2. I hope they don't get rid of their new dog just because he barks a lot.
3. I always get nervous before getting on a plane.
4. They don't want to play another game of tennis because they don't want us to get even with them.
5. I think he was making an innuendo about his wife but I didn't get it.
6. They tell me she got pneumonia in the hospital; I hope she gets better soon.
7. His cousin told me that Federico doesn't get along with his neighbors.
8. We got a letter from Sofía a week ago.
9. Where did you get your new coat?
10. I can't get these shoes on; they're too tight.
11. If I don't get paid next week, I'm going to get angry.
12. Her mother always gets worried when Anita gets in late.

Para escribir mejor

El informe

Un escritor escribe por muchos motivos, y los principales son: (a) para crear una obra literaria, (b) para expresar lo que siente y piensa, (c) para proporcionar información al que lee (*escritos expositivos*) y (d) para exponer tesis o teorías y convencer al lector de que acepte y apoye su punto de vista (*escritos persuasivos*). Los informes que escriben los estudiantes pertenecen a las clases (c) (*expositivos*) y (d) (*persuasivos*). Aquí nos concentraremos en el informe clase (c), que presenta datos obtenidos de una investigación previa y que es el más común.

El estudiante va a proporcionar con su trabajo información a un lector que, en este caso, es su profesor/a. Este lector será el juez del estudiante, y tiene suficientes conocimientos y práctica para distinguir un trabajo serio y bien investigado de uno escrito con precipitación y un mínimo de esfuerzo. Es, por lo tanto, importante que Ud. planee con tiempo su informe y dedique varias semanas al proyecto.

Algunas personas suponen que un buen escritor puede sentarse frente a un papel en blanco o una computadora y crear, por arte de magia, un trabajo perfecto. Nada más lejos de la verdad. Escribir es un *proceso* con diferentes pasos: el plan general, la búsqueda y organización del material, el borrador, la revisión y la versión terminada.

Una buena manera de planear un trabajo es ir de lo general a lo específico. Supongamos que una estudiante, Carmen, debe escribir un informe para su clase de Civilización Hispanoamericana y ha decidido explorar el tema de las culturas precolumbinas. Éstas son demasiado numerosas para agruparlas en un simple informe, así que Carmen limita el tema a una de las más importantes: la azteca. El tema, en este punto, es todavía demasiado amplio. Una visita de Carmen a la biblioteca o una exploración del Internet le demuestran que hay una extensa bibliografía sobre los aztecas, tanto en español como en inglés. La lectura del índice de algunos de estos libros la hace interesarse en un enfoque: *costumbres y vida diaria*. Carmen recuerda entonces que en el libro de texto del curso de civilización se habla de Hernán Cortés y de Bernal Díaz del Castillo, y de la impresión que ambos recibieron al ver a Tenochtitlán, la capital mexicana. Carmen tiene una idea: ¿por qué no buscar datos sobre Tenochtitlán? De aquí surge la idea central del trabajo: *Tenochtitlán, centro de la cultura azteca.*

Una vez enfocado el tema, Carmen comienza a leer o a sacar datos del Internet y a tomar apuntes. Al compilar la información, la organiza en torno a varias preguntas: ¿Quiénes eran los aztecas? ¿En qué época se desarrolló su civilización? ¿Qué costumbres, tipo de gobierno, religión, tradiciones, tenía este pueblo? ¿Cómo era su capital? ¿En qué sentido era similar o diferente a las ciudades europeas de la época? ¿Cómo era la vida diaria de los habitantes de Tenochtitlán?

Es muy importante comenzar un escrito con un pasaje corto que capte la atención del lector e indique la intención y el enfoque del trabajo. Carmen tiene aquí muchas opciones, como se verá en los siguientes comienzos que ella prepara:

Principio 1.
El tema de este trabajo son las costumbres, religión y tradiciones de los aztecas y la vida en Tenochtitlán, su capital.

Principio 2.
Los aztecas eran un conjunto de siete tribus o pueblos diferentes, que compartían la creencia de haber surgido de cuevas en la isla mítica de Aztlán, en medio de un lago. Los mexicas, fundadores de Tenochtitlán, eran una de esas tribus.

Principio 3.

El escudo de armas de la moderna República de México tiene un águila posada sobre un cacto o nopal, con una serpiente en la boca. Esta figura ilustra el mito de la fundación de Tenochtitlán, la capital azteca.

Principio 4.

Tenochtitlán, la capital azteca, tenía menos de doscientos años de fundada cuando fue conquistada en 1521 por Hernán Cortés y sus hombres.

El principio 1 es sensato, pero demasiado común. Los principios 2 y 3 son mejores, pero contienen demasiados datos y no van a hacer impacto en la persona que comienza a leer. Carmen decide que estos pasajes son más apropiados para colocarlos más adelante, y utiliza el pasaje número 4 como principio, continuando con el pasaje 2. Su próximo paso será hablar de la peregrinación de los mexicas hasta encontrar el águila y el lago que señalaban el sitio donde debían fundar su ciudad.

Como Carmen ha organizado sus datos desde el principio en torno a ciertas preguntas, le resulta fácil ahora hacer subdivisiones en el tema y desarrollar sus ideas en el borrador de su trabajo. A lo largo de éste, debe evitar el plagio, presentando con sus propias palabras la información obtenida. Si considera que algo resultará más interesante citándolo textualmente, lo hará así, pero no olvidará las comillas y un número, correspondiente con el que va a indicar la fuente en la nota al pie de la página. Para evitar el plagio involuntario, es conveniente usar comillas desde el principio, al obtener los datos, en aquellos pasajes que se han copiado textualmente.

Es importante utilizar fuentes variadas para obtener información, y seleccionar entre las fuentes las que parezcan más objetivas. Además, Carmen misma debe tratar de ser objetiva en su presentación, y darse cuenta de la connotación de cada palabra que utiliza. Por ejemplo, antes de calificar de horribles, crueles y barbáricos los sacrificios humanos de los aztecas, tiene que considerar que estos sacrificios eran parte de un rito, y se justificaban dentro de la religión de este pueblo, porque el sol debía alimentarse diariamente con sangre para no perecer. Del mismo modo, Carmen debe abstenerse de usar adjetivos demasiado duros y negativos para calificar la conducta de los españoles. Los hechos deben evaluarse dentro de su marco histórico. Todas las conquistas de la historia han sido crueles, y en este caso se trataba de un puñado de soldados enfrentándose a un enemigo muchísimo más numeroso, compuesto por temibles y expertos guerreros. Esta regla del objetivismo no significa, por supuesto, que no se puedan incluir opiniones personales en el informe que se escribe, sino que toda opinión debe explicarse y justificarse, basándola en datos concretos.

Una vez terminado el borrador, Carmen lo revisa, leyéndolo varias veces y haciendo los cambios, adiciones y supresiones que se requieran. Consulta un diccionario para asegurarse de que usó las palabras correctamente y de que las escribió bien, con los acentos requeridos. Carmen ha sabido utilizar bien las palabras de enlace presentadas en el capítulo 4, y por eso sus párrafos tienen la coherencia necesaria.

Al pasar su trabajo en limpio, Carmen debe seguir las normas de la *Modern Language Association (MLA)*, ya que el hacerlo le dará a su informe el requerido toque profesional. Estas normas indican cómo y dónde poner las notas, cómo preparar la bibliografía, qué subrayar, etc.

Una vez que el escritor posee el dominio de la materia, resulta fácil encontrar un título. Éste puede ser descriptivo y repetir la idea central: «Tenochtitlán, centro y reflejo de la civilización azteca», o puede ser creativo: «Tenochtitlán, la Venecia del Nuevo Mundo», «El lago del águila y la serpiente», etc.

Ya tiene Ud., a través del informe de Carmen, un proceso práctico para escribir un informe. Por supuesto, existen otros procedimientos, y la práctica le enseñará a personalizar estos consejos y crear su sistema propio.

APLICACIÓN

A. Busque en periódicos y revistas, preferiblemente en español, un ejemplo de un artículo persuasivo y un ejemplo de un artículo expositivo, y explique por qué los clasifica Ud. de esta manera.

B. Imite el procedimiento que siguió Carmen en el caso de Tenochtitlán. Escoja un tema general, redúzcalo hasta llegar a un punto específico y prepare después preguntas para organizar la información que se necesitaría para escribir un informe sobre ese tema. Puede usar, si lo prefiere, uno de los temas que se dan en la siguiente lista.

1. el amor
2. la guerra contra el terrorismo
3. las computadoras
4. la vida en un pueblo pequeño
5. los gordos
6. la comercialización de las fiestas tradicionales

TRADUCCIÓN

A Grammatical Challenge

I have been asked by a friend to find out if most of a composition can be written in the passive voice. It is thought by some persons that such a task cannot be performed. On the other hand, I think it can be done, at least, in English. Let's try it. (In fact, you have already been obliged to translate five examples.)

In my opinion, it will be shown in this experiment that such a composition can be written in English without too much difficulty since the construction is very extensively used in that language, and it is regarded as normal, although not stylistically "forceful." It will be seen, however, that in the Spanish version the results will be quite different. If the passive voice has been carefully studied by the readers of this chapter, they will realize two very important truths. First, if the so-called true passive were to be used constantly, the sentences would sound very artificial and would be considered deficient by the reader. Secondly, in a composition of this type in Spanish many reflexive constructions would have to be used and the active voice would often be substituted for the passive.*

Should a student be asked to translate such a complicated passage as this? The decision will be left to those by whom the present essay has been read.

Well, there it is! The task has been performed: the composition is now finished. I hope it has been proved that style must be taken into account if one desires to write a good composition.

TEMAS PARA COMPOSICIÓN

Use por lo menos cinco verbos reflexivos y cinco construcciones pasivas en su composición.

1. Lope de Vega. La traducción anterior se inspiró en un célebre soneto de Lope de Vega. Para el texto, véase la página 323. Escriba una composición sobre este gran autor del Siglo de Oro.

---

*See page 219 on the use of **sustituir**.

Vista del pueblo de San Juan Chamula en Chiapas, México. Aunque Octavio Paz no indica un pueblo específico como escenario de su cuento, nos imaginamos un pueblito mexicano come éste, desierto y oscuro de noche, en medio de la exuberante naturaleza tropical.

2. El despertar de un sueño. Ya en al *Intercambio oral* se habló de que «El ramo azul» se puede interpretar como una pesadilla del narrador. Explique en su composición por qué está o no está Ud. de acuerdo con esta teoría. Si está de acuerdo, escriba un final en el cual el protagonista despierta y se da cuenta de que todo ha sido un mal sueño.

3. El campesino misterioso. Dejando a un lado la teoría de la pesadilla en «El ramo azul» y suponiendo que nos enfrentamos a hechos «reales» dentro de la ficción, ¿qué podemos pensar del campesino misterioso? ¿Es un loco? ¿Puede existir otra razón para su comportamiento? ¿Podría tratarse de una broma? Imagine que Ud. es el campesino y cuente lo sucedido desde su punto de vista.

4. Los locos. Aunque se hacen muchos chistes sobre locos, la locura es una cosa seria y triste a la vez. En su opinión, ¿pueden explicarse algunos crímenes horribles que han sucedido últimamente pensando que los culpables estaban locos? ¿Hasta qué punto un criminal loco es responsable ante la ley? ¿Ha hablado Ud. alguna vez con un loco? ¿Se ven locos en las calles de su pueblo o ciudad? ¿Cree Ud. que el gobierno hace bastante por ayudar a estas personas?

Soneto a Violante

Un soneto me manda hacer Violante,
y en mi vida me he visto en tanto aprieto;
catorce versos dicen que es soneto,
burla burlando van los tres delante.

5   Yo pensé que no hallara consonante
y estoy a la mitad de otro cuarteto,
mas si me veo en el primer terceto,
no hay cosa en los cuartetos que me espante.

      Por el primer terceto voy entrando,
10 y parece que entré con pie derecho,
pues fin con este verso le voy dando.

      Ya estoy en el segundo y aun sospecho
que voy los trece versos acabando;
contad si son catorce y ya está hecho.

De la comedia *La niña de plata*,
de Lope de Vega (1562–1635)

---

v.2 **en mi vida**, *never*

v.4 **burla burlando**, *with tongue in cheek; without noticing*

v.5 **(el) consonante**, *rhyme word*

Valencia. Festival de Las Fallas. Esta fiesta se celebra el 19 de marzo, día de San José. La multitud invade las calles y muchos muñecos de cartón, generalmente humorísticos como los que se ven en la foto, se queman en hogueras gigantescas. Turistas de todo el mundo viajan para ver estos famosos fuegos.

Lectura

«La tumba de Alí-Bellús» de Vicente Blasco Ibáñez

Sección gramatical

Spanish Equivalents of the English -ing Form
The Past Participle in Absolute Constructions

Sección léxica

Ampliación: Adjetivos españoles que equivalen a -ing
Distinciones: Equivalentes en español de to move

Para escribir mejor

Recursos estilísticos

CAPÍTULO 13

Lectura

Introducción

El cuento «La tumba de Alí-Bellús» fue escrito por Vicente Blasco Ibáñez (1867–1928), un conocido cuentista y novelista español del período realista. Blasco Ibáñez nació en Valencia y sus mejores narraciones son las que tienen como fondo esta región española, como sucede con sus novelas *La barraca* y *Cañas y barro*.

Blasco es un escritor impulsivo y apasionado, y a pesar de ser un poco descuidado a veces, tiene la habilidad de crear personajes bien desarrollados. Además de escribir, llevó una vida agitada y aventurera. Él mismo afirmó ser antes que nada un hombre de acción. Fue periodista, tuvo duelos, tomó parte activa en la política y estuvo varias veces en la cárcel.

Entre sus cuentos se destaca la colección titulada *Cuentos valencianos*.

Varias novelas de Blasco Ibáñez están traducidas al inglés y algunas se popularizaron en los Estados Unidos a través de su versión cinematográfica. Tal es el caso de *Los cuatro jinetes del Apocalipsis*, sobre la primera guerra mundial, y *Sangre y arena*.

El cuento de la lectura está narrado en primera persona por el protagonista, un joven escultor que hacía trabajos de restauración en la iglesia de un pueblo valenciano. Su argumento es sencillo: el escultor decide hacer una broma a una señora curiosa y preguntona del pueblo, e inventa la leyenda de que hay un moro enterrado debajo del piso de la iglesia.

El ambiente del cuento es típico de Valencia, región que Blasco supo retratar tan bien en su obra. La señora Pascuala habla en valenciano y por eso dice «forsa» en vez de «fuerza» y «abaix» en vez de «abajo».

Aunque todo el mundo en España habla español o castellano, muchos españoles son bilingües, porque en España se hablan cuatro lenguas regionales importantes: el gallego (similar al portugués), el vascuence, y el catalán y el valenciano (ambas parecidas al francés). Muchos, sin embargo, no consideran el valenciano una lengua aparte, sino una variedad del idioma catalán.

La tumba de Alí-Bellús

—Era en aquel tiempo —dijo el escultor García— en que me dedicaba, para conquistar el pan°, a restaurar imágenes y dorar° altares, corriendo° de este modo, casi todo el reino de Valencia.

Tenía un encargo° de importancia: restaurar el altar mayor° de la
5   iglesia de Bellús, obra pagada con cierta manda° de una vieja señora, y allá fui con dos aprendices, cuya edad no se diferenciaba mucho de la mía.

Vivíamos en casa del cura, un señor incapaz de reposo, que apenas terminaba su misa ensillaba el macho° para visitar a los compañeros de
10   las vecinas parroquias°, o empuñaba la escopeta° y salía a despoblar° de pájaros la huerta°. Y mientras él andaba por el mundo°, yo, con mis dos compañeros, metidos en la iglesia, sobre los andamios° del altar mayor, complicada fábrica del siglo XVII, sacando brillo a los dorados o alegrándoles los mofletes° a todo un tropel° de angelitos que
15   asomaban entre la hojarasca° como chicuelos juguetones...

conquistar... *ganarme la vida* / *cubrir con una capa de oro* / *recorriendo* / *contrato* / main / *donativo*

ensillaba... saddled his mule / parishes / **empuñaba...** picked up his shotgun / depopulate / *región de Valencia donde hay cultivos* / **andaba...** was traveling around / scaffolds / *mejillas* / *multitud* / *adornos de hojas* **325**

Veía con desagrado° por las tardes cómo invadían la iglesia
algunas vecinas del pueblo, comadres descaradas° y preguntonas,
que seguían el trabajo de mis manos con atención molesta y hasta
osaban° criticarme por si no sacaba bastante brillo al follaje° de oro
20 o ponía poco bermellón en la cara de un angelito. La más guapetona
y la más rica, a juzgar por la autoridad con que trataba a las demás,
subía algunas veces al andamio, sin duda para hacerme sentir de
más cerca su rústica majestad°, y allí permanecía, no pudiendo
moverme sin tropezar con ella.
25 El piso de la iglesia era de grandes ladrillos rojos, y tenía en el
centro, empotrada° en un marco de piedra, una enorme losa° con
anilla de hierro. Estaba yo una tarde imaginando qué habría debajo,
y agachado° sobre la losa, rascaba° con un hierro el polvo
petrificado de las junturas°, cuando entró aquella mujerona, la *siñá*°
30 Pascuala, que pareció extrañarse mucho al verme en tal ocupación.
Toda la tarde la pasó cerca de mí, en el andamio, sin hacer caso
de sus compañeras, que parloteaban° a nuestros pies, mirándome
fijamente mientras se decidía a soltar° la pregunta que revoloteaba
en sus labios°. Por fin la soltó. Quería saber qué hacía yo sobre
35 aquella losa que nadie en el pueblo, ni aun los más ancianos, había
visto nunca levantada. Mis negativas excitaron más su curiosidad, y
por burlarme de ella me entregué a un juego de muchacho,
arreglando las cosas de modo que todas las tardes, al llegar ella a la
iglesia, me encontraba mirando la losa, hurgando° en sus junturas.
40 Di fin a la restauración, quitamos los andamios; el altar lucía
como un ascua de oro°, y cuando le echaba la última mirada, vino la
curiosa comadre a intentar otra vez hacerse partícipe de° mi secreto.
—*Dígameu, pintor* —suplicaba—. *Guardaré el secret.*
Y el pintor (así me llamaban), como era entonces un joven alegre
45 y había de marchar en el mismo día, encontró muy oportuno aturdir°
a aquella impertinente con una absurda leyenda. La hice prometer
un sinnúmero de veces, con gran solemnidad, que no repetiría a
nadie mis palabras, y solté cuantas mentiras me sugirió mi afición a
las novelas interesantes.
50 Yo había levantado aquella losa por arte maravilloso que me
callaba, y visto cosas extraordinarias. Primero, una escalera honda,
muy honda; después, estrechos pasadizos°, vueltas y revueltas; por
fin, una lámpara que debía estar ardiendo centenares de años, y
tendido en una cama de mármol un tío° muy grande, con la barba
55 hasta el vientre, los ojos cerrados, una espada enorme sobre el
pecho y en la cabeza una toalla arrollada° con una media luna.
—*Será un moro* —interrumpió ella con suficiencia.
Sí, un moro. ¡Qué lista era! Estaba envuelto en un manto que
brillaba como el oro, y a sus pies una inscripción en letras
60 enrevesadas° que no las entendería el mismo cura; pero como yo era
pintor, y los pintores lo saben todo, la había leído de corrido°. Y
decía... decía... ¡ah, sí! decía: «Aquí yace° Alí Bellús; su mujer
Sarah y su hijo Macael le dedican este último recuerdo».
Un mes después supe en Valencia lo que ocurrió apenas
65 abandoné el pueblo. En la misma noche, la *siñá* Pascuala juzgó que
era bastante heroísmo callarse durante algunas horas, y se lo dijo

descontento

atrevidas

se atrevían a / foliage

rústica... rustic
    haughtiness

incrustada / stone slab

inclinado / scraped
seams / *señora*

charlaban
utter
revoloteaba... was on the
    tip of her tongue

digging

un... a piece of gold
hacerse... *compartir*

confundir

passageways

guy

enrollada

difíciles de leer
de... *con facilidad*
lies

todo a su marido, el cual lo repitió al día siguiente en la taberna.
Estupefacción general. ¡Vivir toda la vida en el pueblo, entrar todos
los domingos en la iglesia y no saber que bajo sus pies estaba el
70 hombre de la gran barba, de la toalla en la cabeza, el marido de
Sarah, el padre de Macael, el gran Alí Bellús, que indudablemente
habría sido el fundador del pueblo!...

Al domingo siguiente, apenas el cura abandonó el pueblo para
comer con un párroco° vecino, una gran parte del vecindario corrió
75 a la iglesia. El marido de la *siñá* Pascuala anduvo a palos° con el
sacristán para quitarle las llaves, y todos, hasta el alcalde y el
secretario, entraron con picos, palancas° y cuerdas. ¡Lo que
sudaron!... En dos siglos lo menos no había sido levantada aquella
losa, y los mozos más robustos, con los bíceps al aire y el cuello
80 hinchado por los esfuerzos, pugnaban° inútilmente por removerla.

—¡*Forsa, forsa!* —gritaba la Pascuala capitaneando aquella tropa
de brutos—. ¡*Abaix está el moro!*

Y animados por ella redoblaron todos sus esfuerzos, hasta que
después de una hora de bufidos°, juramentos y sudor a chorros°,
85 arrancaron, no sólo la losa, sino el marco de piedra, saltando tras él una
gran parte de los ladrillos del piso. Parecía que la iglesia se venía abajo.
¡Pero buenos estaban ellos para fijarse en el destrozo°!... Todas las
miradas eran para la lóbrega sima° que acababa de abrirse ante sus pies.

Los más valientes rascábanse la cabeza con visible indecisión;
90 pero uno más audaz se hizo atar una cuerda a la cintura y se deslizó°,
murmurando un credo°. No se cansó mucho en el viaje. Su cabeza
estaba aún a la vista de todos, cuando sus pies tocaban ya en el fondo.

—¡*Busca, busca!* —gritaban las cabezas formando un marco
gesticulante en torno a la lóbrega abertura. Pero el explorador sólo
95 encontraba coscorrones°, pues al avanzar su cabeza chocaba contra las
paredes. Bajaron otros mozos, acusando de torpeza° al primero, pero al
fin tuvieron que convencerse de que aquel pozo no tenía salida alguna.

Se retiraron mohínos° ante la rechifla° de los chicuelos, ofendidos
porque les habían dejado fuera de la iglesia, y el griterío de las mujeres,
100 que aprovechaban la ocasión para vengarse de la orgullosa Pascuala.

—¿*Cóm está Alí Bellús?* —preguntaban—. ¿*Y su hijo Macael?*

Para colmo de sus desdichas°, al ver el cura roto el piso de su
iglesia y enterarse de lo ocurrido, púsose furioso; quiso excomulgar
al pueblo por sacrílego, cerrar el templo°, y únicamente se calmó
105 cuando los aterrados° descubridores de Alí Bellús prometieron
construir a sus expensas un pavimento mejor.

—¿Y no ha vuelto Ud. allá? —preguntaron al escultor algunos de
sus oyentes.

—Me guardaré° mucho. Más de una vez he encontrado en Valencia
110 a algunos de los chasqueados°; pero ¡debilidad humana! Al hablar
conmigo se reían del suceso°, lo encontraban muy gracioso,
aseguraban que ellos eran de los que, presintiendo la jugarreta°,
se quedaron a la puerta de la iglesia. Siempre han terminado la
conversación invitándome a ir allá para pasar un día divertido; cuestión
115 de comerse una paella... ¡Que vaya el demonio! Conozco a mi gente.
Me invitan con una sonrisa angelical, pero instintivamente guiñan el
ojo izquierdo, como si ya estuvieran echándose la escopeta a la cara°.

parish priest
anduvo... *peleó*
crowbars
luchaban
snorts / **a...** *en abundancia*
buenos... they were fine ones to notice the destruction (ironic) / **lóbrega...** *oscuro hueco* / **se...** slipped down / *oración*
golpes en la cabeza
falta de habilidad
sulking / booing
Para... To make matters worse
iglesia
muy asustados
cuidaré
burlados
episodio
presintiendo... foreseeing the trick
echándose... taking aim with a shotgun

APLICACIÓN

A. Vocabulario

Reemplace las palabras en cursiva con las palabras correspondientes de la lista que se da debajo. En las oraciones 1 a 4 use palabras antónimas; de la 5 en adelante, sinónimas.

1. Veo con *alegría* que tu sobrina es *tímida*.
2. Estaba *muy derecho* frente a la entrada *llena de luz*.
3. Era hombre de gran *habilidad*, pero aquella inscripción era muy *enrevesada*.
4. El niño lee *con dificultad*.
5. Tengo dinero *en abundancia* y quiero *compartir contigo* mi fortuna.
6. Estaba *confundida* después de oír a esas mujeres *charlar* cerca de mí tanto rato.
7. Después de ese *episodio*, todos quedamos *muy asustados*.
8. Me di varios *golpes en la cabeza* al avanzar por el pasadizo oscuro.
9. El pintor estaba junto al altar *central* de *la iglesia,* entre *una multitud* de angelitos de *mejillas* color de rosa, y no *me atreví a* interrumpirlo.
10. *Luchó* por no decir nada, pero terminó confesando que todo había sido *un truco*.

a chorros / agachado / aterrados / aturdida / coscorrones / de corrido / desagrado / descarada / el templo / fácil / hacerte partícipe de / lóbrega / mayor / mofletes / osé / parlotear / pugnó / suceso / torpeza / una jugarreta / un tropel

B. Comprensión

Complete de manera original, basándose en la lectura. Dé todos los detalles que pueda.

1. El encargo que tenía el narrador era...
2. El cura de Bellús...
3. Por las tardes, las vecinas del pueblo...
4. La *siñá* Pascuala...
5. El piso de la iglesia...
6. La *siñá* Pascuala quería saber...
7. El narrador le contó a Pascuala que había visto...
8. La inscripción de la tumba...
9. Apenas el escultor abandonó el pueblo...
10. Cuando el cura fue a comer con el párroco vecino...
11. Cuando rompieron el piso de la iglesia...
12. El cura, al saber lo ocurrido...
13. Algunos del pueblo han invitado al narrador...
14. Pero el narrador no va a ir porque...

C. Interpretación

1. ¿Qué clase de pueblo es éste? ¿Cómo consigue el autor darnos esta impresión desde el principio?
2. ¿Cómo se ve el sentido del humor del escritor?

3. ¿Qué datos da el autor para retratar a la *siñá* Pascuala y hacernos ver su importancia en el pueblo?

4. ¿En qué detalles vemos que Pascuala, aunque importante, no era muy querida?

5. García supo lo sucedido después que se fue del pueblo. ¿Hubiera sido mejor que se quedara y fuera testigo directo de lo que pasó? ¿Por qué (no)?

6. ¿Tiene razón García para no querer visitar el pueblo? En su opinión, ¿qué pasaría si volviera de visita? ¿Y si se mudara a Bellús? Explique su opinión.

D. Intercambio oral

1. **Los pueblos pequeños y los chismes.** ¿Es cierto que la gente de las aldeas es más chismosa que la de las ciudades grandes? ¿Es cierto que guardar un secreto es más difícil para las mujeres que para los hombres? Los estudiantes citarán casos reales en los que basan su opinión.

2. **El aspecto ético de la historia.** ¿Es moral decir mentiras y jugar con la credulidad de la gente para divertirse como lo hizo García? ¿Son siempre inofensivas estas clases de mentiras? ¿Pueden hacer daño a veces? Los estudiantes explicarán su opinión, ilustrándola con ejemplos.

3. **La reacción de las personas engañadas.** Las personas del pueblo con quienes habla García en Valencia encuentran gracioso lo que pasó y niegan que ellas fueran del grupo de personas engañadas. El autor exclama ante esta actitud: «¡Debilidad humana!» Los estudiantes comentarán esta negación, común en los que han sido engañados, y hablarán de casos en que ellos o personas que conocen sufrieron algún engaño y de las reacciones posteriores.

4. **La fantasía popular.** Es evidente que a la gente le gustan las historias del tipo de la inventada por García. ¿Por qué? ¿Por qué hay tantas leyendas de túneles, tumbas y tesoros ocultos? ¿Por qué la gente las cree? Los estudiantes comentarán sobre leyendas de esta clase que han alimentado la imaginación de la gente.

5. **Hablan los personajes.** Varios estudiantes harán los papeles respectivos del cura, la *siñá* Pascuala y el marido de Pascuala, y les contarán el cuento a sus compañeros desde el punto de vista de cada personaje.

Sección gramatical

Spanish Equivalents of the English -ing Form

The *-ing* suffix is one of the most frequently used endings in the English language. To understand the Spanish equivalents it is necessary to know how the terminologies and usages of English and Spanish differ in the matter of infinitives, participles, and gerunds.

Spanish terminology, with examples from the intransitive verb **arder**, is as follows:

1. infinitivo **arder**
2. infinitivo compuesto **haber ardido**
3. participio activo (*or* de presente) **ardiente**
4. participio pasivo (*or* de pretérito) **ardido**
5. gerundio (simple) **ardiendo**
6. gerundio compuesto **habiendo ardido**

The following sentences illustrate the uses of these forms:

1. a. **Vimos *arder* el bosque a lo lejos.**
   We saw the forest burn *in the distance.*
   b. **Al *arder*, el bosque producía llamas altísimas.**
   On burning, *the forest produced very high flames.*

2. **¿Cómo pudo el bosque *haber ardido* tan rápido?**
   How could the forest have burned *so fast?*

3. **Era difícil andar por el bosque destruído a causa de las *ardientes* cenizas.**
   It was difficult to walk through the ruined forest on account of the burning *ashes.*

4. **Todo el bosque ha *ardido* en unas horas.**
   The whole forest has burned *in a few hours.*

5. a. ***Ardiendo* rápidamente, los árboles comenzaron a caer.**
   Burning rapidly, *the trees began to fall.*
   b. **¿Está *ardiendo* todavía el bosque?**
   Is the forest still burning?
   c. **Los animales huían del bosque *ardiendo*.**
   The animals were fleeing from the burning *forest.*

6. ***Habiendo ardido* el bosque, no quedaban ciervos en la región.**
   The forest having burned, *no deer were left in the area.*

Observe the basic differences in usage and terminology. In English, the verbal *-ing* may function

1. as a noun (called a gerund), or
2. as an adjective (called a present participle), or
3. as an adverb (called a present participle).

The Spanish equivalents of the above functions are as follows:

1. The infinitive acts as a verbal noun (example 1b, above).
2. The adjective role is played by the **participio de presente**, (example 3), or by the **gerundio** (rarely) (example 5c), or by some other mechanism, as will be explained.
3. The adverbial function is expressed by the **gerundio** (examples 5a and 5b).

It should be noted that the **participio de presente*** is formed as follows:

1. First conjugation: stem + **-ante**.
2. Second and third conjugations: stem + **-ente** or **-iente**.

It must also be noted that not all Spanish verbs possess this form.

ADJECTIVAL FUNCTION OF THE *-ING* FORM

The English *-ing*** form is frequently used as a predominantly adjectival form: an *embarrassing* situation, a *flourishing* culture.

Only the following three **-ndo** forms may be so used: **ardiendo**, **hirviendo**, and **colgando**. To express the equivalent of most adjectival *-ing* forms in Spanish, a number of devices are used.

1. Present participle (**-nte**)

Este libro es muy deprimente.	*This book is very depressing.*
Esa novela es muy emocionante.	*That novel is very touching.*

2. Past participle (**-ado**, **-ido**)

Las mujeres estaban sentadas en los bancos, frente al andamio.	*The women were sitting in the pews in front of the scaffold.*
El moro estaba tendido en una cama de mármol.	*The Moor was lying on a marble bed.*

3. Prepositions (e.g., **de** or **para**) + infinitive or noun

una máquina de coser	*a sewing machine*
un aparato para oír, un aparato para sordos	*a hearing aid*

---

*This **participio**, despite its name, has lost its verbal character, becoming either (1) purely adjectival (**obediente, permanente**), or (2) purely nominal, i.e., a noun (**estudiante, presidente**).

For simplicity's sake, the terms "English *-ing* form" and "Spanish **-ndo form" will be used throughout the following discussion.

| un líquido para fregar platos | *a dishwashing liquid* |
| lecciones de canto | *singing lessons* |

4. **Que** clause

| La policía está buscando una caja que contiene una bomba. | *The police are looking for a box containing a bomb.* |
| El profesor puso una tarea que requería mucho tiempo. | *The professor gave a time-consuming assignment.* |

5. Certain suffixes: **-dor/a**, **-oso/a**, **-able**, **-ivo/a**, etc.

Su prima es muy encantadora y su tío es muy emprendedor.	*His cousin is very charming and his uncle is very enterprising.*
¡Qué situación más embarazosa!	*What an embarrassing situation!*
En la sala había dos sillas reclinables.	*In the living room there were two reclining chairs.*
Esos profesores son muy comprensivos.	*Those professors are very understanding.*

APLICACIÓN

A. **Last night's movie.** Traduzca el siguiente párrafo al español.

My friend thinks that the movie we saw last night was boring but I found it amusing although rather ridiculous. The main character is a pill-popping girl who listens to deafening music day and night. Her parents aren't very understanding and her mother nags at her constantly in an irritating manner.

The girl's boyfriend is a beer-drinking guy and he has stolen some jewels belonging to her mother. One day, the gun-toting boyfriend goes to her house and talks to her parents with threatening words. I didn't see the end because at this point I decided to wake up my sleeping friend and go home.

B. **Mis problemas en la oficina.** Traduzca ahora el siguiente párrafo al inglés, usando tantos adjetivos terminados en *-ing* como sea posible.

En mi oficina ha habido problemas crecientes en los últimos días. Tres de las máquinas sumadoras y la copiadora se rompieron al mismo tiempo, y nuestro jefe adquirió una enfermedad contagiosa y tuvo que renunciar de repente. Siempre he tenido dificultades para adaptarme a una situación cambiante. Mi nuevo jefe es una persona exigente y ahora no puedo fumar porque a él no le gustan los empleados que fuman en pipa.

USES OF THE *-ING* FORM AS A PURE NOUN OR AS A VERBAL NOUN

1. Frequently, in English, an *-ing* form is used as a pure noun, (i.e., it loses its verbal character). In these cases, the Spanish equivalent will be a specific noun.

el edificio alto	*the tall building*
Me gusta la cocina mexicana.	*I like Mexcian cooking (cuisine).*
una advertencia obvia	*an obvious warning*

2. More frequently, in English, the *-ing* form functions as a verbal noun (gerund) and may be used as subject, object, or predicate noun. It may also be used after a preposition. The Spanish equivalent of this usage is the infinitive. Remember the fundamental rule that the **-ndo** form is not used after **al** nor after a preposition.*

Yo ya sabía cómo era Madrid aun antes de haber estado ahí.	*I already knew what Madrid was like even before having been there.*
(El) fumar es un hábito que detesto.	*Smoking is a habit that I hate.*
Mi pasatiempo predilecto es dormir.	*My favorite pastime is sleeping.*
Después de graduarme, tendré que pasar mucho tiempo buscando empleo.	*After graduating, I'll have to spend a long time looking for a job.*

Note that the infinitive, especially when used as a subject of the sentence, may take the article **el**.

Me molesta el constante gotear de ese grifo.	*The constant dripping of that faucet is bothering me.*

3. In Spanish, a number of infinitives have become permanently nominalized, that is, they are used as masculine nouns.** Some of the most common are:

el amanecer	*dawn*		**el parecer**	*opinion*
el anochecer	*dusk*		**el pesar**	*sorrow*
el atardecer	*dusk*		**el poder**	*power*
el deber	*duty*		**el saber**	*knowledge*
el haber	*assets; income*		**el ser**	*being*

¿Cuál es tu parecer con respecto a los poderes síquicos de los seres humanos?	*What is your opinion regarding the psychic powers of human beings?*
Al atardecer, la belleza del paisaje adquiere una majestad única.	*At dusk, the beauty of the landscape takes on a unique majesty.*

APLICACIÓN

A. Traduzca las palabras entre paréntesis.

de contestar
1. Algunos estudiantes están cansados (*of answering*) tantas preguntas.
2. (*Doing exercises*) no es mi pasatiempo favorito. *hacer ejercicios*
3. Si no les gusta (*drinking*), ¿por qué van a ese bar?
   beber

---

*There is one exception: In certain areas, **en** is sometimes followed by the **-ndo** form to describe an action (or state) that immediately precedes the action (or state) of the principal verb.

En acabando de estudiar, iremos al cine.   *As soon as we finish studying, we'll go to the movies.*

The English combination of the preposition *by* + *-ing* form is usually expressed in Spanish by the **-ndo** form alone; see pages 335–336 for examples.

**For other uses of the infinitive, see page 340 in this chapter.

4. _Hacer Banca_ ~~(Banking)~~ es una actividad de mucha importancia en esta ciudad.

5. La razón por la cual todos lo evitan es su constante (*complaining*) de todo. _quejarse_

6. (*Smuggling*) ha aumentado mucho entre los Estados Unidos y Sudamérica. _El pasar de contrabando_

7. El jefe de los rebeldes declaró que (*surrendering, to surrender*) ahora sería un acto de cobardía. _entregarse / rendirse_

8. Yo vacilaba entre (*leaving*) o (*staying*). _irme ; quedarme_

9. (*The crying*) del niño no me dejó dormir. _El llorar_

10. No vengan de visita (*without letting me know*). _Sin decírmelo_

B. Complete de manera lógica, usando uno de los infinitivos sustantivados que se dan en la página 333. Haga contracciones si es necesario.

1. Aunque ella había ido muy pocos años a la escuela, su _saber_ era sorprendente.

2. _El anochecer_ es muy hermoso en el campo, el sol es un disco rojo que se refleja en la copa de los árboles.

3. En los libros de contabilidad en español hay una sección que se llama el debe y otra que se llama _el haber_

4. Anoche soñé que entraba en mi casa un _ser_ de otro planeta con _poder_ sobrenaturales.

5. Algunos jefes no saben apreciar a los empleados que cumplen con su _deber_.

6. A mí me gusta dormir hasta tarde pero mi hermano, por el contrario, se levanta a _el amanecer_.

7. Las luces de la calle se encienden automáticamente a _el atardecer_

8. Paulino se disgustó con su amigo porque éste tomó una decisión que lo afectaba sin pedirle su _parecer_

9. Cuando le dijeron que Rosendo había muerto, su compadre sintió un gran _pesar_.

10. _El poder_ corrompe a la gente.

ADVERBIAL FUNCTIONS OF THE *GERUNDIO**

1. Absolute construction**

a. The *-ndo* form has its own subject and appears in a clause that is grammatically independent of the main clause. You will observe that in all these cases there exists an equivalent adverbial clause construction, which is more frequently used in the spoken language.

Permitiéndolo Dios, mañana terminaremos ese trabajo.   *God willing, tomorrow we'll finish that job.*

= conditional clause: **Si Dios lo permite...**

---

*Spanish grammarians emphasize the adverbial nature of the **-ndo** form whereas English grammarians insist on the adjectival functions of the *-ing* form. In both cases, however, there are those who recognize that the distinction between adverbial and adjectival is not always clear.

**An absolute construction is defined as a clause that is "relatively independent syntactically."

Habiéndose enterado ella de lo que pasaba, no le dijimos nada más.	*Since/As she had found out what was going on, we didn't say any more to her.*

    = causal clause: **Puesto que / Como ella se había enterado de lo que pasaba...**

Llegando sus padres, los niños se callaron.	*When their parents arrived, the children became quiet.*

    = time clause: **Cuando llegaron sus padres...**

Aun afirmándolo el jefe, no lo creo.	*Even though the boss says so, I don't believe it.*

    = concessive clause: **Aunque lo afirme el jefe...**

    b. Certain set phrases are also used in independent absolute constructions.

Resumiendo el asunto, ellos no tienen suficiente dinero.	*Summarizing the matter, they don't have enough money.*
Pensándolo bien, deme la corbata roja y no la verde.	*Thinking it over, give me the red tie, not the green one.*
Volviendo al cuento, ¿qué piensas de mi plan?	*Returning to the subject, what do you think of my plan?*
Hablando del (ruin) rey de Roma, ahí viene el tipo de quien comentábamos.	*Speaking of the devil, there comes the guy that we were talking about.*

  2. Reference to the subject of a sentence

When referring to the subject, the **-ndo** form is explanatory, nonrestrictive, parenthetical.

No queriendo ofender a ninguna de las dos, Alina no intervino en la discusión entre Fortunata y Jacinta.	*Not wishing to offend either of them, Alina didn't intervene in the argument between Fortunata and Jacinta.*
¿Haría Ud. eso, sabiendo lo peligroso que es?	*Would you do that, knowing how dangerous it is?*

In English, the *-ing* form is often preceded by a word such as *while, by,* or *when.*

Caminando ayer por la calle, me encontré con Julio.	*While walking along the street yesterday, I ran into Julio.*
Practicando todos los días, aprenderemos a hablar mejor.	*By practicing every day, we will learn to speak better.*
Dirigiéndose a sus profesores, deben ustedes tratarlos de «usted».	*When addressing your professors, you should use the "usted" form with them.*
Hablando se entiende la gente.	*By talking, people understand one another.*

| **Será comiendo menos como rebajarás de peso.** | *It will be by eating less that you will lose weight.* |

3. Reference to the object of a sentence

The **-ndo** form is used after (a) verbs of perception (**ver, mirar, oír, sentir, notar, observar, contemplar, distinguir, recordar, hallar,** etc.), or (b) after verbs of representation (**dibujar, pintar, grabar, describir,** etc.).

| **a. La vi saliendo del museo.** | *I saw her leaving the museum.* |
| **b. El artista pintó a su hermana recogiendo rosas en el jardín.** | *The artist painted his sister picking roses in the garden.* |

Note that the **-ndo** form refers to an action represented as being in progress and as having a certain duration. Such an emphasis is lacking in the alternate construction:

| **La vi salir del museo.** | *I saw her leave the museum.* |

APLICACIÓN

A. Primero complete traduciendo las palabras entre paréntesis. Después reemplácelas con otras expresiones apropiadas, usando también la forma *-ndo*.

Modelo: Parece que Ana está contenta hoy; ¿la oíste (*singing in the shower*)?
→ *cantando en la ducha. ¿La oíste riéndose?*

1. Me sorprendió ver a una persona tan seria (*dancing at a club*).
2. (*Running quickly*), Arturo llegó a tiempo.
3. Nos gusta observar los barcos (*entering the harbor*).
4. (*Speaking of something else*), ¿qué día llegarán tus amigos?
5. Margarita salió de la casa (*slamming the door*).
6. El cuento es muy gráfico; por ejemplo, describe a un cirujano (*amputating a leg*).
7. (*Hitting his opponent repeatedly*), el boxeador consiguió noquearlo.
8. Encontré a Pepito (*changing the oil*) de su auto.

B. Usando en español un gerundio equivalente a *by* + *-ing*, explique cómo se puede conseguir lo siguiente.

1. tener suficiente dinero para comprar un auto nuevo
2. hablar mejor el español
3. perder unas cuantas libras
4. gozar de buena salud
5. ser feliz
6. tener muchos amigos
7. sacar una A en este curso
8. no sentir frío en el invierno
9. no sentir mucho calor en el verano
10. pasar un buen rato

C. **Mi viaje a México.** Sustituya cada frase en cursiva por una construcción con terminación **-ndo**, como en el modelo.

Modelo: *Si el tiempo lo permite,* llegaremos mañana.
→ ***Permitiéndolo*** *el tiempo, llegaremos mañana.*

1. Mi amigo Germán y yo discutíamos con frecuencia *mientras planeábamos* el viaje. Los dos trabajábamos horas adicionales, *ya que no teníamos* suficiente dinero. Pero, *como se acercaban* las vacaciones, sabíamos que *si no nos daban* algún dinero nuestras familias, no conseguiríamos reunir a tiempo la cantidad suficiente. Por fin, *cuando sólo faltaban* dos semanas, mi padre y la madre de Germán decidieron ayudarnos.

2. *Cuando íbamos* en el avión nos mareamos, porque el tiempo estaba muy malo. *Al llegar* a la Ciudad de México, descubrimos que hacía frío allí por las noches. Pero *como habíamos llevado* alguna ropa de abrigo, el frío no nos importó.

3. *Como éste era* nuestro primer viaje a México, todo nos pareció asombroso. Germán, *puesto que tiene* una cámara excelente, era el fotógrafo oficial. *Mientras estuvimos* en México no usamos el inglés. *Si hiciéramos* esto siempre, hablaríamos con más soltura el español.

ADDITIONAL OBSERVATIONS ON THE USE OF THE *-NDO* FORM

1. The "pictorial" use of the **-ndo** form
Like the *-ing* form in English, the Spanish **-ndo** form is used in captions.

«Washington atravesando el Delaware», de Emanuel Luetze (1851)	*"Washington Crossing the Delaware," by Emanuel Leutze (1851)*
El Rey inaugurando la exposición en el Palacio	*The King opening the exhibit at the Palace*

2.   como + **-ndo** = *as if* + *-ing*

Me respondió con pocas palabras como criticando mi verbosidad.	*He replied with few words as if criticizing my verbosity.*
Sonreía como queriendo ocultar su dolor.	*He was smiling as if trying to hide his sorrow.*

3.   Incorrect uses of the **-ndo** form
The **gerundio** is sometimes used in cases that are considered incorrect by grammarians.

Ayer recibí un periódico que describía (*not* describiendo) la boda.	*Yesterday I received a newspaper describing the wedding.*

Describing does not refer to the subject of the sentence but only to the word *newspaper*. Its use is purely adjectival here; therefore, the **-ndo** form is not acceptable. Compare:

Escribió una novela criticando las condiciones sociales.	*He wrote a novel criticizing the social conditions.*

In this case, the **gerundio** refers to an activity of the subject of the sentence. The writer criticizes social conditions by writing a novel. If one wishes to emphasize the novel, however, only **que critica** is correct.

English-speaking persons must distinguish carefully between restrictive and nonrestrictive clauses (restrictive = necessary to the meaning of a sentence; nonrestrictive = not essential to the meaning of a sentence*). Only in the latter can the **-ndo** form be used. Note the difference between:

La muchacha, moviendo la cabeza, dijo que no.	*The girl, shaking her head, said no.* (The clause is nonrestrictive, parenthetical, explanatory.)
La muchacha que movía la cabeza, y no la otra, dijo que no.	*The girl shaking her head, and not the other one, said no.* (The clause is restrictive.)
Los estudiantes que se gradúan en junio no pueden votar ahora.	*Students graduating in June can't vote now.*

In the last example one cannot say **graduándose en junio** because *graduating in June* is restrictive (in Spanish: **especificativo**), not merely explanatory or parenthetical.

APLICACIÓN

A. Conteste basándose en los ejemplos que ilustran las reglas anteriores.

1. ¿Cuál es el título de la pintura más famosa de Emanuel Leutze?
2. ¿Por qué te respondió él con pocas palabras?
3. ¿Cómo sonreía él?
4. ¿Qué periódico recibiste ayer?
5. ¿Qué novela escribió él?
6. ¿Quiénes no pueden votar?
7. ¿De qué manera dijo la muchacha que no?
8. ¿Cuál de las muchachas dijo que no?

B. Traduzca al español.

People not having a passport cannot cross the border, unless they are immigrants working on the plantations. Several undocumented workers looking for a job tried to cross, but the troops guarding the entrance didn't let them. They explained that men wishing to work should show papers bearing an official stamp.

PROGRESSIVE TENSES IN SPANISH AND ENGLISH

1. In English, the present progressive and the imperfect progressive can express future time or intention to act, but such is not the case in Spanish. Compare the following examples:

Salen / Saldrán mañana por la mañana.	*They're leaving tomorrow morning.*

---

*See chapter 14, p. 358.

Iban a salir mañana por la mañana, pero cambiaron de idea.	*They were leaving tomorrow morning, but they changed their mind.*

2. In English-language letters, the present progressive occurs in many set phrases that require the simple present in Spanish.

Le escribo...	*I am writing to you . . .*
Le adjunto...	*I am enclosing for you . . .*
Les enviamos...	*We are sending you . . .*

3. Progressives are rarely used in formal Spanish with such verbs of motion as **ir, venir, entrar, volver, regresar,** etc.

—Jorgito, ven acá. —Voy.*	*"Jorgito, come here." "I'm coming."*

4. The preterite progressive in Spanish emphasizes that a past and *completed* event was *ongoing* for a certain period of time.

Antonio estuvo estudiando toda la noche.	*Antonio spent the whole night studying.*

5. The present perfect and past perfect progressives may be used to emphasize continuity. However, as explained in chapter 3 (page 69), in Spanish, alternate constructions exist under the circumstances described there.

Hemos estado leyendo toda la mañana.	*We've been reading all morning.*
Habían estado trabajando todo el día.	*They had been working all day.*

6. Progressive tenses can also be formed by combining the **-ndo** form with **seguir, continuar, andar, ir,** and **venir**. In these cases, the progressive can have special meanings.

    a. **seguir, continuar** + **-ndo** = *to continue* + *-ing* (or + infinitive)

Jacinto no quiere seguir (continuar) trabajando.	*Jacinto doesn't wish to continue working (to work).*

    b. **andar** + **-ndo** = *to go around* + *-ing*

Isabel anda diciendo que ella sabe más que su profesor.	*Isabel goes around saying that she knows more than her professor.*

    c. **ir** + **-ndo** = gradual occurrence; beginning of action or state

El dolor en el pie iba aumentando.	*The pain in his foot was getting worse and worse.*

---

*Remember that **ir** implies motion away from the speaker, whereas **venir** implies motion toward the speaker.

Poco a poco me voy acostumbrando a la vida del campo.	*I am gradually getting accustomed to country living.*
Ve calentando el horno mientras yo mezclo la masa.	*Start heating the oven while I mix the dough.*

   d. **venir** + **-ndo** = continuity over a period of time

Inés viene gastando mucho dinero en ropa últimamente.	*Inés has been spending a lot of money on clothes lately.*
Hace varios meses que vengo sintiéndome mal.	*I have been feeling ill for some months now.*

APLICACIÓN

Conteste usando una forma terminada en *-ndo* si es posible.

1. ¿Adónde ibas anoche cuando te vi?
2. ¿Cuánto tiempo hablaste con Pedro ayer?
3. ¿Vuestro abuelo llega mañana o pasado mañana?
4. Si vieras a mucha gente correr por la calle en la misma dirección, ¿qué te preguntarías?
5. ¿Qué decía el profesor cuando llegaste a clase?
6. ¿Qué hacen generalmente los chismosos?
7. ¿Se divorciaron sólo por ese problema, o habían tenido otros problemas antes? (*Use* **venir**.)
8. ¿Comienzas ahora a comprender el gerundio? (*Use* **ir**.)
9. Cuando ves a una persona sospechosa en una joyería, ¿qué te preguntas?
10. ¿Qué has hecho toda la tarde?
11. Cuando viste a tu amigo poco diligente en la biblioteca, ¿qué te preguntaste?
12. Si te gusta hablar español, ¿qué harás después de esta clase? (*Use* **seguir**.)

OTHER USES OF THE INFINITIVE

Earlier in this chapter (page 333), two uses of the infinitive in Spanish were discussed: as a verbal noun and after prepositions. In addition, the infinitive is often found in constructions that are the equivalent of adverbial clauses.

Al bajar al oscuro hueco, los mozos no encontraron nada.	*When the young men went down into the dark hole, they didn't find anything.*

   = time clause: **Cuando bajaron...**

De (A) no ser por ti, yo no hubiera ido a la fiesta.	*If it hadn't been for you, I wouldn't have gone to the party.*

   = conditional clause **Si no hubiera sido por ti...**

Por estudiar poco, sacarás malas notas.	*Since you study little, you'll get bad grades.*

   = causal clause: **Puesto que estudias poco...**

APLICACIÓN

El pueblo de Bellús. Exprese con una cláusula de infinitivo lo mismo que dicen las siguientes oraciones.

al llegar
1. Apenas llegó a Bellús, el pintor se instaló en casa del cura.
al ver
2. Cuando vio al pintor junto a la losa, Pascuala tuvo mucha curiosidad.
por tener
3. Como tenía dinero, la siñá Pascuala se sentía importante.
de no haber insistido
4. Si Pascuala no hubiera insistido, García no habría mentido.
por vivir
5. Puesto que vivían en un pueblo aburrido, todo el mundo se interesó en la historia de la tumba.
de no haber estado
6. Si el cura hubiera estado en la iglesia, la gente no habría roto el piso.
por haber creído
7. Todos se burlaban de la siñá Pascuala, puesto que había creído al escultor.
por ser
8. Como eran grandes los daños, el pueblo tuvo que pagar las reparaciones.
de regresar
9. Si García regresa al pueblo va a tener problemas.
al encontrarse
10. Cuando se encuentran con García en Valencia, los del pueblo lo invitan a comer una paella.

The Past Participle in Absolute Constructions

You already know that the past participle is a basic element of compound tenses (**he visto, habías hablado,** etc.) and you learned in chapter 9 that many past participles can function as nouns as well as adjectives. In addition, the past participle is used in so-called absolute constructions that are found mainly in the written language.

1. The past participle may combine with a noun to form the equivalent of an adverbial clause.

Quitadas las rosas, el jardín sería mucho menos hermoso.	*If the roses were removed, the garden would be much less beautiful.*

= conditional clause: **Si se quitaran las rosas...**

Aun desaparecido el perro, el gato no se atrevía a maullar.	*Even though the dog had disappeared, the cat didn't dare to meow.*

= concessive clause: **Aunque el perro había desaparecido...**

Terminada la lección, todos salieron del aula.	*After the lesson ended, they all left the classroom.*

= time clause: **Después que terminó la lección...**

Note that in the case of the time constructions, the past participle may be preceded by **después de, luego de, una vez,** etc.: **Después de (Luego de, Una vez) terminada la lección, todos salieron del aula.**

2. The past participle may combine with a noun to express manner.

Señalaba, la mano extendida (extendida la mano), hacia la puerta.	*She was pointing with her hand extended toward the door.*

= expression of manner: **Señalaba con la mano extendida...**

APLICACIÓN

Exprese con una cláusula de participio pasivo lo mismo que dicen las siguientes oraciones.

Modelo: Después que terminó el trabajo del altar, García se fue del pueblo.
 → Terminado el trabajo del altar, García se fue del pueblo.

1. Cuando escriba la composición, podré descansar un rato.
2. Si se lava el carro, se verá mucho mejor.
3. Aunque había llegado la hora de partir, nadie se levantaba de su silla.
4. Después que leyó el periódico, Jaime encendió el televisor.
5. Al morir mi abuela, mi abuelo se mudó con nosotros.
6. Si se cortan los árboles, desaparecerá la selva.
7. Aunque la canción no había terminado, todos comenzaron a aplaudir.
8. Cuando rompieron el piso de la iglesia, todos se dieron cuenta del engaño.
9. Los soldados esperaban al enemigo [y] habían empuñado los fusiles.
10. Luego que se pusiera el sol, sería más difícil el viaje.

Sección léxica

Ampliación: Adjetivos españoles que equivalen a -ing

Ud. ya conoce la mayoría de los adjetivos que siguen, aunque tal vez sin darse cuenta de que son equivalentes de adjetivos que terminan en -ing en inglés. ¿Cuántos puede traducir Ud. sin consultar el glosario?

1. Terminaciones frecuentes

-ante; -ente, -iente

asfixiante, brillante, chocante, determinante, extenuante, flotante, gobernante, hispanohablante, humillante, insultante, restante, sofocante; corriente, durmiente, existente, hiriente, naciente, pendiente, resplandeciente, siguiente, sobresaliente, sonriente

-dor/a

abrumador, acusador, adulador, agotador, alentador, cegador, conmovedor, desalentador, enloquecedor, enredador, ganador, innovador, inspirador, murmurador, revelador, tranquilizador, volador

-ivo/a; -oso/a

auditivo, decisivo, depresivo, efusivo, persuasivo, provocativo, rotativo; achacoso, amoroso, chismoso, enojoso, espumoso, furioso, indecoroso, jocoso, mentiroso, sudoroso, tembloroso

2. Otras terminaciones

-able, -ero/a, -ado/a, -ido/a, -tor/a

agradable, incansable, incomparable, interminable, potable; duradero; cansado, confiado; afligido, dolorido, perdido; productor, protector, reductor, reproductor, seductor

3. Una categoría muy corriente y expresiva de adjetivos terminados en -*ing* es la que combina un sustantivo con el participio. A continuación se dan algunos ejemplos. Como se verá, la traducción al español varía según el caso, y frecuentemente exige el uso de una cláusula adjetival con **que**.

breathtaking	**que lo deja a uno sin respiración**
earsplitting	**ensordecedor**
eye-catching	**llamativo, que llama la atención, vistoso**
hair-raising	**que eriza, que pone los pelos de punta, que pone la carne de gallina, espeluznante**
heartbreaking	**que parte el alma, desgarrador**
heartwarming	**conmovedor**
mind-blowing	**sicodélico; alucinante**
mouthwatering	**que hace la boca agua**
nerve-shattering	**que destroza los nervios**
toe-tapping	**que invita a bailar**

APLICACIÓN

A. Complete con adjetivos de las listas anteriores.

1. Alejandro no es de un país _____, pero habla muy bien el castellano.

2. Algunas personas creen haber visto platillos _____.

3. Los faros del coche producían un brillo _____.

4. Tendremos un nuevo presidente, porque el partido _____ ha perdido las elecciones.

5. Nuestra casa de campo cuenta con agua _____, pero no podemos beberla porque no es

_____.

6. Hace años que no leo la historia de la Bella _____.

7. Me gustan los vinos _____ de España.

8. Esa novela es tan larga que parece _____.

9. Sin ideas _____, no habrá progreso en el campo de la tecnología.

10. Estoy muy cansado después de varios días de trabajo _____.

B. Busque en las listas los equivalentes en español de los siguientes adjetivos, y úselos después en oraciones originales.

1.	outstanding	**6.**	loving
2.	humiliating	**7.**	flattering
3.	overwhelming	**8.**	ailing
4.	pending	**9.**	encouraging
5.	smiling	**10.**	winning

C. Forme participios de presente con los siguientes infinitivos, y úselos como adjetivos en oraciones.

Modelo: entrar **entrante**
→ *No volverán hasta el mes entrante.*

1. fascinar	**3.** alarmar	**5.** balbucir	**7.** sobrar
2. sorprender	**4.** salir	**6.** intrigar	**8.** corresponder

D. Haga un comentario subjetivo usando uno de los adjetivos de la lista que se da en el número 3 (página 343) refiriéndose a las siguientes cosas o circunstancias.

1. una música muy alegre
2. un perrito atropellado por un coche
3. una comida deliciosa
4. una película de fantasmas
5. un concierto de rock
6. los rascacielos de Chicago por la noche
7. un auto deportivo rojo
8. el último vídeocasete de Madonna
9. el encuentro de un niño desaparecido con sus padres
10. el interrogatorio de la policía a una persona culpable

Distinciones: Equivalentes en español de to move

1. Cuando *to move* significa «cambiar el lugar o la posición de algo», su equivalente en español es **mover**.

El viento mueve las hojas de los árboles.	*The wind moves the leaves on the trees.*
Empujé el armario, pero era tan pesado que no pude moverlo.	*I pushed the cabinet, but it was so heavy that I couldn't move it.*

2. Cuando es el sujeto el que cambia de lugar o posición, *to move* es intransitivo y equivale a **moverse**.

Las hojas de los árboles se movían porque había viento.	*The leaves on the trees were moving because it was windy.*
—¡No se mueva o disparo! —dijo el asaltante.	*"Don't move or I'll shoot!" said the assailant.*

To move away es **alejarse (de)** y *to move closer* es **acercarse (a)**.

No te oigo bien, ¿quieres acercarte?	*I don't hear you well. Will you move closer?*
En una excursión, no es buena idea alejarse del guía, porque uno se puede perder.	*In an excursion, it is not a good idea to move away from the guide because one may get lost.*

3. Cuando *to move on* significa *to advance* o *to make progress*, se usa **avanzar** en español.

El soldado siguió avanzando a pesar de estar herido.	*The soldier continued moving on in spite of being wounded.*
García estaba avanzando rápido en su trabajo de restauración.	*García was moving on rapidly with his restoration work.*

4. Cambiar de residencia (de una ciudad, casa, apartamento, habitación, oficina, etc., a otro/a) es **mudarse (de)... (a).**

Anita va a mudarse con nosotras.	*Anita is moving in with us.*
Nos hemos mudado de la Tercera Avenida a la Calle Treinta y dos.	*We have moved from Third Ave. to Thirty-second street.*

Mudarse (de) también significa *to change clothes.*

Tengo que mudarme de ropa porque no llevaba paraguas y me mojé.	*I have to change clothes because I wasn't carrying an umbrella and I got wet.*

5. *To move* en el sentido de *to affect emotionally* es **conmover.** En los casos más específicos de *to move to tears, to anger,* etc., generalmente se usa **hacer** + infinitivo en español.

Su triste historia me conmovió profundamente.	*His sad story moved me deeply.*
Las tontas palabras de la mujer me hicieron enojar.	*The woman's silly words moved me to anger.*
La película era tan triste que hizo llorar a todos.	*The movie was so sad that it moved everybody to tears.*

6. En un juego, apuesta, etc., *to move* es **jugar.** En estos casos, *move* como sustantivo es **jugada.**

Juegue ahora, le toca a Ud.	*Move now, it is your turn.*
Ganaron mucho dinero gracias a una hábil jugada de la bolsa.	*They made a lot of money thanks to a smart move in the stock market.*

7. El equivalente en español de *on the move* es **en movimiento.**

García viajaba de pueblo en pueblo; siempre estaba en movimiento.	*García traveled from town to town; he was always on the move.*

APLICACIÓN

En la iglesia de Bellús. Complete con un equivalente de *to move* o uno de los modismos relacionados con este verbo.

1. Apenas llegó al pueblo, García _se mudó_ a casa del cura. #4

2. Al principio, García y los aprendices compartían una habitación, pero después ellos _se mudaron_ a otro cuarto. 4

3. El párroco de Bellús era un hombre muy activo, siempre estaba *en movimiento*.

4. Los pintores tuvieron que *mover* el andamio varias veces porque el altar era muy grande.

5. Ellos restauraban las figuras, pero no las *movían* de un lado a otro del altar.

6. García *se mudaba* ropa antes de empezar a trabajar, para no manchar su ropa nueva.

7. El escultor no podía *avanzar* porque la siñá Pascuala había subido al andamio y *se acercaba* cada vez más a él.

8. Él sentía deseos de decirle: «*aléjese* de aquí, señora, y déjeme trabajar en paz».

9. Cuando uno está en un andamio, debe *mover* los pies con cuidado para no caerse.

10. El sacristán les pidió a todos que se detuvieran, pero ellos seguían *moviéndose*

11. Aunque los mozos tiraban con fuerza de la anilla, la losa era pesada y no *se movía*

12. García dijo que había que *avanzar* despacio por los pasadizos, porque todo estaba muy oscuro.

✔ **Escola Coral La Nau.** Amb l'objectiu de desenvolupar la percepció auditiva, les experiències emocinals, físiques i mentals, així com despertar el sentiment de solidaritat dels xiquets i xiquetes mitjançant la cançо, el Patronat d'Activitats Musicals vol crear l'**ESCOLA CORAL LA NAU**, dirigida als xiquets d'entre 6 i 9 anys, i d'entre 10 i 13 anys. Més informació, preus i inscripció

www.uv.es/pam

tornar

Més Informació

VNIVERSITAT ID VALÈNCIA

Organització Estudiants Notícies Investigació   Cultura

Xarxa d'universitats
Institut Joan Elvis Vives

Esta noticia en valenciano apareció recientemente en el sitio web de la Universidad de Valencia, ¿cuántas palabras reconoce Ud.?

13. La historia del moro y su tumba *conmovió* a toda la gente del pueblo.

14. El engaño del moro (*moved to tears*) *hizo llorar* a la orgullosa Pascuala.

15. Creo que García hizo una mala *jugada* cuando inventó su cuento, porque ahora no se atreve a volver al pueblo.

16. Si algún día él tiene que *mudarse* del pueblo donde vive ahora, dudo mucho que vaya a vivir a Bellús.

Para escribir mejor

Recursos estilísticos

En la lengua hablada, pero sobre todo en la escrita, se usan muchos recursos para darle variedad y mayor expresividad al estilo. Aquí examinaremos tres de los más importantes: el símil, la metáfora y el sinónimo.

1. El símil se define como figura retórica que consiste en comparar explícitamente una cosa con otra. La comparación es explícita porque le antecede una de las siguientes expresiones: **como** (= *like*, *as*), **tan... como, más... que, al igual que,** etc.

Algunos de los ejemplos que hemos visto en las lecturas son:

a. ...brillante **como un arco iris** (capítulo 3)

b. ...tan blancas **como las paredes de este cuarto** (capítulo 3)

c. ...me sentía **como un rey en su trono** (capítulo 4)

d. ...trabajan **como borricas** (capítulo 5)

e. **Como en una película de bandidos**... (capítulo 9)

f. ...una sandía. Redonda **como una piedra más. O como una cabeza.** (capítulo 9)

g. ...el altar lucía **como un ascua de oro** (capítulo 13)

Tanto en español como en inglés existen símiles estereotipados que deben rehuirse. Se repiten tanto que han perdido su valor artístico. Algunos ejemplos son: **blanco como la nieve, azul como el cielo, tan viejo como Matusalén.**

2. La metáfora es una figura retórica que consiste en trasladar el sentido normal de las palabras en otro figurado por medio de una comparación tácita, por ejemplo, **Esa persona es una víbora.** Si se dijera **Las palabras de esa persona son como el veneno de una víbora**, sería una comparación no tácita sino explícita, y por lo tanto, se trataría de un símil.

Los siguientes ejemplos de metáforas también están tomados de las lecturas.

a ...la pobre alma, pájaro azul ya libre... (capítulo 2)

b. ¡El vino de su amor no se volvería vinagre! (capítulo 2)

c. ...me miran con sus caras de pasas... (capítulo 3)

d. ...nos echamos encima el dulce yugo... (capítulo 5)

e. ...el verde tapiz de las pasturas... (capítulo 9)

f. La noche era un jardín de ojos. (capítulo 12)

3. La palabra sinónimo se aplica a los vocablos o expresiones que tienen el mismo significado o uno muy parecido, o alguna acepción equivalente, por ejemplo, **voz**, **vocablo**, **palabra** y **término**. Los sinónimos sirven para reforzar o aclarar la expresión de un concepto, por ejemplo, **Cupido lanzó una saeta o flecha a la enamorada joven**. También sirven para evitar la repetición de la misma palabra.

Hasta ahora hemos visto en las lecturas, entre muchos otros, los siguientes pares de sinónimos, el uno cerca del otro: a. **decir / contar** (capítulo 3), b. **irse / marcharse** (capítulo 3), c. **emanciparse / liberarse** (capítulo 5), d. **arrodillarse / hincarse** (capítulo 12), e. **en seco / bruscamente** (capítulo 12), f. **iglesia / templo** (capítulo 13).

Es importante recordar que la mayoría de los sinónimos son intercambiables únicamente en ciertos contextos, no en todos. La sinonimia, pues, es cuestión de grado, ya que depende del número de contextos en que los dos términos posean en común el mismo significado. Por ejemplo, **gazapo** es sinónimo de **conejo** y de **error**. Uno puede decir que **crían gazapos o conejos en esa granja** y que **han cometido varios gazapos o errores garrafales en ese libro**, pero uno no puede decir **crían errores en esa granja** ni **han cometido varios conejos garrafales en ese libro**.

Otro ejemplo sería **suficiencia**, sinónimo de **competencia** y de **engreimiento**. Uno puede decir: **García demostró la suficiencia o competencia necesaria para restaurar las imágenes** y **Con su suficiencia y engreimiento Pascuala irritaba al escultor**, pero no se puede decir: **García demostró el engreimiento necesario para restaurar las imágenes** ni: **Con su competencia, Pascuala irritaba al escultor**. Las dos últimas oraciones no son ciertas, según el cuento de Blasco Ibáñez.

APLICACIÓN

A. Escriba cuatro oraciones originales usando un símil en cada una.

B. Invente cuatro oraciones usando una metáfora en cada una.

C. Escriba un párrafo corto ilustrando cómo se usan los sinónimos (a) para aclarar una expresión y (b) para evitar la repetición de la misma voz.

D. Las frases que siguen están tomados del cuento «La tumba de Alí-Bellús». Encuentre sinónimos para las palabras en cursiva.

1. ...un señor incapaz de *reposo*...
2. ...salía a *despoblar* de pájaros la huerta.
3. ...hasta *osaban* criticarme...
4. ...pareció *extrañarse* mucho al verme en tal ocupación.
5. ¡Qué *lista* era!
6. ...*pugnaban* inútilmente por removerla.
7. Parecía que la iglesia *se venía abajo*.
8. ...*en torno* a la lóbrega apertura.
9. ...al enterarse de lo ocurrido, *púsose furioso*...
10. ...prometieron construir a sus expensas *un pavimento* mejor.

TRADUCCIÓN

Valencia

After reading that entertaining story by Blasco Ibáñez, my roommate and I wondered what would be the best way of learning more about Valencia, that charming region on the east coast of Spain. Without wasting a lot of time in endless discussions and exhausting research, we agreed to fly as soon as possible to Valencia. Wishing to take advantage of spring vacation, we departed with surprising haste.

The trip turned out to be very pleasant and, believe it or not, very instructive. Obtaining a lot of information about Valencia by going there was very much more satisfying than reading about it. In the following paragraphs, the reader will see how much we learned.

Farming is a very important activity in Valencia. Owing to the benign climate, the region has an extensive cultivated area called "*la huerta*." We went to "*la huerta*" to see the *barracas*, which are the typical farmers' cottages. We were aware that Blasco Ibáñez wrote an interesting novel titled *La barraca*, which was made into a movie of the same title. As we moved away from the city, we would see on both sides of the highway the cottages' whitewashed walls that stood out amid the green landscape. The beautiful orange groves with their sweet-smelling blossoms were especially inviting.

Unfortunately for many farmers, there isn't enough water in "*la huerta*" for irrigating and that's why every Thursday morning they meet by the door of the imposing cathedral to present their disputes regarding irrigation before the Water Tribunal.

Eating a mouth-watering paella was one of the experiences that we didn't want to miss. Making a good paella, the regional dish now famous around the world, requires rice, several types of seafood, and sometimes chicken. But, in spite of needing so many ingredients, a good paella doesn't cost much in a Valencian restaurant.

The region is also renowned for its eye-catching handicrafts and hardworking artisans. Their pottery and tiles are of surpassing beauty. Today, the Lladró figurines made by the Valencian artisans have won the well-deserved admiration of collectors for their pleasing lines and delicate colors.

In conclusion, there are now two persons who would like to move to Valencia some day.

Iglesia de la Virgen de la Huerta, situada en el pueblo de Ademuz, en Valencia. Es una iglesia antiquísima, de la época medieval. ¿Sería así la iglesia antigua que estaba restaurando el pintor del cuento de Blasco Ibáñez?

TEMAS PARA COMPOSICIÓN

1.   **Valencia.** Busque información sobre esta región española y escriba una composición basada en la información que encontró. (Un aspecto interesante de las costumbres valencianas son sus fiestas; tal vez a Ud. le guste investigar y después comentar sobre la más famosa de ellas, que es la de las fallas.)

2.   **Los moros en España.** No es extraño que, en el cuento, la siñá Pascuala pensara que el hombre de la tumba imaginaria era un moro, porque los moros permanecieron en España 700 años y en la Edad Media Valencia era un reino moro. Busque información sobre este tema y escriba exponiendo los datos que encontró.

3.   **El poema del Cid.** Esta gran obra épica, que Ud. seguramente ha leído en su clase de literatura española, se desarrolla en gran parte en el reino de Valencia, que el Cid liberó y en el cual ganó una batalla después de muerto. Escriba sobre el Cid Campeador y su relación con Valencia.

4.   **Tumbas históricas.** Hay muchas tumbas interesantes y Ud. seguramente habrá visitado alguna en la vida real o la habrá visto en la televisión o el cine. ¿Tal vez hay una tumba de un personaje importante en su ciudad o en su estado?

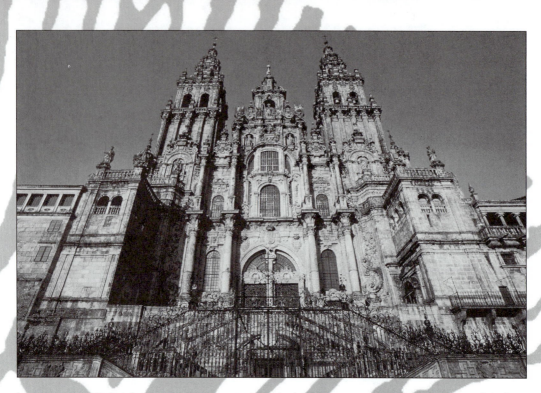

La imponente catedral de Santiago de Compostela es sin duda el monumento más famoso de Galicia, la patria chica de Emilia Pardo Bazán. La catedral es muy antigua, pues, aunque su fachada es barroca y del siglo XVIII, el edificio se construyó en el siglo XIII. El nombre Compostela deriva de «campo de la estrella», pues según una leyenda, allí se encuentra enterrado el apóstol Santiago (*St. James*) y su tumba se descubrió en el siglo IX por una estrella que brillaba encima del sepulcro.

CAPÍTULO 14

Lectura

Introducción

El cuento que Ud. va a leer es de Emilia Pardo Bazán, una gran novelista y cuentista española del siglo XIX. Pardo Bazán fue una mujer de extensa cultura, vigorosa y fina a la vez, y muy liberada para su época. Expuso sus teorías sobre el arte y la novela en un ensayo muy polémico: «*La cuestión palpitante*». Pardo Bazán escribió dentro de la escuela literaria llamada realismo, a la cual pertenecen muchos grandes novelistas, como Galdós en España, Dickens en Inglaterra, Balzac en Francia y Dostoiewski en Rusia.

Pardo Bazán va más allá del realismo, y trata de fundir en su obra las ideas del naturalismo francés y la tradición literaria española. Su novela más conocida, *Los pazos de Ulloa*, tiene lugar en Galicia, tierra natal de la escritora, y es un buen ejemplo de esta fusión.

En sus cuentos, Pardo Bazán explora frecuentemente la ciencia, las leyes de la herencia y las complicaciones sicológicas de la gente. En el cuento de la lectura aparece una mujer que tiene una misteriosa cajita de oro. El narrador es un hombre tan curioso, que enamora a la mujer sólo por saber lo que contiene la caja. El final prueba el gran poder de la mente y la credulidad humanas.

La estrategia que se ha aconsejado en otros capítulos le ayudará mucho en el caso de esta lectura. Léala dos veces. La primera vez, concéntrese en las siguientes ideas generales: la caja (desde el principio a la línea 11), lo que hace el hombre para averiguar el contenido de la caja (de la línea 12 a la línea 38), el contenido de la caja (desde la línea 39 a la línea 59) y el desenlace (desde la línea 60 al final). Vuelva a leer, concentrándose esta vez en los detalles.

La caja de oro

Siempre la había visto sobre su mesa, al alcance° de su mano bonita, que a veces se entretenía en acariciar la tapa suavemente; pero no me era posible averiguar lo que encerraba aquella caja de filigrana de oro con esmaltes° finísimos, cuya dueña la escondía
5 precipitada y nerviosamente en los bolsillos de la bata apenas intentaba apoderarme de ella°.

Y cuanto más la ocultaba su dueña, mayor era mi afán por° enterarme de lo que la caja contenía. ¡Misterio irritante y tentador! ¿Qué guardaba el artístico objeto? ¿Bombones? ¿Polvos de arroz°?
10 ¿Esencias? Si encerraba alguna de estas cosas tan inofensivas, ¿a qué venía la ocultación?

Califiquen° como gusten mi conducta los que son incapaces de seguir la pista° a una historia, tal vez a una novela. Llámenme enhorabuena° indiscreto, antojadizo°, y además, entrometido° y
15 fisgón° impertinente. Lo cierto es que la cajita me volvía tarumba° y agotados° los medios legales, puse en juego los ilícitos y heroicos... Mostréme perdidamente enamorado de la dueña cuando sólo lo estaba de la cajita de oro; cortejé° en

al... within reach

esmaltes° enamel

apoderarme... *cogerla*

afán... *deseo de*

polvos... *un cosmético*

Llamen
clue
si quieren / caprichoso / meddling / *curioso*
loco / consumidos

enamoré

apariencia a una mujer cuando sólo cortejaba un secreto; hice
como si persiguiese la dicha° cuando sólo perseguía la   *felicidad*
satisfacción de la curiosidad. Y la suerte, que acaso me negaría la
victoria si la victoria realmente me importase, me la concedió°,   granted
por lo mismo° que al concedérmela me echaba encima un   **por... *por la misma razón***
remordimiento.

No obstante, despés de mi triunfo, la que me entregaba cuanto
entrega la voluntad rendida°, defendía aún el misterio de la cajita de   *vencida*
oro. Desplegando° zalameras° coqueterías o repentinas y   ***Utilizando* / *halagadoras***
melancólicas reservas°; discutiendo o bromeando, usando los   *reticencias*
ardides° de la ternura o las amenazas del desamor, suplicante o   *trucos*
enojado, nada obtuve; la dueña de la caja persistió en negarse a que
me enterase de su contenido, como si dentro del lindo objeto
existiese la prueba de algún crimen.

Un día en que algunas fingidas lágrimas acreditaron° mis celos,   *probaron*
mi persuasión de que la cajita encerraba la imagen de un rival, la vi
demudarse°, temblar, palidecer, echarme al cuello los brazos y   *cambiar de expresión*
exclamar, por fin, con sinceridad que me avergonzó:

—¡Qué no haría yo por ti! Lo has querido... pues sea. Ahora
mismo verás lo que hay en la caja.

Apretó un resorte°; la tapa de la caja se alzó y divisé° en el fondo   spring / *vi*
unas cuantas bolitas tamañas como° guisantes, blanquecinas, secas.   **tamañas... *del tamaño de***
Miré sin comprender y ella, reprimiendo° un gemido°, dijo   *conteniendo* / moan
solemnemente:

—Esas píldoras me las vendió un curandero° que realizaba curas   quack doctor, folk healer
milagrosas en la gente de mi aldea. Se las pagué muy caras y me
aseguró que tomando una al sentirme enferma, tengo asegurada la
vida. Sólo me advirtió que si las apartaba de mí o las enseñaba a
alguien, perdían su virtud. Será superstición o lo que quieras: lo
cierto es que he seguido la prescripción del curandero, y no sólo se
me quitaron achaques° que padecía (pues soy muy débil), sino que   *dolencias*
he gozado salud envidiable. Te empeñaste° en averiguar... Lo   **Te... *Insististe***
conseguiste... Para mí vales tú más que la salud y la vida. Ya no
tengo panacea, ya mi remedio ha perdido su eficacia: sírveme de
remedio tú; quiéreme mucho, y viviré.

Quedéme frío. Logrado mi empeño°, no encontraba dentro de la   *propósito*
cajita sino el desencanto de una superchería° y el cargo de   *engaño*
conciencia° del daño causado a quien me amaba. Mi curiosidad,   **cargo... *remordimiento***
como todas las curiosidades, desde la fatal del Paraíso hasta la no
menos funesta° de la ciencia contemporánea, llevaba en sí misma su   *fatal*
castigo y su maldición.

Desde entonces la dueña de la cajita —que ya no la ocultaba ni la
miraba siquiera, dejándola cubrirse de polvo en un rincón de la
estantería forrada° de felpa° azul— empezó a decaer, a consumirse,   *cubierta* / plush
presentando todos los síntomas de una enfermedad de languidez°,   *debilidad*
refractaria° a los remedios. Cualquiera que no me tenga por un   *resistente*
monstruo supondrá que me instalé a su cabecera° y la cuidé con   **a... *junto a su cama***
caridad y abnegación. Caridad y abnegación digo, porque otra cosa
no había en mí para aquella criatura de la cual había sido verdugo°   executioner

involuntario. Ella se moría, quizás de pasión de ánimo°, quizás de aprensión°, pero por mi culpa, y yo no podía ofrecerla,* en

70   desquite° de la vida que le había robado, lo que todo lo compensa: el don° de mí mismo, incondicional, absoluto. Intenté engañarla santamente para hacerla dichosa, y ella, con tardía° lucidez, adivinó mi indiferencia y mi disimulado tedio, y cada vez se inclinó más hacia el sepulcro.

75   Y al fin cayó en él, sin que los recursos de la ciencia ni mis cuidados consiguiesen salvarla. De cuantas memorias quiso legarme° su afecto, sólo recogí la caja de oro. Aún contenía las famosas píldoras, y cierto día se me ocurrió que las analizase un químico a quien conocía, pues todavía no se daba por satisfecha mi

80   maldita curiosidad. Al preguntar el resultado del análisis, el químico se echó a reír.

     —Ya podía usted figurarse —dijo— que las píldoras eran de miga° de pan. El curandero (¡si sería listo°!) mandó que no las viese nadie... para que a nadie se le ocurriese analizarlas. ¡El maldito análisis lo

85   seca° todo!

Glosas marginales:

pasión... *melancolía, depresión* / *miedo*

compensación

regalo

late

dejarme como herencia

crumbs

si... *he must have been very clever*

echa a perder, estropea

APLICACIÓN

A. Vocabulario

Identifique cada palabra de la columna izquierda con su sinónimo en la columna derecha. Haga después cinco oraciones con palabras de la columna izquierda.

1. achaque	**a.** caprichoso
2. antojadizo	**b.** imaginarse
3. aprensión	**c.** esconder
4. divisar	**d.** mal
5. empeñarse	**e.** conseguir
6. figurarse	**f.** ver
7. gozar	**g.** cura
8. intentar	**h.** sufrir
9. lograr	**i.** insistir
10. ocultar	**j.** tratar de
11. padecer	**k.** miedo
12. remedio	**l.** disfrutar

---

*Note el uso del complemento directo **la** with **ofrecer**, común en algunas regiones, pero no aprobado por la RAE, que prefiere **ofrecerle**.

B. Comprensión

1. ¿Cómo era la caja y por qué le interesaba tanto al narrador?
2. ¿Cuál fue su plan para ver el contenido?
3. ¿Qué nuevas tácticas empleó el narrador para enterarse del contenido de la cajita?
4. Describa el contenido de la caja cuando se alzó la tapa.
5. ¿Dónde consiguió la mujer las píldoras?
6. ¿Cuál era el supuesto poder de ellas?
7. ¿Qué advertencia le hizo el curandero con respecto a las píldoras?
8. ¿Qué emociones sentía el narrador después de lograr su empeño?
9. ¿Qué empezó a sucederle a la dueña después de descubierto el secreto?
10. ¿Cómo intentó el narrador ayudar a la dueña?
11. Después de la muerte de la dueña, ¿qué se le ocurrió hacer al narrador?
12. ¿Qué reveló el análisis de las píldoras?

C. Interpretación

1. ¿Qué acciones de la mujer incitaban la curiosidad del hombre? ¿Es lógica o es exagerada esta curiosidad? Explique su opinión.
2. El narrador se describe a sí mismo en el tercer párrafo. ¿Cómo lo describiría Ud.?
3. ¿Cómo describiría Ud. a la dueña de la caja?
4. ¿Llegó el narrador a amar a la mujer? ¿Por qué piensa Ud. así?
5. ¿A qué se refiere la frase «la [curiosidad] fatal del Paraíso»? ¿Qué relación hay entre ella y la situación del cuento?
6. ¿Se murió la dueña de miedo, de autosugestión o de mal de amores? Explique su opinión.
7. El último comentario del narrador es: «El maldito análisis lo seca todo». ¿Cómo interpreta Ud. esta oración?
8. ¿Cuál sería la intención de la escritora de este cuento?

D. Intercambio oral

1. **Distintas maneras de curar.** Hay curanderos en este país hoy día. ¿Dónde? ¿Pueden realizar curas? ¿Cómo? Existen muchas formas de la llamada medicina alternativa. ¿Cuáles son las más conocidas?

2. **Los placebos.** ¿Qué es el «efecto placebo»? ¿Ocurre este fenómeno en el cuento? Explique su respuesta. ¿Hasta qué punto influye el estado sicológico en la salud física?

3. **La curiosidad.** Existe un refrán que dice «la curiosidad mató al gato». ¿Qué quiere decir? ¿Hasta qué punto es verdad? ¿Hay una curiosidad «buena» y una curiosidad «mala»?

4. **Las supersticiones.** Los sicólogos piensan que el origen de las supersticiones está en la inseguridad del ser humano ante los misterios de la vida. ¿Son ignorantes las personas supersticiosas o se puede ser culto y supersticioso a la vez? ¿Cuáles son algunas supersticiones comunes?

Cancún, México. Los carteles indican el uso de los remedios vegetales que aquí se venden. Los hay para la artritis, para el dolor de estómago, para el hígado, para los riñones... Todas las enfermedades están representadas aquí.

Sección gramatical

Relative Pronouns

Relative pronouns refer to a preceding word, called an antecedent. Spanish relative pronouns are **que, quien, el que, el cual, lo que,** and **lo cual.** Relative pronouns are sometimes omitted in English, but they are never omitted in Spanish.

Me encanta el CD que me prestaste.	*I love the CD (that) you lent me.*
Ésta es la señora que conocí en la exposición.	*This is the lady (whom) I met at the exhibit.*

USES OF *QUE*

Que is the most frequently used relative pronoun, since it may mean *that, who, whom,* or *which* and it may refer to persons or things. **Que** is invariable in gender and number.

Las píldoras que había en la caja eran de miga de pan.	*The pills that were in the box were made with bread crumbs.*
La persona que me dio las píldoras era un curandero.	*The person who gave me the pills was a quack doctor.*
El hombre que saludé vive cerca de mi casa.	*The man (whom) I greeted lives near my home.*
El tocadiscos, que era muy viejo, no tenía muy buen sonido.	*The record player, which was very old, didn't have very good sound.*

As a relative pronoun, **que** is not used after prepositions except in the case of **con, de,** and **en**. This rule applies when **que** refers to either people or things.*

Me sorprendió la facilidad con que resolviste el asunto de que hablamos ayer.	*I was surprised at the ease with which you resolved the matter about which we talked yesterday.*
La reunión fue en el mismo edificio en que vivo.	*The meeting was in the same building where I live.*
No conozco a las personas con que soñé anoche.	*I don't know the people of whom I dreamed last night.*

USES OF *QUIEN*

Quien and its plural **quienes** refer to persons and are used in the following cases:

1. To express *who* in nonrestrictive clauses.**

Ofelia y Bebita, quienes (que) estaban muy cansadas, no fueron.	*Ofelia and Bebita, who were very tired, didn't go.*
Gabriel García Márquez, quien (que) ganó un Premio Nobel, es colombiano.	*Gabriel García Márquez, who won a Nobel Prize, is a Colombian.*

Note that, although **quien(es)** can be used in the preceding cases, **que** is also possible. **Que** is in fact more common, especially in the spoken language.

2. After a preposition.

El hombre hacia quien corría el niño era mi hermano Manuel.	*The man toward whom the boy was running was my brother Manuel.*
Sus hijos, por quienes hizo tantos sacrificios, no lo quieren.	*His children, for whom he made so many sacrifices, don't love him.*
Los soldados contra quienes luchábamos eran valientes.	*The soldiers against whom we were fighting were brave.*
No dijo el nombre de la persona para quien compró las flores.	*He didn't say the name of the person for whom he bought the flowers.*

---

*In the case of things **que** may also be used after **a**, except when **a** is part of an indirect object. One can say: **La universidad a que fui** (*The university I went to*) but not **La universidad a que hice una donación** (*The university to which I made a donation*). In the second sentence one must use **a la que** or **a la cual.**

Nonrestrictive clauses are those that provide additional information about a preceding word without restricting its meaning. These clauses can be omitted without altering the essential meaning of the sentence. Nonrestrictive clauses are either set off by commas or preceded by a comma: **El Cónsul de México, quien llegó ayer, asistirá a la recepción. A la recepción asistirá el Cónsul de México, quien llegó ayer. Note that in both cases we could remove the clause **quien llegó ayer** and still have a meaningful sentence: *The Mexican Consul will attend the reception.*

On the other hand, a restrictive clause is essential to identify or make specific the word to which it refers and its omission would produce a loss of meaning in the sentence. In the statement: **El hombre que llegó ayer es el Cónsul de México,** the omission of the restrictive clause **que llegó ayer** would leave the sentence incomplete since *The man is the Mexican Consul* would not identify or specify which man.

USES OF *EL CUAL*

El cual and its inflected forms (**la cual, los cuales, las cuales**)* can refer to either persons or things. These forms are used in the following cases:

1. As alternates for **que** when referring to things in nonrestrictive clauses.

Las bolsas, que (las cuales) eran de papel, se rompieron con el peso.	*The bags, which were made of paper, broke because of the weight.*
El armario, que (el cual) es una antigüedad, nos costará un dineral.	*The cabinet, which is an antique, will cost us a bundle.*

2. As alternates for **que** or **quien(es)** when referring to people in nonrestrictive clauses.

Fernando, que (quien, el cual) estaba borracho, insultó a todo el mundo.	*Fernando, who was drunk, insulted everybody.*
Las gemelas, que (quienes, las cuales) siempre se vestían igual, se parecían muchísimo.	*The twins, who always dressed alike, resembled each other very much.*
Los García, que (quienes, los cuales) compraron la casa de la esquina, son extranjeros.	*The Garcías, who bought the house on the corner, are foreigners.*

El cual is more formal than **que** and, therefore, in everyday conversation **que** is preferred in the first and second cases.

3. To refer to things after a preposition, especially in the case of longer or compound prepositions.

¡Qué problema! Olvidé mis gafas, sin las cuales no veo nada.	*What a problem! I forgot my glasses, without which I can't see anything.*
La cueva dentro de la cual se ocultan los rebeldes, es muy pequeña.	*The cave inside which the rebels are hiding is very small.*
La cuestión acerca de la cual discutimos me preocupa.	*The matter about which we argued worries me.*
Las hojas secas sobre las cuales se acostaron los niños, estaban húmedas.	*The dead leaves on top of which the children lay were wet.*

4. To refer to persons after a preposition, as alternates for **quien(es)**. (See case 2 on page 358.)

El hombre hacia el cual corría el niño era mi hermano Manuel.	*The man toward whom the boy was running was my brother Manuel.*
Sus hijos, por los cuales hizo tantos sacrificios, no lo quieren.	*His children, for whom he made so many sacrifices, don't love him.*

---

*For brevity's sake only **el cual** will be cited henceforth.

| Los soldados contra los cuales luchábamos eran valientes. | The soldiers against whom we were fighting were brave. |
| No dijo el nombre de la persona para la cual compró las flores. | He didn't say the name of the person for whom he bought the flowers. |

USE OF *EL CUAL* TO AVOID AMBIGUITY

El cual is used to avoid ambiguity when there are two possible antecedents of different genders.

La hija de Tomás, la cual es artista, acaba de ganar un premio.	Tomás's daughter, who is an artist, has just won a prize.
Se lo explicamos todo al criado de la duquesa, el cual había ido con nosotros.	We explained everything to the duchess's servant, who had gone with us.
Clara no pudo enseñarme la carta de Enrique, la cual se había perdido en Guadalajara.	Clara wasn't able to show me Enrique's letter, which had gotten lost in Guadalajara.

EL QUE AFTER PREPOSITIONS

El que and its inflected forms (**la que, los que, las que**)* are used after prepositions as alternates for **el cual** and its forms in cases 3 and 4 above.

¡Qué problema! Olvidé mis gafas, sin las que no veo nada.	What a problem! I forgot my glasses, without which I can't see anything.
La cueva dentro de la que se ocultan los rebeldes, es muy pequeña.	The cave inside which the rebels are hiding is very small.
La cuestión acerca de la que discutimos me preocupa.	The matter about which we argued worries me.
Las hojas secas sobre las que se acostaron los niños, estaban húmedas.	The dead leaves on top of which the children lay were wet.
El hombre hacia el que corría el niño era mi hermano Manuel.	The man toward whom the boy was running was my brother Manuel.
Sus hijos, por los que hizo tantos sacrificios, no lo quieren.	His children, for whom he made so many sacrifices, don't love him.
Los soldados contra los que luchábamos eran valientes.	The soldiers against whom we were fighting were brave.
No dijo el nombre de la persona para la que compró las flores.	He didn't say the name of the person for whom he bought the flowers.

USE OF *LO QUE, LO CUAL*

Lo que, lo cual are neuter relative pronouns. They mean *which (fact)* and do not refer to a specific person or thing, but rather to a preceding idea.

---

*For brevity's sake only **el que** will be cited henceforth.

Mi televisor no funciona, lo que (lo cual) significa que necesito comprar uno nuevo.	*My TV set doesn't work, which means that I need to buy a new one.*
Mario llegó muy tarde a casa, lo que (lo cual) no le gustó a su padre.	*Mario got home very late, which his father didn't like.*
No sabíamos qué hacer, por lo que (lo cual) decidimos pedirle consejo.	*We didn't know what to do, for which reason we decided to ask him for advice.*
Soy una persona nocturna, por lo que (lo cual) tengo problemas con mi compañero de cuarto.	*I am a night person, on account of which I have problems with my roommate.*

APLICACIÓN

A. Combine las frases de esta conversación con la información que se da en cada caso, usando *el / la cual* o *los / las cuales* según sea posible.

Modelo: Mi jefa tomaba decisiones (yo no estaba conforme con ellas).
→ *Mi jefa tomaba decisiones con las cuales yo no estaba conforme.*

1. Amorcito, quiero darte unas noticias (te pondrás muy contenta ~~con ellas~~). *Con las cuales*
2. El problema (te hablé de él) se resolverá pronto. *del cual hace*
3. Las condiciones (trabajo bajo ellas) cambiarán mucho. *bajo las cuales*
4. El banco (soy cajero en él) va a abrir una nueva sucursal. *en el cual hace*
5. La jefa (te comenté con respecto a ella) va a ser transferida. *con respecto a la cual te comente*
6. Sí, la misma jefa (presentaron quejas contra ella) varios empleados. *Contra la cual*
7. Esto significa que el ascenso (soñaba con él) es casi seguro. *con el cual*
8. ¡Ahora podremos llevar a cabo los planes (hemos hablado tanto sobre ellos)! *sobre los cuales*
9. Pronto tendrás el anillo (suspirabas por él). *por el cual*
10. Tengo que cortar la conversación, porque el teléfono (te hablo desde él) es un teléfono público. *desde el cual*
11. Te espero a las cinco en el café (nos conocimos frente a él). *frente al cual*
12. Allí hablaremos de nuestro amor (no podría vivir sin él). *sin el cual*

B. Reemplace *que* con *quien/es* en los casos en que sea posible.

Cuando Orlando, *que* es mi mejor amigo, me vio entrar en la cafetería, me llamó para presentarme a dos jóvenes *que* estaban con él. Uno de ellos, *que* parecía extranjero, llevaba ropa *que* era, sin lugar a dudas, de otro país. Los saludé a los dos amablemente, pero el joven *que* llevaba la ropa extraña no pareció comprenderme. El otro muchacho, *que* era norteamericano, me explicó que su amigo era un griego *que* acababa de llegar de Atenas.

C. **Leyendas de Guanajuato.** Complete usando el relativo apropiado. Si es posible usar otro relativo además de *que*, no use *que*. Haga contracciones con *a* y el artículo si es necesario.

1. Todos los viajeros __que__ llegan a Guanajuato, México, visitan el Callejón del Beso, una calle sumamente estrecha a __la cual__ se le atribuye una leyenda trágica

de siglos pasados. La bella Carmen, _quien_ era hija única, tenía un novio a _que_ su padre no quería. El joven, _quien_ se llamaba Luis, no estaba dispuesto a renunciar a su amor. Una ventana de la casa en _la cual_ vivían Carmen y su padre daba a un callejón muy estrecho y era posible tocar desde esta ventana la casa _que_ había enfrente. Don Luis compró esta casa, _la cual_ estaba a la venta, para poder entrevistarse con su novia de ventana a ventana. Pero el padre de Carmen, _quien_ era un hombre orgulloso y muy violento, sorprendió a los jóvenes una tarde en el momento en _el cual_ Luis besaba la mano _que_ Carmen había extendido a través de la calle. El padre clavó un cuchillo en el pecho de su hija, _la cual / quien_ murió en al acto. Es por esto _que_ al lugar se le llama el Callejón del Beso. Los enamorados _que_ visitan hoy esta calle se besan en honor de Carmen y Luis.

2. Otra historia curiosa de Guanajuato se relaciona con las momias _____ se exhiben al público en vitrinas en una doble fila _____ tiene unos quince metros de fondo. Estas momias son cadáveres _____ se encontraron naturalmente momificados en sus tumbas, probablemente a causa del terreno de la región, _____ es rico en minerales. Es un espectáculo _____ a muchos les parece demasiado morboso. Hay allí momias _____ tienen posiciones extrañas y gestos horribles en la cara, _____ parece indicar que estos individuos fueron enterrados vivos. La explicación está en la epidemia de cólera _____ hubo en la ciudad en 1833, durante _____ murieron miles de personas. Con los métodos primitivos _____ tenía la medicina en aquella época, era difícil distinguir, de entre los cientos de víctimas diarias, a las personas _____ estaban realmente muertas y a las personas _____ no habían muerto todavía.

D. Introduzca una cláusula original en las oraciones, usando _el / la cual_ o _los / las cuales_ para evitar ambigüedad.

Modelo: El amigo de Rosaura se sacó la lotería.
→ _El amigo de Rosaura, el cual tiene mucha suerte, se sacó la lotería._

1. La madre del director padece del corazón.
2. El abogado de la empresa nos aconsejará en esto.
3. La mujer de Pepe sufre de insomnio.
4. Los hijos de las presas jugaban en el patio de la cárcel.
5. El padrino de la niña es francés.
6. El ídolo de Pepita es un cantante famoso.

SECCIÓN GRAMATICAL **363**

7. Las novias de los cadetes no podrán verlos mañana.

8. El abuelo de la condesa murió en esta habitación.

9. El emisario de la reina llevará la carta.

10. El peluquero de la actriz no habla muy bien el inglés.

E. Complete de manera original, usando *lo que* (*lo cual*) para referirse a la idea anterior.

Modelo: Carmita tiene la mala costumbre de pedirme dinero.
  → *Carmita tiene la mala costumbre de pedirme dinero, lo que (lo cual) me molesta mucho.*

1. Estoy sin trabajo. *lo cual ø me siento contento*

2. El hombre decidió no beber más. *lo que da dolor en su estómigo*

3. Me invitaron a una fiesta en la Casa Blanca.

4. Tenemos examen mañana. *lo cual me da miedo*

5. Mi grupo favorito dará un concierto el mes que viene.

6. Siempre estás criticando a todo el mundo.

7. Mi amigo es fanático del fútbol.

8. El nuevo empleado era muy poco puntual.

9. Se me perdió la licencia para conducir.

10. Vivís en una casa demasiado pequeña.

RELATIVE PRONOUNS THAT CONTAIN THEIR OWN ANTECEDENT

The relative pronouns we have seen so far all refer to antecedents in the main clause. There are other relative pronouns, however, that contain their own antecedent. They are **quien** (*he / one who*), **quienes** (*those who*), **el que** and its inflected forms (*the one[s] who, the one[s] which*). These pronouns are found very often in proverbs and popular sayings. While **quien(es)** refers only to people, **el que** can refer to either people or things.

Quien ríe último, ríe mejor.	*He who laughs last laughs best.*
El que a hierro mata, a hierro muere.	*He who lives by the sword dies by the sword.*
Los que (Quienes) quieran ir, que levanten la mano.	*Those who want to go, raise your hands.*
No me gusta esa grabadora, la que tengo es mejor.	*I don't like that tape recorder, the one I have is better.*

These pronouns can also be used as objects.

Contratarán a quien (al que) llegue primero.	*They will hire the one who gets there first.*
Ella escribió al principio de la carta: «A quien pueda interesar».	*She wrote at the beginning of the letter: "To Whom It May Concern."*
Enviaron varias herramientas, pero no enviaron las que pedí.	*They sent several tools but they didn't send the ones (that) I requested.*

After the verb **haber**, **quien(es)** is used. **El que** is not correct in this case.

Hay quienes dicen que el alcalde no será reelecto.	*There are those who say that the mayor won't be reelected.*
Yo preparo esa sopa con agua, pero hay quien le pone leche.	*I prepare that soup with water, but there are some people who use milk.*
No había quien pudiera con ella.	*There was no one who could control her.*

A SPECIAL CASE OF AGREEMENT

When **quien(es)** or **el que** are the subjects of one clause and the other clause contains the verb **ser**, the verb in the relative clause tends to agree with the subject of **ser**.

Son ellas quienes (las que) tienen que pedir perdón.	*They are the ones who have to apologize.*
Seremos nosotros quienes (los que) decidiremos el caso.	*We will be the ones who will decide the case.*
Soy yo quien (el que) pago la cuenta.*	*I am the one who pays the bill.*
Eres tú quien (la que) me debes dinero, y no al revés.*	*You are the one who owes me money and not vice versa.*

THE NEUTER FORM *LO QUE*

1. The neuter form **lo que** is the equivalent of the English *what (the thing that)*. **Lo cual** is not interchangeable with **lo que** in this case.

El final de la novela fue lo que no me gustó.	*The end of the novel was what (the thing that) I didn't like.*
Lo que sucedió después fue increíble.	*What (The thing that) happened afterward was unbelievable.*

2. After verbs of information (**contar, decir, explicar, preguntar, saber**, etc.) **qué** (with an accent to indicate an indirect question) is interchangeable with **lo que**.

Explíqueme lo que (qué) hizo toda la tarde.	*Explain to me what you did the whole afternoon.*
El consejero nos preguntó lo que (qué) pensábamos hacer.	*The advisor asked us what we were planning to do.*

3. **Todo lo que** means *all (that), everything*.

Todo lo que necesitamos es dinero.	*All we need is money.*
Ud. puede comer todo lo que quiera por cinco dólares.	*You can eat all you want for five dollars.*
Le contaré a la policía todo lo que sé.	*I'll tell the police everything I know.*

---

*In the case of **yo** and **tú** a third-person verb can also be used. So, it is possible to say: **Soy yo quien (el que)** *paga* **la cuenta** and **Eres tú quien (la que) me** *debe* **dinero**. However, the agreement of both verbs with the subject of **ser** is preferred by many people since it gives a more personal tone to what is being said.

RECAPITULATION

Relative pronouns are very often interchangeable in Spanish. The following summary refers to those cases where they are not.

1. **Que** cannot be used after a preposition other than **con, de, en,** and, in some special cases, **a.**

La mesa en que escribo. El bolígrafo con que escribo.	*The table on which I write. The pen with which I write.*

But:

La mesa sobre la que (la cual) escribo.	*The table on top of which I write.*
El bolígrafo sin el que (el cual) no podría escribir.	*The pen without which I couldn't write.*

2. **Quien(es)** cannot be used in a restrictive clause.

El abogado que me representa.	*The lawyer who represents me.*
Los esquiadores que subieron a la cima.	*The skiers who went up to the top.*

3. Only **quien(es)** can be used after **haber** to express *one who, those who,* etc.

No hay quien pueda hacer eso.	*There is no one who can do that.*
Hubo quienes dijeron que el accidente fue planeado.	*There were those who said that the accidente was planned.*

4. Only **lo que** can be used to express *what* in the sense of *that which.*

El vendedor no explicó lo que vendía.	*The salesman didn't explain what he was selling.*
Lo que Ud. necesita es descansar.	*What you need is to rest.*

APLICACIÓN

A. Sustituya *lo que* por *lo cual* en el siguiente pasaje cuando sea posible.

Soy una persona muy distraída, *lo que* me ha ocasionado algunos problemas serios. Les contaré *lo que* me sucedió la semana pasada. Necesitaba enviar un paquete por correo, *lo que* no es una actividad agradable, porque siempre hay colas muy largas. ¡*Lo que* daría yo para que los paquetes pudieran ponerse directamente en el buzón! Cuando llegó mi turno, el empleado me preguntó *lo que* contenía el paquete y me dijo que tenía que ir a la mesa y llenar un papel, *lo que*, por supuesto, yo ya sabía pero había olvidado. No sé mucho inglés, *lo que* me dificultó el comprender *lo que* el empleado decía. Tuvo que repetirme tres veces las instrucciones de *lo que* necesitaba hacer.

Al llegar a la mesa, no encontraba mi bolígrafo y tuve que vaciar mi cartera. ¡No pueden Uds. imaginar todo *lo que* yo meto en una pequeña cartera! Por fin terminé *lo que* había ido a hacer al correo y volví a casa. Mi edificio tiene cerrada con llave la puerta principal, *lo que* es una buena medida de seguridad. Pero, cuando busqué la llave para abrir, descubrí que mi cartera estaba vacía. ¡Todo *lo que* había en la cartera se había quedado sobre la mesa del correo! Menos mal que alguien encontró mis cosas y se las entregó a un empleado. Todavía hay gente honrada, *lo que* es una suerte para las personas que, como yo, olvidan siempre *lo que* deben recordar.

B. Reemplace *lo que* con *qué*, si es posible.

1. Le pregunté a mi amigo *lo que* iba a hacer y me contestó que haría *lo que* yo quisiera.
2. La tienda cometió un error y no nos envió *lo que* pedimos.
3. ¿No sabes *lo que* le sucedió a Brenda?
4. Los ricos deberían dar a los pobres *lo que* les sobra.
5. No quiso contarme *lo que* pensaba comprar con tanto dinero.
6. Siempre le pido a mi padre *lo que* necesito.
7. No comprendo *lo que* haces solo en el parque a esta hora.
8. Puso sobre la mesa *lo que* tenía en los bolsillos.
9. El profesor dictó varias palabras, pero no nos explicó *lo que* significaban.
10. Tocar la guitarra es *lo que* más me gusta.

C. Complete de manera original.

1. Los García se divorciaron y hay quienes piensan...
2. Para mí, el dinero no es esencial para la felicidad, pero hay quien considera...
3. El decano renunció a su puesto y hay quienes dicen...
4. No iré, pero hay quien piensa...
5. La reunión fue un fracaso; había quienes querían...
6. Muchos protestaron y hubo quien decidió...
7. Yo siempre voy al cine los sábados, pero hay quienes prefieren...
8. Tenemos un buen alcalde, pero no dudo que haya quien diga...
9. Nuestro país es rico, y es triste que haya en él quienes viven...
10. La misión es peligrosa, pero siempre habrá quienes quieran...

D. Complete de manera original.

1. Llamamos a María, pero fue José quien...
2. La idea original fue mía, pero fueron Uds. quienes...
3. Aunque todos bailan bien, son Pedro y Teresa los que...
4. No tiene Ud. que irse, soy yo quien...
5. No creo que la culpa fuera de tu novia. Serías tú el que...
6. Ellos prometieron lavar el carro, pero fuimos nosotros quienes...
7. Yo cocinaré, pero seréis vosotros los que...
8. El equipo jugó bastante mal, fui yo el que...

The Relative Adjective cuyo

Cuyo means *whose, which,* and *the . . . of which.* It also has the forms **cuya/os/as**, since it agrees in gender and number with the noun it precedes.

Los jóvenes cuyos padres beben, tienen muchos problemas.	*Youngsters whose parents drink have many problems.*
No hace tanto frío en las habitaciones cuyas ventanas están herméticamente cerradas.	*It is not so cold in the rooms whose windows are tightly closed.*

The equivalent of *in which case* is **en cuyo caso.** *For which reason* is **por cuya razón.**

Es probable que llueva esta noche, en cuyo caso no iremos.	*It is likely that it will rain tonight, in which case we won't go.*
Ella nunca abre un libro, por cuya razón casi nunca sale bien en los exámenes.	*She never opens a book, for which reason she seldom does well in exams.*

Cuyo is repeated before two nouns of different genders and shows agreement with each one.

La actriz, cuya belleza y cuyo talento eran extraordinarios, merecía el premio.	*The actress, whose beauty and talent were exceptional, deserved the prize.*

If the nouns are of the same gender, **cuyo** or **cuya,** not a plural form, precedes the first noun only.

La actriz, cuya belleza e inteligencia eran extraordinarias, merecía el premio.	*The actress, whose beauty and intelligence were exceptional, deserved the prize.*
González, cuyo padre y hermano trabajan en la misma empresa, es el vicepresidente.	*González, whose father and brother work in the same company, is the vice president.*

The preceding rules apply to the plural also.

Do not confuse **cuyo** and its other forms with **¿De quién (de quiénes) + ser** + noun? which means *Whose* + noun + *to be?*

¿De quién es esa corbata?	*Whose tie is that?*
No sé de quiénes serán estos libros.	*I don't know whose books these can be.*

In English *Whose?* is often combined with a verb other than *to be* but **¿De quién (de quiénes)?** requires the use of **ser.**

No dijeron de quién era el reloj que se llevó el ladrón.	*They didn't say whose watch the thief took (whose watch it was that the thief took).*
¿De quiénes eran hijos los niños que tuvieron el accidente?	*Whose children had the accident? (Whose children were the children who had the accident?)*

APLICACIÓN

Ud. está en una fiesta con un amigo. Ud. conoce a todo el mundo, pero su amigo no conoce a nadie. Dele información sobre los asistentes, combinando cuyo/a/os/as con los datos que se dan en cada caso.

Modelo: Ése es el hombre (su esposa murió el año pasado).
→ *Ése el hombre cuya esposa murió el año pasado.*

1. La joven vestida de rojo es mi amiga (~~sus~~ *cuyos* padres acaban de divorciarse).
2. Ahí veo a una señora (~~su~~ *cuyo* esposo y ~~su~~ *cuyo* hija son cirujanos plásticos).
3. ¿Te interesaría conversar con Juan Rulfo (~~sus~~ *cuyos* novelas te gustan tanto)?
4. Junto al bar están los señores (~~su~~ *cuyo* hija entró en la policía).
5. Te presentaré a una pareja (~~su~~ *cuya* casa está junto a la mía).
6. Quiero que conozcas también a doña Beatriz (~~su~~ *cuyo* hijo fue compañero mío).
7. Ése es el joven (~~su~~ *cuyo* coche deportivo te llamó la atención cuando llegamos).
8. El hombre que va hacia la puerta es el tipo (~~sus~~ *cuyos* hermanos estuvieron en la cárcel).

Sección léxica

Ampliación: Los refranes

La lengua española es muy rica en refranes; los hay para todas las circunstancias de la vida diaria. «Hay más refranes que panes», dice uno de ellos. La mayoría de los refranes se originaron en la Península Ibérica hace varios siglos, y algunos datan de la Edad Media, pero también hay refranes regionales que son originarios de Hispanoamérica. Como los refranes se han transmitido oralmente, a veces un refrán tiene diferentes versiones. La lista siguiente contiene algunos refranes que usan relativos y que tienen equivalentes en inglés.

1. Antes que te cases, mira lo que haces.

   Look before you leap.

2. A quien le venga el guante, que se lo plante.
   A quien le sirva el sayo, que se lo ponga.

   If the shoe fits, wear it.

3. A quien madruga, Dios lo ayuda.

   The early bird catches the worm.

4. Bien predica quien bien vive.

   He preaches well who lives well.
   Practice what you preach.

5. Dime con quién andas y te diré quién eres.

   A man is known by the company he keeps.
   Birds of a feather flock together.

6. El que mucho abarca poco aprieta.

   Grasp all, lose all.

7. El que la hace, la paga.

You get what you deserve.

8. El que tiene padrinos, se bautiza.

It is not what you know, it is whom you know.

9. El que tiene tejado de vidrio, no tire piedras al del vecino.

People in glass houses shouldn't throw stones.

10. En el país donde fueres, haz lo que vieres.

When in Rome, do as the Romans do.

11. No es oro todo lo que reluce.

All that glitters is not gold.

12. No hay mal que por bien no venga.

It's an ill wind that blows no good.

13. No hay peor sordo que el que no quiere oír.

No one is so deaf as he who will not hear.

14. Ojos que no ven, corazón que no siente.

Out of sight, out of mind.

15. Perro que ladra no muerde.

A barking dog never bites.

16. Quien busca, halla.

He who seeks, finds.

17. Quien calla, otorga.

Silence gives consent.

18. Quien más tiene, más quiere.

The more one has, the more one wants.

19. Quien mucho habla, mucho yerra.

He who talks much, errs much. Silence is golden.

20. Quien no se aventura, no cruza la mar.

Nothing ventured, nothing gained.

21. Quien se junta con lobos, a aullar aprende.

He who lies with dogs wakes up with fleas.

22. Quien siembra vientos, recoge tempestades.

As you sow, so shall you reap.

APLICACIÓN

A. Complete los siguientes refranes sin consultar la lista anterior.

1. Bien predica...
2. A quien le venga el guante...
3. El que la hace...
4. Ojos que no ven...
5. Quien se junta con lobos...
6. Quien busca...
7. Quien calla...
8. Quien siembra vientos...
9. El que mucho abarca...
10. Quien más tiene...

B. Explique el sentido de cinco de los refranes.

C. ¿Está Ud. de acuerdo con el refrán que dice: *No hay mal que por bien no venga?* Describa sus razones.

D. ¿Qué refrán usaría Ud. en cada una de las siguientes circunstancias?

1. Hace más de un año que Arturo se porta mal. Su padre lo regaña constantemente y lo amenaza con echarlo de casa, pero siempre lo perdona. Arturo no tiene miedo a las amenazas de su padre y dice...

2. Ud. piensa hacer un viaje a España, pero el día de la partida se enferma. El avión se cae. Ud. dice...

3. Los González son, aparentemente, una familia modelo. Pero Ud., que los conoce íntimamente, sabe que no es así. Cuando un amigo le habla de lo buenos que son los González, Ud. comenta...

4. En los países hispánicos se considera de mal gusto que una persona lleve pantalones cortos, excepto en la playa. Ud. está en Buenos Aires con un amigo y él quiere salir en pantalones cortos a la calle. Ud. le aconseja...

5. Su amiga Juanita es muy habladora y a veces dice lo que no debe. Su comentario sobre las indiscreciones de Juanita es...

6. Varias personas muy capacitadas querían el mismo empleo, pero fue José Ruiz quien consiguió el puesto, porque el presidente de la compañía conocía a su padre. Los otros candidatos comentan...

7. Ud. tiene un amigo que bebe en exceso. Ud. le da buenos consejos continuamente, pero pierde su tiempo, porque él no lo escucha. Ud. le dice...

8. Ud. es una persona muy dormilona, y su madre siempre insiste en que se levante temprano. Ella le dice...

9. Cuquita no es muy honrada en su trabajo académico y se sabe que en el pasado presentó como suyos reportes escritos por sus amigos. Ahora Cuquita critica a un compañero que ha hecho esto. Ud. dice, refiriéndose a la actuación de Cuquita...

10. Ud. no conoce bien a Fernando, pero sí conoce a varios amigos de él que tienen muy mala fama. Basándose en esto, Ud. tiene una mala opinión de Fernando, y la justifica diciendo...

11. Su amigo Alberto está tan enamorado de una chica a quien conoció hace sólo un mes, que quiere casarse inmediatamente con ella. El consejo que Ud. le da es...

12. Guillermo piensa tomar un examen del estado, por el cual la universidad le dará seis créditos. Pero el examen es difícil y Guillermo tiene mucho miedo. Ud. lo anima a que se examine diciéndole...

Distinciones: Algunos equivalentes españoles de back

1. Cuando *back* es un sustantivo.

back of animal	**el lomo**
back of book or house	**la parte de atrás**
back of book (spine)	**el lomo**
back of chair	**el respaldo**
back of check or document	**el dorso**
back of hand	**el dorso**

back of person	**la(s) espalda(s)**
background of picture	**el fondo**

2. Cuando *back* es un adjetivo.

back	**trasero, de atrás, posterior**
backdoor	**la puerta trasera (de atrás)**
back issue	**el número atrasado**
back pay	**los atrasos, el sueldo atrasado**
back row	**la última fila**
backseat	**el asiento trasero (de atrás)**
backyard	**el patio**

3. Cuando *back* es un adverbio o es parte de una frase adverbial.

from the back	**por detrás**
in back of the house	**detrás de la casa**
in the back of the car	**en la parte trasera del coche**
in the back of the room	**al fondo de la habitación**
on one's back	**de espaldas**
some months (years, etc.) back	**hace unos meses (años, etc.), unos meses (años, etc.) atrás**
to be back	**estar de vuelta, de regreso**
to call back	**devolver la llamada**
to come (go) back	**volver, regresar**
to give back	**devolver**
to hold back	**contener**

4. Cuando *back* es verbo y en expresiones.

to back away	**retroceder**
to back out (of an agreement)	**volverse atrás**
to backpack	**viajar con mochila**
to back up (a vehicle)	**dar marcha atrás**
to back up (to support)	**respaldar**
to have one's back to the wall	**estar entre la espada y la pared**
to have one's back turned toward	**estar de espaldas (a)**
to shoot (somebody) in the back	**dispararle (al alguien) por la espalda**

El caballo tiene el lomo lastimado.	*The horse's back is hurt.*
La parte de atrás del libro está en inglés.	*The back of the book is in English.*
Esa silla de respaldo duro no es buena para tu espalda.	*That chair with a hard back is not good for your back.*
Firme el dorso del cheque.	*Sign the back of the check.*

La última fila está al fondo de la habitación.	*The back row is in the back of the room.*
Cuando cobre mis atrasos, pediré los números atrasados de la revista.	*When I collect my back pay I'll order the back issues of the magazine.*
A su suegra le gusta manejar desde el asiento trasero del coche.	*His mother-in-law likes to drive from the backseat of the car.*
Cementamos nuestro patio hace unos meses.	*We cemented our backyard some months back.*
El bandido lo atacó por detrás.	*The bandit attacked him from the back.*
Cuando yo regresé, ella estaba de espaldas a la puerta.	*When I came back she had her back toward the door.*
El auto dio marcha atrás y le dio a la parte de atrás de la casa.	*The car backed up and hit the back of the house.*
Si Pablito me devuelve la llamada, dile por favor, que me devuelva mi dinero antes que regrese a España.	*If Pablito calls me back, please tell him to give me back my money before he goes back to Spain.*
Le dispararon al policía por la espalda mientras trataba de contener a la multitud.	*They shot the policeman in the back while he was trying to hold back the crowd.*
Estoy entre la espada y la pared, porque prometí respaldarlos y no puedo.	*I have my back to the wall because I promised to back them up and I can't.*

APLICACIÓN

Traduzca.

1. She backed up so suddenly that the child in the backseat got hurt.
2. I'll be back at six and I will call you back then.
3. I made an effort to hold back my anger; he had promised to back us up and now he was trying to back out.
4. In back of the house there was a large backyard. The assailants backed away, exited through the back door, and waited there.
5. After backpacking for several hours in the Rocky Mountains, my back ached; I put the back of my hand on my forehead and noticed that I had a fever.
6. When a man is shot in the back he usually falls on his face, not on his back.
7. Six months back I began collecting the back issues of that magazine.
8. Since I always sit in the back row, the other students have their backs turned toward me.
9. You have to give me back my book, the one that has gold letters on the back.
10. Don Alejandro was in the back of the room, sitting in a high-backed chair, with his back to the door when someone attacked him from the back.
11. They have their backs to the wall because the company refuses to give them their back pay unless they sign the back of that document.
12. The cat rubbed his back against the woman's legs.

Para escribir mejor

Repaso: Práctica de la puntuación y de los acentos gráficos

A. Repase el uso de la coma y del punto y coma, y añádalos donde sea necesario en los siguientes pasajes.

1. En julio se suda demasiado la badana de la gorra comprime la cabeza las sienes se hacen membranosas pica el cogote y el pelo se pone como gelatina. Hay que dejar a un lado por higiene y comodidad el reglamento desabotonando el uniforme liando al cuello un pañuelo para no manchar la camisa echando hacia atrás campechanamente la gorra.

Ignacio Aldecoa, El aprendiz de cobrador

2. Recuerdo que poco antes del 18 de julio una tarde en Madrid nos dirigíamos al colegio mis hermanos y yo con la niñera. Era aún primavera con un fuerte olor de madreselvas y jacintos tras las tapias de los jardines. Un sordo rumor primero lejano como el anuncio de una tempestad luego violento desgarrado bajaba calle abajo. Como un río que se desborda como un lejano río que avanza inexorable y arrollador en el deshielo bajaba el vocerío estremecedor: eran unas voces nuevas y terribles que clamaban que reclamaban que agredían.

Ana María Matute, El autor enjuicia su obra

B. Repase las reglas para el uso del acento gráfico y añada acentos donde sea necesario en los siguientes pasajes.

1. Los muros acolchados del estudio grande guardan aun los aplausos de la noche anterior. Las sillas revueltas perpetuan la confusion de ultima hora, y en tanto el salon vacio parece descansar del estentóreo dialogo de las voces, el piano enfundado, los microfonos cubiertos, esperan que la mujer de la limpieza los reintegre puntualmente brillantes al publico de las cinco, de las seis, de las diez de la noche.

Jesús Fernández Santos, La vocación

2. A partir de la construccion de la presa de Malpaso se pudo integrar la red electrica nacional de costa a costa. Yo habia estado tres veces en este lugar y nunca lo conoci completo, ya que sus cientos de islas y peninsulas, amen de la forma muy irregular del larguisimo y serpenteante lago, forman una innumerable cantidad de rincones, caletas y bahias. Acabo de regresar de una expedicion por la presa de Malpaso (con una pequeña lancha rapida de 75 h.p.), y en unas 40 horas de navegacion en total conocimos bastante bien este fantastico lugar.

México desconocido

C. En el trozo que sigue se han suprimido las comas y los acentos gráficos. Añádalos donde sea necesario.

El hijo de don Agustin Abraham se ofrecio a acompañarnos durante un tramo del camino hacia Joya de Salas porque decia habia un corte que era un poco perdedizo. Ademas aprovecharia para buscar un «jabalin». En realidad lo que hacia era acompañarnos por gusto. Pocas veces llegan hasta alli visitantes con los que se pueda hablar de lo que uno mismo es asi que habia que aprovechar la oportunidad. A nosotros nos agrado esto porque pudimos convivir mas tiempo con el una persona sincera y con grandes deseos de aprender cualquier cosa. Pero ¿que podemos enseñarle? pensaba yo mientras caminabamos. Al fin me di cuenta que aprendia como eramos nosotros.

Conforme ibamos subiendo la vegetacion seguia cambiando. Pero no solo subiamos sino que tambien cambiabamos de vertiente en la sierra de la oriental a la occidental y eso nos habria de ofrecer paisajes sorprendentes. El camino estaba ahora desierto salvo por las aves los mosquitos las ardillas y otros animales que adivinabamos mas que ver por sus olores sus ruidos y sus huellas. Hacia lo mas alto el bosque se volvio blanco casi del mismo color de la roca. Los troncos tenian un color de ceniza apagada y estaban desnudos de hojas pero no carecian del perenne heno que colgaba como melena.

México desconocido

TRADUCCIÓN

My Daughter Zoraya

This is the story of my daughter Zoraya, whose sad life should be an example for those who read it.

When Zoraya was only eighteen, she fell in love with Andrés, a man whose parents lived in a very poor neighborhood. Besides being poor and uneducated, Andrés was fifteen years older than my daughter and he was divorced, all of which I didn't like at all. I was afraid he had courted her for her money, in which case the marriage would end badly, and I reminded her of the saying, "Look before you leap." However, no one is so deaf as he who will not hear, and my daughter, in any case, married this man who was completely inappropriate for her but whom she loved.

They had two children, whom I adored. But Zoraya changed a lot. I didn't know exactly what was happening to her, but I noticed that something was wrong. She was always sad and she avoided those who had been her friends before she married. She never spoke of her husband, who frequently left her alone for several days. There were those who said that Andrés was a gambler who lost great sums of money, but my daughter, who loved him very much, always denied it. Zoraya never bought new clothes; she had only those that I gave her. I helped her by buying my grandchildren everything they needed. My husband—who is a very strict person—said that she was getting what she deserved for not having followed the advice that we gave her, and after all, he was right.

Little by little, Zoraya became more pale, more weak, and more depressed. One night she died. My husband thought that Andrés might have been poisoning her to inherit her fortune. I never shared my husband's suspicions because I was convinced she had died of a broken heart. Anyway, an autopsy was performed, and nothing was found to confirm what my husband feared.

The very day of Zoraya's funeral Andrés was shot in the back on account of a gambling debt. There is truth in the old saying: "You reap what you sow."

TEMAS PARA COMPOSICIÓN

Use el mayor número posible de relativos.

1. La ciencia contemporánea. El narrador de «La caja de oro» dice que la curiosidad de la ciencia contemporánea ha sido funesta. Escriba sobre los pros y los contras de esta opinión e indique su propio punto de vista.

2. Las diferencias en el matrimonio. ¿Puede funcionar bien un matrimonio si las dos personas tienen diferentes niveles económicos y educacionales? ¿Y si tienen grandes diferencias en gustos y opiniones? Escriba sobre su punto de vista, citando casos de la vida real si lo desea.

3. La edad ideal para casarse. La madre de Zoraya piensa que Andrés no es apropiado para ella porque le lleva quince años. ¿Es importante este factor en la felicidad de un matrimonio? ¿Debe una mujer casarse con un hombre que le lleva muchos años? ¿Y con uno mucho más joven? ¿Cree Ud. que una mujer de dieciocho años es demasiado joven para casarse? ¿Existe una «edad ideal» para casarse y ser feliz? ¿Hay en su familia o entre sus amigos casos de matrimonios con grandes diferencias de edad?

4. La experiencia en el amor. Otra característica de Andrés que le molesta a su suegra es que haya estado casado antes. ¿Tienen más probabilidades de fracasar en un nuevo matrimonio las personas divorciadas? ¿Y las que se han divorciado más de una vez? Zoraya era, evidentemente, una chica inexperta. ¿Tiene más probabilidades de ser feliz una mujer que se casa con cierta experiencia? ¿Es importante que el hombre y la mujer sean igualmente expertos en cuestiones de amor?

APPENDIX

Recommended Dictionaries

Collins Spanish Dictionary. Spanish–English, English–Spanish. (2001).
Diccionario del español actual. 2 vols. (1999).
Larousse Spanish–English, English–Spanish Dictionary. Unabridged. (2000).
Moliner, María. *Diccionario de uso del español.* 2 vols. 2nd ed. (1998).
The Oxford–Duden Pictorial Spanish and English Dictionary. (1995).
The Oxford Spanish Dictionary. Spanish–English. English–Spanish. (2001). Especially valuable
    are the numerous examples of usage.
Real Academia Española. *Diccionario de la lengua española.* 22nd ed. (2001).
Seco, Manuel. *Diccionario de dudas y dificultades de la lengua española.* 10th ed. (1998).
Spanish Computing and Information Dictionary. Spanish–English, English–Spanish. (2002).

The Spanish Alphabet
(El alfabeto español)

Since Spanish words rarely need to be spelled out, many advanced students have forgotten the
names of Spanish letters. Yet, it is important for students to know these names so that spelling
problems can be discussed in Spanish.

    All the letters are feminine in gender. To form the plural, add **-es** to the names of the
vowels and **-s** to the names of the consonants. The numbers refer to the observations that
follow the list.

a	**a**	n	**ene**
b	**be** (1)	ñ	**eñe**
c	**ce**	o	**o**
ch	**che** (2)	p	**pe**
d	**de**	q	**cu**
e	**e**	r	**ere, erre** (4)
f	**efe**	s	**ese**
g	**ge**	t	**te**
h	**hache**	u	**u**
i	**i** (3)	v	**v** (5)
j	**jota**	w	**ve doble** (6)
k	**ka**	x	**equis**
l	**ele**	y	**i griega** (7)
ll	**elle**	z	**zeta** (8)
m	**eme**		

Some observations on certain letters:

1. The letter **be** (*b*) represents two sounds, according to position: at the beginning of a breath group or after a nasal consonant the sound is occlusive (the lips are momentarily closed to produce the sound: **Benito, com<u>b</u>inar**); in all other positions the sound is fricative (it is produced by friction and the lips touch very lightly or not at all: **ca<u>b</u>e, ro<u>b</u>o**). The letter **ve** (*v*) represents exactly the same two sounds in most Spanish-speaking areas. Since **be** and **ve** are pronounced exactly the same, Spanish-speaking people have invented various ways to distinguish orally the two letters: **Be** is called: **be alta, be grande, be larga, be de Barcelona, be de burro;** see note 5 below.

2. This letter is called **ce hache** in some areas.

3. Also called **i latina**.

4. The Academy Dictionary has remarked on this letter: *"Su nombre generalmente es **erre**; pero se llama **ere** cuando se quiere hacer notar que representa un sonido simple."* Some Spanish speakers refer to **erre** as **ere doble**.

5. The **ve** is also sometimes called **uve** (Spain) or **u consonante**. For the reason explained in note 1, Spanish speakers distinguish this letter from **be** by means of special names: **ve baja, ve chica, ve corta, ve de Valencia**, and **ve de vaca**.

6. Also called: **doble ve, uve doble, doble u**.

7. Also called: **ye**.

8. Variants are: **zeda, ceda**.

Syllabication

Following are the basic rules for dividing words into syllables. This information is needed in order to: (1) pronounce words with the proper stress and to use written accents correctly, and (2) hyphenate words when necessary at the end of one line and the beginning of the next. Hyphenation of the latter type is especially important in Spanish because Spanish speakers try to keep the right margin as even as possible when writing or typing. (With the appropriate software, computers offer the advantage of automatically justifying the line so that the right margin is even.)

1. A word has as many syllables as it has vowels. The term *vowel* is used in this context to refer to a single vowel, a diphthong, or a triphthong.

   ha-ra-pien-tos   ter-mi-nan-te-men-te

2. A single consonant is joined to the vowel that follows it. Bear in mind that **che**, **elle**, and **erre** are treated as single letters and are inseparable.

   la-ti-ga-zos   va-ca-cio-nes   chi-cha-rro-nes   be-lle-za

3. In the case of two consonants appearing between vowels:

   a. consonantal groups formed by **b, c, f, g,** or **p** plus **r** or **l** as well as **d** or **t** plus **r** combine with the following vowel.

   ne-gro   a-plas-ta-da

    b. in other groups of two consonants, the first consonant joins the preceding vowel and the second joins the following vowel.

sal-pi-ca-du-ras   lar-go

4. When three or four consonants occur between vowels, the last two join the following vowel if they belong to one of the groups listed in 3a.

en-tre-cor-ta-do   nues-tros   en-gran-de-cer

5. Unlike English, in Spanish the **ese** is separated from the following consonant.

des-co-no-ci-do   es-tu-dia-ba

6. Any combination of two or more vowels that includes **u** or **i** forms an inseparable group (diphthong or triphthong). The most frequent diphthongs are:

ai, ay	ai-re, hay	**iu**	viu-dez
au	cau-sa	**oi, oy**	sois, soy
eu	eu-fo-ria	**ua**	cuan-do
ei, ey	vein-te, ma-mey	**ue**	fuen-te
ia	far-ma-cia	**ui**	fuis-te
ie	vie-ne	**uo**	cuo-ta
io	vi-cio		

The most frequent triphthongs are:

iai	en-viáis	**uai**	a-mor-ti-guáis
iei	a-pre-ciéis	**uei**	con-ti-nuéis

    a. A written accent on the **i** or the **u** breaks the diphthong or triphthong, producing two separate syllables.

te-ní-a   con-ti-nú-a   co-me-rí-ais

    b. Any other vowel combination is separated into distinct syllables.

a-pe-dre-a-ban   ca-pi-ta-ne-ó

    c. However, according to so-called esthetic syllabication, as opposed to phonetic syllabication, there are two important exceptions to *a* and *b* above:

        (1) At the end of a line, two vowels should not be separated, even when they form different syllables.

perío-do, not **perí-odo**   **pro-veer**, not **prove-er**

        (2) At the end of a line, the syllables should not be separated in such a way that a single vowel remains alone; for example, the following divisions are *not* acceptable:

a-traer   ate-o

7. Prefixes form separate syllables.

des-ha-cí-an   im-po-ní-an

Nevertheless, when the prefix precedes **s** + consonant, the **s** is joined to the prefix.

cons-tan-te   ins-pi-rar

Spanish Grammatical Terminology: Verb Forms

Listed below are the names of the principal parts of the verb in Spanish, followed in each case by an example with English translation, and the usual English name of the verb form. The nomenclature is that recommended by the Royal Spanish Academy in its *Esbozo de una nueva gramática de la lengua española*.

1. infinitivo (**estudiar**, *to study*) infinitive
2. gerundio (**estudiando**, *studying*) present participle (see chapter 13)
3. participio pasivo (**estudiado**, *studied*) past participle

---

INDICATIVO *INDICATIVE*

4. presente (**Mario estudia español.** *Mario studies, does study, is studying Spanish.*) present
5. presente progresivo (**Mario está estudiando español.** *Mario is studying Spanish.*) present progressive
6. pretérito imperfecto* (**Mario estudiaba español.** *Mario used to study, was studying Spanish.*) imperfect
7. pretérito imperfecto progresivo (**Mario estaba estudiando español.** *Mario was studying Spanish.*) imperfect progressive
8. pretérito perfecto simple** (**Mario estudió español.** *Mario studied, did study Spanish.*) preterite
9. pretérito perfecto simple progresivo (**Mario estuvo estudiando español.** *Mario was studying Spanish.*) preterite progressive
10. pretérito perfecto compuesto (**Mario ha estudiado español.** *Mario has studied Spanish.*) present perfect
11. pretérito perfecto compuesto progresivo (**Mario ha estado estudiando español.** *Mario has been studying Spanish.*) present perfect progressive
12. pretérito pluscuamperfecto (**Mario había estudiado español.** *Mario had studied Spanish.*) pluperfect (past perfect)
13. pretérito pluscuamperfecto progresivo (**Mario había estado estudiando español.** *Mario had been studying Spanish.*) pluperfect progressive
14. futuro (**Mario estudiará español.** *Mario will study Spanish.*) future

---

*In order to simplify, this tense is called **el imperfecto** in this and other textbooks.

In order to simplify, this tense is called **el pretérito in this and other textbooks.

15. futuro perfecto (**Mario habrá estudiado español.** *Mario will have studied Spanish.*) future perfect

16. condicional (**Mario estudiaría español.** *Mario would study Spanish.*) conditional

17. condicional perfecto (**Mario habría estudiado español.** *Mario would have studied Spanish.*) conditional perfect

---

SUBJUNTIVO *SUBJUNCTIVE*

18. presente (**[Ojalá que] Mario estudie español.** *[I hope] Mario studies Spanish.*) present

19. imperfecto (**[Ojalá que] Mario estudiara español.** *[I wish] Mario would study Spanish.*) imperfect

20. pretérito perfecto (**[Ojalá que] Mario haya estudiado español.** *[I hope] Mario has studied Spanish.*) present perfect

21. pretérito pluscuamperfecto (**[Ojalá que] Mario hubiera estudiado español.** *[I wish] Mario had studied Spanish.*) pluperfect

---

IMPERATIVO *IMPERATIVE*

22. afirmativo (**Estudia (tú) español, Mario.** *Study Spanish, Mario.*) affirmative

23. negativo (**No estudies (tú) español, Mario.** *Don't study Spanish, Mario.*) negative

From the point of view of grammatical terminology, the sentence **Mario está estudiando español en la universidad** is composed of the following elements:

1. **Mario** = *el sujeto* = *subject*

2. **está estudiando español** = *el predicado* = *predicate*

3. **está estudiando** = *el verbo o el predicado verbal* = *verb or simple predicate*

4. **está** = *verbo auxiliar* = *auxiliary verb*

5. **est** = *el radical, la raíz* = *stem*

6. **-á** = *la terminación, la desinencia* = *ending*

7. **español** = *el complemento (directo)* = *(direct) object*

8. **en la universidad** = *el complemento circunstancial* = *adverbial complement*

Spanish Grammatical Terminology: Other Forms

Here the English term is followed by the Spanish equivalent and a Spanish example.

adjective: **el adjetivo**

> demonstrative adjective: **adjetivo demostrativo:** este libro

> descriptive adjective: **adjetivo calificativo:** la casa blanca

> numerical adjective: **adjetivo numeral:** tres pesos

> possessive adjective: **adjetivo posesivo:** mi lápiz

> stressed possessive adjective: **adjetivo posesivo enfático:** el pleito mío

> word used as an adjective: **palabra adjetivada:** una pierna rota

adverb: **el adverbio:** <u>lentamente</u>

(to) agree: **concordar (ue):** El adjetivo concuerda con el sustantivo.

agreement: **la concordancia:** «la casa amarilla» es un ejemplo de concordancia.

antecedent: **el antecedente:** En la oración «El gato que veo es de María», <u>el gato</u> es el antecedente de <u>que</u>.

clause: **la cláusula**

    adjective clause: **cláusula adjetival:** Busco una casa <u>que tenga tres dormitorios</u>.

    adverbial clause: **cláusula adverbial:** Comeremos <u>cuando lleguen nuestros invitados</u>.

    contrary-to-fact clause: **cláusula de negación implícita:** <u>Si fuera rico</u>, lo compraría.

    noun clause: **cláusula sustantiva:** Queremos <u>que se diviertan en la fiesta</u>.

conjunction: **la conjunción:** Llegué <u>tan pronto como</u> pude.

dative (of interest): **el dativo (de interés):** Se <u>me</u> murió el perrito.

(to) function as: **actuar como, funcionar como, hacer de:** En esta oración «el árbol» funciona como sujeto.

idiom: **el modismo:** <u>Tener hambre</u> es un modismo para el anglohablante.

intransitive: **intransitivo:** En la oración «Los árboles crecían rápidamente,» <u>crecían</u> es intransitivo porque se usa sin complemento directo.

(to) modify: **modificar, calificar:** En la frase «un examen fácil» la palabra <u>fácil</u> modifica <u>examen</u>.

noun: **el nombre, el sustantivo:** <u>Vaso</u> es un nombre o sustantivo.

    direct object noun: **nombre complemento directo** (o **de objeto directo**): ¿Compraste <u>pan</u>?

    indirect object noun: **nombre complemento indirecto** (o **de objeto indirecto**): Le presté el dinero <u>a Teresa</u>.

    word used as a noun: **palabra sustantivada:** <u>El viejo</u> contiene un adjetivo sustantivado.

part of speech: **la parte de la oración:** Los adverbios son partes de la oración.

pronoun: **el pronombre**

    demonstrative pronoun: **pronombre demostrativo:** <u>ése</u>

    direct object pronoun: **pronombre (de) complemento directo** (o **de objeto directo**): <u>Lo</u> vi ayer.

    indefinite pronoun: **pronombre indefinido:** <u>algunos</u>

    indirect object pronoun: **pronombre (de) complemento indirecto** (o **de objeto indirecto**): <u>Le</u> vendí el carro.

    interrogative pronoun: **pronombre interrogativo:** ¿<u>Quién</u>?

    personal pronoun: **pronombre personal:** <u>yo</u>

    possessive pronoun: **pronombre posesivo:** <u>el mío</u>

    reciprocal pronoun: **pronombre recíproco:** <u>Nos</u> vemos todos los días.

    reflexive pronoun: **pronombre reflexivo:** Ellos <u>se</u> acostaron muy tarde.

    relative pronoun: **pronombre relativo:** La película <u>que</u> vimos ayer era muy buena.

    subject pronoun: **pronombre (de) sujeto:** <u>Ellos</u> no lo hicieron.

required: **obligatorio:** La <u>a</u> es obligatoria en la oración «Vimos a Miguel.»

(to) take (e.g., the subjunctive): **requerir (ie), tomar, llevar:** La conjunción <u>antes que</u> siempre requiere el subjuntivo.

tense: **el tiempo:** <u>Estudian</u> está en el tiempo presente.

transitive: **transitivo:** En la oración «<u>Están cortando</u> el césped» el verbo es transitivo porque se usa con complemento directo.

voice: **la voz**

    active voice: **voz activa:** Abel <u>tiró</u> la pelota.

    passive voice: **voz pasiva:** La pelota <u>fue tirada</u> por Abel.

DEMONSTRATIVES

	MASCULINE	FEMININE
this	**este**	**esta**
these	**estos**	**estas**
that	**ese**	**esa**
those	**esos**	**esas**
that	**aquel**	**aquella**
those	**aquellos**	**aquellas**

The demonstrative pronouns have the same form as the above adjectives but bear an accent on the stressed syllable, although the written accent is no longer obligatory. In addition, there are neuter pronoun forms (**esto, eso, aquello**) that do not take a written accent.

It is helpful to remember that the demonstratives generally correspond to the adverbs listed below.

    este, etc.   →   **aquí**

    ese, etc.   →   **ahí**

    aquel, etc.   →   **allí, allá**

Note that the demonstrative adjectives, when placed after the noun, convey a pejorative meaning. Also, the pronouns, when referring to persons, may be pejorative.

¿Qué le pasa al tipo ese?	*What's wrong with that guy?*
Ése no se calla nunca.	*That one never shuts up.*

POSSESSIVES (WITH CORRESPONDING SUBJECT PRONOUNS)

SUBJECT PRONOUNS	UNSTRESSED FORMS OF ADJECTIVE	STRESSED FORMS OF ADJECTIVE	PRONOUNS
yo	mi, mis	mío (-os, -a, -as)	el (los, la, las) mío (-os, -a, -as)
tú	tu, tus	tuyo (-os, -a, -as)	el (los, la, las) tuyo (-os, -a, -as)
él, ella, Ud.	su, sus	suyo (-os, -a, -as)	el (los, la, las) suyo (-os, -a, -as)
nosotros, -as	nuestro (-os, -a, -as)	nuestro (-os, -a, -as)	el (los, la, las) nuestro (-os, -a, -as)
vosotros, -as	vuestro (-os, -a, -as)	vuestro (-os -a, -as)	el (los, la, las) vuestro (-os, -a, -as)
ellos, ellas, Uds.	su, sus	suyo (-os, -a, -as)	el (los, la, las) suyo (-os, -a, -as)

There are also invariable neuter pronouns: **lo mío (tuyo, suyo, nuestro, vuestro, suyo)**.

Después de la boda, lo mío será tuyo y lo tuyo será mío.	*After the wedding, what is mine will be yours and what is yours will be mine.*

PERSONAL AND OBJECT PRONOUNS

PERSON			DIRECT OBJECT OF VERB		INDIRECT OBJECT OF VERB	
SINGULAR						
1 yo		*I*	**me**	*me*	**me**	*to me*
2 tú		*you*	**te**	*you*	**te**	*to you*
3 él		*he*	**le, lo*; lo**	*him; it*		
ella		*she*	**la**	*her, it*	**le (se)**	*to him, to her, to you, to it*
usted (Ud.)		*you*	**le, lo*; la**	*you (m); you (f)*		
PLURAL						
1 nosotros, -as		*we*	**nos**	*us*	**nos**	*to us*
2 vosotros, -as		*you*	**os**	*you*	**os**	*to you*
3 ellos		*they*	**los**	*them*		
ellas		*they*	**las**	*them*	**les (se)**	*to them, to you*
ustedes (Uds.)		*you*	**los; las**	*you (m) you (f)*		

*The majority of modern writers in Spain prefer **le** in this case (**leísmo**). The Spanish Academy and the majority of Spanish-American writers prefer **lo** in this case (**loísmo**).

MORE OBJECT PRONOUNS

OBJECT OF PREPOSITION		REFLEXIVE (DIRECT/INDIRECT OBJECT OF VERB)		REFLEXIVE OBJECT OF PREPOSITION	
(para) mí**	*(for) me*	**me** *(to) myself*		**(para) mí****	*(for) myself*
(para) ti**	*(for) you*	**te** *(to) yourself*		**(para) ti****	*(for) yourself*
(para) él	*(for) him*				
(para) ella	*(for) her*	**se** *(to) himself, herself, yourself, itself*		**(para) sí****	*(for) himself, herself, yourself, itself*
(para) usted	*(for) you*				
(para) nosotros, -as	*(for) us*	**nos** *(to) ourselves*		**(para) nosotros, -as**	*(for) ourselves*
(para) vosotros, -as	*(for) you*	**os** *(to) yourselves*		**(para) vosotros, -as**	*(for) yourselves*
(para) ellos	*(for) them*				
(para) ellas	*(for) them*	**se** *(to) themselves, yourselves*		**(para) sí**	*(for) themselves yourselves*
(para) ustedes	*(for) you*				

After the preposition **con, the pronouns **mí, ti**, and **sí** become **-migo, -tigo**, and **-sigo**.

Position of object pronouns (direct, indirect, reflexive):

1. They precede conjugated verb forms.
2. They follow and are attached to (a) the affirmative command, (b) the infinitive, and (c) the **-ndo** form.
3. If a conjugated verb is combined with an infinitive or **-ndo** form, the pronoun may either precede the conjugated verb form or be attached to the infinitive or **-ndo** form.

1. Regular Verbs

Principal Parts:	INFINITIVE	PRESENT PARTICIPLE*	PAST PARTICIPLE
1st conjugation:	**llamar**	**llamando**	**llamado**
2nd conjugation:	**correr**	**corriendo**	**corrido**
3rd conjugation:	**subir**	**subiendo**	**subido**

PRESENT INDICATIVE
(Infinitive stem + endings)

llamo -as, -a, -amos, -áis, -an
corro -es, -e, -emos, -éis, -en
subo -es, -e, -imos, -ís, -en

PRESENT SUBJUNCTIVE
(Infinitive stem + endings)

llame -es, -e, -emos, -éis, -en
corra -as, -a, -amos, -áis, -an
suba -as, -a, -amos, -áis, -an

IMPERFECT INDICATIVE
(Infinitive stem + endings)

llamaba, -abas, -aba, -ábamos, -abais
-aban
corr ⎱ -ía, -ías, -ía, -íamos, -íais
sub ⎰ -ían

IMPERFECT SUBJUNCTIVE
(Preterite 3 plural. *Drop* **-ron**, *add endings.*)

llama ⎤ -ra, -ras, -ra, ´ramos,
corrie ⎟ -rais, -ran
subie ⎟ -se, -ses, -se, ´semos,
⎦ -seis, -sen

PRETERITE
(Infinitive stem + endings)

llamé, -aste, -ó, -amos, -asteis, -aron
corr ⎱ -í, -iste, -ió, -imos,
sub ⎰ -isteis, -ieron

FUTURE
(Infinitive + endings)

llamar ⎤
correr ⎬ -é, -ás, -á, -emos, -éis, -án
subir ⎦

IMPERATIVE
(Applies also to radical-changing verbs.)

Singular: llama, corre, sube (*This is usually the same as 3rd singular indicative.*)
Plural: llamad, corred, subid (*Change* **r** *of infinitive to* **d**.)

CONDITIONAL
(Infinitive + endings)

llamar ⎤
correr ⎬ -ía, -ías, -ía, -íamos,
subir ⎦ -íais, -ían

---

*In the following tables the conventional term *present participle* is used to refer to the Spanish **gerundio**.

PRESENT PERFECT
(*I have called*) he, has, ha, hemos, habéis, han
PAST PERFECT
(*I had called*) había, habías, había, habíamos, habíais, habían
PRETERITE PERFECT
(*I had called*) hube, hubiste, hubo, hubimos, hubisteis, hubieron
FUTURE PERFECT
(*I will have called*) habré, habrás, habrá, habremos, habréis, habrán
CONDITIONAL PERFECT
(*I would have called*) habría, habrías, habría, habríamos, habríais, habrían
PRESENT PERF. SUBJ.   haya, hayas, haya, hayamos, hayáis, hayan
PAST PERFECT SUBJ.
hubiera, hubieras, hubiera,
hubiéramos, hubierais, hubieran
hubiese, hubieses, hubiese,
hubiésemos, hubieseis, hubiesen

Past participle:
+ **llamado, corrido, subido**

II. Radical-Changing Verbs

(Verbs that change the last vowel of stem)

First Class   All belong to 1st and 2nd conjugations.

RULE: Stem vowel changes **e > ie, o > ue** in 1, 2, 3, singular and 3 plural in:

Present indicative

1st conj.
cerrar: cierro, cierras, cierra, cerramos, cerráis, cierran
encontrar: encuentro, encuentras, encuentra, encontramos, encontráis, encuentran

2nd conj.
querer: quiero, quieres, quiere, queremos, queréis, quieren
resolver: resuelvo, resuelves, resuelve, resolvemos, resolvéis, resuelven

Present subjunctive

1st conj.
cerrar: cierre, cierres, cierre, cerremos, cerréis, cierren
encontrar: encuentre, encuentres, encuentre, encontremos, encontréis, encuentren

2nd conj.
querer: quiera, quieras, quiera, queramos, queráis, quieran
resolver: resuelva, resuelvas, resuelva, resolvamos, resolváis, resuelvan

Second Class   All belong to 3rd conjugation.

RULE: Same changes as 1st class, plus **e > i, o > u** in:

1, 2, plural present subjunctive

mentir: mienta, mientas, mienta, mintamos, mintáis, mientan
morir: muera, mueras, muera, muramos, muráis, mueran

3 singular and plural preterite

mentir: mentí, mentiste, mintió, mentimos, mentisteis, mintieron
morir: morí, moriste, murió, morimos, moristeis, murieron

All persons imperfect subjunctive

mentir: $\left\{\begin{array}{l}\text{mintiera, mintieras, mintiera, mintiéramos, mintierais, mintieran}\\\text{mintiese, mintieses, mintiese, mintiésemos, mintieseis, mintiesen}\end{array}\right.$

morir: $\left\{\begin{array}{l}\text{muriera, murieras, muriera, muriéramos, murierais, murieran}\\\text{muriese, murieses, muriese, muriésemos, murieseis, muriesen}\end{array}\right.$

Present participle

mentir: mintiendo   **morir:** muriendo

Third Class   All belong to 3rd conjugation.

RULE: Change **e** > **i** in each place where ANY change occurs in 2nd class:

Example: servir

Present indicative: sirvo, sirves, sirve, servimos, servís, sirven
Present subjunctive: sirva, sirvas, sirva, sirvamos, sirváis, sirvan
Preterite: serví, serviste, sirvió, servimos, servisteis, sirvieron

Imperf. subjunctive: $\left\{\begin{array}{l}\text{sirviera, sirvieras, sirviera, sirviéramos, sirvierais,}\\\text{sirvieran/sirviese, sirvieses, sirviese, sirviésemos,}\\\text{sirvieseis, sirviesen}\end{array}\right.$

Present participle: sirviendo

Other Irregular Verbs*

Andar (*to walk, go, stroll*)

Preterite	anduve, anduviste, anduvo, anduvimos, anduvisteis, anduvieron
Imp. subj.	anduviera, anduvieras, anduviera, anduviéramos, anduvierais, anduvieran
	anduviese, anduvieses, anduviese, anduviésemos, anduvieseis, anduviesen

Caber (*to fit, to be contained in*)

Pres. ind.	quepo, cabes, cabe, cabemos, cabéis, caben
Pres. subj.	quepa, quepas, quepa, quepamos, quepáis, quepan
Future	cabré, cabrás, cabrá, cabremos, cabréis, cabrán
Conditional	cabría, cabrías, cabría, cabríamos, cabríais, cabrían
Preterite	cupe, cupiste, cupo, cupimos, cupisteis, cupieron
Imp. subj.	cupiera, cupieras, cupiera, cupiéramos, cupierais, cupieran
	cupiese, cupieses, cupiese, cupiésemos, cupieseis, cupiesen

Caer (*to fall*)

Pres. ind.	caigo, caes, cae, caemos, caéis, caen
Pres. subj.	caiga, caigas, caiga, caigamos, caigáis, caigan
Preterite	caí, caíste, cayó, caímos, caísteis, cayeron
Imp. subj.	cayera, cayeras, cayera, cayéramos, cayerais, cayeran
	cayese, cayeses, cayese, cayésemos, cayeseis, cayesen
Pres. part.	cayendo
Past part.	caído

---

*Only tenses that have irregular forms are given here.

Dar (*to give*)

Pres. ind.	doy, das, da, damos, dais, dan
Pres. subj.	dé, des, dé, demos, deis, den
Preterite	di, diste, dio, dimos, disteis, dieron
Imp. subj.	diera, dieras, diera, diéramos, dierais, dieran
	diese, dieses, diese, diésemos, dieseis, diesen

Decir (*to say, tell*)

Pres. ind.	digo, dices, dice, decimos, decís, dicen
Pres. subj.	diga, digas, diga, digamos, digáis, digan
Future	diré, dirás, dirá, diremos, diréis, dirán
Conditional	diría, dirías, diría, diríamos, diríais, dirían
Preterite	dije, dijiste, dijo, dijimos, dijisteis, dijeron
Imp. subj.	dijera, dijeras, dijera, dijéramos, dijerais, dijeran
	dijese, dijeses, dijese, dijésemos, dijeseis, dijesen
Imperative	di
Pres. part.	diciendo
Past part.	dicho

Estar (*to be*)

Pres. ind.	estoy, estás, está, estamos, estáis, están
Pres. subj.	esté, estés, esté, estemos, estéis, estén
Preterite	estuve, estuviste, estuvo, estuvimos, estuvisteis, estuvieron
Imp. subj.	estuviera, estuvieras, estuviera, estuviéramos, estuvierais, estuvieran
	estuviese, estuvieses, estuviese, estuviésemos, estuvieseis, estuviesen

Haber (*to have*)

Pres. ind.	he, has, ha, hemos, habéis, han
Pres. subj.	haya, hayas, haya, hayamos, hayáis, hayan
Future	habré, habrás, habrá, habremos, habréis, habrán
Conditional	habriá, habrías, habría, habríamos, habríais, habrían
Preterite	hube, hubiste, hubo, hubimos, hubisteis, hubieron
Imp. subj.	hubiera, hubieras, hubiera, hubiéramos, hubierais, hubieran
	hubiese, hubieses, hubiese, hubiésemos, hubieseis, hubiesen

Hacer (*to make, do*)

Pres. ind.	hago, haces, hace, hacemos, hacéis, hacen
Pres. subj.	haga, hagas, haga, hagamos, hagáis, hagan
Future	haré, harás, hará, haremos, haréis, harán
Conditional	haría, harías, haría, haríamos, haríais, harían
Preterite	hice, hiciste, hizo, hicimos, hicisteis, hicieron
Imp. subj.	hiciera, hicieras, hiciera, hiciéramos, hicierais, hicieran
	hiciese, hicieses, hiciese, hiciésemos, hicieseis, hiciesen
Imperative	haz
Past part.	hecho

Ir (*to go*)

Pres. ind.	voy, vas, va, vamos, vais, van
Pres. subj.	vaya, vayas, vaya, vayamos, vayáis, vayan
Preterite	fui, fuiste, fue, fuimos, fuisteis, fueron
Imp. subj.	fuera, fueras, fuera, fuéramos, fuerais, fueran
	fuese, fueses, fuese, fuésemos, fueseis, fuesen
Imp. indic.	iba, ibas, iba, íbamos, ibais, iban
Imperative	ve
Pres. part.	yendo

Oír (*to hear*)

Pres. ind.	oigo, oyes, oye, oímos, oís, oyen
Pres. subj.	oiga, oigas, oiga, oigamos, oigáis, oigan
Preterite	oí, oíste, oyó, oímos, oísteis, oyeron
Imp. subj.	oyera, oyeras, oyera, oyéramos, oyerais, oyeran
	oyese, oyeses, oyese, oyésemos, oyeseis, oyesen
Pres. part.	oyendo
Past part.	oído

Poder (*to be able, can*)

Pres. ind.	puedo, puedes, puede, podemos, podéis, pueden
Pres. subj.	pueda, puedas, pueda, podamos, podáis, puedan
Future	podré, podrás, podrá, podremos, podréis, podrán
Conditional	podría, podrías, podría, podríamos, podríais, podrían
Preterite	pude, pudiste, pudo, pudimos, pudisteis, pudieron
Imp. subj.	pudiera, pudieras, pudiera, pudiéramos, pudierais, pudieran
	pudiese, pudieses, pudiese, pudiésemos, pudieseis, pudiesen
Pres. part.	pudiendo

Poner (*to put*)

Pres. ind.	pongo, pones, pone, ponemos, ponéis, ponen
Pres. subj.	ponga, pongas, ponga, pongamos, pongáis, pongan
Future	pondré, pondrás, pondrá, pondremos, pondréis, pondrán
Conditional	pondría, pondrías, pondría, pondríamos, pondríais, pondrían
Preterite	puse, pusiste, puso, pusimos, pusisteis, pusieron
Imp. subj.	pusiera, pusieras, pusiera, pusiéramos, pusierais, pusieran
	pusiese, pusieses, pusiese, pusiésemos, pusieseis, pusiesen
Imperative	pon
Past part.	puesto

Querer (*to want, love*)

Pres. ind.	quiero, quieres, quiere, queremos, queréis, quieren
Pres. subj.	quiera, quieras, quiera, queramos, queráis, quieran
Future	querré, querrás, querrá, querremos, querréis, querrán
Conditonal	querría, querrías, querría, querríamos, querríais, querrían
Preterite	quise, quisiste, quiso, quisimos, quisisteis, quisieron
Imp. subj.	quisiera, quisieras, quisiera, quisiéramos, quisierais, quisieran
	quisiese, quisieses, quisiese, quisiésemos, quisieseis, quisiesen
Imperative	quiere

Saber (*to know*)

Pres. ind.	sé, sabes, sabe, sabemos, sabéis, saben
Pres. subj.	sepa, sepas, sepa, sepamos, sepáis, sepan
Future	sabré, sabrás, sabrá, sabremos, sabréis, sabrán
Conditional	sabría, sabrías, sabría, sabríamos, sabríais, sabrían
Preterite	supe, supiste, supo, supimos, supisteis, supieron
Imp. subj.	supiera, supieras, supiera, supiéramos, supierais, supieran
	supiese, supieses, supiese, supiésemos, supieseis, supiesen

Salir (*to leave, go out*)

Pres. ind.	salgo, sales, sale, salimos, salís, salen
Pres. subj.	salga, salgas, salga, salgamos, salgáis, salgan
Future	saldré, saldrás, saldrá, saldremos, saldréis, saldrán
Conditional	saldría, saldrías, saldría, saldríamos, saldríais, saldrían
Imperative	sal

Ser (*to be*)

Pres. ind.	soy, eres, es, somos, sois, son
Imp. ind.	era, eras, era, éramos, erais, eran
Pres. subj.	sea, seas, sea, seamos, seáis, sean
Preterite	fui, fuiste, fue, fuimos, fuisteis, fueron
Imp. subj.	fuera, fueras, fuera, fuéramos, fuerais, fueran
	fuese, fueses, fuese, fuésemos, fueseis, fuesen
Imperative	sé

Tener (*to have, possess*)

Pres. ind.	tengo, tienes, tiene, tenemos, tenéis, tienen
Pres. subj.	tenga, tengas, tenga, tengamos, tengáis, tengan
Future	tendré, tendrás, tendrá, tendremos, tendréis, tendrán
Conditional	tendría, tendrías, tendría, tendríamos, tendríais, tendrían
Preterite	tuve, tuviste, tuvo, tuvimos, tuvisteis, tuvieron
Imp. subj.	tuviera, tuvieras, tuviera, tuviéramos, tuvierais, tuvieran
	tuviese, tuvieses, tuviese, tuviésemos, tuvieseis, tuviesen
Imperative	ten

Traer (*to bring*)

Pres. ind.	traigo, traes, trae, traemos, traéis, traen
Pres. subj.	traiga, traigas, traiga, traigamos, traigáis, traigan
Preterite	traje, trajiste, trajo, trajimos, trajisteis, trajeron
Imp. subj.	trajera, trajeras, trajera, trajéramos, trajerais, trajeran
	trajese, trajeses, trajese, trajésemos, trajeseis, trajesen
Pres. part.	trayendo
Past part.	traído

Valer (*to be worth*)

Pres. ind.	valgo, vales, vale, valemos, valéis, valen
Pres. subj.	valga, valgas, valga, valgamos, valgáis, valgan
Future	valdré, valdrás, valdrá, valdremos, valdréis, valdrán
Conditional	valdría, valdrías, valdría, valdríamos, valdríais, valdrían

Venir (*to come*)

Pres. ind.	vengo, vienes, viene, venimos, venís, vienen
Pres. subj.	venga, vengas, venga, vengamos, vengáis, vengan
Future	vendré, vendrás, vendrá, vendremos, vendréis, vendrán
Conditional	vendría, vendrías, vendría, vendríamos, vendríais, vendrían
Preterite	vine, viniste, vino, vinimos, vinisteis, vinieron
Imp. subj.	viniera, vinieras, viniera, viniéramos, vinierais, vinieran
	viniese, vinieses, viniese, viniésemos, vinieseis, viniesen
Imperative	ven
Pres. part.	viniendo

Ver (*to see*)

Pres. ind.	veo, ves, ve, vemos, veis, ven
Pres. subj.	vea, veas, vea, veamos, veáis, vean
Preterite	vi, viste, vio, vimos, visteis, vieron
Imp. ind.	veía, veías, veía, veíamos, veíais, veían
Past part.	visto

G L O S S A R Y

Spanish-English

As an aid to students, the definitions herein are geared to specific contexts found in this book. The following classes of words have been omitted from this glossary:

1. recognizable cognates of familiar English words when the meaning is the same in the two languages.

2. articles; personal pronouns; demonstrative and possessive pronouns and adjectives.

3. numbers; names of the months and days of the week and other basic vocabulary.

4. adverbs ending in **-mente** when the corresponding adjective is included.

5. verb forms other than the infinitive, except past participles with special meanings when used as adjectives.

6. words found only in certain exercises involving the use of written accents.

Noun gender is not indicated for masculine nouns ending in **-o** and feminine nouns ending in **-a**. Adjectives are given in the masculine form only.

Likewise, masculine nouns that have regular feminine forms (**o/a, ón/ona, or/ora**) are given in the masculine form only.

The following abbreviations are used:

adj	adjective		*myth*	mythology
adv	adverb		*n*	noun
anat	anatomy		*past part*	past participle
conj	conjunction		*pl*	plural
def art	definite article		*poss*	possessive
f	feminine		*prep*	preposition
fig	figuratively		*pres*	present
gram	grammatical		*pret*	preterite
imp	imperfect		*pron*	pronoun
ind	indicative		*s*	singular
inf	infinitive		*subj*	subject
irr	irregular		*subjunc*	subjunctive
m	masculine		*v*	verb
mf	masculine and feminine		*<*	derived from

STRATEGY: If you are seeking the meaning of a word group, look under the key word, which in most cases will be a verb if one is present; otherwise, a noun will usually be the key word.

A

a + *def art* + *period of time* after + *period of time*

abandono abandonment

abarcar to include

abdicar to give up

abertura opening

abollado dented

abra passage between mountains

abrasado hot

abrasador burning

abrigo shelter; **al abrigo de** in the shelter of; **ropa de abrigo** heavy (warm) clothing

abrumador crushing, exhausting, overwhelming

abuchear to boo

aburguesado middle-class

aburridero boredom

acaecer to occur

acallar to silence

acariciar to caress; to dream about

acaso perhaps

accionista *mf* stockholder, shareholder

acelerar to hasten, speed up

acepción *f* meaning

acera sidewalk

acercar to bring close; **acercarse a** to approach

acero steel

acertado a good idea

acertar (ie) a to succeed in

achacar to attribute

achacoso ailing

achaque *m* ailment

acidez *f* ill humor; sourness

acierto good idea

acodarse to lean one's elbows

acojinado padded

acolchado quilted, padded

acometer to attack

acomodar to fit, place

acondicionado: mal acondicionado in bad condition

acontecido: lo acontecido what happened

acontecimiento (important) event

acorazonado heart-shaped

acortarse to become shorter

acosar to hound, harass

acostado lying

acotación *f* stage direction

acreditar to prove, give evidence of

acribillar de to cover with

activo *n* budget

acto: en el acto at once

actuación *f* action; performance; behavior

actual present, current

acudir to come, attend

acuerdo: de acuerdo in agreement

acumulador *n* battery

acusador accusing

acusar recibo de to acknowledge receipt of, be in receipt of

acuse *m* **de recibo** acknowledgement

adelantado: por adelantado in advance

adelantar to move ahead

adelantarse to go ahead

adelante: más adelante farther, further

adelgazar to grow thin

ademán *m* gesture

además in addition, besides

adepto follower, fan

adivinar to guess

adivino fortune-teller

adjunto *adj* enclosed

adoquín *m* cobblestone

adormecerse to nod off

adorno trimming; adornment

adosado a leaning against

aduana customs

adulador flattering

adulón fawning, cringing

advertencia warning

advertir (ie) to warn; to point out; to observe

afán *m* desire; eagerness

afecto affection

afeitarse to shave

aficionado: ser aficionado a to be fond (or a fan) of

afirmar to place firmly

afligido aching

agachado crouching; stooped; bent over; bent down

agacharse to bend over

agarrar to grab; **agarrarse** to seize

agobiar a burlas to overwhelm with mockery

agolpado compressed

agotado exhausted

agotador exhausting

agradable pleasing

agradecimiento gratitude

agravarse to grow worse

agredir to assault, attack

agregar to add

aguamanil *m* washstand

aguantador patient, capable of enduring

aguantarse to restrain oneself, keep oneself under control

aguardar to wait for

agudo sharp

águila eagle

aguileño sharp-featured

agujero hole

aguzao (aguzado) crafty

ahuyentar to drive away, chase off

airado angry

aislado isolated

ajeno of another, of others; **ajeno a** unconnected with

ajetreo hectic activity

ajo garlic

ajuste *m* adjustment

alabastrino alabastrine, alabaster

alacrán *m* scorpion

alargar to extend

albañil *mf* bricklayer, mason

alboroto excitement; commotion, noise

alcalde *m* mayor

alcance: al alcance de su mano within reach of one's hand; **de largo alcance** long-range

alcanzar to reach, overtake; to get; to attain; to manage

aldea village

alegre cheerful

alejamiento aloofness

alentador encouraging

alfarero potter

alfombra rug

alfonsino Alphonsine

algo *adv* somewhat

algodón *m* cotton

aliento breath

alimentarse to eat, consume

aliviado relieved

aliviar to relieve

alivio relief

allí: de allí en adelante from then on

almacén *m* department store; warehouse

almacenista *mf* warehouse owner; wholesale grocer

almendra almond

almohada pillow

alojamiento lodging

alquilar to rent

alquiler *m* rent

alrededor de around; **a su alrededor** around one; **alrededores** *m pl* vicinity

altar mayor *m* main (high) altar

altavoz *m* loudspeaker

alterado agitated

altitud *f* height, altitude

altivez *f* arrogance

altura height; altitude; **quedar a la altura de** to be equal to

alumbrado lighting

alumbrar to light

alzar to raise; to pick up, put away

amanecer to dawn; *n m* dawn

amargo bitter

amarillento yellowish, pale; sallow

amarillo yellow; amber

amarrar to tie

amasar to bake bread

amazacotado awkward

ambientación sonora sound effects

ambiente *m* environment

amenaza threat

amenazante threatening

amenazar to threaten

amenguar to diminish

amigacho buddy

amo master, owner

amoroso loving

amoscadillo a little embarrassed

anaranjado orange-colored

andamio scaffold

andanzas adventures; activities

andar to rummage, poke around; **andar a palos** to get into a fight; **andar por el mundo** to travel around

andino Andean

anegarse en to be flooded with

anexo enclosure

angosto narrow

anilla ring

anillo ring

animar to enliven, give life to; to encourage, urge

ánimo intention; will; **ánimos** *m pl* bravery

anís *m* anisette, anise

ante *prep* faced with

anteojos glasses

antepasado forefather, ancestor

anteponer to place before

anticuario antiquarian; antique dealer

antier *adv* the day before yesterday

antojadizo impulsive, unpredictable

antojársele a uno to seem like to one

anudar to tie

añoso old

apacible peaceful

apagado muffled; burnt-out

apagarse to turn off

apagón *m* blackout

aparatoso spectacular, dramatic

aparejado along with it

aparentar to look, appear

aparición *f* apparition

apartado section; PO box

apartar to withdraw; to separate; **apartarse de** to separate from

aparte de aside from, besides; **aparte de que** aside from the fact that

apedrear to stone, throw rocks at

apenado sad

apenas scarcely, hardly; as soon as

apiñarse to crowd together

aplastado flattened, squashed

aplastante overwhelming, crushing

aplastar to crush, squash

aplazar to delay, put off

aplicación *f* use; implementation; diligence

apoderarse to seize, take hold of

apología defense; eulogy

aporte *m* contribution

aposento room

apoyar(se) to lean

apoyo *n* support

apreciarse to be visible

aprecio esteem

aprensión *f* fear

apresuradamente hurriedly

apresurarse to hasten

apretar (ie) to squeeze, clasp; **apretar el paso** to quicken one's pace

aprobado passing grade

aprobar (ue) to approve of

aprovechado opportunistic

aprovechar to take advantage of

apuntador *m* prompter

apuntar to jot down; to aim; to appear

apunte *m* note

apuñalar to stab

apurarse to worry

apuro problem; difficulty

aquelarre *m* witches' sabbath (gathering)

arañazo scratch

árbitro umpire, referee

arbusto shrub, plant, bush

archivo file cabinet

arco iris rainbow

arder to burn

ardid *m* trick, wile

ardilla squirrel

arete *m* earring

argumento topic; plot

armar to set up, prepare; **armar escándalo** to make a lot of noise

armario closet

arqueado bowed, curved

arrancar to draw from; to tear out; to start; to pull out

arrasar to level, raze, demolish

arrastrar(se) to drag; to lead, pull; to bring with it; to possess; to crawl

arrastre *m* rasping; dragging

arrebatar to snatch, grab

arreglo arrangement

arrepentirse (ie) to regret, be sorry

arriba: de arriba abajo up and down

arriesgado risky, daring

arriesgar to risk

arrimarse a to join; to cultivate; to get close to

arrinconado cornered

arrodillado kneeling

arrodillarse to kneel

arrogante imposing

arrojar to throw (away)

arrollado rolled up

arrollador overwhelming; devastating

arrollar to roll up, coil; to roll over; to run over

arruga wrinkle

arrugado wrinkled

artesanalmente skillfully

artesanía craftsmanship; handicraft

asaltante *mf* robber

asaltar to break into, raid, hold up

asar to roast

ascender (ie) to promote

ascenso rise, increase; promotion

ascua de oro gold piece

asediar to besiege

asegurar to insure; to secure; asegurarse to ensure oneself of

asemejarse a to be similar to

asentir (ie) to agree

asesino murderer

aseverar to assert

asfixiante asphyxiating, suffocating

así como just as

asiento seat

asilo orphanage

asimilar to understand

asistencia attendance

asistentes *m pl* those present

asistir to feed

asomar(se) to appear

asombrar to astonish, impress; asombrarse to be amazed

asombro astonishment

asombroso amazing

aspecto look(s); appearance

áspero rough, harsh

aspirante *mf* contender

asumir to take on (e.g., a responsibility)

asustar to frighten (off)

atajar to interrupt

atardecer *m* nightfall

atender (ie) to pay attention to

atentado attack, assault

aterrado terrified

atestado packed, cram-full

atinado wise, sensible

atónito surprised

atracador *m* holdup man

atracar to hold up; to dock

atractivo *n* appeal, charm, attractiveness

atrasar to set back

atravesar (ie) to cross (over); to go through

atrevido bold, daring

atrevimiento boldness, daring

atril *m* lectern

atropelladamente quickly

atropellar to run over

aturdir to confuse

audaz bold

audífono earphone

auditivo hearing

aula classroom

aullar to howl

aullido howl(ing)

aumentar to increase

aún still; **aun** even

auxilio help, aid

avariento greedy

avecinarse to come, approach

avergonzar (ue) to make one ashamed

averiado damaged

averiguar to find out

avisar to inform; to warn

aviso newspaper ad; **hasta nuevo aviso** until further notice

avispa wasp

ayuntamiento municipal government

azabache *m* jet black

azahar *m* orange blossom

azotar to hit

B

badana dressed sheepskin

bajar to descend; to take down, take out; **bajarse** to bend over; to get off, get down

balazo (<**bala**) shot, bullet wound

balbucear to stammer

balcón *m* front porch

balde: de balde (for) free

banda de sonido sound track

bandear to cross

bandeja tray

banqueta stool; sidewalk

barajar to consider; to mention

barba beard

barbaridad *f* nonsense; awful thing

barbudo bearded

barquinazo bump; jolt

barrer to sweep

barrera barrier

barrio neighborhood; district

barro mud

bastar to be sufficient

bastón *m* cane

bata dressing gown; robe; housecoat

batazo (<**bate**) blow with a bat

beca scholarship

becerro calf

belleza beauty

berenjena eggplant

bermellón *m* vermillion (color)

bicho bug; creature

bien entrada la noche well after nightfall

bienestar *m* well-being

bienhechor *m* benefactor

bigote *m* mustache

bigotudo with a (big) mustache
billar *m* billiards
billetera wallet
bisabuela great-grandmother
bisabuelo great-grandfather
blancura whiteness
blando soft
blandura softness
blanquear to be (look) white
boca de riego hydrant, fireplug
bocado mouthful
bofetada slap in the face
bofetón *m* slap
bola lump
bolígrafo ballpoint pen
bolita small ball
bolsa bag, purse
bolsillo con cierre zippered pocket
bombero firefighter
bombones *m pl* candy
borda rail, gunwale
bordar to embroider
borde *m* edge
bordeando around
borrachera boozing
borracho drunk
borrador *m* rough draft
borrar to erase
borrica: trabajar como borricas to work "like crazy"
bosque *m* forest, woods
bota boot; **bota de vino** small wineskin
bote *m* small boat; **bote de paseo** rowboat
botica pharmacy
boticario pharmacist
bóveda vault
bracero farm worker
bravucón *m* braggart
brebaje *m* potion
brillante shining
brillo brightness; sparkle
brindar to toast
broche *m* snap closure
bronceado tanned
bruces: de bruces facedown
bruja witch
brujo healer
bruto *n* beast

bufanda scarf
bufar to groan
bufete *m* lawyer's office
bufido snort
bullicio noise; bustle
burla taunt; joke; mockery
burlarse to joke
buscarse el jornal to earn a living
butaca armchair; seat, chair
buzón *m* mailbox

C

caballeriza stable
caballete *m* easel
caballo: a caballo con on top of
cabecera bedside
cabestrillo: en cabestrillo in a sling
cabezazo (<cabeza) butt, blow with the head
cabo: al cabo de at the end of
cachetada (<cachete) slap
cada cual each one
cadena chain
caer: caer de bruces to fall on one's face; **caer en la cuenta** to realize, **caer en las redes de** to be trapped by
café *adj* brown
cafetal *m* coffee plantation
caída fall, falling
cajamarquino from Cajamarca, Peru
cajero cashier; (bank) teller
calavera *f* skull; *m* rake, rogue
calco semántico false cognate
calenturiento feverish
calificar to describe
callado quiet, taciturn
callejero of or in the street
callejón *m* alleyway, passage
calmante *m* painkiller, tranquilizer
calva *n f* baldness, bald head
calvicie *f* baldness
calvo bald
calzar to put on shoes; **calzarse** to put one's shoes on
camarero waiter, server
cambiante changing

cambio de miradas exchange of glances; **a cambio de** in return for; **en cambio** on the other hand
caminante *mf* walker
camino de on the way to
camionero truck driver
camiseta t-shirt
campante calm
campechanamente in a cheerful way
campito farm
candado padlock
cantar to "look bad"
capricho whim
carácter *m* temperament
caracterizar to play (a role)
caramba by gosh
carbón *m* coal
carbonera coal yard
carcamal *adj* old-fashioned
cargado de laden with, filled with; **cargado de espaldas** round-shouldered; having a stoop
cargar to carry (off); to load up with; to pester; **cargar con** to bear the blame for
cargo position, job; **cargo de conciencia** remorse; **a cargo de** in the hands of; **persona a cargo** person in one's care
cariño affection
cariñoso affectionate
carne *f* flesh
carnear to kill
carnicero butcher
carrera race; **hacer carrera** to get ahead
carretera highway
carta letter
cartel *m* poster; sign
cartera purse; wallet
cartón *m* cardboard
cascabel *m* bell; rattle
casera *n* landlady, owner
casero *adj* in the home, domestic
casillero social social circle
castaño chestnut-colored, brown
Castellana: la Castellana important avenue in Madrid

castigo punishment

catarro cold (illness)

catedrático professor

cauce *m* channel

caudaloso large-flowing

cautelosamente cautiously

cavar to dig

cayado staff

cazador *m* hunter

cebolla onion

cecina dried beef

ceder to break, give way

cegador blinding

cegar (ie) to blind

ceja eyebrow

celebrar to laugh at

celos *m pl* jealousy

cenicero ashtray

ceniciento ashen, ash-colored

ceniza apagada burnt-out ash

centenar *m* hundred

centrarse to center on, concentrate on

cera wax

cercano nearby; close

cerciorarse to assure oneself

cerco: poner cerco a to lay siege to

cerdoso bristly, stubbly

cerrajero locksmith

cerro hill

cesto basket

charco puddle

charla conversation

charlador *n* talker

charolado polished, shiny

chasqueado fooled, disappointed

chelín *m* shilling (money)

chicharra cicada

chifladura craziness

chillar to yell, scream, squeal; to cry

chinche *f* bedbug

chiquero de cerdos pigpen

chirimbolo thingamajig

chirriar to screech; to sizzle

chisme *m* gossip

chismoso *n* gossip(er); *adj* gossiping

chispa spark

chispear to throw off sparks

chiste *m* joke; cartoon

chistoso amusing, funny

chocante shocking

chocar to hit, collide; **chocar contra** to bump against

chopo black poplar tree

choque *m* shock; collision

chorizo sausage; petty thief

chorro stream; **a chorros** buckets, profusely

chozo shelter

chubasco shower

chupar to suck

Cía (compañía) company

ciego dark

cielo raso attic

científico *n* scientist

cigüeñal *m* crankshaft

cima top, peak

cineasta *mf* filmmaker

cínico *adj* brazen, shameless

cinta film, movie

cinturón *m* belt

circundante surrounding

cirujano surgeon

cita appointment; engagement

citar to cite, quote; **citar (a alguien)** to make an appointment with

ciudadano citizen

clamar to cry out; to protest

claro *n m* opening, uncovered area; *adj* bright, well-lit; light-colored; *adv* of course

claudicar to give in

clavar to bury; to nail

clave *f* key

clavel *m* carnation

cobrador *m* conductor

cobrar to gain; to take on; to charge, get paid; to collect

cobrizo coppery

cocina cuisine; kitchen

codazo (<codo) poke, jab, nudge (with one's elbow)

codo elbow

cogote *m* nape of the neck

cohete *m* rocket

cojear to limp

cola line

colegio primary or secondary school; association

colérico angry

colgar (ue) to hang

collera food, rations

colmillo eyetooth; fang

colmo: para colmo de desdichas to make matters worse

comadre woman

comandar to lead

comercio business establishment; store

comestibles *m pl* food, groceries

comilla quotation mark

comilón food-loving, fond of eating

comisaría de policía police station

comisionista *mf* one who works on a commission basis

cómo no yes, of course

como que since

cómoda bureau; chest of drawers

comodín all-purpose; useful but vague

compadre friend, pal

compartir to share; **compartir cartelera** to share billing

complacido pleased, satisfied

componerse de to consist of

comportamiento conduct, behavior

comportarse to behave

compra purchase

compraventa sale

comprensivo understanding

comprimir to press down on

comprobar (ue) to verify

comprometerse con to become engaged to

comprometido engaged (to be married); compromised, involved in an awkward situation

compromiso promise; obligation; engagement

computista *mf* computer operator

conceder to grant

concejal councilman

concepto concept; opinion

concertar (ie) to agree upon

conchabarse to conspire

conciencia awareness

conciliar el sueño to get to sleep

conferenciante *mf* lecturer

conferencista *mf* lecturer

confiado trusting

confiar en to confide in, trust

confidencia secret

confitería cake shop

confitero confectioner, candymaker

conformado con made up of

conformarse con to agree with; to accept; to resign oneself to

conforme *adj* in agreement; *adv* as

congeniar to get along (with)

conjunto whole; ensemble

conjurar to perform an exorcism in

conmovedor moving

conocido well-known

conque so

conseguir (i) to get, obtain; to succeed in

consejo piece of advice

consiguiente: por consiguiente consequently

constar de to be composed of

consulta physician's office

consumirse to waste away

consumista *mf* consumer, consumerist

contabilidad *f* accounting

contactarse con to learn about

contado: al contado for cash

contador accountant

contar (ue) con to count on; to have; to include

contemplar to look at; to include

contera: por contera finally

contiguo next

continente *m* countenance

continuación: a continuacón below, following

contrario: por lo contrario otherwise

contrarrestar to counteract

contratar to hire

conveniente appropriate

convenir to be good for; to suit

convivencia living together

convivir to coexist; to spend time with

cónyuge *mf* spouse

copa top (of tree); goblet; glass; **Copa** winner's cup, trophy

copiador copying

cordón *m* ribbon; cord

cordura wisdom

cornada (<cuerno) butt; goring; thrust (with horns)

coro chorus; **hacerle coro** to echo

correa strap

correazo (<correa) blow with a strap; strapping

corredor de bolsa stockbroker

correntino from Corrientes, Argentina

correr to rush around

corretear to run around

corrido passed; **de corrido** easily

corriente running

cortador *m* cutter; producer

cortar to cut short

corte *m* section; cut

cortejar to court

cortejo bridal party

cosa: no ser cosa de + inf not to be a good idea to

coscorrón *m* bump; lump

cosecha harvest

costado side

costumbre *f* custom; habit; **de costumbre** usually

cotidiano everyday, daily

crecido developed

creciente growing

credo prayer

credulidad *f* belief, acceptance

crepuscular twilight

criar to raise

criatura child

cristal *m* crystal; **cristal de aumento** magnifying glass

cristalino crystalline; clear

cristiano person, human being

criticón faultfinding, overcritical

crucigrama *m* crossword puzzle

cuadra block

cuadrado square

cual like; as

cuando: de cuando en cuando from time to time

cuanto *adj* all the; *pron* all that, everything that; **en cuanto** as soon as; **en cuanto a** with regard to

cuartillo pint container

cuasi almost

cubierta *n* deck (of boat)

cubierto *n* place setting; cutlery

cuchillada (<cuchillo) slash; knife wound

cuenca basin

cuenta: caer en la cuenta to realize; **de su propia cuenta** out of one's own pocket

cuentista *mf* short-story writer

cuentística short-story writing

cuerdo sane

cuesta slope, hill; **cuesta arriba** uphill

cuestión *f* issue; problem

culata butt (of gun)

culatazo (<culata) blow with butt of gun; kick; recoil

culebra snake

culpa: tener la culpa to be at fault

culpar de to blame for, accuse of

culto *n* religion, cult; *adj* educated; **rendir culto** to worship

cumbre *f* peak, top

cumplimiento fulfillment

cumplir + no. of years to reach + no. of years (of age); **cumplir con** to do, perform, carry out; **por cumplir** to fulfill one's obligation(s)

cuna cradle

cuñada sister-in-law

cuñado brother-in-law

cura *m* priest

curandero faith healer

currusco daily bread

cursi in bad taste, unstylish

cursiva: en cursiva in italics

cúspide *f* peak

D

daga dagger

damnificado *n* victim

dantesco Dantesque

dañino harmful

dar: dar a to open onto; **dar a conocer** to make known; **dar fruto** to bear fruit; **dar la vuelta** to return; **dar media vuelta** to turn around; **dar voces** to scream; **dar vueltas** to make turns; **darle igual a uno** to not matter to one; **darle la vuelta** to go around, change; **darle mareos a uno** to cause one's head to spin; **darle una rabia a uno** to infuriate; **darse cuenta de** to realize; to take notice of; **darse media vuelta** to turn one's back; **no darse por aludido** to pretend not to hear; **dale con** always

deber *n m* duty

debido appropriate

debilidad *f* weakness

debilitar to weaken

decaer to decline

decano dean

decepcionarse to be discouraged, disappointed

decidido firm, strong-willed

decisivo overriding (e.g., consideration)

declaración de impuestos *f* tax form

decorado décor, (theater) set

dedicarse to devote oneself

dejar de to stop, cease

delantero *adj* front

delgadez *f* thinness

delicioso delightful

demás other; **por lo demás** otherwise

demora delay

demudado changed

demudarse to change expression

dentellada (<**diente**) bite; tooth mark

denuncia complaint

departamento apartment

dependiente *mf* salesperson, salesclerk

depilar to pluck

deporte *m* sport

depresivo depressing

deprimido depressed

derechas: de derechas right-wing

derecho straight; erect

derivar to drift

derramar to spill

derrocar to overthrow

derrota defeat

derruido demolished

desabotonar to unbutton

desabrido tasteless, flat

desacostumbrado unusual

desafiar to challenge

desagradable unpleasant

desagrado displeasure

desagraviar to apologize; to indemnify

desairar to offend

desalentador discouraging

desalentar (ie) to discourage

desanimar to discourage; to depress

desapacible unpleasant

desapercibido unnoticed

desarmar to take apart, dismantle

desarrollar to develop; to perform; **desarrollarse** to develop

desatar to untie; **desatado** released

descabellado wild, crazy

descalzar to remove someone's shoes; **descalzo** barefoot

descarado brazen

descargar to inflict; to discharge; to unload, throw, smash

descarrillar to derail

descolgar (ue) to take down

descollar (ue) to be outstanding, stand out

descolorido pale

descompuesto distorted, twisted

desconfianza distrust

descongelar to defrost

desconsiderado inconsiderate

descoser to unstitch; to rip

descubierto uncovered

descuidar to neglect

descuido negligence

desdicha misfortune

desembarazado clear

desempaquetar to unpack, unwrap

desempeñarse to hold (a job), work

desencantar to disenchant

desenchufar to unplug

desenganchar to unhook

desengañar to disillusion

desenlace *m* ending; outcome

desenmascarar to unmask

desenterrar (ie) to disinter, dig up

desenvolver (ue) to develop; to move

desfilar to file by

desgarrado brazen

desgarrador piercing

desgracia misfortune

desgraciadamente unfortunately

desgraciado *n* wretch; *adj* unhappy

desgreñado disheveled

deshacer to take apart, destroy; to melt; **deshacerse de** to get rid of; to break up; to come apart

deshielo thaw

deshojar to remove, pull off

deshonrar to dishonor, disgrace

desligarse to separate, get loose

deslizarse to slip; to slip along

desmanear to unshackle, untie

desmoronado collapsed, fallen down

desorbitado bulging

despacho office

despectivo pejorative, disparaging

despedida departure

despedir (i, i) to fire; **despedirse de** to say goodbye to

despegar to open; to separate

despenalizar to decriminalize

despertador alarm clock

desplegar (ie) to use

despoblar (ue) to depopulate

despojar to rob

desprecio disdain; snub

desprenderse to emerge

desprendible detachable

desquite *m* compensation

destacado outstanding

destacarse to stand out

destapar to open, uncork

desteñir (i) to fade

destinatario addressee; recipient

destituido removed (from office)

destornillar to unscrew

destreza skill; cleverness

desventura misfortune

detal: al detal retail

detallismo attention to detail

detenimiento care, thoroughness

determinado given; certain

determinante determining

devolución *f* return

día: al otro día on the following day; **día de mañana** in the near future

dialéctico rational, logical

diario *adj* daily; *n* newspaper; diary

dibujante *mf* draftsman; designer

dibujar to draw

dicha happiness

dichoso happy

diferenciarse to differ

difunto *adj* dead; *n* dead person

dignamente with dignity

digno worthy

dineral *m* a lot of money

dirección *f* address; position of manager

dirigente *mf* leader

dirigirse a to address

disculpar to forgive, pardon; **disculpe** I'm sorry

discusión *f* argument; discussion

discutir to argue; to discuss

disfrazado disguised; dressed

disfrazar to disguise, change

disfrutar de to enjoy

disfrute *m* enjoyment

disgustar to dislike

disimulado disguised

disimular to hide

dislocar to dislocate

disminuir to decrease

disparar to flee; to shoot

dispense I'm sorry, Pardon me

disponer de to possess; **disponga de mí** I'm at your service; **disponerse a** to prepare to

dispuesto a willing to

divisar to make out, see

doblaje *m* dubbing

doblar to dub

dolencia ailment

doler (ue) to ache

dolorido aching

domador *n* trainer; tamer

dominio mastery; **dominio de sí** self-control

don *m* gift

dorado *adj* gilt, golden; *n* gilt decoration

dorar to gild

dormilón *n* sleepyhead; *adj* fond of sleeping

dormitar to doze, nap

dormitorio bedroom

ducho experienced

dudar to doubt; to hesitate

duelo morning

dueño owner

dulce *n m* pastry

dulcería cake shop

duradero lasting

dureza harshness; **con dureza** harshly

durmiente *adj* sleeping

E

ebanista *mf* cabinetmaker

ebrio drunk

echado lying down, stretched out

echar to utter; **echar (se) a** to begin to; to set out; **echar a andar** to set in motion; **echar bigote** to grow a mustache; **echar borrón y cuenta nueva** to begin again; **echar cuerpo y alma** to put one's heart and soul;

echar de menos to miss; **echar una carta** to mail a letter; **echarse** to lie down; **echarse a la cara** to take aim with the shotgun; **echarse a un lado** to pull over to the side

edificar to build

editiorial *m* editorial (article); *f* publisher

efectivo *adj* real; **en efectivo** in cash

efecto: a tal efecto to this end; **en efecto** in fact, in reality

efusivo gushing

ejemplificar to exemplify, illustrate

elaborar to prepare, make; to elaborate, develop

elegir (i, i) to select

eludir to avoid

embarcación *f* vessel

embarcadura shipment

embarrar to muddy

embrujado haunted

emitir to broadcast, present

emocionado deeply moved

emocionar to touch, move; to stir

empalidecer to turn pale

empapado soaked

empapar to soak, drench

empapelar to paper

empedernido confirmed, hardcore

empedrado cobblestoned

empeñado en determined to

empeñarse en to insist on

empeño undertaking; insistence; effort; aim, goal

empeorar to make worse

empero nevertheless

emplanada open space, clearing

emporio trading center

empotrado set; fitted in

emprender to undertake

empresa company, concern, firm; undertaking

empresario manager

empujar to push

empuñar to grasp, take up

enamorar to woo, court

encajar to fit

encaje *m* lace

encandilado dazzled

encanecer to get (turn) white

encarcelamiento imprisonment

encargado person in charge

encargarse to take care of; to undertake to

encargo job, assignment

encarnar to play (perform as)

enceguecedor blinding

encender (ie) to light, turn on; to light (a match)

encendido fiery

encerrar (ie) to enclose; to involve; to shut oneself in

encogido cringing

encogimiento shrug

encomendar (ie) to entrust

encontrado opposing

encuadernado bound

encuentro encounter; maneuver

enderezar to raise

endomingado all dressed up

enemistad *f* enmity

energúmeno madman; wild man

enfadado angry

enfermizo sickly

enfocar to focus on

enfoque *m* focus

enfrentarse to confront each other; to face

enfrente: de enfrente across the street

engañar to deceive

engaño deception

engañoso deceitful; deceptive

engrosar to grow larger; to grow fat

engullir to swallow, devour

enhorabuena if you like

enjoyar to bejewel

enlace *m* engagement

enloquecedor maddening

enojoso annoying

enredador trouble-making

enrevesado complicated, difficult

enriquecer to enrich

enrojecer to blush

ensamblar to assemble

ensayar to try

enseguida (en seguida) at once

enseñar to show

ensillar to saddle

ensordecedor deafening

entablar to enter into

entender (ie) de to know all about

enterarse to find out

entereza integrity; honesty

enterrar (ie) to bury

entidad *f* entity; company

entierro burial

entonar to sing

entrante next

entre + *adj y adj* half + *adj and half* + *adj;* **entre medio** in the way

entreabierto half-open

entreabrir to open

entrecerrado half-closed

entrega delivery

entregar to deliver; **entregarse a** to indulge in

entrenado trained

entre sí each other

entretanto meanwhile

entrometido meddling

enumerar to list

envejecer to grow old

envenenamiento poisoning

envenenar to poison

envidioso envious

envuelto involved; wrapped

epistolar epistolary (in letter form)

equipaje *m* baggage, bags

equipo team

equivocarse to be mistaken, to err

erguido of erect bearing

erizarse to stand on end

errante wandering

errar to err

escabullirse to escape

escalera: escalera de mano ladder; **escaleras** front steps

escalofrío chill

escalón *m* step

escándalo racket

escaso scant

escenificar to stage

escenógrafo set designer

escombros *m pl* rubbish; debris

esconder to hide

escondrijo hiding place

escopeta shotgun

escritura writing; deed, document

escudriñar to scan

escuincle *m* child, kid

esforzarse (ue) por to strive to

esmalte *m* polish; enamel

esmero care

espantar to chase away; to frighten

espanto fear, fright

esparadrapo surgical tape

esparcido scattered

especie *f* kind

especificativo restrictive (e.g., clause)

espejo mirror

espeso thick, dense

espesura thickness

espoleado spurred on

esposado handcuffed

espumoso sparkling (e.g., wine)

esquina corner (inside)

esquivar to avoid

estacionamiento parking (area)

estadía stay

estado anímico mood

estafa fraud

estancia ranch

estante *m* shelf

estantería shelves; bookcase

éste (ésta, éstos, éstas) the latter

estentóreo booming

estéril useless, sterile

esteta *mf* aesthete

estimar to think

estimulante stimulating

estirar to stretch, extend

esto: en esto at this point

estrado platform; podium

estrechez *f* poverty

estrecho narrow

estremecedor alarming; shattering

estremecimiento shudder

estruendo noise, din

estupefacto astonished

estupidez *f* stupidity; stupid thing

etapa stage

etarra *mf* member of the ETA, acronym of Euskadi Ta Askatasuna (Basque Country and Liberty), a group fighting for the independence of the Basque Country

evadir to escape; to evade

evitar to avoid

examinarse to take a test

exceptuado exempt

exclusividad *f* sole agency

excomulgar to excommunicate

exhalación: como una exhalación very rapidly

exigente demanding

exigir (j) to demand

existente existing

éxito success

expedir (i, i) to issue

experimentar to experience

explicarse to understand

explorador scout

exponer to expose, show

expositivo expository

expresividad *f* expressiveness

extrañar to surprise; to miss

F

fabricante *mf* manufacturer

facciones *f pl* features

facha appearance

fachada facade, front

facultad *f* school/college of a university

faja sash

falda slope; skirt

fallecer to die

faltar to lack, be without

familiar *mf* relative

fango mud

farmacéutico pharmacist

faro light (of car)

fatigoso tiring; tiresome

febril feverish

felicitar to congratulate

felpa plush

ferretero hardware dealer

festivo joyous

ficha personal record; questionnaire

fidelísimo very faithful

figurado figurative

figurar to appear; **figurarse** to imagine

fijarse en to notice

fijeza firmness

fijo fixed

fila row; line

filigrana filigree

fin: a fin de in order to; **al fin y al cabo** after all; **en fin** finally

finca farm; ranch; country house

fingido fake

fingir to pretend

fino refined

finura politeness; refinement

firmeza firmness

fiscal *mf* district attorney

fisgón nosy

flaco skinny

flama flame

florero vase

flotante floating

foco light bulb

follaje *m* foliage

folletín *m* serial

folleto brochure

fondear to drop anchor

fondo bottom; depth; background

forastero stranger, outsider

forjarse to forge

formal serious; reliable

formulario form; application

forrado lined; covered

forro lining

fortalecer to strengthen

fortaleza fortress; strength

fracasar to fail

fracaso failure

franquismo the era of General Franco (1936–1975)

frasco jar

fregadero sink

fregado conniving

fregar (ie) to wash, clean

frenar to stop

freno brake

frente *f* forehead; **con erguida frente** with head held high;

frente a frente face to face; **al frente** at the head, in charge; **de frente** face to face, in the eye; **frente a** with regard to; in view of; in front of

fresco fresh, young

frescura freshness

frotado rubbed

frotar to rub; to strike

fuera de outside, outside of

fuerte *n m* strong point

fuerza strength; armed force; **por fuerza** necessarily

fugaz fleeting, brief

fulgurar to blaze

funcionario official

fundador *n* founder

fundirse to merge, blend

fúnebremente gloomily

funesto disastrous; terrible

furtivo sly

fútbol *m* soccer

G

gafas eyeglasses

galán *n m* hero, protagonist; *adj* gallant

galería gallery

galleta cracker; **galletita** cookie, cracker

galpón *m* shelter

gana: de buena gana willingly; **de mala gana** reluctantly

ganadero rancher, cattleman

ganado (vacuno) cattle, livestock

ganador winner

ganancia profit

ganar to arrive first

garganta throat

gas *m* carbonation

gastos *m pl* expenses

gatas: a gatas on all fours

gatera pet door

gazapo (young) rabbit; error

gemelo twin

gemido moan

génesis *f* beginning

genio genie; genius; **de mal genio** in a bad temper/mood

genitivo genitive (possessive case)

gentil graceful; courteous; gallant

gentileza charm; courtesy

gentuza trash; riffraff

gerente *mf* manager

gestión *f* effort, action

gesto gesture; expression

girar to spin

giro turn of phrase; expression

gitano gypsy

globo balloon

gobernante *n* leader, ruler; *adj* ruling, governing

goce *m* enjoyment, pleasure, joy

golosina treat

golpe *m* banging

golpeado battered

goma tire

gordo big, fat

gordura fatness

gorra cap

gorro cap

gotear to drip

gotita droplet

gozo joy

grabadora tape recorder, tape deck

grabar to tape

gracioso funny, humorous

grandeza greatness

granero cornloft; granary

grasa grease, fat

grasiento greasy; oily

grillo cricket

gringo Yankee (often pejorative), foreigner

gripe *f* flu

gris gray

grisáceo grayish

gritar to shout

gritón screaming

grosería rudeness

grueso thick, heavy

guapo *n* tough guy; *adj* handsome

guardarse to be careful

guiñar el ojo to wink

guión *m* script; hyphen

guisante *m* pea

guisar to cook

gusano worm

H

hábil clever

habitación *f* room

hábito robe

hablador talkative

ha (hace) ago; **hace** + *period of time* for + *period of time;* **hace** + *period of time* + *period of time* + ago; **no recordar los años que hace** not to remember how long ago it was; **hacía** + *period of time* for + *period of time;* (see Ch. 3)

hacendado landowner; rancher

hacer: hacer caso a to pay attention to; **hacer el juego** have the knack; **hacer la maleta** to pack the suitcase; **hacer las veces de** to serve as; **hacer manitas** to caress each other's hands; **hacer un disparo** to shoot, take a shot; **hacer una hipoteca sobre** to place a mortgage on; **hacerse agua** to get watery; **hacerse partícipe** to share in

hachazo (<hacha) axe blow; hack

hacia *prep* toward

hada fairy

hallazgo find

hambriento hungry

harapiento ragged

harto a lot

hasta until; even; up to; **hasta llegada la noche** until nightfall

hecho *n* fact

hediondez *f* stench

helado frozen; paralyzed

helar (ie) to freeze

heno hay; Spanish moss

hereje *mf* heretic

herida wound

hermosura beauty

herramienta tool

hija moza unmarried daughter

hilera string

hincapié: hacer hincapié to emphasize

hincarse to kneel

hinchado swollen

hincharse to swell

hipotecario *adj* mortgage

hiriente biting, stinging

hirviendo boiling

hispanohablante Spanish-speaking

hogar *m* home

hogaza loaf (of bread)

hoguera bonfire

hoja leaf; blade (of sword); **hoja de vida** curriculum vitae

hojarasca fallen leaves; sculpted decoration of leaves

holgura rest, comfort

hombro shoulder

hondo deep; tight

honradamente honestly

horchata a beverage

hormiga ant

hornear to bake

horno oven

hortaliza vegetable

huaraches *m pl* sandals

hueco *n* cavity, space; *adj* hollow

huella trace; track; footprint

huérfano orphan

huerta garden; **La Huerta** fertile region of Valencia, Spain

huerto garden; orchard

huida flight

huidizo shy; elusive; fleeting

huir to flee

humedad *fig* tears

humedecerse to weaken

humildad *f* humility

humillante humiliating; humbling

hundir(se) to sink, bury

hurgar to poke, dig around

hurtar to steal

I

ignorar to not know

igual: al igual que just as, (just) like

ileso unharmed, uninjured

ilusionado hopeful; excited; eager

imparable unstoppable

impermeable *m* raincoat

impertérrito unflinching

impertinente *n* impertinent person; *adj* impertinent; inopportune

impiedad *f* lack of piety

imponente imposing

imponer to impose

impreso (*past part* of **imprimir,** to print) printed

impresor *m* printer

improviso: de improviso suddenly

impuesto tax

impulsar to drive, impel

impulso drive, impulse, urge

inabarcable immense

inadvertido unnoticed

inagotable inexhaustible

inalámbrico cordless

inaudito unheard-of

incansable untiring

incapacitado incapacitated; unfit

incendio fire

incensario censer

inciso clause; parenthetical comment; sentence

incluso even

incoloro colorless

incomparable surpassing

inconforme nonconformist

inconstante fickle, changeable

incorporarse to stand up; to straighten up; to join

incrédulo skeptical

indebido improper, wrong

indeciso indecisive

indecoroso unbecoming

indígena native; Indian; Native American

indigesto indigestible

indolencia laziness

inequívoco unmistakable

inesperado unexpected

infeliz *n* poor devil

infiel unfaithful

infinidad *f* infinity; great quantity

informar un expediente to prepare information for a file

informe *m* report

infusión *f* herbal tea

ingeniero engineer

ingresar to enter, join

ingreso entrance; beginning; **ingresos** income

inmediaciones *f pl* vicinity

inmueble *m* building; *adj* immovable

innovador innovating

inquieto nervous, uneasy

inquietud *f* anxiety, concern

inquilino tenant

insatisfecho unsatisfied; dissatisfied

inscribirse to register; to enter; to enlist

inseguro insecure

insensato senseless

insolación *f* sunstroke

insoportable unbearable

insostenible unsustainable; untenable

inspirador inspiring

insultante insulting

intachable irreproachable

integrar to blend, unite

intensidad *f* intensity

intentar to undertake; to attempt, try

intercalar to insert

intercambio exchange

intercomunicador *m* earphone

interesado *n* interested party, person concerned

interesarse por to ask about

interminable unending

interpretación *f* performance

interrogante *f* question mark

intruso intruder

inundado flooded; filled

inundar to flood

inversión *f* investment

invertido reversed

invitado *n* guest

ir: ir a la imprenta to go to press; **ir a parar** to end up

ira rage

isabelino Isabelline; Elizabethan

J

jabalín *m* boar

jacinto hyacinth

jactarse to boast

jamón *m* ham

jarra pitcher

jaula cage

jíbaro Puerto Rican country person

jirón *m* shred; tatter

jocoso joking

jornada day's work

joyero jeweler

júbilo joy

juego gambling; game; set; **hacer juego con** to match

juez *m* judge

jugarreta dirty trick

jugo fonético words

juguete *m* toy

juguetón playful

juicio trial

junta de trabajo meeting

juntarse to join

junto a next to

juntura joint, seam

jurado jury

juramento oath; swearword; curse

jurar to swear

justiciero righteous

justo exact

juventud *f* youth

juzgar to judge

L

labial *f* labial sound (made with the lips: b, m, p)

labrador *m* farmer

labrar to carve

lacayo lackey

lacio straight

ladera slope

ladrar to bark

ladrido barking

ladrillazo (<**ladrillo**) blow with a brick

ladrillo brick

ladrón *m* thief

lagarto lizard

lámpara flashlight; **lámpara de quinqué** oil lamp

lampiño clean-shaven

langosta lobster

languidez *f* weakness

lanzada (<**lanza**) spear thrust; spear wound

lanzador *m* pitcher

lanzar to send; to utter
lápida (de mármol) (marble) tombstone
largo: a lo largo de throughout
lástima pity
lata can
lateral izquierdo stage left
latir to beat
legar to bequeath
lejano distant, faraway
lentitud *f* slowness
leve light; slight
léxico *adj* lexical, of vocabulary
liar to tie (up); to roll
libreto script
ligar to tie; to link
ligereza agility; speed
limosna alms
límpido clear
lino linen
linterna (eléctrica) flashlight
liquidación *f* sale; clearance sale
liso smooth; plain
listo *adj* all set; clever, intelligent
lívido black and blue; (deathly) pale
llama *n* flame
llamado *adj* so-called
llamarada flame; sudden blaze
llave inglesa monkey wrench
llavero key ring
llevado: mal llevado unbearable
llevar: llevarle 5 años a uno to be 5 years older than someone; **llevar a cabo** to carry out, accomplish; **llevarse bien/mal** to get along well/badly
llorón crying; tearful; whining
lluvioso rainy
lobo wolf
lóbrego gloomy
local *m* place; premises
locura madness
lograr to succeed (in); **lograr que** to get; to bring about that
loma hill, low ridge
lona canvas
lontananza: en lontananza in the distance
loro parrot

losa tombstone; stone slab
lozano healthy
lucha struggle
lucir to sport, show off
luego de *prep* after; **luego que** *conj* after
lugar *m* village; **dar lugar a** to give rise to
lúgubre mournful
lujo wealth, abundance
lujoso luxurious
luna de miel honeymoon
lustre *m* sheen, luster
luto mourning garment

M

macarra *m* pimp
macarrón *adj* incorrect; **macarrones** *m pl* macaroni
machetazo (<machete) blow, slash with a machete
macho mule
maderita small piece of wood
madreselva honeysuckle
madrugada early morning
madrugador *adj* early-rising
madrugar to get up early
magistral masterful
magistralmente in a masterful way
magnate *m* tycoon
majestad *f* (majestic) bearing
mal de San Vito *m* Parkinson's disease
maldecir to curse; **maldita sea (mi suerte)** damn it; **maldito** accursed
malestar *m* discomfort; uneasiness
maletero (car) trunk
maleza undergrowth, underbrush
malos tratos abuse, ill-treatment
malvado evil
manada pack
mancha blotch; spot; stain
manda *n* bequest
mandón bossy
manera de ser idiosyncrasy
maneras: de todas maneras in any case
manga sleeve; **mangas de camisa** shirt sleeves

manicomio asylum
mano: en propia mano in person, hand delivery
manotazo (<mano) slap, smack
manteca butter; lard
manto shawl, cloak
manumisión *f* freedom, liberation
manumiso freed
mañoso tricky
mapache *m* raccoon
maquillaje *m* makeup
maquillista *mf* cosmetician
máquina car, auto
maraña jungle; tangle
marca brand, make
marcado strong; distinct
marcar to score; to establish
marcar el paso to keep time
marchar to go; **marcharse** to go off
marco frame
marear to make dizzy; **marearse** to get dizzy
margen: al margen aside
marica homosexual
maricón homosexual
mariposa butterfly
marras: de marras abovementioned
marrón reddish brown
martillazo (<martillo) blow with a hammer
masaje *m* massage
masajista *mf* masseur; masseuse
mascar to chew
mascota pet
mata plant
mate *m* tea-like beverage
matiz *m* shade; subtle variation
matón *m* killer
matrícula tuition
mayor *adj* adult; **al por mayor** wholesale
mayordomo caretaker
mayoría de edad adulthood
mecanógrafo/a typist
mecer to make sway
mechón *m* lock (of hair)
media *n* average

mediados: a mediados de in the middle of

medio *n* 5 cents

medios resources, means

medroso frightening

mejor: o mejor or rather

mejorar to improve

membranoso soft, pliable

membrete *m* letterhead

mendicidad *f* begging

menear to move; to shake

menos mal (que) thank heaven, it's a good thing (that)

mensaje *m* message

mentiroso lying

menudo: a menudo often

mercancía wares, merchandise

merendar (ie) to have lunch

merienda mid-morning and mid-afternoon snack

mesa de mezclas mixing desk

mesar to pull

mesero waiter, server

mesón *m* inn

meta goal

métrica meter; length of breath groups

mezcla mix, mixture

mezquino low, base

miedo fear

miedoso frightening; frightful

mientras tanto meanwhile

miga (bread) crumb

milanesa breaded cutlet

milimétrico *adj* pinpoint

mimoso pampered

minusvalía handicap

mira aim

mirada look, glance

mirar: no mirar a derechas to not look on favorably

miseria dire poverty; mess

misericordia mercy

mismo: por lo mismo que for the very reason that

mitigar to alleviate, relieve

moda: de moda fashionable, popular

modernista *mf* modernist (member of the literary school called Modernism)

modismo idiom; expression

modista dressmaker

modos: de todos modos in any case

moflete *m* chubby cheek

mohino upset, sulking

moho rust

mojado wet

mojarse to get wet, soaked

moldura molding; adornment

molestarse to bother; to take the trouble

molestia bother

molesto bothersome, annoying

momia mummy

monedero coin purse

monja nun

mono *n* monkey

montaje *m* assembly; mounting

montículo mound

morado purple

moraleja moral (of a story)

morboso gruesome

morder (ue) to bite

morisco Moorish

morochito dark-haired person

mortecino weak; failing; dim; faded

mortuorio funeral

mosca fly

mostrador *m* counter; check-in desk

mostrenco homeless

motivo motif

moza: buena moza good-looking girl

muebles *m pl* furniture

muelle *m* dock

muerte: a muerte deadly

muestra evidence; sign

muestrario collection of samples

mugir to moo

mullido soft

muñeca doll; wrist

muñeco doll; toy; figure; effigy

muralla wall

murmurador complaining; backbiting

muro wall

musitar to mumble

muslo thigh

N

naciente beginning

nada: nada más only

naturaleza nature

navajazo (<navaja) slash, gash

neblina mist

necesitado in need of

necio stupid

negarse (ie) a to refuse, not to accept

negrear to grow dark

negrita: en negrita in bold type

negrura blackness

nido nest

nieto grandchild

niñera nursemaid

niñez *f* childhood

nivel *m* level

nobleza nobility

nogal *m* walnut

noticia piece of news

nube *f* cloud

nublado cloudy

núcleo group

nuevamente again

nuevo: de nuevo again

O

obsequiar to give (as a gift)

obstante: no obstante notwithstanding

ocasión *f* opportunity

occidental western

ocultar to hide

ocupar to employ; **ocuparse de** to take care of; to deal with

oficial *mf* officer

oficina agency; bureau

oficinista office worker

oficio trade; job; position

ojeada glance, look

ojo: ojo morado black eye; **ojos pegados de legañas** bleary-eyed

olla pot

olvidadizo forgetful

ombligo: detrás del ombligo deep down

opacar to darken; to spoil

opaco gloomy

operario operative; worker

opinar to think, be of the opinion

oprimido filled with sadness

optar por to choose

ordeñar to milk

ordinariez *f* coarseness; vulgarity

ordinario coarse; rude; crude

oreja (external) ear

orgullo pride

orgulloso proud

oriental eastern

Oriente province of eastern Cuba

originarse to originate; to be caused

orilla bank (of river)

ortografía spelling

osar to dare

osario ossuary (depository for bones of the dead)

oscilar to vary, fluctuate, range; to flicker

oscuras: a oscuras in darkness

otoñal autumnal

ovalado oval

oveja sheep

P

pacer to graze

padecer de to suffer from

padrino godfather

paella paella (a saffron-flavored stew)

pago native place, home

pai compadre, friend

país: del país local, domestic

paisaje *m* landscape

paisano *m* fellow countryman

paja straw

pajizo (made of) straw; strawlike

pala paddle; shovel; spade

palanca lever; crowbar

palangana basin

palazo (<**palo**) blow with a stick

palidecer (zc) to grow pale

palillo toothpick

palmada (<**palma**) slap, pat

palmera palm tree

paloma dove; pigeon

palpar to touch

pancarta banner; placard

pandillero gang member

pantalla screen, curtain

pantuflas slippers

pañolón *m* kerchief; shawl, wrap

pañuelo kerchief, head covering; handkerchief

papel *m* paper; role

para peor what's worse

parada stop

parado standing

paraíso type of tree

pardo brownish gray

parecer: a mi parecer in my opinion; **al parecer** apparently; **parecer mentira** to seem impossible

parecido *n* likeness; *adj* similar

parejo even

parentesco relationship

parisino Parisian

parlamento speech

parlotear to gab, chatter

parpadeo blink(ing); twinkling (of stars)

párpado eyelid

párroco parish priest

parroquia parish church

parte: de parte y parte on both sides; **por otra parte** moreover

particular *n* matter, point; *adj* private, particular

partida departure; game

partidario follower

partir to leave; to strike; **partirse** to break; **partir de** to start from; **a partir de** starting

pasa raisin

pasadizo passage, passageway

pasado (mañana) the day after tomorrow

pasaje *m* passage

pasajero passenger

pasar en limpio to make a clean copy of

pasársela + *gerundio* to spend one's time + *-ing form*

paseo walk; stroll; ride

pasillo corridor; passageway

pasión *f* **de ánimo** depression

pastel *m* cake; pie; pastry

pastilla pill

pasto grazing; pasture

pastor *m* shepherd

pastorear to work as a shepherd

pastoso doughy

pastura pasture; feeding

pata paw

patada (<**pata**) kick

patria chica home area, native place

patrón *m* boss

patrulla patrol

pauta style; model; guidelines

payaso clown

peatón pedestrian

pecaminoso sinful

peculiar typical, characteristic

pedido *n* order

pedir limosna to beg

pedrada rock throwing

pegado *adj* glued; **pegado a** against, next to, leaning on

pegar to hit

peinado hairdo

pelea fight

peleado at odds

pelear to fight

peligroso dangerous

pelo en pecho: de pelo en pecho brave

pelotero ballplayer

peltre *m* pewter

peluca wig

peludo hairy

pena sorrow

pendenciero quarrelsome

pendiente pending; **pendiente de** in expectation of

penoso painful; difficult

peña rock

peón *m* workman, farmhand, laborer; ranch hand

percatarse de to realize

perdedizo dangerous (where one can get lost)

perderse (ie) to miss

pérdida loss

perdido missing

perecer (zc) to perish, die

peregrinación *f* wandering

peregrino *adj* strange

pereza laziness

perezoso lazy
perfil *m* profile
periodismo journalism
perjudicar to harm
perlado pearly
perrero dogcatcher
perro *adj* wretched
persecución *f* pursuit
perseguir (i, i) to pursue
perspectiva prospect
persuasivo convincing; persuasive
pesadamente heavily; with great effort
pesadez *f* heaviness; slowness
pesadilla nightmare
pesado heavy; hard
pesar *m* grief, sorrow; **a pesar de** in spite of
pescado fish
pescante *m* driver's seat; coachman's seat
pese a despite
peseta 20 cent coin
pestaña eyelash
piadoso pious, devout
piafar to paw the ground, stamp
picar alto to aim high, be ambitious
pícaro *n* rogue, rascal; *adj* mischievous
picazón *f* bite; sting
pico pick
pie: al pie de la letra literally, to the letter; **de pie** standing; **nacer de pie** to be born lucky, to be born with a silver spoon in one's mouth
piedad *f* pity
piel: piel de cabritilla kidskin; **piel de víbora** snakeskin
pieza part; room
pila: nombre de pila first name
píldora pill
pimentón *m* red pepper
pinchazo (<pincho) jab, puncture (with an object); injection
pintar to paint
pintoresco picturesque
pisar to step on
piso apartment; floor
pisotear to trample on

pista clue; runway; track
placer *m* pleasure
plagio plagiarism
planicie *f* plain
planilla printed form
plano flat
planteamiento presentation, exposition
plantear to present
plantilla insole
plata money; silver
plazo period of time; time limit; (payment) date
plenitud *f* fullness; abundance
pliegue *m* crease, furrow, wrinkle; fold
plomizo leaden; lead-colored
población *f* settlement
poblador inhabitant
pobre *mf* poor devil
poco: a poco shortly after
podar to trim
poderoso powerful
polémico controversial
policía police; policewoman; police station; police force
polvo dust; **polvo de arroz** rice powder (a cosmetic)
polvoriento dusty
poner to name; to set up; **poner en marcha** to start (up); **poner la mesa** to set the table; **poner pleito** to sue; **ponerse** to set (e.g., the sun); **ponerse a** to begin; **ponerse de acuerdo** to come to an agreement; **ponerse de moda** to become fashionable
populacho mob
pordiosero beggar
porqué *n m* reason
portal *m* arcade
portarse to behave
posar to stop, rest; to fix
postura position
potable drinking; drinkable
potrero pasture
pozo pit
practicante *mf* paramedic
precavido cautious
precipitado hasty
precipitarse to rush
predilecto favorite

preguntón inquisitive
premio gordo top prize
prender to cling to, seize
preocupación *f* worry, concern
preocuparse de to concern oneself with
preparatoria 3-year pre-university school
prescindir de to do without
presentador host (e.g., of TV show)
presentar to introduce
presentir (ie) de to foresee; to think one sees
presidio jail
preso inmate, prisoner; in jail
préstamo loan
prestar to lend
presteza speed
presumido vain
presupuesto budget; estimate
presuroso in a hurry
pretender to seek; to attempt
prieto dark
principio: desde un (el) principio from the beginning
prisa haste
probarse (ue) to try on
procurar to seek, try; to get; to try to see
productor producing
prole *f* offspring
prolijo long-winded
prontitud *f* speed
pronto *n* down payment
pronto: al pronto early on: **de pronto** suddenly
propietario owner
propio same
proponerse to intend
propósito purpose; **a este propósito** in this connection
propuesta proposal
proseguir to continue, proceed
proserpina hellish woman, shrew
protagonizar to star in
protector *adj* protecting; patronizing
provocativo provoking; daring
próximo pasado last

prueba proof; show

puente *m* bridge

puertas: a puertas cerradas behind closed doors

puerto port

pues since; so

pulcro neat

pulido polished

pulmón *m* lung

puntal *m* pillar; support(er)

puntiagudo pointed

punto: a punto de on the point of; **un punto** (for) a moment; **al punto** at once

punzada shooting pain

puñado handful

puñalada (<**puñal**) stab; stab wound

puñetazo (<**puño**) blow with fist

puño fist

puré (de papas) *m* mashed (potatoes)

pureza purity

puro *n* cigar; **de puro tierno** it was so tender, from sheer tenderness; **por su puro gusto** for the pure (sheer) pleasure of it

purpurino purple

Q

quebrar (ie) to go bankrupt; to break

quedar en to agree to; **quedarle a uno bien, mal, etc.** to look good, bad, etc. on one, to fit well, etc.; **quedarle chico a uno** to be too small for; **quedarse con** to keep; **quedarse dormido** to fall asleep; to oversleep

quehacer *m* labor; activity; chore

queja complaint

quejarse de to complain about

quejido moan

quemante burning

quienquiera whoever

quieto still; motionless

químico *n* chemist

quinchar to roof

quirúrgico surgical

quitar to take away

R

rabia rage

rabino rabbi

rabioso mad; rabid

ráfaga burst; streak

raíz: a raíz de shortly after

rajarse to crack

ralea (low-class) people

ramito bouquet

ramo section; department

rancho hut; quarters; military food, rations; ranch

rancio ancient

rapado close-cropped

rapidez *f* speed

rareza rareness; oddity

rascar to scratch, scrape

rasgo feature

rastro trace

rasurarse to shave

ratero petty thief

rato: hace rato for some time; **a ratos** at times; **de rato en rato** from time to time

ratonado cowardly

raya line; streak; part; dash (in punctuation)

Real Madrid *m* soccer team of Madrid

realizar to carry out; to attain, achieve

rebaño flock

reblandecer to soften

rebozo shawl; muffler; wrap

rebuscar to seek, search

recalcar to stress

recámara bedroom

recelo suspicion

recepción *f* reception desk, front desk; check-in counter

receta recipe

recetar to prescribe

rechazar to reject

rechifla booing, jeering

recinto universitario campus

recio strong

recipiente *mf* recipient; *m* container

reclamar to demand; to complain, protest

recobrar to recover

recoger to gather together; to pick up; to take in

reconocer to examine

reconocimiento recognition

recordatorio memorial card

recorrido journey

rectitud *f* straightness; honesty

recua team

recuerdo memory

recurso device

redactar to write (up)

redonda: a la redonda around

redondear to make round

reductor reducing

reembolso: contra reembolso COD

reemplazar to replace; to take the place of

referir (ie) to relate; to state; **referirse a** to refer to

reforzar (ue) to strengthen

refractorio a resistant to

refrán *m* proverb

regañar to scold

regar (ie) to water; to wash, hose down

regazo lap

regenta judge's wife

registrar to search; **registrarse** to occur; to be recorded

regocijadamente gleefully

regocijado joyous

regocijo merriment

regreso return

rehén *m* hostage

rehuir to avoid

reinar to reign

reintegrar to return

reiterar to repeat

relación *f* story

relámpago lightning

relampagueo flash

relato story

reliquia relic

remediar to correct, remedy

remedio solution

remiendo mend; patch

remilgoso difficult

remitente *mf* sender

remontar to climb; **remontarse** to go back

remordimiento regret

rendido overcome

rendir (i, i) to render; **rendir la protesta** to take the oath; **rendirse** to surrender

renglón seguido: a renglón seguido at once

renunciar a to resign

reojo: de reojo out of the corner of one's eye

repartir to distribute

reparto *n* cast

repente: de repente suddenly

repentino sudden

reponerse to recover

repostero confectioner; pastry cook

represa dam

reprimir to repress

reproductor reproducing

republicano supporter of the Spanish Republic, opponent of General Franco

requisito requirement

res *f* animal; *adj* beef; **reses** cattle

resaca undertow; dregs

resaltar to stand out

resbaladizo slippery

resbalar to slip

rescatar to rescue

reseñar to write, describe, review

reservas *f pl* reservations; caginess

residencial residential area

resignar to hand over (e.g., authority) to someone else

resina resin

resistir to stand, put up with

resonancia reverberation, reverb

resorte *m* spring

respaldar to protect, support

respaldo back (of chair)

respingo: dar un respingo to start, jump

resplandecer to shine

resplandeciente shining, glowing

resplandor *m* gleam

respondón impudent, sassy

respuesta reply, answer

restante remaining

resucitar to come back to life; to bring back to life

resuelto *adj* bold, determined; *past part* resolved

resultar to be, turn out to be, turn out

resumir to summarize

retorcer (ue) to twist

retorcido twisting

retransmitir to rebroadcast, relay

retrasado backward, retarded

retratarse to appear

retrato portrait

retrete *m* toilet

retroceder to go back; to back out

retumbar to shake

reunir to collect, gather together; **reunirse** to get together

revelador revealing

reventado de trabajo killing oneself with work

reventar (ie) to burst, rip

revés: al revés in reverse, from the wrong end

revolotear to flutter (around)

revuelo commotion

revuelta return

Reyes Magos The Magi, The Three Wise Men. (Hispanic children receive gifts on Jan. 6, Día de los Reyes Magos.)

rezar to pray

ribetes *n m* elements; hint

riente laughing

riesgo risk

rincón *m* corner (inner)

risa laughter

roble *m* oak tree

rocío dew

rodaje *m* filming

rodar (ue) to film; to roll

rodear to surround

rodillas: de rodillas on one's knees

rodillazo (<**rodilla**) push with the knee

roedor *m* rodent

rojizo reddish

rollo de mezclas master tape

ronco hoarse

ropero closet

rosado pink; rosy

roséola roseola (a rose-colored skin eruption)

rotativo rotating

rozar to graze

rubicundo reddish

rúbrica signature with a flourish

rudeza plainness; coarseness; ignorance

ruego request

ruinoso dilapidated

rumbo a on the way to

S

saber *n* knowledge

sacar to solve; **sacar partido** to get some good; **sacar provecho** to take advantage

saco sack

sacudir to dust; to shake (off)

sajón *adj* English (Saxon)

salado salty; amusing; charming

saldo balance

salida exit; funny remark

saliente protruding

salir: salir a to take after, look like; **salir adelante** to get ahead; **salir al encuentro** to halt; **salirse con la suya** to have, to get one's own way; **salir del paso** to get out of a tight spot

saliva: tragarse su propia saliva to swallow one's pride

salpicar to spatter; to splash; to sprinkle

saltar to come off, out; to jump

saludar to greet

salvar to rescue; to save (e.g., a life)

sandía watermelon

sangrado indented

sangriento bloody

sanitario hygienic

sarcófago sarcophagus, coffin

sartén *mf* frying pan

sastre *m* tailor

sazón: a la sazón at the time

sebo *n* fat

secar to dry (up); to spoil

seco dull; lean, thin; **en seco** sharply; suddenly

secuela consequence, aftereffect

secuestrador hijacker

seda silk

sede *f* seat; location

sediento thirsty

seducir to seduce

seductor *adj* alluring; tempting; attractive

segregado separated

seguida: en seguida (enseguida) immediately

seguido continuous

seguir en sus trece to stand one's ground, not to budge one inch

seguro *n* insurance; **de seguro que** surely

semáforo traffic signal

semántico *adj* semantic (of meaning)

semejante such (a)

semejanza similarity

sementera sown field

sendero path

senectud *f* old age

sensatez *f* good sense

sensato sensible

sentarle (ie) a uno to be to the liking of someone; to look good on someone

sentencioso terse

sentir *n* feeling; **sentir (i, i)** to hear; **sentir ganas** to feel like

señalar to point out, point at

señorearse to adopt a lordly manner

señorito rich kid

sepulcro tomb, grave

ser *m* being; **ser humano** human being; **no ser de buena lengua** to have a sharp tongue; **es más** what's more

seriedad *f* seriousness; **con toda seriedad** seriously

serrucho sawing; chirping

servicial obliging

servidor: un servidor yours truly

servidumbre *f* servants; help

servir (i, i) to fill (an order)

seso(s) brain(s)

seto hedge; wall

si but, why (in exclamations)

sí, sí, sí yeah, yeah, yeah

siempre que provided (that)

sien *f* temple *anat*

sierra mountain range

siglo century

silbar to whistle

sima pit

simpatía liking

simpleza simpleness; nonsense

simular to simulate; to feign, pretend

sincerarse to explain

síncope *m* cardiac arrest

sincrónicamente simultaneously

sinonimia synonymy (the quality or state of being synonymous)

sinvergüenza *mf* rascal, scoundrel

siquiera even, at least; **ni siquiera** not even

sobrar to be more than enough

sobre *m* envelope

sobrecogido overcome

sobreponerse to overcome

sobresaliente outstanding

sobresaltado frightened, startled

sobresaltar to frighten

sobresalto fear

sobrevenir to take place

sobriedad *f* sobriety

socavar to undermine

socio member; partner

sofocante stifling, suffocating

soledad *f* solitude; loneliness

solera prop, support

solicitante *mf* applicant

solicitar to request

solito y su alma all alone; by oneself

soliviantar to stir up; to anger

sollozo sob

soltar (ue) to let loose; to come out with, tell, utter

soltero single

soltura ease, facility

solvencia financial stability; reliability

sombra shadow

sombrear to shade

sombrío somber

somnolencia drowsiness

son *m* sound

sonriente smiling

soñador dreamy, fond of dreaming

soplar to blow

soportar to endure, put up with; to hold up

sorber to swallow; to absorb

sordina mute

sordo deaf; quiet, muffled

sótano basement

subarrendar (ie) to sublease

subasta: a subasta at auction

subir to raise

súbitamente suddenly

subrayar to underline; to emphasize

sucederse to come one after the other

sucedido: lo sucedido what happened

suceso event

sudar to sweat

sudor *m* sweat

suegra mother-in-law

suela sole

sueldo salary

suerte *f* luck; trick; **de esta suerte** in this way

suficiencia self-satisfaction; smugness

sujetar to hold

sujeto individual; subject (of sentence)

suma: en suma in short

sumadora adding machine

sumar to add; to total

sumiso submissive

sumo highest

suntuoso magnificent

superar to surpass; **superarse** to excel

superchería trick, fraud

superior *m* leader

supervivencia survival

suponerse to imagine, suppose

suprimir to suppress, get rid of; to omit

surcar to furrow

surgir to rise; to issue

susodicho aforesaid, abovementioned

suspenso *adj* bewildered, baffled

suspiro sigh

susto fright

T

tabacalero *adj* tobacco

tabaquera snuffbox; cigar case

tabla plank, board; chart, table

tablón *m* **de anuncios** bulletin board

tacaño stingy

tachonado de estrellas star-studded

taciturnidad *f* silence

tacón *m* shoe heel

taíno an indigenous American people

talla carving, sculpture

taller *m* workshop

talón *m* heel

tamaño size; **tamaño como** the size of

tamarindo tamarind (a tropical tree)

tanto: en tanto que while, whereas, **por (lo) tanto** therefore; **un tanto** a little; **tanto... como** both . . . and

tapar to block

tapete *m* rug; table cover

tapia wall

tapicería upholstery

tapiz *m* carpet

taquilla: una gran taquilla a box-office hit

tardanza delay; slowness

tardar en to take (a long) time in

tarde: de tarde en tarde from time to time

tardío *adj* late

tarima platform

tartamudo with a stammer, stammering

tarumba *adj mf* crazy

techo roof

teclado keyboard

tedio boredom

tejedor weaver

tejer to weave, spin; to create

tejido web; fabric; textile

tela cloth; web

telaraña web; cobweb

telenovela soap opera

televisivo *adj* television

telón *m* (theater) curtain

temblar (ie) to tremble; to flicker

temblón shaky

tembloroso trembling

temible fearsome

temor *m* fear

tempestad *f* storm

templo church

tender (ie) to extend

tendido lying on the ground

tenebroso dark, shadowy

tenedor de libros *m* bookkeeper

tener: no tener el ánimo not to be in the mood; **no tener en qué ni donde caer muerto** to be penniless; **no tener más remedio que** + *inf* not to be able to help but; **no tener nada de** + *adj* not to be + *adj* + at all; **tener en cuenta** to consider, keep in mind; **tener puesto** to wear, have on; **tenerlo loco a uno** to drive one crazy

tenue dim

teñir (i, i) to dye, color

terciopelo velvet

terminantemente strictly

ternero calf

ternura tenderness

terroso earthy

testigo *mf* witness

tetera teapot

tez *f* complexion

tía abuela great-aunt

tibio warm

tientas: a tientas feeling one's way

tiesura stiffness

tijeras scissors

tilde *f* written accent; diacritic marks as in **ñ**

tina bathtub

tino aim

tinte *m* hair coloring

tinto red wine

tintorero dry cleaner

tío uncle; guy

típico picturesque; folkloric; characteristic

tipo guy; type

tirado lying

tirar to knock down, pull down; to throw; **tirar a** to go toward; **tirar de** to pull (on)

tizón *m* half-burnt stick

tocadiscos *m s* record player

tocado (*slang*) high

tocar a to correspond to; to knock

todo: del todo completely; **todo esto** all (of) this

toma de agua source of water supply; hydrant

tomar la copa to have some drinks

tonada tune; **tonadilla** tune

tontas y a locas: a tontas y a locas without thinking

toparse con to encounter, run into

toque *m* touch

torcido twisted

tormenta storm

tormentoso tormented; stormy

torno: en torno a around; **en torno de** around

torpe dim-witted; awkward, clumsy

torpeza clumsiness; stupidity

torta cake; tart; pastry

tortuoso twisting, winding

toser to cough

tostar (ue) to roast

tozudo insistent, obstinate

traficante *mf* dealer, trafficker

trago drinking; swallow; swig

traicionar to betray

trama plot

tramo stretch

tramposo crooked; tricky

tranquera gate

tranquilizador soothing; reassuring

transeúnte *mf* passerby

trapecio trapeze

trapecista *mf* trapeze artist

trapos *m pl* clothing, clothes

tras (de) after, behind, following

trasero back

trasladar to move, transport; to shift

tratar to contract, hire, employ; **tratarse de** to be; to be a question of

través: a través de   through
trazado *n*   depiction, description
trechos: a trechos   in stretches
trenza   braid
trepar (por)   to climb
trigo   wheat
tripulante *mf*   crew member
tristeza   sadness
trocar (ue)   to change
trofeo   trophy
trompicones: a trompicones
    little by little, with difficulty
tropel *m*   mob
tropezar (ie)   to trip;
    tropezarse con   to run into,
    come upon, bump into
tropezones: a tropezones
    stumbling
trueque: a trueque de   in
    exchange for
tuerto   one-eyed
tule *m*   bulrush (a plant)
tumba   grave
tumbar   to knock down
tupido   dense, thick
turbio   blurred
turnarse   to take turns
turno   appointment; turn
tutear   to address with the
    familiar form (**tú, vosotros**)
TVE   Televisión Española (a
    TV channel in Spain)

U

ujier *m*   doorman, usher
ultraísta   related to Ultraism,
    Spanish poetry movement of
    the early 1920s
umbral *m*   threshold
unir   to join, combine
unos cuantos   a few
urbanización *f*   residential
    development
usarse   to be customary
Usumacinta   important river of
    southern Mexico
utensilio   tool, implement

V

vacilar   to vacillate, hesitate
vagabundo   wandering
vagancia   idleness
vagar   to wander
vagón *m*   car (of train)

vaho   steam, vapor, mist
valer   to be worth, to be worthy
valerse de   to make use of
vampiro   vampire; actor whose
    voice is used in a dubbed film
vapor *m*   vessel, ship; vapor
    (steam)
vaquero   cowboy
vara   stick
Vaya por Dios   Well, for God's
    sake
vecindario   residents;
    neighborhood; area
vejez *f*   old age
vela   candle
velar   to observe
veloz   rapid
vencido   due, payable
vendar   to bandage
veneno   poison
venganza   revenge
vengarse   to avenge (oneself)
venirle bien a uno   to do good
venta   sale
ventaja   advantage
ventajoso   advantageous
ventana   trap door
ventanal *m*   large window
ver a los ojos   to look into the
    eyes
veracruzano   of, from
    Veracruz, Mexico
veranear   to spend the summer
veras: de veras   truly
verdear   to be (look) green
verdugo   executioner
verdura   (green) vegetable
veredicto   verdict
vergonzoso   ashamed
verosímil   likely, probably
verse obligado a   to be forced to
vertiente *f*   side; slope
vertiginosamente   dizzily
vestíbulo   lobby
vestimenta   clothing
vestuario   locker room
vez: a su vez   in turn; **de una
    vez**   finally, once and for all;
    this instant
vía   route
víbora   snake
vídeo-club *m*   video (rental) store

vidriera   store window
vigilar   to guard; to watch
vinagre *m*   vinegar
virado   twisted, turned
virtud *f*   power; **en virtud de**
    by virtue of
visera   visor
visto: por lo visto   apparently
vistoso   showy
vitrina   glass case
viuda   widow; **viudo**   widower
vivaquear   to settle down for
    the night
vivienda   dwelling, housing
vivo *n*   crafty person; living
    person
vocear   to call
vocerío   shouting, yelling
volador   flying
volcar (ue)   to empty
volumen: a todo volumen   at
    full volume
volver (ue) a + *inf*   to . . .
    again; **volverse**   to turn
    (around)
voz: a una voz   unanimously
vuelo   flair
vuelta *n*   return; walk; turn
vulgar   common; popular

Y

ya que   since, because
yacer   to lie (down)
yerba silvestre   wild herb
yerno   son-in-law
yerro   from **errar**, to err
yeso   cast, plaster of Paris
yugo   yoke

Z

zaga: a la zaga   behind
zagal *m*   young man
zalamero   flattering
zapatazo (<**zapato**)   blow with
    a shoe
zapatilla   pump (shoe)
zarpar   to sail
Zona Rosa   entertainment
    district in Mexico City
zumbar   to buzz
zurdo   left-handed
zurrón *m*   shepherd's pouch,
    bag

English–Spanish

This glossary contains the vocabulary necessary to do all the English–Spanish exercises and it is geared specifically to them. This glossary uses the same abbreviations used in the Spanish–English glossary. Gender of nouns is given except for masculine nouns ending in **-o** and feminine nouns ending in **-a**. Feminine variants of adjectives and past participles ending in **-o** are not given. Stem changes are indicated for verbs.

A

able: (not) to be able (to) (no) ser capaz (de); (no) poder (ue)

about acerca de; **(approximately)** unos

above all sobre todo

abundance abundancia

to **abuse** abusar (de), maltratar

academic académico

to **accept** aceptar

to **accompany** acompañar

to **accomplish** realizar, lograr

according to según

account cuenta; **(report, exposition)** relación *f*

account: to take into account tener en cuenta; **on account of** por, a causa de

accounting contabilidad *f*

accusation acusación *f*

to **ache** doler (ue)

to **acquire** adquirir (ie)

act acto

active voice voz activa

activist: political activist activista político

activity actividad *f*

actress actriz

actual verdadero

actually en realidad

ad anuncio, aviso

to **adapt (to)** adaptarse (a)

addition: in addition to además de

address dirección *f*

to **adjust** ajustar(se)

to **admire** admirar

admirer admirador/a

to **admit** admitir; **(in a school)** aceptar

to **adore** adorar

advantage ventaja; **to take advantage** aprovechar(se)

advice consejos *m pl*; **(a) piece of advice** (un) consejo

to **afford** permitirse

afraid: to be afraid (of) temer, tener(le) miedo (a), tener miedo (de)

after después (de); **after all** después de todo; **to be after** + *hour* ser más de + *hora*

afternoon tarde *f*

again otra vez, de nuevo; **again and again** una y otra vez

against contra

age edad *f*; **old age** vejez *f*

ago: a few days ago hace unos días; **not long ago** no hace mucho tiempo

agony agonía

to **agree (to)** acceder (a); acordar (ue); estar de acuerdo (con)

agricultural fields campos de cultivo

ailing achacoso

airline línea aérea

airplane avión *m*

alive vivo

all todo; **all over** por todo; **not to like (something) at all** no gustarle (a uno) nada

to **allow** permitir

almost casi; **almost** + *pret* casi, por poco + *pres*

alone solo

along: (not) to get along (no) llevarse bien; **along with** junto con

already ya

also también

although aunque

always siempre

ambitious ambicioso

ambrosia ambrosía

amid en medio de

amnesia attacks ataques de amnesia

among entre

to **amputate** amputar

amused divertido

amusing divertido

anger ira, indignación; **red with anger** rojo de ira

angry: to get angry enfadarse, enojarse

animal lover amante *mf* de los animales

annoyed: to be annoyed (with) estar molesto (disgustado) (con)

another otro

any algún/alguna; ningún/ninguna; **any other** algún/alguna otro/a; **in any case** de todas maneras

anyone alguien; nadie

anyway de todos modos, de todas maneras

anxious ansioso

Apache apache *mf*

to **appear** aparecer (zc)

apple manzana

appointment: to make an appointment hacer una cita; **to ask for an appointment** pedir un turno

to **approach** acercarse (a)

appropriate: to be appropriate (for one) convenir(le) (a uno)

to **approve of** aprobar (ue)

to **argue** discutir, pelear

argument discusión

armchair sillón *m*

army ejército

around alrededor; **around here** por aquí; **around** + *date* por + *fecha*

to **arrive** llegar

art museums museos de arte

artisan artesano

as como; a medida que; **as a result** como resultado; **as far as I know** que yo sepa; **as for** en cuanto a; **as long as** mientras (que), siempre que; **as soon as** tan pronto como, apenas; **as well as** y también

to **ascertain** averiguar

ashamed: to be ashamed (of) avergonzarse (ue) (de)

aside: to put aside dejar a un lado

to **ask (a question)** preguntar; **to ask for** pedir (i, i); **to ask (someone) out** invitar a salir

asleep: to fall asleep quedarse dormido

aspect aspecto

to **aspire (to)** aspirar (a)

aspirin: some aspirin unas aspirinas

assailant asaltante *mf*

to **assign** asignar

assistance: to be of further assistance ayudar(le) en algo más

association asociación *f*

to **assume** suponer

astronaut astronauta *mf*

at en; **at first** al principio; **at least** por lo menos; **at once** en seguida, inmediatamente

athlete atleta *mf*

atmosphere ambiente *m*

attack ataque *m*

to **attack** atacar

to **attend** asistir (a); **(a university)** ir (a)

attention: to pay attention prestar atención, hacer caso

to **attract** gustar(le) (a uno)

attractive atractivo

auditorium sala

autobiography autobiografía

autograph autógrafo

to **avoid (person)** esquivar

awake despierto

aware: to be aware (of) darse cuenta (de), estar enterado (de)

away (from) lejos (de)

awful terrible; *adv* muy mal

B

back (animal) lomo; **(book or house)** parte de atrás; **(book [spine])** lomo; **(chair)** respaldo; **(check or document)** dorso; **(hand)** dorso; **(person)** espalda(s); **to have one's back to the wall** estar entre la espalda y la pared; **to have one's back turned toward** estar de espaldas (a); **to shoot (somebody) in the back** disparar(le)/matar (a alguien) por la espalda; **to turn one's back (toward the other person)** dar(le) la espalda

back: to be back estar de regreso; **to call back** devolver (ue) la llamada; **to come (go) back** volver (ue), regresar; **to give back** devolver (ue); **to hold back** contener (ie)

back *adj* trasero, de atrás, posterior; **back door** puerta de atrás; **back issue** número atrasado; **back pay** atrasos, sueldo atrasado; **back row** última fila

back: from (on) the back por detrás; **in back of the house** detrás de la casa; **in the back of the car** en la parte trasera del coche; **in the back of the room** al fondo de la habitación; **on one's back** de espaldas; **some months back** hace unos meses

to **back: to back away** retroceder; **to back out (of an agreement)** volverse atrás; **to backpack** viajar con mochila; **to back up (a vehicle)** dar marcha atrás; **to back up (to support)** respaldar

background (of person) origen *m*

backseat asiento trasero (de atrás)

backyard patio

badly mal

bank (of river) orilla

banking banca

to **bark** ladrar

basic básico

bath: to take a bath bañarse

to **be about** + *age* tener unos + *años*

beach playa

to **bear** llevar

beaten vencido, derrotado

beautiful hermoso

because of a causa de

to **become** convertirse (ie) en; ponerse; hacerse; volverse; quedarse; **to become ill** ponerse enfermo, enfermarse

bed: to go (get) to bed irse a la cama; acostarse (ue)

bedroom alcoba, dormitorio

beer-drinking bebedor de cerveza

before antes (de); **(a tribunal)** ante

to **beg** rogar (ue)

to **begin (to)** comenzar (ie) (a), empezar (ie) (a); **to begin with** para empezar

beginning: at the beginning al principio

to **behave** comportarse, actuar

behavior comportamiento

behind detrás (de)

to **believe** creer

believed: it is believed se cree

belonging perteneciente, que pertenece

belongings pertenencias

beloved querido, amado

benign benigno

besides además

best mejor *mf*; *adv* más

betrayal traición *f*

better mejor; **to get better** mejorar

between entre

billboard cartelera

biography biografía

bitter amargado

black: (dressed) in black (vestido) de negro

to **blame** echar(le) la culpa

blanket manta, cobertor, frazada

blood sangre *f*

blossom (orange) azahar *m*

to **boast (about)** jactarse (de)

boat (small) bote; **(large)** barco

body cuerpo; **(dead)** cadáver *m*

bookkeeper tenedor/a de libros

border frontera

bored: to get bored aburrirse

boring aburrido

born: to be born nacer (zc)

borrow pedir (i, i), (tomar) prestado

boss jefe/a

both los dos, ambos; **both of them** los dos

to **bother** molestar, molestar(le) (a uno)

bountiful abundante *mf*

boyfriend novio

brave valiente *mf*

bravery valentía, valor *m*

to **break** romper; **to break in** entrar a la fuerza

breakfast: to have breakfast desayunar(se)

breath: to be short of breath faltarle (a uno) la respiración

brief breve *mf*

bright brillante *mf*

brilliant brillante *mf*

to **bring into** entrar en (al)

broken: my leg is broken tengo la pierna fracturada

brook arroyo

brown color café, marrón *mf*

brutal brutal *mf*

buddy amigacho, amigote

bus autobús, ómnibus *m*

bush arbusto

business administration administración (*f*) de empresas

busy: to be busy estar ocupado

buyer comprador/a

by: by day (night) de día (noche); **by the hand** de la mano

C

calculations: to make calculations sacar cuentas

call llamada

called *past part* llamado

to **call out** decir en voz alta

to **calm down** calmarse

calories calorías

campaign campaña

can (be able) poder; saber

cap gorra

cape capa

caravan caravana

care cuidado

care: to take care of encargarse de; **(a customer)** atender (ie)

career carrera

careful cuidadoso

to **carry** llevar; **to carry out** llevar a cabo

case: to be the case ser el caso; **in any case** de todas maneras

to **catch** capturar, atrapar

cattle ganado

to **cause to** causar; hacer que; **to cause the failure of** hacer fracasar

to **cease to** dejar de

celebrated célebre *mf*

century siglo

certain cierto

to **challenge** desafiar

chance oportunidad *f*; **by any chance** por casualidad

to **change** cambiar (de); **to change into** convertir(se) en; **to change one's mind** cambiar de idea; **to change (someone) back** cambiar(lo) otra vez; **to change the subject** cambiar de tema

change cambio

channel canal *m*

chapter capítulo

character personaje *m*; **main character** protagonista *mf*

characteristic característica

charge: to be in charge (of) estar a cargo (de)

charming encantador/a

cheap barato

cheek mejilla

chicken pollo

childhood niñez *f*

chlorine cloro

chloroform cloroformo

chlorophyl clorofila

choice: to have no choice but no tener más remedio que

choleric colérico

to **choose** escoger

church iglesia

cigar puro, tabaco

clerk empleado

to **close** cerrar (ie)

closely con atención

clothes ropa

coast costa

coat abrigo, sobretodo

coffee plantation cafetal *m*

cold (weather) *n* frío; *adj* frío; **(illness)** catarro, resfriado

cold: to get cold enfriarse, ponerse frío

to **collaborate** colaborar

to **collect** coleccionar

collector coleccionista *mf*

to **come** venir; **to come back** regresar, volver (ue)

comfortable cómodo

commendable digno de elogio

commission comisión *f*

to **commit oneself (to)** comprometerse (a)

common: in common en común

company compañía; **on company time** en horas de trabajo

competition competencia

to **complain (about)** quejarse (de)

completely completamente, totalmente

compromise acuerdo

computer computador *m*, computadora, ordenador *m*

concerning acerca de

to **condemn** condenar

to **confess** confesar (ie)

to **confirm** confirmar

conscientious concienzudo, responsable *mf*

to **consist of** constar de, componerse de, consistir en

constantly constantemente

construction construcción *f*

consulate consulado

to **contact** comunicarse (con)

to **contain** contener (ie)

contemporary contemporáneo

to **continue** seguir (i, i)

contrary: on the contrary por el contrario

to **contribute** contribuir

to **convince** convencer

to **be convinced** estar convencido

to **cook** cocinar

cool frío

copy copia; **(of painting)** reproducción *f*; **(of book)** ejemplar *m*

corner: on the corner de la esquina; **out of the corner of one's eye** con el rabillo del ojo

corporation corporación *f*

cosmopolitan cosmopolita *mf*

to **cost** costar (ue)

cottage casita, choza

cotton algodón *m*

to **count on** contar (ue) con

countryside campo

couple par *m*; **(people)** pareja; **married couple** matrimonio

courage: to have the courage to tener el valor de

course: of course por supuesto

to **court** enamorar, cortejar

courteous cortés *mf*

covered: to be covered with estar cubierto de

coward cobarde *mf*

cowardly cobarde *mf*

crazy: to go crazy volverse (ue) loco

crop cosecha

to **cross** cruzar

crying llanto *n*, el llorar

cultivated cultivado

cultural cultural *mf*

custom costumbre *f*

customer cliente/a

D

damaging perjudicial *mf*

dangerous peligroso

to **dare to** atreverse a

daring atrevido

dark oscuro

darkness oscuridad *f*

date fecha

dawn amanecer *m*

day: in his day en su tiempo

dead muerto

deaf sordo; **Nobody is so deaf as he who will not hear** No hay peor sordo que el que no quiere oír

deafening ensordecedor/a

death muerte *f*

debt deuda; **gambling debt** deuda de juego

deceased muerto

to **decide (to)** decidirse (a); to **be decided** estar decidido

to **declare** declarar

decomposed descompuesto

deed obra

defect defecto

to **defend** defender (ie)

deficient deficiente *mf*

degree grado

delicate delicado

to **delight** encantar(le) (a uno)

delighted: to be delighted with encantar(le) (a uno)

delightedly con deleite

to **demand** exigir

demanding exigente *mf*

to **demonstrate** demostrar (ue)

demonstration demostración *f*

to **deny** negar (ie)

to **depart** partir

department departamento

departure partida

to **depend (on)** depender (de)

depressed deprimido

to **derail** descarrilarse

to **describe** describir

deserted vacío, desierto

to **deserve** merecer (zc)

to **desire** desear

desolated desolado

to **destroy** destruir

determined: to be determined (to) estar resuelto (a), estar decidido (a)

to **develop** desarrollar(se)

to **devote oneself to** dedicarse a

devoted: to be devoted to estar dedicado a

dialogue diálogo

to **die** morir (ue); **to die of a broken heart** morir de mal de amores

diet: to go on a diet ponerse a dieta

difficult: to be difficult to + *inf* ser difícil de + *inf*; **difficult to forget** difícil de olvidar

difficulty dificultad *f*

dinner cena, comida

dirty sucio

disaffection desamor *m*

to **disappear** desaparecer (zc)

to **disappoint** decepcionar

to **discourage** desanimar, desalentar (ie); **to be (get) discouraged** desalentarse

discourteous descortés *mf*

to **discover** descubrir

to **discuss** comentar, discutir

to **disgrace** desacreditar, deshonrar

dish plato

disheartened descorazonado

to **disillusion** desilusionar

to **dislike** disgustar(le) (a uno)

dismissal despido

dispute disputa

to **distinguish** distinguir

to **divorce** divorciarse (de)

divorced divorciado

door (of church) pórtico

door: next door de al lado

doubt: no doubt sin duda

to **doubt** dudar

dozen docena

drawer gaveta, cajón *m*

dream sueño

dressed: to be dressed (in) estar vestido (de)

drinking bebida, trago

to **drip** gotear

to **drive** manejar, conducir (zc)

drop by drop gota a gota

drunk: to be drunk estar borracho

drunken borracho

dry seco

to **dub (a movie)** doblar

during durante

dying: to be dying to morirse por

E

each cada; **each other** uno al otro

ear (inner) oído

early temprano

to **earn** ganar

east *adj* oriental

economic: a good economic position una buena posición económica

ecstasy éxtasis *m*

effort esfuerzo

egotistical egoísta *mf*

election day el día de las elecciones

to **elope** escaparse

else: something else otra cosa

embroidered bordado

emotional emocionante *mf*

to **employ** emplear

employee empleado

empty vacío

empty-handed con las mano vacías

encounter encuentro

encouraging alentador/a

to **end (up)** terminar

end fin *m*, final *m*; **at the end of the week (the month, etc.)** a fines de semana, (de mes, etc.); **in the end** al final; **to put an end to** terminar (acabar) con

endless interminable *mf*

enemy enemigo

to **enjoy** disfrutar (de)

enjoyable agradable *mf*

enormous enorme *mf*

enough suficiente *mf*; **to have more than enough** sobrar(le) (a uno)

entertaining entretenido

entertainment diversión *f*, entretenimiento

enthusiastic entusiasta *mf*

entitled: is entitled se titula

envelope sobre *m*

envy envidia

errand: to run an errand hacer una diligencia; **(for someone else)** hacer un mandado

to **escape** escapar(se)

essay ensayo

essential esencial *mf*, imprescindible

even aun; **even if** aunque; **even though** aunque

even: to get even desquitarse

eventually al final

ever since desde que

everybody todo el mundo

every year todos los años

everyone todo el mundo, todos

everything todo; **everything else** todo lo demás

evident evidente *mf*

to **exaggerate** exagerar

example ejemplo

exchange intercambio; cambio

executive ejecutivo

exhausting agotador/a

to **exist** existir

exit salida

to **exit** salir

expecting: to be expecting estar embarazada, estar en estado

expedition expedición *f*

expense gasto

expert experto, perito

expired vencido

to **explain** explicar

extensive extenso

extensively: to be extensively used usarse mucho

extremely: extremely difficult dificilísimo, sumamente difícil

eye-catching llamativo

F

face cara; **to fall on one's face** caer de frente (de bruces)

to **face** dar a

fact hecho; **in fact** de hecho

fail: (not) to fail to (no) dejar de

failure: to cause the failure of hacer fracasar

to **fake** simular, fingir

to **fall in love (with)** enamorarse (de)

fallen caído

false falso

familiar: to be familiar with estar familiarizado con

fang colmillo

far: as far as I know que yo sepa; **so far** hasta ahora

farm worker trabajador/a del campo

farmer campesino

farming agricultura

to **fascinate** fascinar(le) (a uno)

fascinating fascinante *mf*

fascination fascinación *f*

fast *adj* rápido; *adv* rápidamente; **as fast as I could** lo más rápido posible

faucet grifo, llave *f*

fault: to be one's fault tener la culpa

fear miedo

to **fear** temer, tener miedo (de)

feeding alimentación *f*

to **feel (for)** sentir (ie) (por), sentir (hacia); **to feel attracted (to)** sentirse atraído (por); **to feel trapped** sentirse atrapado

feeling sentimiento

fellow hombre, mozo, tipo; **fellow student** compañero

fence cerca

fertile fértil *mf*

fever: to have (run) a fever tener fiebre

few pocos/pocas

fewer: the fewer + *noun* mientras menos + *noun*

fiancée novia, prometida

field campo

to **fight** luchar, pelear

figurine figura

to **fill** llenar

filled: to be filled (with) estar lleno (de)

film película

to **film** filmar

filming filmación *f*

finally por fin, por último

financial económico

to **find** encontrar (ue)

to **find out (about)** enterarse (de), averiguar

finger dedo

to **finish** terminar; **to just finish** acabar de terminar

fire incendio, fuego

first (first of all) en primer
lugar; **at first** al principio

fish dish plato de pescado

fitting apropiado

to **fix** arreglar

to **flash** brillar

flashlight linterna

flattering halagador/a

to **flee (from)** escaparse (de)

flight vuelo; **to take flight**
salir volando

floor piso

florist florista *mf*

to **flower** florecer

flower shop floristería

flu gripe *f*

to **fly (a plane)** pilotear; **to fly
away** alejarse volando

to **follow** seguir (i, i)

following siguiente *mf*

fond: to be fond of ser
aficionado a

food comida

foot: on foot a pie, andando,
caminando

to **force (to)** obligar (a)

forceful fuerte *mf*, vigoroso

forehead frente *f*

foreigner extranjero

to **forget** olvidar(se) (de);
olvidár(sele) (a uno)

to **forgive** perdonar

frankly francamente

frantically frenéticamente

friendly amistoso

to **frighten** asustar

from that moment on desde (a
partir de) ese momento

frustration frustración *f*

to **fulfill** realizar;
(requirements) llenar

fun: to make fun (of) burlarse
(de); **to be no fun** no ser
agradable (divertido)

funeral home funeraria

furious: to be furious estar
furioso

furthermore es más

G

gambler jugador/a

game juego, partido

garlic ajo

gate portón *m*, puerta

generally por lo general
(regular), generalmente

gentleman caballero

to **get** lograr, conseguir; **(a
disease)** coger; **(a letter)**
recibir; **(to buy)** comprar

to **get (to a place)** llegar a; **to
get angry** enojarse; **to get
along** llevarse bien; **to get
away (with something)**
salirse con la suya; **to get
better** mejorar; **to get home**
llegar a casa; **to get into**
entrar en; **to get off** bajar
(de); **to get on** subir (a); **to
get on (shoes)** ponerse; **to
get rid of** deshacerse de; **to
get to be** llegar a ser; **to get
up** levantarse; **to get worse**
empeorar

to **get: (not) to get it** (no)
comprenderlo

to **get paid: I don't get paid**
no me pagan

gift regalo

girlfriend amiga

to **give (someone) a piece of
one's mind** ajustar(le) las
cuentas

to **give up** renunciar (a), darse
por vencido

glad alegre *mf*, contento

glass (drinking) vaso; **(stem)**
copa; **glasses** gafas,
espejuelos *m pl*, lentes *m pl*

to **go: to go away** alejarse; **to
go back** regresar; **to go into**
entrar en (a); **to go on**
seguir (i, i), continuar; **to go
off to** salir para; **to go
through** pasar por; **to go
well** ir bien

to **go to get** ir a buscar

to **go to school** estudiar

God Dios

gold *adj* de oro, dorado

good-bye adiós

gossip (person) chismoso

to **graduate (from)** graduarse
(en)

grandchildren nietos

grandfather abuelo

grandmother abuela

grapes uvas

great grande *mf*

greatly mucho

greedy avaricioso

to **grope** andar a tientas

to **grow (plants)** cultivar; **(a
beard, a mustache)** dejarse
crecer

to **grow up** crecer (zc)

to **guard** custodiar, vigilar

guide (person) guía *mf*

gun-toting que va armado,
que lleva revólver

gurney camilla

guy tipo

H

habit: to be in the habit of
tener (la) costumbre de

hair pelo, cabello

half: half an hour media hora;
half + *adj* and half + *adj*
entre + *adj* y *adj*

halfway: to be halfway there
estar a mitad del camino

hand: on the other hand por
otra parte, por otro lado

to **hand** entregar

handicrafts artesanías

handsome guapo

handwriting letra

to **hang** colgar (ue)

hanging: to be hanging (on)
estar colgado (de)

to **happen** pasar, ocurrir,
suceder

happy feliz *mf*; **to be happy
(in a happy mood)** estar
contento

harbor puerto

hard difícil *mf*; **to be hard (for
one)** costarle (ue) trabajo (a
uno)

hardly apenas, a duras penas;
there was hardly anyone
no había casi nadie

hardworking trabajador/a

to **harvest** cosechar

haste precipitación *f*

to **hate** odiar

haunted embrujado, encantado

headache: to have a headache
tener dolor de cabeza;
doler(le) (a uno) la cabeza

heart corazón; **by heart** de
memoria

heartwarming conmovedor

heat calor *m*

hectic agitado

to **heed** hacer caso (de)

height alto, altura; **in height** de altura

high-backed de respaldo alto

high school escuela secundaria

highway carretera, autopista

to **hire** contratar, emplear, colocar

historian historiador/a

history historia

to **hit** pegar, golpear

to **hold (something) back** contener (ie)

home hogar; **at home** en casa; **to go home** irse a casa; **to return home** regresar a (su) casa

home-loving amante *mf* del hogar

hometown pueblo (natal)

hope esperanza

horseback: on horseback a caballo

house casa

household *adj* casero

how much cuanto

however sin embargo

human being ser humano

humble humilde *mf*

humiliating humillante *mf*

hurt: to get hurt lastimarse, herirse

to **hurt** doler(le) (a uno)

husband esposo, marido; **husband and wife** marido y mujer

I

identical: to be identical (with, to) ser idéntico (a)

to **identify** identificar

identity identidad *f*

idle ocioso

illness enfermedad *f*

image imagen *f*

immediate inmediato

immigrant inmigrante *mf*

immigration inmigración *f*

immunization inmunización *f*

to **impose** imponer

imposing imponente *mf*; **a large, imposing house** un caserón, una casona

impossible to forget imposible de olvidar

impression: to create a good impression (on one) caer(le) bien (a uno)

to **impress** impresionar

impressive impresionante *mf*

to **improve** mejorar

inappropriate inapropiado

to **include** incluir

inconvenience molestia

Indian indio; indígena

to **indicate** indicar

individual individuo

ingredient ingrediente *m*

inhabited habitado

to **inherit** heredar

innocent inocente *mf*

innuendo indirecta

innumerable innumerable *mf*

to **inquire (about)** pedir (i, i) informes (de)

insect insecto

insensitivity insensibilidad *f*

to **insert** insertar

inside dentro (de)

instance: for instance por ejemplo

instantly inmediatamente

instead of en vez de

instructive instructivo

to **insult** insultar

interview entrevista

inviting atrayente *mf*

involved envuelto

ironic irónico

irresponsible irresponsable *mf*

to **irrigate** regar (ie)

irrigating irrigación *f*

isolated aislado

ivy hiedra

J

jail cárcel *f*

jealous celoso

jealousy celos *m pl*

jewel joya

job trabajo, empleo

to **join** unirse (a)

journalist periodista *mf*

joy alegría, júbilo

judge juez/a

just: to have just (done something) acabar de + *inf*; **just as** lo mismo que

K

to **keep** quedarse (con); guardar

key llave *f*

kid chico

kidding: to be kidding hablar en broma

to **kill** matar

kind *n* clase; *adj* bueno, bondadoso

kindhearted bondadoso

kiss beso

to **kiss** besar(se)

knitted tejido

to **knock** tocar a la puerta

to **know** saber; **(be acquainted with)** conocer (zc)

knowledge conocimiento(s)

known: better known más conocido

L

to **lack** carecer (zc) de

lady dama

lake lago

landing aterrizaje *m*

landscape paisaje *m*

large: large-sized problem problema de grandes dimensiones

last *adj* pasado

last: the last one el último

to **last** durar

late tarde; **to get late** hacerse tarde

lately últimamente

later después

latter: the latter éste

laugh risa

to **laugh (at)** reírse (de)

law ley *f*

to **lay** yacer

leading character personaje principal

to **leak** gotearse, salirse

leap: Look before you leap Antes que te cases, mira lo que haces to **learn** aprender; **(find out)** saber, enterarse (de)

learning opportunity oportunidad (*f*) de aprender

least: at least por lo menos

to **leave** salir (de), marcharse; **(to leave someone or something)** dejar

left: to have left sobrar(le) (a uno)

left: on my left a mi izquierda

leg (people or pants) pierna; **(animal or furniture)** pata

legend leyenda

to **lend** prestar

less than menos de

to **let** dejar, permitir

to **let (one) know** avisar(le)

letter (character) letra

license licencia

lie mentira

to **lie down** acostarse (ue)

lieutenant teniente *mf*

life vida; **working life** vida de trabajo

lifetime vida

to **lift** levantar

lightning relámpagos *m pl*

like como

to **like (a person)** simpatizar con

likely: to be likely ser probable

likewise así

to **limit (oneself) to** limitarse a

line línea

lip labio

to **listen to** escuchar; **(heed)** hacer(le) caso

lit: badly lit mal alumbrado

little: a little un poco; **little by little** poco a poco

lobby vestíbulo

locate: easy to locate fácil de encontrar

longer: no longer ya no

to **look (appear)** verse; **to look for** buscar; **to look like** parecer (zc); parecerse a

to **lose** perder (ie); perdérse(le) (a uno); **to lose weight** perder peso, adelgazar

loss pérdida

lot: a lot mucho; **a lot (of)** un montón (de)

lottery ticket billete de lotería

love: to fall in love (with) enamorarse (de); **to be in love (with)** estar enamorado (de)

lover amante *mf*

loving amante *mf*, enamorado

low bajo

luck suerte *f*

luckily por suerte, afortunadamente

lucky: to be lucky tener suerte; **it was lucky** fue una suerte

lunch almuerzo

lyrics letra

M

mad: to be mad with estar loco de

magazine revista

main principal *mf*

to **major** especializarse

major especialista *mf*

to **make out** divisar

to **make up one's mind (to)** decidirse (a)

to **manage (to)** conseguir (i, i); arreglárselas (para)

Marist Brothers Hermanos Maristas

mark nota, calificación *f*

to **mark** marcar

marriage matrimonio; **(ceremony)** boda

married casado; **to be married (to)** estar casado (con)

to **marry** casarse (con)

marvelous maravilloso

match combinación *f*

materialistic materialista *mf*

to **matter** importar(le) (a uno); **no matter what** + *present tense verb presente de subjuntivo* + lo que + *presente de subjuntivo;* **no matter what** + *past tense imperfecto de subjuntivo* + lo que + *imperfecto de subjuntivo*

mature maduro

to **mean** significar, querer (ie) decir

means: by means of por medio de

meanspirited ruin *mf*

meantime: in the meantime mientras tanto

meat carne *f*

medical médico

to **meet** conocer (zc); reunirse con

meeting reunión *f*, junta

member miembro

to **memorize** memorizar

merchandise mercancía

Michelangelo Miguel Ángel

middle: in the middle of en mitad de

midnight medianoche *f*

military school escuela (colegio) militar

millionaire millonario

to **mind** importar(le) (a uno)

mind mente *f*

mine mío

minutes: in a few minutes dentro de unos minutos

mirror espejo

to **miss (be absent from)** faltar (a); **(fail to take advantage of)** perderse (ie); **(long for)** echar de menos

missing desaparecido

mission misión *f*

moan quejido

moment: from that moment on a partir de (desde) ese momento

mood: in a bad mood de mal humor

more más; **more or less** más o menos; **the more . . . the less . . .** mientras más... menos...

moreover es más

most of la mayor parte de

motorist chofer *mf*

mountain road camino montañoso

to **mourn** llorar

mouth-watering apetitoso

to **move** mover(se) (ue); **to move away from** alejarse de

to **move (in) (out)** mudarse (a) (de)

movie película; **movie theater** cine *m*

movie star estrella (artista) de cine

mud fango, lodo

muralist muralista *mf*

to **murder** asesinar; **to be murdered** ser asesinado

musician músico

mustache bigote *m*

myself yo mismo; me; mí; a mí mismo

mysterious misterioso

mystery misterio

N

to **nag (at)** pelear(le)

nail clavo, puntilla

name: family (last) name apellido

to **name** nombrar

named llamado

narrative relato

native nativo

Native American indígena americano

naturally naturalmente

near cerca (de)

nearby cerca, cercano

necessity necesidad *f*

neck cuello

necklace collar *m*

to **need** necesitar; hacer(le) falta (a uno)

needed: is needed se necesita

neighbor vecino

neighborhood vecindad *f*, barrio

nervous nervioso

never nunca

nevertheless sin embargo

news: a piece of news noticia

next próximo; **next door** *adj* de al lado

to **be next to** estar junto a

nice agradable *mf*

nightmare pesadilla

nobody nadie

noise ruido

noon mediodía *m*

northern del norte

to **notice** fijarse (en); **to notice (something)** darse cuenta (de)

notorious famoso, notorio

nowadays hoy en día

number: a large number (of) un gran número (de)

O

to **object** objetar

to **oblige** obligar

obsessed obsesionado

to **obtain** obtener

to **occupy** ocupar

to **occur** suceder, ocurrir

of course por supuesto

to **offer** ofrecer (zc)

officer oficial *mf*

often a menudo, frecuentemente

oil (motor) aceite *m*

old (former) antiguo

olive aceituna

on (light) *adj* encendida

on my part de mi parte

on the other hand por otra parte

once una vez

one: the one about el de

to **open** abrir

operating room salón de operaciones, quirófano

operation operación *f*

opponent contrincante *mf*

oppose: to be opposed to oponerse a

option opción *f*, alternativa; **to have no other option but** no tener más remedio que

orange grove naranjal *m*

order: in order to para

to **order (in a restaurant)** pedir (i, i)

to **originate** originarse

orphan: to be left an orphan quedarse huérfano

others: the others los demás

outlet escape *m*

outside fuera

outstanding sobresaliente *mf*, destacado

overweight: to be very overweight ser muy gordo

overwhelming abrumador/a

owing to debido a

own propio

owner dueño

P

pace: slow pace lentitud *f*

package paquete *m*

painful doloroso

painter pintor/a

painting *n* cuadro

pale pálido

pants pantalones *m pl*

paper periódico; **the morning paper** el periódico de la mañana

paragraph párrafo

to **pardon** perdonar

parents padres *m pl*

part: on the part of de parte de

particularly especialmente

part-time medio tiempo, tiempo incompleto

party fiesta

to **pass through** pasar por

passage pasaje *m*

passionate apasionado

passive voice voz pasiva

passport pasaporte *m*

patience paciencia

to **pay attention (to)** hacer(le) caso (a)

payment pago

peach melocotón *m*

pending pendiente *mf*

people gente *f s*

percent por ciento

to **perform (a task)** realizar, llevar a cabo; **(to act)** representar

perhaps tal vez, quizá(s)

period (time) época

per se en sí

persistence persistencia, porfía

person: important person personaje *mf*

personable agradable *mf*

personality personalidad *f*

personnel empleados *m pl*

pharmacy farmacia

Philadelphia Filadelfia

phonology fonología

physical físico

pianist: concert pianist pianista de concierto

to **pick (fruit)** recoger

picture (film) película

piece pedazo, pieza

piece of paper papel *m*

pill pastilla, píldora

pill-popping que toma drogas, drogadicto

pipe tubo

pity lástima

to **place** colocar, poner

to **plan** planear

plantation plantación *f*

platonic platónico

to **play** jugar (a); **(music)** tocar

pleasant agradable *mf*

pleasing agradable *mf*

plot argumento

pneumonia neumonía, pulmonía

pocket bolsillo

point: at this point en este momento

to **poison** envenenar

policeman policía

politician político

pool: swimming pool piscina

portrait retrato

possibility posibilidad *f*

post poste *m*

pottery cerámica

powerful poderoso

to **pray** rezar, rogar (ue)

to **prefer** perferir (ie)

prejudice prejuicio

to **prepare** preparar(se)

present presente *m*

present-day *adj* actual

to **preside over** presidir

prestigious prestigioso

to **pretend** aparentar, fingir

pretty bonito, lindo, bello

previous anterior *mf*

price precio

pride orgullo

prisoner prisionero

to **proclaim** proclamar

programmer programador/a

project proyecto

prominent prominente, destacado

to **promise** prometer

to **promote** ascender (ie)

protagonist protagonista *mf*

to **protect** proteger

to **protest** protestar

to **prove** probar (ue)

to **provide** proporcionar

prudent prudente *mf*

psychopathic sicopático

psychosis sicosis *f*

psychotherapist sicoterapista *mf*

to **pull** tirar de, halar

pure puro

purple morado

purpose: on purpose a propósito

purse monedero, cartera

to **pursue** seguir (i, i)

to **put an end to** acabar con

to **put on** ponerse

Q

question pregunta

quickly rápido, rápidamente

quite bastante

R

rain: to rain cats and dogs llover a cántaros

rain-soaked road camino mojado por la lluvia

rainy season estación de las lluvias

to **raise (people or animals)** criar; **(vegetables)** cultivar; **(lift up)** levantar; **(prices)** subir; **(to collect money)** recoger, recaudar

raisins pasas; **raisin bread** pan de pasas

ranch rancho, hacienda

rancher ranchero, hacendado

rank rango

rat rata

rather bastante, más bien; **but rather** sino que

to **reach (a destination)** llegar (a)

to **react** reaccionar

reactionary reaccionario

to **read (document as subject)** decir

reader lector/a

ready: to be ready (to) estar listo (para)

real verdadero, real *mf*

reality: in reality en realidad

to **realize** darse cuenta de

reap: You reap what you sow El que la hace la paga

reason razón *f;* **for that reason** por eso

rebellious rebelde *mf*

to **recall** recordar (ue)

receipt recibo

recent reciente *mf*

recently recientemente, hace poco

to **recognize** reconocer (zc), conocer (zc)

to **recommend** recomendar (ie)

record player tocadiscos *m s pl*

to **recover** recuperar

to **refer to** referirse (ie) a

to **reflect** reflejar

reflexive reflexivo

to **refrain (from)** abstenerse (de)

to **refuse (to)** negarse (ie) (a)

regarding sobre

to **register** matricularse

registration matrícula, inscripción *f*

to **regret** arrepentirse (ie) (de)

regularly con regularidad

rejuvenated: to get rejuvenated rejuvenecerse

relations relaciones *f pl*

relative pariente/a

to **rely on** confiar en

to **remain** quedarse

remark observación, comentario

to **remarry** volver (ue) a casarse (con)

remedy remedio

to **remember** recordar (ue), acordarse (ue) (de)

to **remind** recordar(le) (a uno)

remote remoto

renowned renombrado, famoso

to **rent** alquilar

rent alquiler *m*

repeatedly repetidamente

repentant arrepentido

to **replace** sustituir, reemplazar

to **reply** contestar, replicar

report informe *m*, reportaje *m*

to **reproduce** reproducir(se)

repulsive repulsivo *f*

request petición *f*

requested pedido

to **require** exigir, requerir (ie)

require: to be required requerirse (ie)

research investigaciones *f pl*

resemblance parecido, semejanza

to **resemble** parecer (zc)

reserved reservado

to **reside** residir

to **resign oneself (to)** resignarse (a)

responsible: to be responsible for ser responsable de

result resultado

to **retire** jubilarse, retirarse

retired jubilado, retirado

return regreso; *adj* de regreso

to **return** volver (ue), regresar

to **revive** revivir

rice arroz *m*

rid: to get rid of deshacerse de

right *n* **(a just claim or privilege)** derecho

right *adj* **(appropriate)** correcto; **(opposite of left)** derecho; **to be right** tener razón

right: right away inmediatamente; **right here** aquí mismo

risk riesgo

rival rival *mf*

river río

road camino

to **rob** robar; **to be robbed** robar(le) (a uno)

rocket cohete *m*

Rocky Mountains las Montañas Rocosas

role papel *m*

roll: to call the roll pasar lista

roommate compañero de cuarto (de vivienda)

rough rudo

routine *adj* rutinario

row fila

rubber boots botas de goma

to **run** correr; **to turn out of a place** salir corriendo (de); **(as a motor does)** funcionar; **(to continue, last)** durar; **(to cost)** costar (ue);

(for an office) postularse para; **(to run over [overflow])** desbordarse; **(to run small, big, as in sizes)** venir (ie) pequeño, grande; **to run an ad in the paper** publicar (poner) un anuncio

to **run: to run around** rodear; **to run away** escaparse, huir; **to run into** tropezarse con, encontrarse con; **to run out of something** acabárse(le) (a uno); **to run over** pasar sobre; **to run up** trepar

run: to be on the run estar fugitivo; **in the long run** a la larga

S

sacrifice sacrificio

sad triste *mf*; **to make (one) sad** ponerlo triste (a uno)

saddle montura

sadness tristeza

safe *adj* seguro

safflower alazor *m*

sailor marinero

same: the same el (lo) mismo; **the same way** de la misma manera, del mismo modo

satisfied satisfecho

to **satisfy** satisfacer *irreg* (like **hacer**)

saying refrán *m*, dicho, proverbio

scene escena

schedule horario, programa

schizophrenic esquizofrénico

science ciencia

sclerosis esclerosis *f*

to **scold** regañar

scout explorador/a

scratch arañazo

to **scream** gritar

sea mar *m*

seafood mariscos *m pl*

seat asiento

seated sentado

second segundo

secondly en segundo lugar

to **seek** buscar

to **seem** parecer (zc); parecer(le) (a uno)

seldom raramente, rara vez

self-employed: to be self-employed trabajar por cuenta propia

selfish egoísta *mf*

to **send** enviar, mandar

sense: good sense sentido común

sensible sensato

sentence *gram* oración *f*

to **separate (from)** separarse (de)

to **serve (as)** servir (i) (de)

set: TV set televisor *m*

settler colono

several varios

to **shake** moverse (ue), temblar (ie); sacudir(se)

to **share** compartir

sharp agudo, afilado

sheep ranch rancho de ovejas

sheepherder pastor (*m*) de ovejas

shiny brillante *mf*

shocking impactante *mf*

short corto; **(person)** bajo; **in short** en resumen, en fin

to **shorten** acortar

shot: to be shot disparar(le) (a uno); matar de un tiro

should deber

shoulder hombro

to **shout** gritar

show (movie, theater) función *f*

to **show** mostrar (ue); enseñar; **(movie or TV program)** poner

sick enfermo

side lado

to **sign** firmar

silly tonto

similar parecido

since ya que, como; desde

sincerely yours de Ud. atentamente

sincerity sinceridad *f*

to **sing** cantar

sinister siniestro

sink (kitchen) fregadero

to **sink** hundir

sinner pecador/a

size (clothes) talla

skeptical escéptico

sky cielo

to **sleep** dormir (ue)

sleeping dormido; durmiente

slow lento

slow pace lentitud *f*

smart listo

smell olor *m*

to **smell** oler (hue); **to smell of** oler a

smile sonrisa

to **smile** sonreír

smiling *adj* sonriente

to **smoke** fumar

smuggling contrabando

so así que; **so far** hasta ahora, hasta la fecha; **so to speak** por decirlo así; **so we did** así lo hicimos; **so what?** ¿y qué?

so: if you do so si Ud. lo hace así

so-called llamado

soaking wet empapado

soap opera telenovela

soccer game partido de fútbol

soda: diet soda refresco de dieta

somber sombrío

some algún, alguno

someone alguien

something algo; **something else** otra cosa

sometimes a veces

somewhat algo

son-in-law yerno

song canción, canto

soon pronto; **soon afterward** poco después

soon: as soon as tan pronto como, apenas

sore throat: to have a sore throat doler(le) (a uno) la garganta

to **sound** sonar (ue)

source fuente *f*

southern del sur

space espacio

Spanish-speaking hispanohablante *mf*

special: to be a special one ser especial

to **specialize (in)** especializarse (en)

species especie *f*

specimen ejemplar *m*

spectator espectador/a

to **spell out** deletrear

to **spend** gastar; **(time)** pasar

spite: in spite of a pesar de

sports *adj* deportivo

spring vacation vacaciones de primavera

to **stab** apuñalar, dar una puñalada

stamp sello

to **stand out** sobresalir, destacarse

to **stand up** pararse, ponerse de (en) pie

star estrella

to **star in** protagonizar

startled asustado

to **state** declarar, afirmar

to **stay** quedarse

to **steal** robar

stick palo

still todavía

stone piedra; **stone wall** muro de piedra

to **stop** parar; **to stop** + *pres part* dejar de + *inf*

store tienda

storm tormenta

story historia; **short story** cuento

strange extraño

street calle *f*

strength of will fuerza de voluntad

to **stress** recalcar, subrayar

stress (phonetics) la fuerza de la pronunciación

strict estricto

struggle lucha

stubbornness testarudez *f*

student *adj* de estudiantes, estudiantil *mf*

studio estudio

style estilo

stylistically estilísticamente

subject (school) asignatura

subject: to change the subject cambiar de tema

to **submit** presentar

substitute sustituto

to **substitute** sustituir

to **succeed in** conseguir (i, i)

success éxito

successful exitoso

such a + *adj* tan + *adj*

such as tal como

sudden repentino

suddenly de repente

to **suffer** sufrir; **to suffer from (an illness)** padecer (zc) de

sugar beet remolacha

to **suggest** sugerir

suitor pretendiente

sum cantidad *f*

superficial superficial *mf*

supper cena

sure seguro

surely de seguro

surpassing extraordinario

to **be surprised at (by)** sorprender(le) (a uno), extrañar(le) (a uno); sorprenderse de

surprising sorprendente *mf*

to **surrender** rendirse (i, i)

surrounded: to be surrounded by estar rodeado de

to **survive** sobrevivir (a)

to **suspect** sospechar (de)

suspicion sospecha

sweet dulce *mf*; **sweet-smelling** de delicioso olor

to **swim** nadar

swimming: to go swimming ir a nadar

swimming pool piscina

swine canalla *mf*

symptom síntoma *m*

T

to **take** tomar, beber; **to take a bath** bañarse; **to take advantage** aprovecharse; **to take a nap** dormir (ue) la siesta; **to take notes** tomar apuntes; **to take off** despegar; **to take out** sacar; **to take photos** sacar fotografías; **to take place** llevarse a cabo, tener lugar; **to take (someone) for a ride** llevar a pasear; **to take (someone or something someplace)** llevar; **to take a trip** hacer un viaje

to **take after** salir a

to **take away** quitar, llevarse

to **take** + **time** + *inf* tardar + *tiempo* +*en* + *inf*; **to take too long** tardar más de la cuenta

talent talento

to **talk on the phone** hablar por teléfono

tall alto

task tarea

taste gusto

to **taste like (of)** saber a; **to taste awful** saber muy mal, saber a rayos; **to taste wonderful** saber muy bien, saber a gloria

team equipo

tear lágrima

teenager jovencito, adolescente *mf*

to **tell on (someone)** acusar(lo)

to **tell time** decir la hora

temptation tentación *f*

tender tierno

terms: not to be on speaking terms with estar peleado con

terrified aterrado

territory territorio

test prueba

that of el de

theme tema

there ahí, allí; **there it is!** ¡ahí está!

therefore por lo tanto, por consiguiente

thief ladrón/ladrona

thin delgado

to **think** pensar (ie); **I don't think so** no lo creo

thinking: without thinking a tontas y a locas

third tercero

thorn espina

those: those of los de; **those who** los que; **there are those who** hay quienes

thousand: a thousand mil

to **threaten** amenazar

threatening amenazador/a

throat: to have a sore throat doler(le) (a uno) la garganta; tener dolor de garganta

through por

throughout por todo

thus así, de esta manera, por lo tanto

thyroid tiroides *m*

to **tie** atar

tight apretado

tile azulejo, mosaico

time tiempo, hora; **a good time** un buen rato

time: all the time constantemente: **at the same time** a la vez, al mismo tiempo; **at that (the) time** en esa época; **for the first time** por primera vez; **for the time being** por ahora; **from time to time** de vez en cuando; **in no time** en seguida, en un momento; **this time** esta vez; **time after time** una y otra vez

time: to be time (to) ser hora (de); **to buy on time** comprar a plazos; **to have a good time** pasar un buen rato, divertirse (ie)

times: at times a veces; **to be behind the times** ser anticuado

to **tire** cansar(se)

tired: to be tired (of) estar cansado (de); **to get tired (of)** cansarse (de)

title título

titled titulado

together juntos

tonight esta noche

too (before adjective or adverb) demasiado; también

top: on top of encima de

to **touch** tocar

tour gira

town pueblo, ciudad; **to be out of town** estar fuera de la ciudad, estar de viaje

to **train** entrenar

train station estación *f* del tren

tranquil tranquilo

transcendence trascendencia

to **translate (into)** traducir (zc) (al)

transmutation trasmutación *f*

to **trap** atrapar

trapper trampero

to **travel (throughout)** viajar (por)

traveler viajero

to **treat** tratar

trip viaje *m*; **to make (take) a trip** hacer un viaje

troop tropa

trouble: to take the trouble (to) tomarse el trabajo (de)

true verdadero

truly realmente

to **trust** confiar (en)

truth verdad *f*

truthfulness veracidad *f*

to **try to** tratar de

turbulent turbulento

turn: to turn to (into) convertir(se) (ie) (en); **to turn out to be** resultar ser; **to turn red** ponerse rojo, enrojecer; **to turn** + *age* cumplir + *años*

twin gemelo, mellizo

type clase, tipo

to **type** escribir a máquina

typical típico

U

unacceptable inaceptable

to **understand** comprender, entender (ie)

understanding comprensivo

undocumented indocumentado

to **undress** desvestir(se), desnudar(se)

uneducated inculto

unexpected inesperado

unfaithful infiel *mf*

unfortunately por desgracia

to **unhook** desenganchar

uninhabited deshabitado

unique único

unknown desconocido

unless a menos que

unlike a diferencia de

unlikely poco probable, difícil

to **unpack** desempaquetar; **(a suitcase)** deshacer la maleta

unpardonable imperdonable *mf*

unpleasant antipático, desagradable *mf*; **to be unpleasant (for one)** resultar(le) desagradable (a uno)

unsolved sin resolver

to **untie** desatar, desamarrar

until hasta (que)

untiring incansable *mf*

upon al

upset nervioso, contrariado

upstairs (en el piso de) arriba

urgently con urgencia

to **use** usar

used: to be used (to) estar acostumbrado (a); **to get used (to)** acostumbrarse (a)

V

vacation: to be on vacation estar de vacaciones

valid válido

valley valle *m*

valuable valioso

vampire vampiro

vegetables hortalizas, verduras

version versión *f*

very: the very day el mismo día

victim víctima

village pueblo

virtue virtud *f*

vocabulary vocabulario

to **vote** votar

W

to **wait for** esperar

waiter camarero

to **wake up** despertar(se) (ie)

to **walk through** caminar por

wall (around a property) muro, tapia

warm tibio

to **warn** advertir (ie)

warning advertencia, aviso

warrior guerrero

to **waste (time)** perder (ie)

watch reloj *m*

Water Tribunal el Tribunal de las Aguas

way manera, modo; **by the way** a propósito; **the only way** la única manera; **the same way** del mismo modo que; **this way** de esta manera, de este modo

way: to have one's way salirse con la suya; **to do things one's way** hacer las cosas a su manera

weak débil *mf*

to **wear** llevar, usar, tener puesto

weather tiempo; **the weather is good** hace buen tiempo

weekend fin de semana

weight peso; **(for lifting)** pesa

well bien; **as well as** así como, y también

well-deserved bien merecido

well-known conocido

west oeste

western movie película del oeste

wet húmedo

wheat trigo

whereas mientras que

which el cual, lo cual, lo que

while mientras, cuando

whitewashed blanqueado

whole: the whole todo

whom a quien

whose cuyo

widow viuda

wife esposa

willing: to be willing to estar dispuesto a

willingly de buena gana

to **win** ganar; **to win the lottery** sacarse la lotería

windshield wipers limpiaparabrisas *m s pl*

wine list lista de vinos

winner: a winner un/a triunfador/a

winning *adj* ganador/a

wise sabio

to **wish** desear

wish deseo

with + *physical characteristics* de

to **wither** marchitarse

to **witness** presenciar

womanizer mujeriego

to **wonder** preguntarse

won't: I won't no lo haré

word palabra; **in other words** en otras palabras

to **work (inanimate subject)** funcionar

work trabajo, obra; **work of art** obra de arte

worker obrero

world mundo; **in the world** del mundo

worse peor

worst: the worst thing lo peor

worth: to be worth it valer la pena

worthwhile valioso

worried: to be worried estar preocupado; **to get worried** preocuparse

to **worry** preocuparse; preocupar(le) (a uno)

wound herida; **stab wound** puñalada

wrinkled arrugado

writing: in writing por escrito

wrong (inappropriate) incorrecto; **(mistaken)** equivocado; **to be wrong** no tener razón, estar equivocado

wrong: something was wrong algo andaba mal

Y

years later años más tarde

youngest más joven, menor

youth joven *mf*; juventud *f*

youthful juvenil *mf*